吉林新一年

向新逐质

奋力推动高质量发展明鲜进位
全面振兴取得新突破

引领振兴

长白晨晖　李自 / 摄

2025 吉林新一年

The New Year in Jilin

中共吉林省委宣传部 / 编

吉林人民出版社

题长白山联

圣境壮奇观，问诸君几度登临，曾否居高击节，赏缥缈天池，聆飞悬瀑布，感浑茫林海，仰峻峭异峰。地生三宝而关东享誉，山缀五花则陵谷争妍。神乎也！惊怪兽藏形，佛光现影，苍鹰亮翅，猛虎携风，凭已往乾坤裂变，辟开这万幻鸿濛，一派恢弘成气象；

先贤留雅望，幸我辈连番造访，会当驻足寻幽，阅绵延青史，歌厚重文华，搜迭宕轶闻，彰昂扬雄魄。名震八荒任豪杰躬身，源承九域因炎黄续脉。大矣哉！傲邹牟出世，长寿存碑，盛国臣唐，女真发轫，更于今伟烈隆兴，赓衍其千秋故事，满腔激越化诗情。

——临清居士

2025

吉林新一年

The New Year in Jilin

吉林
吉祥天佑
林碧水秀
吉祥

目录

Contents

特　稿

锚定目标方向

明确工作思路

用好改革开放关键一招

逐“新”提“质” 蓄势赋能

激发科技创新第一动力

守好“大国粮仓”

托住“稳稳的幸福”

狠抓任务落实

代后记

松花江　冯健男 / 摄

习近平在听取吉林省委和省政府工作汇报时强调

深入落实推动新时代东北全面振兴战略部署 在中国式现代化建设中展现更大作为

新华社长春2月8日电 中共中央总书记、国家主席、中央军委主席习近平在听取吉林省委和省政府工作汇报时强调，吉林要深入落实党中央关于推动新时代东北全面振兴的战略部署，牢牢把握东北在维护国家“五大安全”中的重要使命，坚持把发展立足点放在高质量发展上，完整准确全面贯彻新发展理念，积极服务和融入新发展格局，进一步全面深化改革开放，抓住机遇、乘势而上，勇于创新、苦干实干，在中国式现代化建设中展现更大作为。

2月8日上午，习近平在吉林省长春市听取吉林省委和省政府工作汇报。省委书记黄强作了汇报，省长胡玉亭等参加汇报会。

听取汇报后，习近平发表重要讲话，对吉林各项工作取得的成绩给予肯定，对下一步工作提出要求。

习近平指出，高质量发展离不开创新驱动和产业支撑。要守牢实体经济这个根基，统筹推动传统产业转型、优势产业壮大和新质生产力培育，构建体现吉林特色的现代化产业体系。要推进科技创新同产业创新深度融合，整合科研资源和力量，强化企业创新主体地位，优化创新生态，力争在一批重大科技专项上取得新突破，推动科技成果向现实生产力转化。要统筹生态环境保护和绿色低碳发展，利用冰雪、自然风光、民族风情等特色资源发展旅游业。要统筹区域协调发展，推进长春现代化都市圈建设，注重同东北地区其他省份的协同联动，形成融合发展的格局。

习近平强调，进一步全面深化改革开放对东北全面振兴至关重要。要瞄准制约构建新发展格局、推动高质量发展的堵点卡点和民生领域的难点痛点问题，设置改革议题、生成改革方案，着力解决深层次矛盾、破除体制机制障碍。无论深化国资国企改革，还是促进民营经济发展，都要全面落实政策规定，注重典型引路，既解决共性问题又解决个性问题。要积极融入全国统一大市场建设，营造市场化、法治化、国际化一流营商环境，建设更高水平开放型经济新体制。

习近平指出，保障国家粮食安全，是农业大省、粮食大省的政治责任。吉林要以发展现代化大农业为主攻方向，完善强农惠农富农支持制度，统筹发展科技农业、绿色农业、质量农业、品牌农业。要积极发展生态养殖，加强农产品精深加工和食品细加工，做足做活“粮头食尾”“畜头肉尾”“农头工尾”文章，构建多元化食物供给体系。要统筹谋划城乡空间布局、产业发展、公共服务、基础设施建设，推动兴业、强县、富民一体发展，促进城乡共同繁荣。要巩固拓展脱贫攻坚成果，加强和创新基层治理，提高文明乡风建设水平，打造平安法治乡村和宜居宜业和美乡村。

习近平强调，吉林是多民族聚居地区，要全面贯彻新时代党的民族理论和民族政策，全面贯彻党的宗教工作基本方针，着力推进中华民族共同体建设，促进各民族交往交流交融，引导各族群众树立正确的国家观、历史观、民族观、文化观、宗教观，着力开创民族团结进步新局面。要深入推进兴边富民行动，因地制宜发展边境贸易、特色产业。

习近平指出，统筹发展和安全，任何时候都必须紧紧抓在手上。要落实防范化解重点领域风险的各项举措，加强对自然灾害的预防预警和应对，全面排查和消除安全生产隐患，维护社会大局稳定。

习近平强调，高质量发展需要高质量党建来引领。要树立正确用人导向和工作导向，引导各级干部特别是领导干部践行正确政绩观，增强本领、担当作为、争创佳绩。要巩固拓展党纪学习教育成果，坚持党性党风党纪一起抓、正风肃纪反腐相贯通，完善权力配置运行的制约和监督机制，持续整治形式主义为基层减负，持续整治群众身边不正之风和腐败问题，推动干部在遵规守纪、清正廉洁的前提下大胆干事。

中共中央政治局常委、中央办公厅主任蔡奇出席汇报会。

何立峰、王小洪及中央和国家机关有关部门负责同志参加汇报会。

天境·不咸 宿光明/摄

锚定目标方向

Maoding Mubiao Fangxiang

秋色长白山　赵春江 / 摄

省委书记黄强在全省领导干部会议上强调

始终牢记殷殷嘱托 坚定不移奋勇前进
把习近平总书记信任重托转化为干事创业强大动力

2 月 10 日，全省领导干部会议以视频形式召开。会议传达学习习近平总书记在听取吉林省委和省政府工作汇报时的重要讲话精神，全面部署学习宣传贯彻工作。省委书记黄强主持并讲话。他强调，要忠实践行习近平总书记重要讲话精神，始终牢记殷殷嘱托，坚定不移奋勇前进，把总书记信任重托转化为干事创业强大动力。省委副书记、省长胡玉亭，省政协主席朱国贤出席会议。

黄强指出，习近平总书记时隔五年再次踏上吉林大地，为我们指方向、定目标、明方略、绘蓝图，充分彰显了习近平总书记对吉林人民的亲切关怀和深厚情意，体现了以习近平同志为核心的党中央对吉林振兴发展的深谋远虑和战略考量。习近平总书记的重要讲话，高瞻远瞩、思想深邃、内涵丰富，是指引吉林振兴发展的纲领性文件，是奋力推动吉林高质量发展明显进位、全面振兴取得新突破的根本遵循。

黄强强调，全省上下要深入学习领会、全面贯彻落实习近平总书记对吉林工作的总体要求，牢牢把握东北在维护国家“五大安全”中的重要使命，坚持把发展立足点放在高质量发展上，在中国式现代化建设中展现更大作为。一要在建设现代化产业体系上谋求新进展。深入实施制造业“智改数转”行动，大力推动新能源、新装备、新材料、新医药等新兴产业发展，积极

2月10日，全省领导干部会议以视频形式召开。省委书记黄强主持会议并讲话。省委副书记、省长胡玉亭，省政协主席朱国贤出席会议　张野/摄

布局人工智能、新型显示、低空装备等未来产业。坚持教育科技人才产业一体化推进，促进科技创新同产业创新深度融合，让更多科研成果加快变为产业成品和发展结果。统筹生态环境保护和绿色低碳发展，把绿水青山、冰天雪地更好转化为金山银山。坚持一手抓域内统筹协调、一手抓域外协同联动，以更大力度促进区域协调发展。二要在进一步全面深化改革开放上实现新突破。统筹推进各领域改革，充分发挥重点专项示范引领作用，持续把改革引向深入。以开放促改革促发展，营造市

场化、法治化、国际化一流营商环境，在稳外贸、稳外资中推动产业链供应链国际合作。三要在全面推进乡村振兴上绘就新图景。以发展现代化大农业为主攻方向，坚决扛稳维护国家粮食安全重任。加快乡村特色产业发展，做足做活“粮头食尾”“畜头肉尾”“农头工尾”文章，更有效延长产业链，更有效提升价值链。打造宜居宜业和美乡村，促进城乡共同繁荣。四要在民族团结进步上开创新局面。抓好中华民族共同体建设，加强吉林地方史、边疆史研究阐释，深入推进兴边富民、稳边固边。五要在统筹发展和安全上取得新成效。树牢底线思维、极限思维，严守安全规程，压实安全责任，促进高质量发展和高水平安全良性互动、相得益彰。六要在全面从严治党上迈出新步伐。牢固树立和践行正确政绩观，大力弘扬崇严尚实作风，营造风清气正的良好政治生态。

黄强要求，各地各部门各单位要立即行动起来，认真开展学习培训和宣传阐释，推动学习宣传贯彻工作走深走实，确保习近平总书记重要讲话精神在吉林不折不扣落到实处。同时要扎实做好当前各项工作，坚决遏制重特大安全生产事故发生，严防各类极端事件发生，切实维护社会和谐稳定；奋力实现“开门红”，坚决完成全年经济社会发展目标任务；系统谋划“十五五”规划，前瞻性谋划一批大项目、好项目、长远项目，推动更多项目进入国家“大盘子”，一茬接着一茬干，一张蓝图绘到底，向党中央和吉林人民交上优异答卷。

省级现职领导同志，省级老同志，驻长军级部队和武警部队副军级以上首长，省人大常委会、省政府、省政协秘书长，省纪委常委、省监委委员，中省直部门单位和重点企业、大专院校、科研院所负责同志，各市（州）、梅河口市、长白山保护开发区、各县（市、区）主要负责同志，民主党派省委会主委和无党派人士代表在各会场参会。

牢记"重振雄风、再创佳绩"嘱托 奋力推动吉林全面振兴取得新突破

——在吉林省第十四届人民代表大会第四次会议闭幕时的讲话

（2025 年 1 月 17 日）

黄　强

1 月 17 日，吉林省第十四届人民代表大会第四次会议胜利闭幕，省委书记、省人大常委会主任黄强主持召开闭幕会并讲话　张野 / 摄

各位代表、同志们：

在全体代表和有关方面的共同努力下，省十四届人大四次会议圆满完成了各项议程，即将胜利闭幕了。这次大会是在全省上下深入贯彻党的二十届三中全会和中央经济工作会议精神，再学习、再对标、再落实习近平总书记关于东北全面振兴和吉林工作的系列重要指示精神，奋力推动吉林全面振兴取得新突破的关键时期，召开的一次十分重要的会议。大会坚持以习近平新时代中国特色社会主义思想为指导，依照法定程序，审议通过了各项报告和议案，顺利完成了重要选举任务，为做好新一年工作、实现全年经济社会发展目标任务奠定了坚实基础。

会议期间，全体代表肩负人民赋予的光荣职责，传递百姓心声，建言振兴发展，生动展现了人民代表大会制度的强大生命力和显著优越性。这是一次高举旗帜、凝心聚力的大会，是一次发扬民主、求真务实的大会，是一次团结奋进、风清气正的大会，必将鼓舞和激励全省人民以更加坚定的信心、更加振奋的精神、更加昂扬的斗志，在新征程上谱写中国式现代化吉林新篇章！

这次大会选举我担任省人大常委会主任，这是党中央和全省2400万人民的重托，是在座各位代表的信任，我深感使命如炬、责任如山。喝了松江水，就是吉林人。到吉林工作半年多来，我走了全省每个市州和59个县市区，学习了解省情，充分领略到了吉林物产的丰饶之美、历史的厚重之美、民族的和睦之美、文化的多元之美、事业的奋斗之美。这里是孕育奇迹、播撒希望的吉祥森林，这里有自强不息、淳朴善良的吉林人民。我将与常委会组成人员和全体代表一道，在以习近平同志为核心的党中央坚强领导下，牢记使命，恪尽职守，真抓实干，为建设更加幸福美好的新吉林而不懈奋斗！

各位代表、同志们！

岁月不居、天道酬勤。刚刚过去的2024年，是吉林振兴发展在承压下奋进、在挑战中前行的一年。我们坚持以习近平总书记重要指示精神为指引，铿锵吹响进一步全面深化改革的冲锋号，众志成城战胜来势汹汹的严重洪涝灾害，统筹推进教育科技人才产业一体发展，以高度自觉自信保护传承历史文化遗产，吸引国内外游客体验世界级滑雪胜地的粉雪、静风、暖阳，与时俱进宣介人参、矿泉、松花砚“长白山三宝”，从严管理干部、从紧转变作风，切实为基层减负赋能，推动全省各项事业不断取得新进展新成效。

日月其迈、时盛岁新。在满载憧憬的2025年，进一步全面深化改革的蓝图徐徐铺展，“十五五”宏伟规划呼之欲出，吉林高质量发展明显进位的美好愿景激荡人心。回望两年前，习近平总书记在新时代推动东北全面振兴座谈会上的重要讲话中，为我们确立了“重振雄风、再创佳绩”的前行航标。新的一年、新的起点，我们要时刻牢记领袖嘱托，以忠诚信念铸魂，以发展质量作答，以改革开放赋能，以拼搏奋斗建功，在强国建设、民族复兴的伟大征程中，奏响白山松水全面振兴的时代强音。

重振雄风、再创佳绩，必须永葆忠诚之心，坚定拥护“两个确立”、坚决做到“两个维护”。“两个确立”是我们做好一切工作的信心之本，“两个维护”是我们战胜一切艰难险阻的力量之源。党的十八大以来，习近平总书记三次视察吉林，亲自为吉林发展把脉定向、引路领航，充分体现了对吉林工作的战略考量、对吉林干部群众的亲切关怀，必将指引新时代吉林全面振兴取得新突破、再创新辉煌。前进道路上，我们要旗帜鲜明讲政治，深刻认识吉林取得的一切成就，根本在于以习近平同志为核心的党中央坚强领导，根本在于习近平新时代中国特色社会主义思想科学指引，增强政治判断力、政治领悟力、政治执行力，始终在思想上政治上行动上同以习近平同志为核心的党中央保持高度一致。要自觉用党的创新理论统一思想、统一意志、统一行动，切实将这一为了人民、人民拥护的科学理论，转化为坚定理想、锤炼党性和指导实践、推动工作的强大力量。要持续深入再学习、再对标、再落实总书记关于东北全面振兴和吉林工作的系列重要指示精神，坚决扛稳维护国家“五大安全”重要使命，充分发挥六个方面优势，抓紧补齐“四个短板”，矢志不渝沿着总书记指引的方向昂首阔步、勇毅前行。

重振雄风、再创佳绩，必须彰显奋进之为，奋力走出高质量发展、可持续振兴的新路子。高质量发展是新时代的硬道理。越是面对困难挑战，越要增强高质量发展的定力。前进道路上，我们要始终坚持新发展理念这个“指挥棒”“红绿灯”，加快构建新发展格局，全方位扩大有效需求，促消费、稳投资、激活力，把质的有效提升和量的合理增长统一于高质量发展全过程，努力让吉林的发展质量更高、效益更好、结构更优、优势充分释放。要突出科技创新“第一动力”，纵深推进教育科技人才产业一体发展，在做实教育先导、创新驱动、人才支撑中，加快改造提升传统产业、培育壮大新兴产业、前瞻布局未来产业，全面形成具有吉林特色的现代化产业体系。要把推进新型城镇化与乡村全面振兴有机结合起来，做大做强县域经济，提升农业农村现代化水平，以 G331 沿边开放旅游大通道助力兴边富民、稳边固边，实现“一通百通”，绘就城乡协调发展、边疆繁荣稳定的崭新图景。要在保护传承历史文化、建设美丽吉林上持续发力。厚植历史底蕴，赓续吉林文脉，挺起文化脊梁，让吉林历史文化遗产焕发勃勃生机、文化事业迎来新的春天。践行绿水青山就是金山银山理念，坚决守住生态环境只能变好不能变坏的刚性底线。推动文化和旅游深度融合，持续提高服务质量，今天的满意度就是明天的回头率，让经济发展的“高质量”和生态环境的“高颜值”相映生辉。要始终把保障改善民生作为出发点和落脚点，解决好老百姓的急难愁盼问题，办成更多群众可感可及的民生实事，营造和谐包容氛围，提升居民收入水平，在发展中不断满足人民对美好生活的新期待。要更好统筹发展和安全，树牢底线思维、极限思维，守牢安全底线、生态红线、耕地红线、地方政府债务警戒线和统计数据质量线，坚决杜绝重特大生产安全事故和极端事件发生，实现高质量发展和高水平安全的良性互动。

重振雄风、再创佳绩，必须砥砺攻坚之志，持续以改革开放“关键一招”开辟吉林振兴发展新局面。实现吉林高质量发展明显进位、全面振兴取得新突破，必须坚定不移深化改革、扩大开放，除此别无他途。前进道路上，我们要深入贯彻党的二十届三中全会进一步全面深化改革部署，坚持以经济体制改革为牵引，统筹推进各领域改革，破藩篱、扫障碍、下深水、涉险滩，推动全面深化改革向广度和深度进军，为建设社会主义现代化新吉林提供强大动力和制度保障。要坚持以改革精神抓改革，敢于冲破不合时宜的思想观念束缚，勇于突破制约发展的体制机制梗阻，鼓励基层开拓创新，什么阻碍了发展，就要通过改革清除什么，把一个个“不可能”变成“一定能”，为吉林振兴发展注入不竭动力。要突出小切口破题、大纵深推进，把“问题清单”作为“改革清单”，以机制创新突破体制障碍，对主要矛盾、关键症结、久拖不决的问题，集中力量攻坚，以点带面、激活全局，实现改革整体突破。要坚持以开放促改革、促发展、促振兴，强化开放带动、努力向海图强，着力营造市场化法治化国际化一流营商环境，进一步畅通开放通道、建强开放平台、深化区域合作，全面打造“一带一路”向北开放的重要窗口和东北亚地区合作中心枢纽，以高水平开放塑造振兴发展新优势。

重振雄风、再创佳绩，必须力行务实之风，凝聚起吉林人民万众一心、无坚不摧的磅礴力量。有风有雨是常态，风雨兼程是状态，风雨之后见彩虹。每一项宏伟事业，都是在风雨洗礼中成长，在历经考验中壮大。全省上下要风雨同舟、干字当头，携手奋斗闯过风雨、拥抱彩虹。前进道路上，我们要全面提振锐意进取的精气神，铸就坚如磐石的理想、信念、信仰，心无旁骛谋发展，攻坚克难求突破，打起十二分精神向前冲。各级干部都要争当“雄狮型”干部，拿出杨靖宇舍身殉国的英雄气概、吴大澂勘界守土的智慧担当，冲锋陷阵、攻城拔寨、奋勇争先，以铁肩膀挑硬担子。要增强行胜于言的执行力，坚决贯彻党中央重大决策部署和省委工作要求，“四下基层”抓落实、“四不两直”抓督查、“四不放过”抓整改，了解真情况、找准真问题、真解决问题，拿效果说话、以实绩交卷。要树立有为者有位的风向标，力戒形式主义、官僚主义、文牍主义和烦琐哲学，弘扬崇严尚实作风，大力选拔忠诚干净担当和德才配位的干部，让想干事、能干事、干成事、不出事的干部有舞台、有机会建功立业。要坚定奋发有为的进取心，在吉林全面振兴的新征程上，每一个人都是主角，每一份付出都弥足珍贵，每一束光芒都熠熠生辉。要调动一切可以调动的积极因素，团结一切可以团结的力量，甩开膀子大胆闯，撸起袖子加油干，向着更加美好的明天乘风破浪、勇往直前。

各位代表、同志们！

发展全过程人民民主是中国式现代化的本质要求，人民代表大会制度是党领导国家政权机关的重要制度载体、是实现我国全过程人民民主的重要制度载体。必须坚定不移走中国特色社会主义政治发展道路，坚持好、完善好、运行好人民代表大会制度，实现党的领导、人民当家作主和依法治国的有机统一。要丰富人大代表联系人民群众的内容和形式，健全吸纳民意、汇集民智工作机制，不断从群众中汲取智慧和力量，更好地体现人民意志、保障人民权益、激发人民创造。全省各级党委（党组）要高度重视人大工作，支持人大及其常委会依法履职。各级人大及其常委会要坚持党的全面领导，坚守“四个机关”定位，加强自身建设，为吉林振兴发展贡献人大力量。各级政府、监委、法院、检察院要自觉接受人大监督，确保依法行使职权。各位代表肩负全省人民的重托，要始终站稳政治立场，忠实代表人民利益和意志，以依法履职的实绩实效展现新时代人大代表的风采。

各位代表、同志们！

梦虽遥，追则能达；愿虽艰，持则可圆。吉林重振雄风、再创佳绩的梦想和荣光，属于每一个挺膺担当的奋斗者。让我们更加紧密地团结在以习近平同志为核心的党中央周围，高举中国特色社会主义伟大旗帜，坚定信心、迎难而上、拼搏实干，为奋力推动吉林高质量发展明显进位、全面振兴取得新突破而团结奋斗！

省委书记黄强在吉林省各界2025年春节团拜会上的致辞

（2025年1月23日）

大道如砥，岁月如歌。即将走过的甲辰龙年，我们一起历经风风雨雨，一道迎接阳光彩虹，过得极不平凡，让人感慨难忘。

回望过去一年，许多“大场面”激荡时代，让我们自信豪迈、心潮澎湃。伟大祖国母亲欢度75岁华诞，中国式现代化这条康庄大道，全国各族人民走得步履铿锵、坚定从容。党的二十届三中全会吹响了进一步全面深化改革的号角，现实意义重大，历史影响深远，必将载入党的光辉史册。“中国共产党的故事”专题宣介会走进吉林，习近平新时代中国特色社会主义思想在东北的实践，让生机勃勃、潜力无限的吉林惊艳世界。我们再学习、再对标、再落实总书记重要指示精神，经济社会发展保持稳中有进、稳中向好的积极态势，吉林人民信心更强了、底气更足了。

回望过去一年，万千“新气象”扑面而来，让我们坚定梦想、奋楫争先。吉林人参货真价实，“百草之王”金字招牌越擦越亮。“最美边境公路”G331以“一通”带“百通”，千里边关日益繁荣稳固。坚持小切口、大纵深，各项改革蹄疾步稳，吉林开放的大门越开越大。雷霆整治形式主义、官僚主义，下半年省委省政府实现文件、会议、办公用纸三减半，基层有更多时间为百姓服务，崇严尚实新风更加浓厚，吉林美好未来更加可期。

回望过去一年，总有“热话题”萦绕耳畔，让我们欢欣鼓舞、津津乐道。全年粮食产量首次突破850亿斤，再创历史新高，稳居全国第四，“中国饭碗”装了更多“吉林粮”。世界最快动车组从长春驶出，奥迪一汽新能源整车正式量产，高性能碳纤维技术实现突破，新质生产力发展热潮涌动。我们继承王大珩、饶斌等前辈留下的光荣传统，教育、科技、人才、产业一体化推进，高质量发展基础愈加坚实。长白山世界地质公园揭牌成立，东北虎豹国家公园“虎豹倍增”，今天的吉林，天更蓝、山更绿、水更清，生态环境越来越好。

回望过去一年，这些“微镜头”感人至深，让我们怀揣希望、温暖前行。面对特大洪涝灾害，全省上下万众一心、守望相助，夺取了“群众无伤亡、水库无溃坝”的重大胜利。集安市下解放村村口山坡上出现巨大悬石，摇摇欲坠，当地基层干部奋力抢险，让巨石安全落地。这是“落石”的故事，也是狠抓落实的故事。各级干部在危难中经受住了考验，对“防胜于救”理念有了更加深刻理解。新雪季，“南方小土豆”一路向北，感叹道：“低调的吉林，你到底还有多少种魔法？”“辽阔的土地养育不出狭窄的爱！”粉雪、静风、暖阳让国内外滑雪爱好者流连忘返，吉林文旅火爆“出圈”。

人不负时光，时光定不负人。吉林取得的进步和成绩，离不开以习近平同志为核心的党中央坚强领导和亲切关怀，离不开千千万万劳动者、建设者、创业者的辛勤付出。走在全面振兴的奋斗路上，每一个挺膺担当的吉林人都作出了不平凡的贡献，都值得一个大大的“赞”，光荣属于吉林人民！

同志们、朋友们！

新的一年满载憧憬，也充满挑战。刚刚闭幕的省两会，明确了今年经济社会发展的目标任务。我们一定要以忠诚之心、奋斗之志、团结之力、拼搏之果，谱写全面建设社会主义现代化新吉林的崭新篇章。

新的一年新起点，忠诚拥护“两个确立”、坚决做到“两个维护”，是我们必须锤炼的“政治品格”。“重振雄风、再创佳绩”饱含了总书记对东北、对吉林的殷切期望。我们要牢记嘱托、感恩奋进，脚踏实地、真抓实干，奋力推动吉林高质量发展明显进位、全面振兴取得新突破，用实际行动证明对党的绝对忠诚。

新的一年新起点，坚持高质量发展，是我们笃行不怠的“硬道理”。完成GDP增长5.5%左右的目标，需要我们坚持新发展理念这个“指挥棒”“红绿灯”，提消费、扩投资、激活力，把质的有效提升和量的合理增长统一于高质量发展全过程。全省各地各行业都要比一比赛一赛高质量发展的真成绩。

新的一年新起点，进一步全面深化改革、扩大高水平开放，是我们攻坚克难的“关键一招”。实现全面振兴取得新突破，必须以改革开路、以改革破题、以改革精神抓改革。省委十二届五次全会敲定的400多项改革任务和9个重点专项，我们要以钉钉子精神一抓到底。向海图强才能拥抱世界，必须增强前沿意识，充分发挥沿边近海优势，深耕国际市场，让“一带一路”向北开放窗口越开越大，让吉林更多绿色优质产品走出国门、走向世界。

新的一年新起点，增强历史自觉、坚定文化自信，是我们踔厉奋发的“精神源泉”。今年是中国人民抗日战争胜利80周年，也是中国人民志愿军抗美援朝出国作战75周年。东北抗日武装先后经历了反日游击队、东北人民革命军、东北抗日联军三个阶段，每个阶段的开端都在吉林。我们党在东北建立的第一个抗日游击根据地就在磐石市红石砬子。正是因为杨靖宇等英雄先烈们孤悬敌后、出生入死，抗战历史才由八年改写为十四年。我们要永远铭记和弘扬东北抗联精神，铸就坚如磐石的理想、信念、信仰。吉林历史文化厚重、魅力独特，应该发出更加响亮的声音。我们相信，随着吉林省近现代史展览馆、张伯驹纪念馆、中国黄金博物馆等一批特色展馆，以及长春新民大街等改造提升工程项目启动，吉林历史文化遗产一定能拂去尘埃、绽放光彩，吉林文化事业迎来了更加美好的春天。

新的一年新起点，保障改善民生、维护安全稳定，是我们执着坚守的“底线任务”。让老百姓过上更好的日子，是我们最清晰的目标，也是我们最朴素的愿望。就医养老、孩子上学、年轻人就业等群众急难愁盼的事，我们一定记在心中、抓在手上，努力交出满意答卷。平平安安才能过好年，各级干部要以“时时放心不下”的责任感，守护好万家灯火，确保广大群众度过一个温馨祥和的新春佳节。

同志们、朋友们！

前进的道路上不会一帆风顺，有风有雨是常态，风雨兼程是状态，风雨过后见彩虹。让我们更加紧密地团结在以习近平同志为核心的党中央周围，坚定信心、迎难而上，拼搏实干出吉林全面振兴的广阔天地和美好未来！

神州大地迎春到，白山松水吉祥年。在这喜庆欢乐的时刻，祝福我们伟大的祖国时和岁丰、繁荣兴旺，祝愿在座各位和全省人民阖家幸福、万事如意！

谢谢大家！

元宵节辽源城市夜景　陆民／摄

省长胡玉亭在十四届省政府第五次全体会议上的讲话

（2025 年 1 月 20 日）

全省两会刚刚闭幕，省政府召开全体会议，也是今年政府系统“新春第一会”。主要任务是贯彻落实党中央、国务院决策部署和全省两会精神，全面启动年度重点任务，安排部署“开门红”工作，抢先抓早，扎实有效推动各项工作无缝衔接、落地实施，以“起步即冲刺、开局即决战”的姿态，消除全国两会前的“空窗期”，打好首季“第一仗”，确保全年目标任务顺利完成。

往年全省两会后，政府系统忙于把政府工作报告分解，形成任务分工表，之后各部门细化举措，装订成册，征求意见，等到下发文件，已经 5 月份左右，多数政策落地、项目开工已到下半年。今年不再搞任务分解，就是对照政府工作报告，主动认领任务。省委经济工作会后，省领导已经组织各系统谋划重点任务举措，两会后第一时间安排部署，目的是把更多时间抢出来，在一、二季度完成更多实物工作量，确保全年工作更加均衡、掌握主动。去年，一季度全省 GDP 的绝对值占全年比重不到 20%，投资仅占 7.5% 左右，远远低于序时进度。今后要形成惯例，抓早动快、抓紧启动，不要等到全国两会以后再安排，逐步提升一季度实物工作量占全年比重。

刚才，各位省领导对照党中央、国务院决策部署和省委全会、省委经济工作会、全省两会要求，对分管领域今年一季度和全年工作进行梳理凝炼、安排部署，突出了牵引性、带动性、突破性工作，举措务实有效，有些是革命性的。今年省政府重点工作实行分类管理、分级负责，A 类，省领导亲自推动、定期向省政府报告的重点事项；

B类，省领导重点关注、部门“一把手”负责调度推动的重点事项；C类，部门重点任务、分管厅领导负责推动的事项。从领导体系上实现责任到人，该谁抓的事谁负责，不能重点难点的任务没人抓，也不能平均用力、不见效果。各地各部门要参照执行，结合自身实际、发展定位、补考赶考的坐标和方位，进一步凝练关键任务，拿出超常规、硬举措，马上就干、尽快见效。长春市要主动挑大梁，确保经济运行在全省目标水平以上，体现“首位担当”。各级领导干部要把“项目化工程化”“拎清重点、抓住关键”“行动方案、解决方案、施工方案”“既要赶考、也要补考”“坐标倒推目标、目标倒逼措施”“摆脱思维惯性、打破路径依赖”“有组织攻坚、创造性执行”“拿数据说话、拿结果说话”等理念、意识，贯穿到具体工作中，做到“日用而不觉”，真正当好执行者、行动派、实干家。

下面，我就政府系统超常规发力、更加积极有为，讲几点意见。

一、坚定发展信心，扬长避短、务求实效

过去一年，吉林面临的困难不小，汽车产业冲击、化债除险压力、防汛抗洪救灾，三季度主要经济指标出现“断崖式”下降，甚至一度全国垫底。尽管付出艰辛努力，特别是“9·26”中央政治局会议后，我们采取系列超常规举措，推动四季度当季GDP增速回升至4.6%，但最终全年GDP增长4.3%，没有达到年初预期。主要下拉因素是二产，规上工业增加值、建筑业总产值增速分别低于全国3.7、3.6个百分点，影响GDP增速至少1个百分点。政府系统要检视反思、看到差距，但也不能丧失信心、妄自菲薄。从自身发展的情况来看，很多工作取得长足进步，去年全省GDP绝对值达到14361亿元，较上年增加800多亿元，规模大幅提升，这是“明显进位”的第一支撑。同时，一些领域取得突破性成效，经济韧性、潜力、活力持续增强，经济结构、产业结构、投资结构持续优化，地方财政收入等质量效益指标高于全国水平，农业生产再创新高、优势巩固，新能源跨越式发展，生态旅游热度明显提升，改革创新蓄势赋能，防范化解风险取得实质性进展。全省经济在保持“量”的一定增长基

础上，实现了“质”的有效提升，实属不易、成之惟艰。大家付出了远超往年的努力，特别是在应对困难挑战中，锻炼了队伍、提升了能力，各级政府抓经济、抓发展的责任感、紧迫感在增强，队伍的执行力、战斗力在增强，工作的主动性、创造性在增强，为做好今年工作打下了基础。

今年的有利因素要多于去年。国内宏观经济发展大环境持续向好，中央一揽子存量政策和增量政策红利逐步释放，更加积极的财政政策和适度宽松的货币政策加快出台，市场预期和信心持续增强。省内振兴发展环境明显好转，中央对“内卷式竞争”，政策方向上从“防止”到“整治”，对寒地等特殊区域燃油汽车有倾向性意见，对一汽等燃油汽车龙头企业给予应有支持，汽车产业抵御能力提升。经过两年多努力，全省财政 金融改革化险成效明显、走在全国前列，8 个市（州）、51 个县（市、区）隐性债务清零，高负债带来的收缩性、限制性效应减弱，农信系统改革化险即将迈出关键一步，进展符合预期。各地可以轻装上阵，把更多资产、资源、资金用于发展。基数问题得到“清仓见底”，“五经普”核实的经济规模比基期增加 400 多亿元，说明基数是“虚低”，而不是“虚高”。固定资产投资额只有 4000 多亿元，投资贡献率远低于全国平均水平，今年投资核算体现在地统计，没有理由还在低水平徘徊。“高基数”“挤水分”不能再成为躺平不作为的借口。

总之，今年 5.5% 的经济增长目标，我们有基础、有优势、有潜力、有能力实现。各级政府要坚决扛起抓经济的主责主业，高质量“拼经济”要成为全年的“主旋律”，经济发展是“第一 KPI”，没有这个“1”，其他都是“0”，各级政府领导对此要有清醒认识。要切实以吉林人应有的责任感、紧迫感，超常规发力、创造性执行、更加积极有为，放大优势、补齐制约性短板，保持经济运行稳定均衡、以进促稳的良好态势。

二、强化效能意识，谋定快动、按期交账

交账不是交差，不能满足于开了会、出了文，要有具体行动、

实物工作量，要见到发展实绩、经济数据。也不能拖拖拉拉，要从1月份就发起冲锋，各项工作要谋定快动、照图施工、抓紧抓实，突出重点关键，少做无用功。各地各部门、各级干部要拿出“只争朝夕、时不我待”的作风，对照任务清单，抓紧制定行动方案、解决方案、施工图，项目化工程化推动实施，尽快见到实效。

中央经济工作会后，国家密集出台了一系列含金量很高的政策，包括“两新”政策加力扩围、“两重”政策提质提效，提前下达一批超长期特别国债等，主要是充实全国两会前的政策“空窗期”。我们要准确把握国家政策导向，匹配资源要素，抓紧打出政策“组合拳”，引导社会预期。去年四季度以来，已经专题研究、过会审议、具备条件的政策、方案、制度，春节前后要集中出台。各地各部门要靠前发力、把握主动，牵引性的工作要尽快启动，在干中谋、在谋中干，以自身工作的确定性应对形势变化的不确定性。一季度要突出“打粮食”、见效快的工作，比如冰雪旅游冰雪经济、春节假期促消费活动、企业连续假期生产要素保障等，加强有效调度，更早部署、更早见效，确保开门红。各地要组织开展项目批量开工活动，一季度就要开展，每个季度都要有代表性活动，省领导要参加，倒逼项目投资工作加力提效，推动一季度投资额比重提升、回归理性，确保全省投资运行均衡稳健。

三、强化改革意识，克难清障、解决问题

解决制约发展的“中梗阻”问题、“流水不到头”问题，归根结底要靠改革。中办反馈、国家督检考、省委巡视、审计反馈的问题有数千项之多，很多问题反映的是政府治理能力不足、制度机制漏洞百出、廉政风险不容忽视。黄强书记召开推进会议，我对整改工作从十个方面进行了部署，很多制度的完善、机制的重构，都要靠改革的办法，要设计好解决方案，这是技术性很强的工作。各地各部门既要敢为、也要善为，靠改革破题、靠方案解题，抓住要害、打通症结，以重点突破带动整体提升，以改革释放发展活力和动力。

比如，国资国企改革。一个突出问题是产业支撑能力差，绝大

部分企业为功能性企业和融资平台，对经济增长贡献率几乎为零。必须加快战略性布局和专业化重整，去年已经起步，今年要“显效”。功能性企业要投资、建设、运行管理一体化，其他国企要发挥新兴产业培育功能。算力中心、现代化大农业、大型准公益康养中心、银发经济等社会资本不愿进入的领域，国企要当先锋。今年建设现代农业示范园区，农发集团要发挥引领示范作用。盘活财政性存量资产设施，布局战略性产业要实质性破题。加快“好房子”示范项目建设。矿泉水产业要实现翻番。

比如，新能源产业创新发展。如果仅靠消纳增量带动开发利用，要几百年才能开发完，必须持续创新模式，建设绿电产业园区，更大力度推动绿电就地转化。去年新增装机超过 600 万千瓦，但总装机才 2000 多万千瓦，相较于兄弟省份差距很大，不能满足于此，步子要更大，今年向新增装机 1000 万千瓦目标迈进，投资规模不能低于 1300 亿元。要有大项目支撑，而不是零敲碎打、东拼西凑，加快推动老旧风机“以小换大”，推进一批绿氢特别是氢氨醇一体化项目投产达效。同时，要把新能源产业发展作为制造业强省、工业强省的重要支撑、重要驱动、最大增长极，通过绿电大幅降低电价，提高工业竞争力。要研究好交易模式、实施方案，努力让企业有获得感，不能象征性降价就交差。

比如，高标准农田建设。进度滞后、质量不高，主要是资金使用效益不高，“撒胡椒面”、搞平均主义。按照 2028 年底率先把基本农田全部建成高标准农田的要求，接下来平均每年要新建 760 万亩，加上改建 200 多万亩，总量在 1000 万亩左右。之前几次方案报上来都是 500 万亩，说明部门自我加压不够。目标设定不应以“能完成多少”作为依据，而要以“应该完成多少”为判断标准。要加快完善建设、验收、管护机制，对改造地块进行科学评估，“一地一策”优化改造方案，合理匹配资金，建立与农民利益联结机制，确保建设好、利用好、管护好。

比如，盘活存量资产。总书记在中央经济工作会上提出要求，财政部又专门出台文件，我们去年已经有所行动，抓得准、抓得早，今年要有所突破、见到明显成效。要加快推动财政性存量闲置资产“确认、确权、确值”，清产核资、摸清家底，确保可量化、可入账、可执行。机关事务管理局要加强资源统筹调配，改造高校宿舍、医院病房、养老托育机构等，把闲置低效资产转化为经营性资产。同时，还有不少闲置的园区、开发区用地、商业楼宇、存量商品房等，都要千方百计盘活，不能热衷于新建，“省钱”要比新增财力容易得多。

比如，营商环境问题。不能以个性化指标高估营商环境水平，要以经营主体的感受为标准，不断改革、优化、提升，涉企收费、过度检查等问题，都需要制度机制重塑来解决。探索“无感监管”模式，最大限度减少入企检查频次。建立“高效办成一件事”服务效能评价机制，从严把控减损企业和群众权益的政策措施。

差距问题多也意味着发展潜力大，低效存量资源多也意味着发展空间大，不能遇到问题束手无策，更不能绕道走，要直面问题、解决问题，挖掘潜力、创新发展。各地各部门要摆脱惯性思维、经验主义，敢于创新、善于学习、破立并举，在重构工作体系、再造业务流程、重塑体制机制上下更大功夫，推动改革行稳致远、落地见效。

四、坚持同题共答、同责共担，以结果论英雄

近两年，政府作风有所转变，省直部门横向业务服从、纵向统筹协调有所增强，但市（州）的努力还不够，有些地方靠天吃饭、顺其自然。部门和地方要同题共答、同责共担，都要对结果负责，省直部门要强化统筹，地方要能动履职，更好发挥各级政府作用，协同发力、形成合力。

比如，政府投资工程。战略性、政策性、跨区域重大项目，省级层面要加强自上而下谋划。现在的问题是，有些市（州）不想要政策性项目，担心地方配套资金，这是对发展不负责任。发改、财政要优化重大项目投融资管理模式，科学分配资金，想干能干的就多给，重构项目管理中心，做好项目资金绩效管理。市场化、产业化项目，地方要扛起责任、主动谋划、推动落地，省里要设计好招

商引资新机制新模式，各地要结合实际匹配政策资源，不能等靠要省里的政策。

比如，“两新”政策落实。要有组织“设备更新”，部门和地方组团上门服务，摸清企业需求，掌握设备陈新度，了解工艺流程，与企业共同研究技术改造、节能降耗方案。“以旧换新”要注重搭建平台，优化流程、广泛宣传，推动“进农村、进社区、进家庭”，构建回收利用体系，提升换新的便利度。

比如，降低企业要素成本。不少企业日子不好过，要采取有效措施降低用电、用气、融资、物流等要素成本，压缩制度性交易成本，推动惠企政策免申即享、直达快享，让企业有利润、能发展。

比如，制造业“智改数转”。根据行业特点，推动供应商、集成商、方案解决者与重点企业相匹配，对整个工厂、车间、生产线进行数字化智能化升级改造，而不是对单台设备的改造。

需要强调的是，同题共答、同责共担要强化省直部门统筹协同的作用，但地方是经济发展的主战场、主力军，要增强主观能动性，主动担当作为，在全省大局中找准位置、交出合格答卷。

五、强化责任意识，上管一级、上下同欲抓落实

涉及全省性跨部门的工作，省级领导要亲自盯、亲自抓，不能当“二传手”，发挥统筹调动全省资源的作用，抓执行、抓过程，见结果。行业部门要加强有效调度，根据地方特点，匹配政策资源，不能简单“一刀切”。强化政策机制研究，善于借鉴他山之石，敢做“第二个吃螃蟹的人”，只要是管用有效的办法，就可以为我所用。各地政府要强化抓经济、抓发展的主责主业意识，“一把手”要研究、谋划、调度、推动，当好“施工队长”，改革创新、破解难题、挂图作战。市州政府班子要统一思想，强化执行力、战斗力，与等靠要、宽松软作斗争。各级干部要强化干事创业的劲头，鼓励在廉政的前提下，敢想、敢干、敢试，落实容错纠错制度，把工作成效体现在实物工作量和高质量发展成果上。要优化政府系统的督查机制，由“督件”向“督事”转变，加强对落实效果的分析评估，每个阶段都要

匹配相应的可量化成果，解决好“抓而不实、抓而不紧”的问题。

最后，春节将至，各地各部门要落实属事、属地责任和“三管三必须”责任，抓好安全生产、民生保障、社会稳定工作。做好农民工工资发放、困难群众基本生活保障、保煤保电保供暖、市场保供稳价等工作，强化值班值守和应急处突，让群众度过一个欢乐祥和平安的春节。

长春市景阳立交桥　何平 / 摄

彩练
NEWS
吉林日报
中共吉林省委关于
贯彻落实党的二十届三中全会
精神 以进一步全面深化改革
推动吉林全面振兴取得新突破的
实施意见
2024年10月16日
中国共产党吉林省第十二届委员会第五次全体会议通过

进一步全面深化改革的总体要求

指导思想

●坚持马克思列宁主义、毛泽东思想、邓小平理论、“三个代表”重要思想、科学发展观，全面贯彻习近平新时代中国特色社会主义思想，深入学习贯彻习近平总书记关于全面深化改革的一系列新思想、新观点、新论断，深入贯彻落实习近平总书记关于东北全面振兴和吉林工作的系列重要指示精神

●完整准确全面贯彻新发展理念，坚持稳中求进工作总基调，坚持解放思想、实事求是、与时俱进、求真务实，进一步解放和发展社会生产力、激发和增强社会活力，统筹国内国际两个大局，统筹推进“五位一体”总体布局，协调推进“四个全面”战略布局，牢牢把握高质量发展这个首要任务，深入实施“一主六双”高质量发展战略，以经济体制改革为牵引，以促进社会公平正义、增进人民福祉为出发点和落脚点

●更加注重系统集成，更加注重突出重点，更加注重改革实效，紧盯阻碍高质量发展的问题、影响全面振兴取得新突破的障碍、发展最紧迫和群众急难愁盼的事项，凝心聚力推动改革举措落地见效，为实现高质量发展明显进位，推动吉林全面振兴取得新突破提供强大动力和制度保障

目　标

二〇三五年

高质量发展、现代化建设各方面制度更加完善
基本实现治理体系和治理能力现代化
基本建成社会主义现代化新吉林

二〇二九年

在重点领域和关键环节取得决定性成果
完成本实施意见提出的改革任务

进一步全面深化改革的主要任务

未来五年，坚持以经济体制改革为牵引，以制度建设为主线，突出重点、统筹部署、协同推进各领域改革

深化社会主义市场经济体制改革

（1）融入全国统一大市场

●健全招标投标评标制度体系

●构建“通道＋枢纽＋网络”的现代物流体系

●完善本地企业发展食品、纺织等轻工产业政策支持体系

（2）优化营商环境

●实现惠企政策直达、免申即享

●规范涉企行政检查行为

（3）深化国资国企改革

●压减企业法人户数和管理层级

●完善出资人向企业董事会授权放权机制

●健全国有资本经营预算和绩效评价制度

（4）完善支持非公有制经济发展政策体系

●制定民营经济促进条例

●推进商税银企联动

（5）深化财税金融改革

●建立市县财政高质量发展评价体系

●推进省以下财政体制改革

（6）完善市场经济基础制度

●高标准建设长春国家知识产权保护示范区

健全推动经济高质量发展体制机制

（7）完善规划体系和政策统筹协调机制

●制定规划编制实施规范

（8）健全因地制宜发展新质生产力体制机制

●推动传统装备转型智能装备

●“源网荷储”一体化推动新能源开发

●壮大医学、医药、医养、医美新业态

（9）健全数字吉林建设推进机制

●支持算力基础设施建设

（10）完善发展服务业体制机制

●完善服务业统计监测体系

（11）健全现代化基础设施建设体制机制

●完善综合交通运输战略规划

（12）健全先进制造业产业集群培育机制

●加快形成万亿级的汽车产业集群

●培育若干千亿级的产业集群

构建支持全面创新体制机制

（13）深化教育综合改革

●完善冰雪运动进学校、进课堂机制

●将心理健康课纳入中小学课时

●推进县域基础教育资源供给侧结构性改革试点

（14）深化科技体制改革

●扩大省自然科学基金联合基金设立范围

●深化赋予科研人员职务科技成果所有权或长期使用权改革

（15）深化人才发展体制机制改革

●扩大高校、科研院所等用人自主权

●健全招才引智绿色通道和常态化机制

（16）统筹推进教育、科技、人才、产业一体化改革

- 实施教育科技人才产业一体化发展三年行动
- 建立就业与招生、人才培养联动机制
- 建立校企共引共用高层次人才、重点企业特设岗位引才等机制

完善城乡融合发展体制机制

（17）健全推进新型城镇化体制机制

- 支持长春建设千万级人口规模、万亿级经济规模的现代化城市
- 建立完善城市体检评估机制

（18）巩固和完善农村基本经营制度

- 研究制定解决承包地细碎化实施办法

（19）完善强农惠农富农支持政策

- 适时开展大豆完全成本保险
- 探索开展玉米种植收入保险政策试点

（20）培育乡村富民新产业新业态

- 完善千万头肉牛、千亿级梅花鹿产业推进机制
- 实施生态渔业倍增计划

（21）深化土地制度改革

- 制定耕地占补平衡制度改革配套政策

完善高水平开放体制机制

（22）创新沿边开放体制机制

- 完善跨境重大交通基础设施建设推进机制
- 完善支持跨境电商综试区和互市贸易区发展的保障机制

（23）深化对外贸易管理体制改革

- 健全外贸主体培育和壮大机制
- 完善外贸便利化机制

（24）深化双向投资管理体制改革

- 健全外资项目储备机制、企业全生命周期服务机制
- 推动对外投资与吉林产品、技术、服务出口协同联动发展

（25）健全与国内重点区域合作机制

●构建有效引进重点企业、重大项目工作机制

●深化开发区管理体制改革

完善全过程人民民主制度体系

（26）加强人民当家作主制度建设

●建好用好基层立法联系点、代表家站等民主民意表达平台载体

（27）健全协商民主机制

●建立常态化联系界别群众机制

（28）健全基层民主制度

（29）完善大统战工作格局

●深入实施“吉善同心”工程

●深化工商联改革

完善法治吉林建设体制机制

（30）加强和改进地方立法

●完善东北三省一区人大常委会协同立法工作机制

（31）深入推进依法行政

●深化府院联动机制建设

（32）深化公正执法司法体制改革

●推行接报案与立案“码上监督”机制

●优化简案快办机制，推进庭审标准化和速裁法庭建设

●建立“专业＋机制＋大数据”新型警务运行模式

（33）完善推进法治社会建设机制

●推动长春国际仲裁院建设

●推进延边东北亚区域国际商事争端解决中心建设

深化文化体制机制改革

（34）完善意识形态工作责任制

●构建“三地三摇篮”红色资源展陈体系

●建立文明程度指数测评制度和突出问题集中整治工作机制

（35）优化文化服务和文化产品供给机制

●完善出版选题规划工作机制

●深化文娱领域综合治理

●完善文化遗产保护机制

（36）健全文化产业体系和市场体系

●强化文化和旅游深度融合的制度设计

●探索制定文旅高质量发展评价体系

（37）健全网络综合治理体系

（38）构建面向东北亚区域国内国际联动传播体系

完善保障和改善民生体制机制

（39）完善收入分配制度

●健全最低工资标准评估和调整机制

（40）健全就业促进机制

●建立人力资源需求预测机制

●健全劳动关系协商协调、争议处理、监察执法机制

（41）健全社会保障体系

●加快推进统筹城乡、覆盖全省的长期护理保险制度

●出台《吉林省妇女权益保障条例》

●建立物业服务企业红黑名单制度

（42）深化医药卫生体制改革

●改善病房及就医环境，推进便捷就医

●加强住院标准执行监管

●完善居民电子健康档案，推动检查检验结果互认

（43）完善人口高质量发展支持和服务政策

●实施“长幼随学”

●编制青年发展友好型省份建设规划

深化生态文明体制改革

（44）完善落实“两山”理念体制机制

●编制差异化生态环境准入清单

●支持“两山”理念试验区建设

（45）健全生态环境治理体系

●系统推进“美丽细胞”工程建设

●优化环境基础设施投入机制

（46）完善生态环境监督监管体系

●健全生态环境保护责任考核监督制度

●健全环评、排污许可、执法监管联动机制

（47）健全绿色低碳发展机制

●完善秸秆综合利用推进机制

●探索建立东北区域气象服务联合体

完善维护国家安全体制机制

（48）健全维护国家安全体系

（49）健全维护国防安全体制机制

（50）完善公共安全治理机制

（51）健全社会治理体系

●加强基层综治中心规范化建设

●完善立体化信息化社会治安整体防控体系

进一步全面深化改革的重点专项

坚持目标导向、问题导向、结果导向，统筹发展和安全，从最紧迫的事情改起，从创新体制机制入手，小切口破题、大纵深发力，示范引领带动各领域改革

（52）创新兴边富民、稳边固边制度机制专项

●构建并联建设、高效管理、科学开发的一体化推进机制

●健全农文旅融合发展机制

（53）完善粮食安全保障能力提升机制专项

●健全黑土地保护利用和盐碱地适应性利用制度

●改进耕地地力补贴发放办法

●加快培育优势作物大品种、畜禽优势品种及区域性适配性品种

（54）健全防灾减灾救灾能力体系建设专项

●完善应急预案体系和演练机制

（55）创新机制推动新能源发展专项

●完善“绿电＋消纳”政策体系和运行模式

●探索“虚拟电厂”“零碳产业园区”试点

（56）建立人参产业高质量发展机制专项

●健全人参市场诚信体系

●健全人参规范化种植体系

●健全人参精深加工产业体系

●健全人参品牌营销体系

（57）完善大长白山生态保护利用机制专项

●优化长白山生态系统保护与恢复机制

●探索“森林四库”建设机制

（58）深化事业单位改革专项

●高校、科研院所等事业单位专业技术人员可以兼职兼薪、离岗创业

●完善行政事业单位资产清查和集中管理机制

（59）深化零基预算改革、强化财政绩效管理专项

（60）完善服务型政府建设机制专项

●纵深推进“接诉即办”改革

进一步全面深化改革的组织保障

践行习近平总书记关于党的建设的重要思想、关于党的自我革命的重要思想，深刻领悟“两个确立”的决定性意义，增强“四个意识”、坚定“四个自信”、做到“两个维护”，坚持用改革精神和严的标准管党治党，深化党的建设制度改革

（61）完善党中央重大决策部署落实机制

（62）鲜明树立选人用人正确导向

●健全树立干事新风、激励锐意改革敢于担当机制

●创新牢固树立和践行正确政绩观制度办法

●建立守牢安全底线、生态红线、耕地红线、地方政府债务警戒线、统计数据质量线等“五条底线红线”工作机制

●改进推动高质量发展政绩考核机制

（63）优化凝心聚魂、强基固本制度机制

（64）健全落实“三个区分开来”制度措施

●健全尽职免责、尽职减责报备机制

（65）深入推进党风廉政建设和反腐败斗争

（66）健全为基层减负长效机制

（67）提升狠抓落实质效

●完善“四下基层”抓落实、“四不两直”抓督查、“四不放过”抓整改机制

政府工作报告

——2025年1月14日在吉林省第十四届人民代表大会第四次会议上

胡玉亭

1月14日，吉林省第十四届人民代表大会第四次会议在长春隆重开幕。省长胡玉亭作政府工作报告　宋锴/摄

各位代表：

现在，我代表省政府，向大会报告工作，请予审议，并请省政协委员提出意见。

一、2024 年工作回顾

2024 年是实现“十四五”规划目标任务的关键一年。面对国内外复杂严峻形势，全省上下牢记习近平总书记嘱托，全力克服需求不足、预期转弱、化债除险、防汛救灾等多重困难挑战，负重前行，真抓实干，经济运行总体平稳，社会大局保持稳定，振兴发展取得新成效。

——发展韧性持续增强。产业投资增长 10.1％。高技术制造业增加值占规上工业 12.3％，战略性新兴产业产值占规上工业 16.9％。新增风光装机超过 600 万千瓦，是正常消纳能力的 10 倍，新能源产业投资突破 1100 亿元。氢基绿能产业园配套新能源 80％实现自发自用，开启全国首创新能源直供模式。一般公共预算收入增长 10.8％。

——改革创新蓄势赋能。省属国企一级企业数量压减 80％，资产总额、营业收入、利润增长、上交税费均创近 5 年最好水平。实现国有资本收益 64.6 亿元，增长 358％。转化科技成果 3609 项，技术合同成交额达到 241 亿元，实现两个翻番。“吉林一号”117 颗卫星全球组网，发布全球首张高清年度一张图。

——粮食生产再创新高。播种面积达到 8780.7 万亩，单产连续 3 年居粮食主产省第 1 位，总产量达到 853.2 亿斤，全国第 4 的地位进一步巩固。

——生态质量不断改善。空气质量优良天数 92.9％。国考断面优良水体达到 89％。104 条城市黑臭水体动态清零。长春、延边入选国家首批深化气候适应型城市建设试点。

——安全生产稳定向好。改造老旧燃气管道 2249 公里，瓶装液化气居民“阀、管”改造 99.94 万户。生产安全事故起数、死亡人数分别下降 40.5％、32.7％，降幅居全国前 5 位，未发生重大及以上事故，连续 44 年无重大森林火灾。

主要做了以下工作。

一是全力拼经济稳增长

采取一揽子增量措施，稳住了经济基本盘。挖潜增效稳工业。强化助企纾困赋能、以丰补歉，培育新增长点。新能源汽车产量增长 27%。红旗汽车产销量分别增长 22.9%和 17.4%。吉化 120 万吨乙烯项目主体完工，吉林化纤年产 15 万吨原丝项目投产，T800 高性能碳纤维试生产成功。优化结构扩投资。争取各类中央资金 1000 亿元以上，实施亿元以上重大项目 1827 个。奥迪 PPE、比亚迪弗迪项目竣工投产。长春轨道交通 6 号线、长太高速等投入运行，沈白高铁、大水网工程、G331 吉林段及一批道路工程顺利推进。综合施策促消费。注重政策撬动、场景创设、活动牵引，社会消费品零售总额增长 3%左右。推动消费品以旧换新，直接拉动消费 190 亿元。规上服务业营业收入增长 8.8%。新增有实绩进出口外贸企业 132 家、上线平台企业超过 2000 家。旅游市场持续火热，接待国内游客人次、出游总花费均增长 20%以上。长白山获联合国教科文组织批准列入世界地质公园网络名录。查干湖景区、嫩江湾旅游区晋升为国家 5A 级景区。

二是全力培育新质生产力

立足国家使命、吉林所需，构建有组织聚力攻坚科技创新机制。长白山、三江、吉光3个省实验室挂牌运行。李玉院士团队荣获国家科学技术进步奖一等奖，实现历史性突破。认定高新技术企业超过4100家。长春入围国家首批20个“车路云一体化”试点城市。松原全国首套严寒地区全钒液流共享储能电站投入运行。长客自主研发首列氢能源市域列车试运行。

三是全力发展现代化大农业

发挥农业特色优势，持续提升粮食综合生产能力。新建和改造提升高标准农田 806 万亩，创历史新高。保护性耕作推广面积达到 3800 万亩。农产品加工业新达产项目 314 个，新增产值 365 亿元。肉牛屠宰量实现翻番，由全国第 11 位跃升至第 5 位。人参产业综合产值突破 800 亿元。梅花鹿产业规模保持全国第一。农林牧渔总产值达到 3100 亿元，增速居全国前列。和美乡村建设有序推进，深入实施“十百千万”工程，新建宜居农房 18393 户。

四是全力深化改革扩大开放

大力推进省属国有企业改革，国资企业、金融企业、机关事业企业核心功能和战略布局基本成型。吉林森工和长白山森工完成司法重整、实现战略性重组，大成集团成功化解境外债务、实现复工复产，旅控集团扭亏为盈。“高效办成一件事”扩面提质，11.7 万个政务服务事项实现全程网办、不见面审批。落实支持民营经济发展“31 条”政策，持续为民营企业松绑减负，新登记经营主体 60.7 万户。政府债务化解有序有效，农信系统综合改革取得突破性进展。延吉 – 长白重点开发开放试验区获批。招商引资产业类项目形成固定资产 550 亿元。

五是全力保障和改善民生

新增财力80%以上用于民生领域，全面完成25项民生实事。城镇新增就业23.35万人，农村劳动力转移就业295.56万人，高校毕业生留吉突破15万人。退休人员基本养老金按时足额发放。城乡居民基本医疗保险补助标准提高到每人每年670元。提供优质公办幼儿园学位11870个。资助困难家庭考生2570名。“一次就诊只挂一次号”医疗机构达307家，实现三级公立医院、市县中心医院（中医院）全覆盖。新增助老餐厅餐点1327个。1.5万套“保交楼”任务全部完成。解决9.5万户“无籍房”办证问题。吉林健儿在全国第十四届冬运会上获得62枚金牌、位列金牌榜第2位。全力抗御严重洪涝灾害，实现群众无伤亡、堤防无决口、水库无溃坝，安置危房群众866户、加固重建危房1312户。法定报告传染病发病率继续保持全国最低水平。退役军人服务保障、军民融合、国防动员和后备力量建设、双拥共建取得新进展。老龄、慈善、残疾人、地方志、中医药、红十字、妇女儿童、志愿服务等各项事业全面发展，外事侨务、港澳台、民族宗教、气象、地震、测绘、援疆、援藏等工作取得新的进步。

一年来，我们持续加强政府自身建设。巩固拓展主题教育成果，深化党纪学习教育，牢固树立干事创业鲜明导向，当好执行者、行动派、实干家。把战略、思路、规划转化为可操作的解决方案和“施工图”，优化赛马机制，政府执行力、战斗力有效提升。自觉接受省人大及其常委会法律监督、工作监督和省政协民主监督，认真听取各民主党派、工商联、无党派人士和各人民团体等各方面意见。办理全国政协提案3件、省人大代表建议214件、省政协提案538件。府院联动和府会联动机制不断深化。落实中央八项规定及其实施细则精神，带头过“紧日子”，政府系统党风廉政建设取得新成效。

各位代表！

过去一年的成绩来之不易、成之惟艰，根本在于以习近平同志为核心的党中央统揽全局、科学指引，是省委团结带领全省各族人民拼搏实干的结果，是广大干部群众奋力攻坚的结果。在此，我代表省政府，向全省各族人民，向人大代表、政协委员，向各民主党派、工商联、人民团体和社会各界人士，向解放军驻吉部队、武警官兵、公安干警和消防救援队伍指战员，向驻吉各中直单位，向港澳同胞、台湾同胞、广大侨胞，向所有关心、支持吉林发展的海内外朋友，表示崇高敬意和衷心感谢！

当前，吉林正处于全面振兴实现新突破的关键时期。支撑高质量发展明显进位还需提速度扩总量，培育壮大新动能还要扶优育强、补齐短板，经济回升向好的基础还需不断夯实。特别是传统燃油汽车产销持续承压，新兴产业尚未形成有效支撑，债务化解带来的收缩效应仍会延续，部分企业生产经营困难，国有企业核心竞争力还不强，部分市县财政收支矛盾突出，民生领域还有不少短板，安全风险隐患不容忽视，一些干部担当作为不够，等等。对这些问题，我们会高度重视，有效加以解决。

二、2025年工作安排

今年是“十四五”规划收官之年，也是“十五五”规划谋划之年。省委总的要求是：坚持以习近平新时代中国特色社会主义思想为指导，全面贯彻党的二十大和二十届二中、三中全会以及中央经济工作会议精神，深入落实习近平总书记关于东北全面振兴和吉林工作系列重要指示精神，按照省委十二届五次、六次全会暨省委经济工作会议部署，坚决扛起维护国家“五大安全”重要使命，坚持稳中求进工作总基调，完整准确全面贯彻新发展理念，加快构建新发展格局，扎实推动高质量发展，不断提高人民生活水平，保持社会和谐稳定，坚定信心、抢抓机遇、拼搏实干，推动“十四五”规划圆满收官，为实现“十五五”良好开局打牢基础。这是政府经济社会发展工作的基本遵循。

2025 年经济社会发展主要预期目标是：地区生产总值增长 5.5%左右，粮食产量 880 亿斤以上，固定资产投资增长 5%左右，社会消费品零售总额增长 6%左右，一般公共预算收入增长 3%左右，城乡居民人均可支配收入增速高于经济增长速度，城镇调查失业率控制在 5.5%左右，居民消费价格指数涨幅在 2%左右，单位 GDP 能耗下降 2%左右。

这些目标的确定，既衔接“十四五”规划收官，又符合吉林发展实际，体现了更加积极有为，有利于引导预期、提振信心。我们要把习近平总书记强调的必须统筹好五对重要关系作为做好今年工作的“金钥匙”，坚持稳中求进、以进促稳，把质的有效提升和量的合理增长统一于高质量发展全过程，以改革为动力，超常规推动吉林全面振兴迈出坚实步伐。

重点做好八个方面工作。

（一）聚焦全方位扩大国内需求，着力促消费扩投资。创新供给引导需求、扩大投资撬动消费，激活经济新动能，拓展发展新空间

大力提振消费。实施提振消费专项行动，更大力度释放消费潜力。拓展传统消费。优化消费品以旧换新政策，办好汽博会、绿色智能家电进万家等活动，稳定大宗消费。打造商旅文体健融合发展消费新场景，支持餐饮住宿、养老托育等服务消费。培育新型消费。大力发展数字消费、绿色消费、品牌消费、健康消费。发挥平台经济促消费作用，推动企业规范经营、提升质量。发展智慧商超、智慧餐厅等新业态。创新消费供给。培育长春区域消费中心城市，推动步行街、商圈设施改造和业态升级。积极推进首发经济，引进培育 100 个首店，打造 5 个夜间消费集聚区、20 个夜间消费新场景。大力发展银发经济，拓展“冰雪避暑 + 中医中药”康养模式，支持国企积极利用财政性存量资产设施布局相关产业。优化消费环境。大力盘活政府存量低效、闲置楼宇，改造医院病房，改善高校宿舍条件，增加公共服务功能。支持消费场所推广智能停车、非接触式服务等应用，提升消费体验。落实降低全社会物流成本专项行动，推进国家物流枢纽建设，提升消费品保障能力。

提高投资效益。以重大项目建设为牵引，持续优化投资结构，积极扩大有效投资。强化项目建设力度。实施重大项目 2500 个以上，其中亿元以上项目 1500 个以上。加快实施市县“一号产业项目”，产业投资占比超过 50%。开工珲春至防川高速项目，加快长春都市圈西环线、白山至临江、松江河至长白高速和 G331 吉林段公路等项目建设。沈白高铁建成通车。加快长春龙嘉国际机场三期扩建工程、延吉机场迁建项目前期工作，争取和龙通用机场年底竣工。强化项目谋划储备。抢抓“两重”“两新”政策窗口期，结合“十五五”规划编制，谋划储备一批打基础、利长远的高质量项目，亿元以上项目达到 1000 个。重构项目管理中心，自上而下谋划项目，提高项目谋划质量和水平。强化项目要素保障。用好国家一揽子增量政策，争取更多中央预算内资金、超长期特别国债、专项债分配额度。规范实施政府和社会资本合作新机制，引导民间资本参与重大工程和补短板项目建设，积极推进基础设施领域不动产投资信托基金工作，促进投资良性循环。

（二）聚焦科技创新和产业创新融合发展，着力建设现代化产业体系。坚持教育科技人才产业一体化发展，因地制宜发展新质生产力，超常规推动制造业发展壮大

加强科技创新资源统筹。深化有组织聚力攻坚机制，紧扣产业关键核心技术需求，加大投入推进攻坚专项，早日形成标志性成果。优化高能级创新平台建设，发挥全国重点实验室重大科技项目攻关作用，组织长白山、三江、吉光3个省实验室和省科技创新研究院、省氢能产业综合研究院高效运行，推动创新平台面向企业和社会开放共享。强化企业创新主体地位，支持行业领军企业联合高校院所实施科技攻关任务，国家高新技术企业数量增长10%以上，R&D经费投入增长10%左右，转化科技成果数量增长15%以上。强化教育人才支撑，实施高等教育“百亿工程”“办学条件改善工程”，打造一批高水平应用型学科，超前布局战略性新兴产业、未来产业急需的学科专业。

做大做强先进制造业。创造性挖掘释放资源优势，降低要素成本，提升传统产业水平和核心竞争力。汽车产业加速向新能源和智能网联方向转型，支持奥迪一汽新能源车型批量投产上市，加快“车路云一体化”基础设施建设，拓展应用场景。新材料产业持续扩大碳纤维制品应用规模，加快制品产业园建设，启动建设氢冶金新材料项目，促进新材料、新能源、新装备集群化融合发展。装备制造产业突出高端化发展，加快氢能驱动时速250公里城际市域列车和氢能驱动有轨电车新产品研制应用。推进新型卫星迭代升级，提升批量化、低成本卫星生产制造能力。光电信息产业拓展“光学+”新赛道，推动高端图像传感器生产线项目建成投产，加快传感器产业园建设。布局OLED材料项目，打造新型显示材料集聚地。医药健康产业推动生物医药、现代中药、高性能医疗器械等高质量发展，抓好大品种、大项目、大集聚区建设，壮大医药新业态。未来产业突出前瞻布局，开展“人工智能+”行动，开拓新型显示、低空经济等应用新场景。超前布局建设数据基础设施，实现算力总规模翻番。

大力推动新能源产业跨越式发展。产业投资超过1300亿元，新能源装机600万千瓦以上。开展老旧风机改造，“以大换小”新增500兆瓦以上。深化“绿电+消纳”模式创新，加快绿能产业园区建设，增量配电网从“建网”向“强网”演化。最大限度降低全社会用电成本，提升企业竞争力。推动绿氢产业项目投产达效形成集群优势，开工建设东方电气氢燃料电池等5个以上装备制造项目，吉电股份大安一期、上海电气绿色甲醇等项目如期竣工投产。

持续打造旅游万亿级产业。坚持四季联动、全域发展，接待国

内游客人次、出游总花费均保持两位数增长。突出项目引领。聚焦景区运营、康养度假、冰雪装备，引进龙头企业，打造标志性项目。实现 G331 吉林段全线贯通，边境游突破 500 万人次。加强历史文化遗产保护利用，推进一批公共服务设施改造建设。突出服务提质。以冰雪和避暑“双品牌”为引领，促进景区景点全链条升级。发展文化游、红色游、乡村游、边境游，拓展业态、丰富体验，完善交通、住宿、医疗等配套设施，推动景区承载能力和便利化建设，净化旅游市场环境。突出发展冰雪经济。开展景区、度假区质量提升行动，打造雪地越野等新业态，支持更多景区创建国家级旅游度假区。新建 1 处大型滑雪度假中心。建设冰雪装备产业园，壮大冰雪装备产业规模。推动冰雪运动进校园、进课堂。加强冰雪文化融合发展，持续推进“冰雪丝路”创新先导区建设。实现新雪季接待游客人次、出游总花费增速均达到 20% 以上。

（三）聚焦扛稳国家粮食安全重任，着力加快高水平农业强省建设。扎实推进乡村全面振兴，推动农业基础更加稳固、农村地区更加繁荣、农民生活更加红火

全方位夯实粮食安全根基。建设高标准农田1000万亩，完善建设、验收、管护机制，确保建一亩成一亩。保护性耕作面积新增200万亩，“水肥一体化”推广面积新增100万亩。严守耕地保护红线。加快6个省级育种创新平台建设。深化农机研发制造推广应用一体化试点示范，加大农机“优机优补”“有进有出”力度，农作物耕种收综合机械化率达到94.7%。健全农业社会化服务体系，带动小农户规模达到160万户。

发展壮大农产品精深加工集群。优化资源配置，创建省级现代化大农业示范园区，发展数字农业，提高全产业链增值收益。巩固提高“吉牛中国牛”市场占有率，肉牛屠宰量达到80万头。推动人参全产业链产值达到千亿级规模。出台梅花鹿产业高质量发展五年规划和行动方案，推动梅花鹿“茸角胎骨”入食申报。实施生态渔业倍增计划，水产品产值实现翻番。高标准打造吉林大米、鲜食玉米、矿泉水等“吉字号”特色品牌。

持续巩固拓展脱贫攻坚成果。完善常态化防止返贫致贫机制，落实好产业就业帮扶政策，确保不发生规模性返贫致贫。实施农民工资性收入提升行动，工资性收入提高20%以上。深入实施“十百千万”工程，打造“美丽乡村示范县”5个、“百村示范”村200个，行政村清洁覆盖率保持100%。新改建农村公路2700公里，实施“畅返不畅”工程5200公里。

统筹推进城乡融合发展。开展新一轮农业转移人口市民化、县城城镇化水平提升、长春都市圈培育、城市更新和安全韧性提升4项行动。健全城市规划体系，促进未落户的常住人口与城镇户籍人口均等享有基本公共服务。完善城乡商贸流通体系，引导商贸流通企业在农村布局网点。落实边境村人口稳定政策措施，加快污水管网和新能源取暖建设，推进兴边富民、稳边固边。开展好5个国家新型城镇化试点。

（四）聚焦增强发展内生动力，着力推动进一步全面深化改革。更加注重改革实效，推动标志性改革举措落地见效

深化国资国企、财税金融等重点领域改革。推进吉能集团、交投集团、一汽吉林战略性重组，做实金控集团主体功能，拓展农发、旅控、吉勤集团战略性布局，显著提升产投集团、森工集团等企业经营绩效。统筹经营性事业单位改革，稳妥做好人员安置、社会保障等衔接。推进财税体制改革，增加地方自主财力。全面深化零基预算和绩效管理改革，抓好国家财政科学管理试点工作。完善助贷机制，增加金融产品供给。

支持民营经济发展壮大。坚持和落实“两个毫不动摇”，再造政府采购及招投标规则机制，鼓励民营企业参与投资建设基础设施竞争性领域项目，有效维护民营企业、民营企业家合法权益。强化企业用工、用能等要素保障，优化金融、人才、科技、数字化等增值服务。

持续优化营商环境。建立“高效办成一件事”服务效能评价机制。深入推进“一网通办”。彻底清理规范涉企执法、收费行为，探索“无感监管”模式，严查不作为、乱作为问题。大力清偿政府拖欠企业账款。

（五）聚焦稳外贸、稳外资，着力扩大高水平开放合作。推动开放发展扩面升级、提质增效，打造合作竞争新优势

强化有组织扩大开放。积极融入共建“一带一路”，完善与各国友好省州合作机制，鼓励骨干企业、国企设立驻外机构，开拓国际市场，推动对外投资合作。完善外资促进和服务机制，持续打造“投资吉林”品牌。做好与京津冀等国家重大战略对接，深化吉浙对口合作，强化东北三省一区战略合作。建立招商引资新机制，新引进项目 1000 个、合同引资额 3000 亿元。

提升开放平台能级。实施好长吉图开发开放先导区战略，支持延吉 – 长白重点开发开放试验区、珲春海洋经济发展示范区等建设，促进珲春与东北亚地区港口城市互联互通。发挥好吉西南承接产业转移示范区功能，培育区域经济新增长点。推动开发区改革创新，促进产业集群化、园区专业化、发展差异化。

发展壮大对外贸易。发展服务贸易、绿色贸易、数字贸易，推动整车及零部件、农产品、医药等优势产品“出海”，新增外贸企业 200 家以上。加快跨境电商综试区建设，发展“互贸 + 电商、互贸 + 旅游”等业态。创新外贸监管模式，推进智慧海关建设。扩能改造边境口岸基础设施，建设智慧口岸。

（六）聚焦更好统筹发展和安全，着力防范化解重点领域风险。以“时时放心不下”的责任感，推动高水平安全护航高质量发展

推动房地产业健康发展。积极实施城中村和危旧房改造。合理控制新增房地产用地供应，盘活存量用地和商办用房。构建房地产发展新模式，打通库存商品房与二手房、保障房、回迁房、人才公寓转换通道，加大“白名单”项目贷款投放力度，满足房地产项目合理融资需求。大力推动 10 个以上“好房子”示范项目建设。

防范化解债务和金融风险。积极稳妥盘活财政性资产，减存量、遏增量债务，争取早日“脱红摘帽”。科学分配使用债券资金，优先置换高成本隐性债务。推进平台公司向投、建、运、管一体化转型。彻底化解中小金融机构风险。发挥央地金融工作协调机制作用，严厉打击非法金融活动。

切实抓好安全生产。深入推进安全生产治本攻坚三年行动，严格落实“三管三必须”责任，紧盯燃气、消防、煤矿、危化品等重点领域和关键环节，细分监管责任到人，加大事故隐患排查整治力度，坚决防范遏制重特大事故。完善自然灾害特别是洪涝灾害监测、防控措施，实现河流水位短临预报技术突破，抓好森林防火、防震减灾救灾等工作，全力维护人民群众生命财产安全。

（七）聚焦巩固拓展生态优势，着力促进全面绿色转型。协同推进降碳减污扩绿增长，加快美丽吉林建设

持续打好污染防治攻坚战。抓好秸秆禁烧和综合利用，推进重点行业超低排放改造，空气优良天数保持在93%左右。开展水环境质量巩固提升行动，优良水体保持在85%以上。持续巩固土壤环境质量，受污染耕地安全利用率保持在95%以上。抓好生态环保督察反馈问题整改。

扎实推进生态保护修复。实施好林草湿生态连通、万里绿水长廊、长白山森林植被恢复等重大生态工程，建设好东北虎豹国家公园。“三北”工程建设面积70万亩。“山水工程”“历史矿山”示范工程修复国土50万亩。抓好生态补水、灌区退水治理等重点工程。扎实推进查干湖生态治理专项工程，稳定提升水质。开展毁林毁湿毁草等问题排查整治。

积极稳妥推进碳达峰碳中和。建立省级碳排放统计核算体系，推动能耗“双控”向碳排放“双控”转变。优化能源结构，推行绿色供能。持续推进碳市场建设，全流程规范自愿减排项目建设及碳汇交易活动。构建废旧物资循环利用体系，促进产品绿色更新和品质升级。倡导简约适度、绿色低碳、文明健康的生活理念和方式。

（八）聚焦保障和改善民生，着力增强人民群众获得感幸福感安全感。积极回应群众关切，加大财政民生投入强度，把老百姓身边的大事小情解决好

办好20件民生实事。为有需求的残疾人提供基本康复服务，对残疾儿童康复救助实现“应救尽救”。实施全部中小学校教室灯光照明改造。为重点地区新生儿免费提供遗传代谢病筛查服务。为7000户困难老年人家庭实施适老化改造。建设24个群众滑冰场，26个户外健身中心。改造客运班线公交化线路120条。

发展社会事业。统筹稳岗扩岗、技能培训、创业带动、灵活就业等措施，城镇新增就业21万人，农村劳动力转移就业270万人，高校毕业生留吉超过15万人。深化义务教育“优质校＋薄弱校、新建校”集团化办学，扩大优质高中招生规模，推进职业本科教育提质发展，支持省属高校建设“双一流”大学。建设全国学校体育高质量发展试点省。编制《青年发展友好型省份建设规划》，完善青年就业创业、权益维护等政策体系。深化医联体和紧密型县域医共体建设。健全传染病监测预警体系。新建改建合作助老餐厅和助餐点1000个，基本实现乡镇、城市社区全覆盖。出台生育补贴政策，建设生育友好型社会。完善新业态从业者等重点人群参保政策。推动长期护理保险扩大覆盖面。加强国防动员体系和能力建设，做好退役军人事务和双拥工作。着力发展老龄、慈善、残疾人、地方志、中医药、红十字、妇女儿童、志愿服务等事业，全面做好外事侨务、港澳台、民族宗教、气象、地震、测绘、援疆、援藏等工作。

强化社会治理。落实“四个最严”要求，严把食品安全源头关、生产关、流通关，全力守护人民群众“舌尖上的安全”。持续打击整治电信网络诈骗等犯罪，健全扫黑除恶常态化机制。学习运用新时代“枫桥经验”，推动矛盾纠纷源头化解。加强公共安全系统施治，盯紧涉及人民群众安全和公共安全的重点行业领域，严防极端事件发生。

三、锲而不舍加强政府自身建设

面对新形势新任务新使命，各级政府及工作人员要不断提高政治判断力、政治领悟力、政治执行力，全面履行好政府职责。

建设人民满意的有为政府。各级领导干部要干字当头、躬身入局、以上率下，坚持用改革的办法，破解影响高质量发展、制约全面振兴突破等问题。坚持有效市场和有为政府协同发力，把该放给市场和社会的权放足、放到位，把该政府管的事管好、管到位。心无旁骛抓发展，全心全意惠民生，创造性地能动履职，以数据说话、用结果交账。牢固树立和践行正确政绩观，坚决纠正“避责式履职”“作秀式执行”，切实为基层减负，坚决反对热衷于只对上表现、不对下负责、不考虑实效的形式主义、官僚主义。

建设人民满意的服务型政府。坚持以人民为中心的发展思想，贴近群众、感知民生，优化工作流程和服务机制，立说立行、紧抓快办，尽最大努力解决好老百姓关心的急难愁盼问题。强化效能建设，拓展公共服务领域，加强社会治理创新，推进政务公开透明，化繁就简、提高效率。落实“四下基层”要求，全面提升服务群众、服务企业、服务经济社会高质量发展水平。

建设人民满意的法治政府。带头尊法学法守法用法，严格按照法定权限和程序履行职责、行使权力、承担责任。健全政府守信监督机制，治理政府失信行为。依法接受省人大及其常委会法律监督、工作监督，自觉接受省政协民主监督，认真办理人大代表议案、建议和政协提案。严格规范公正文明执法，强化执法监督。持续优化府院联动机制，提高依法行政能力。

建设人民满意的廉洁政府。严格落实中央八项规定及其实施细则精神，坚持不懈纠“四风”树新风。强化制度建设，完善权力运行制约监督机制，坚持放权、赋能、担责，系统整治滥用权力的渎职失职行为，确保廉洁用权。严肃财经纪律，加强财政资金绩效管理，从源头铲除滋生腐败的土壤。持续巩固发展干部清正、政府清廉、政治清明、社会清朗的政治生态。

各位代表！

为政之要，重在实干。让我们更加紧密地团结在以习近平同志为核心的党中央周围，在省委的坚强领导下，迎难而上、奋力拼搏，全力完成今年经济社会发展目标任务，推动吉林高质量发展明显进位。

划重点！ 9 个创意字读懂政府工作报告

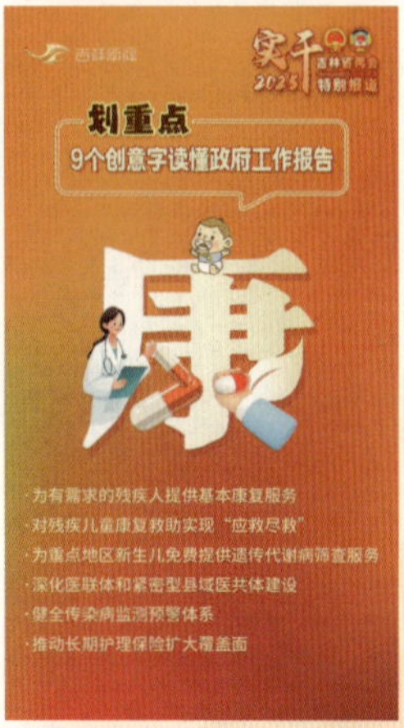

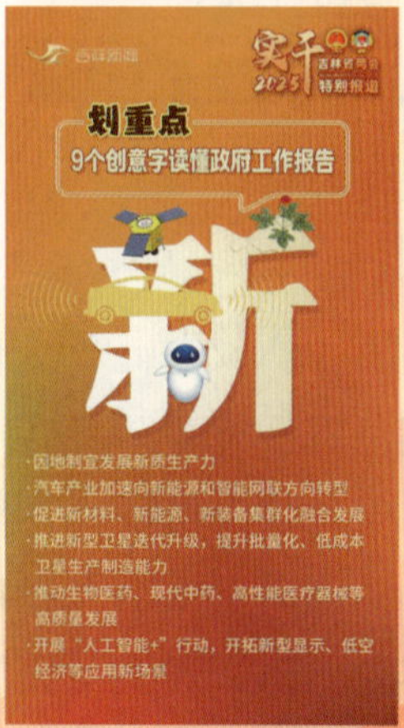

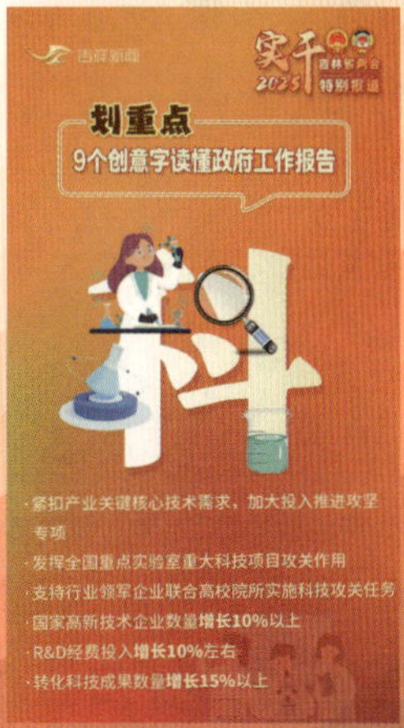

吉祥新闻海报

吉林省人民代表大会常务委员会工作报告

——2025年1月15日在吉林省第十四届人民代表大会第四次会议上

高广滨

各位代表：

我受省人大常委会委托，向大会报告工作，请予审议。

过去一年的主要工作

2024年，是全国人民代表大会成立70周年，习近平总书记出席庆祝大会并发表重要讲话，为在新时代新征程坚持好、完善好、运行好人民代表大会制度提供了根本遵循。一年来，省人大常委会坚持以习近平新时代中国特色社会主义思想为指导，在省委坚强领导下，深入学习贯彻党的二十大和二十届二中、三中全会精神，全面贯彻落实省委十二届五次、六次全会部署，坚持党的领导、人民当家作主、依法治国有机统一，深入践行全过程人民民主，认真履行宪法法律赋予的职责，稳中求进推动地方人大工作高质量发展，各项工作取得新的进展和成效。

一、坚持党的全面领导，坚定人大工作正确政治方向

常委会始终把坚持党的全面领导作为人大工作最高政治原则，以实际行动忠诚拥护“两个确立”、坚决做到“两个维护”。

在持续深化党的创新理论武装中增强政治自觉。深入学习贯彻习近平新时代中国特色社会主义思想，把学习贯彻习近平法治思想、

习近平总书记关于坚持和完善人民代表大会制度的重要思想作为履职基本功，全年召开24次常委会党组会议、9次理论学习中心组集体学习会，举办10次人大学习讲堂，在学思践悟中筑牢思想根基。把学习宣传贯彻党的二十届三中全会精神作为重要政治任务，及时列入常委会会议第一议程，作为代表培训第一课，面向常委会组成人员、基层人大代表精心组织开展宣讲，推动全会精神深入人心。再学习、再对标、再落实习近平总书记关于东北全面振兴和吉林工作系列重要指示精神，牢牢把握维护国家“五大安全”重要使命，不断提高做好人大工作的政治站位。2024年9月，组织召开庆祝吉林省人民代表大会成立70周年座谈会，全面总结70年来人大制度在吉林省的生动实践，带动全省各级人大开展多种形式的庆祝活动，不断增强人民代表大会制度自信。

在依法推动改革决策贯彻落实中体现政治担当。自觉肩负起在法治轨道上推动进一步全面深化改革的使命任务，立足人大职能制定130项贯彻落实措施，扎实推进省委十二届五次全会对人大直接部署的2个重点领域10项改革任务。深化立法领域改革迈出关键一步，牵头制定《关于促进东北三省一区旅游业协同发展的决定》，这是东北三省一区首部协同立法，为深化东北旅游产业协作、大力发展冰雪经济营造良好法治环境。2024年9月，牵头主办东北三省一区人大区域协同工作座谈会，共同谋划落实党的二十届三中全会关于区域协同立法改革部署，共同签署《2025年度协同立法协议》，不断拓宽区域协作领域，汇聚共促振兴发展合力。

在认真执行党的全面领导制度中履行政治责任。牢牢把握政治机关第一属性，坚决贯彻党中央重大决策部署，全面落实省委对人大工作的新部署新要求，紧紧围绕全省工作大局谋划和推进工作。严格执行请示报告制度，重要会议、重要立法、重要工作、重大事项等及时向省委请示报告；坚持党对立法工作的领导，高质量完成省委确定的5项重点立法任务；坚持党管干部原则和人大依法任免相统一，全年任免地方国家机关领导人员、工作人员266人次，对47名省人大代表的代表资格进行审查，确保省委各项决策部署在人大工作中得到全面贯彻和有效执行。

二、坚持以高质量立法护航高质量发展，为吉林全面振兴提供坚实法治保障

常委会主动适应时代要求，积极服务振兴发展大局，深入推进科学立法、民主立法、依法立法，全年制定修改法规29件，废止6件，批准44件。

加强重点领域、新兴领域立法。紧扣高质量发展这一首要任务，在科技创新、营商环境、农业现代化、生态环保、社会民生等方面强化法治供给。制定修订知识产权保护和促进条例、科学技术进步条例，全链条强化知识产权运用、保护、管理和服务，有效激发全社会创新创造活力。审议反不正当竞争条例，提升新业态新模式下不正当竞争行为监测预防，加快推动建设规范有序、公平竞争的市场环境。制定粮食流通条例，坚持市场调节与政府调控相结合，依法规范粮食流通秩序。制定全国首部省级水网建设管理条例，统筹治水与发展，为加快推进吉林水网主骨架、大动脉建设提供有力法治保障。制定气象信息服务条例，以法治方式推进数据共享、强化预警联动。制定绿色建筑发展条例，依法推动行业绿色转型和"双碳"战略实施。制定慈善条例，审议家庭教育促进条例、养老服务条例，依法解决"一老一小"和特定群体最关心、最紧迫、最突出的现实问题，让立法有温度，让民生有保障。

坚持立法决策和改革决策相统一、相衔接。坚持立改废释并举，确保重大改革于法有据。针对部分法规存在涉及不平等对待企业以及法规条款明显滞后问题，对213件省本级地方性法规开展专项清理，打包修改劳动合同条例等法规17件，废止3件，依法保障市场主体自由选择权，减低企业制度性交易成本。及时清理与新修订的行政复议法不一致的法规，废止行政复议条例等3件法规，有效防止和纠正不适当的行政行为，避免过时的法规条款成为改革的"绊马索"。指导市州人大常委会开展法规清理，批准修改、废止地方性法规和单行条例11件，确保地方法规更好适应全省改革要求。

紧紧抓住提高立法质量这个关键。不断完善党委领导、人大主导、政府依托、各方参与的立法工作格局，狠抓法规立项、起草、审议重要环节，确保每一部法规立得住、行得通、真管用。把好立项关。坚持时、度、效相统一，充分了解各方立法需求，区分轻重缓急，坚持急需先立，及时把省委部署、发展所需、群众关切转化为立法项目。把好起草关。充分发挥主导作用，认真做好牵头起草、组织协调等相关工作，重点立法采取省人大、省政府相关领导共同担任组长的“双组长制”，有效形成立法工作合力。起草过程中广泛凝聚立法共识，通过基层立法联系点征集意见建议 215 条，让人民群众声音原汁原味直达立法机关。把好审议关。实施《关于提高常委会会议审议质量的意见》，对 10 件初次审议的法规草案实行“审读制”，保障常委会组成人员充分审议。坚持时间服从质量，重要法规实行“二审三通过”，确保成熟一个、出台一个。审查批准长春市历史文化名城保护、延边州黑木耳产业发展等法规 44 件，精准有效解决实际问题，更好服务地方经济社会发展。

不断提升备案审查工作水平。备案审查是宪法法律赋予人大常委会对规范性文件开展合法性审查的一项重要职权，是维护国家法治统一的重要制度安排。常委会落实全国人大《关于完善和加强备案审查制度的决定》精神，召开全省人大备案审查工作暨培训会议，在全国率先完成新一轮地方备案审查条例修订，率先开展全省乡镇街道备案审查试点工作，建立健全与省“一府一委两院”衔接联动机制，与吉林大学合作成立东北首个备案审查研究中心，不断提升全省备案审查工作质效。对报送的 19 件规范性文件进行主动审查，有力维护法治统一和权威。全国人大《法制工作简报》介绍吉林省经验做法。

三、坚持以高效能监督推动工作落实，服务保障改革发展稳定大局

常委会坚持正确监督、有效监督、依法监督，充分发挥在党和国家监督体系中的重要作用，全年听取审议“一府两院”专项工作

报告13个，开展视察、执法检查11次，专题调研8次，专题询问1次。

聚焦经济高质量发展开展监督。听取审议省政府关于计划执行情况报告、金融工作报告，紧扣扩大有效需求、提高投资效益、防范化解金融风险等方面提出意见建议。开展“加快形成新质生产力”和“促进低空经济发展”专题调研，为吉林省战略性新兴产业发展提出前瞻性建议。开展人参产业高质量发展专题调研，在完善标准体系、种质科研攻关、拉长建强产业链、整顿市场秩序等方面提出工作建议。省委书记黄强同志批示给予充分肯定。

聚焦农业农村和生态环保开展监督。听取审议省政府关于推进现代化大农业、乡村振兴、黑土地保护等专项工作报告并开展工作监督，在统筹推进高标准农田建设和黑土地保护、稳固提升粮食综合生产能力等方面提出意见建议。对农民专业合作社“一法一例”开展执法检查，依法推动新型农业经营主体健康发展，带动农户增加收入。听取审议省政府关于2023年环境状况和环保目标完成情况报告，开展污染防治攻坚战成效专题调研，对生态环境和资源司法保护监督整改情况“回头看”，切实筑牢生态保护法治屏障。

聚焦预决算、国有资产、政府债务和审计整改工作开展监督。贯彻落实党中央决策部署，两次作出批准增加发行地方政府债券及调整预算的决议，有力支持一批增后劲、上水平的项目建设和地方政府债务置换。开展预算执行情况和决算的审查监督，听取审议省政府关于行政事业性国有资产管理情况、地方政府债务管理情况等报告，推动财政资金使用和国有资产管理规范高效。听取审议审计工作报告和整改情况报告，首次开展审计查出问题整改情况专题询问，围绕预算内基本建设等4个专项资金整改情况进行满意度测评，实现人大监督与审计监督同向发力、同频共振，推动审计查出问题整改到位。

聚焦文化遗产保护和民生改善开展监督。听取审议省政府关于文化遗产保护传承专项工作报告，修改文物保护条例，深入各地开展综合视察和专题调研，召开省直相关部门专题座谈会，推动解决文化遗产保护存在的突出问题。对非物质文化遗产保护“一法一例”

进行执法检查，依法推动吉林省传统技艺、工艺美术、传统医药等非遗项目保护传承，推动非遗融入现代生产生活。对就业促进“一法一例”开展执法检查并进行立法后评估，推动实现更高质量和更充分就业。对职业教育“一法一例”开展执法检查，提高职业教育服务地方经济社会发展能力。围绕兴边富民开展专题调研，在人才兴边、产业富边、生态美边等方面提出建议。审议省政府关于落实安全生产“三管三必须”实施细则情况报告，推动风险隐患排查治理，强化监管责任落实，推动高质量发展和高水平安全良性互动。

聚焦维护社会公平正义开展监督。围绕行政审判和行政检察开展工作监督，省市人大联动，五级代表联合，全程观摩庭审、评议、听证、建议送达、案例展示等工作，提出意见建议，有效形成人大监督和司法监督合力。开展健全产权制度和企业家权益保护工作专题调研，把党中央和省委关于促进民营经济发展的政策贯彻好、落实好。开展反有组织犯罪法执法检查，促进扫黑除恶常态长效，对整治群众身边不正之风和腐败问题开展监督，助力增强人民群众幸福感获得感安全感。

四、坚持以高水平代表工作汇聚民意民智，深入践行和发展全过程人民民主

常委会充分发挥在密切同人民群众联系中的带头作用，进一步健全吸纳民意、汇集民智工作机制，不断丰富代表联系人民群众的内容和形式，使发挥代表作用成为人民当家作主的重要体现。

以“两个联系”为抓手广泛吸纳民意、汇集民智。落实常委会联系代表制度，常委会组成人员常态化直接联系 146 名省人大代表，召开列席常委会会议代表座谈会，零距离听取代表意见建议，全年邀请人大代表 252 人次参加人大立法调研、执法检查、视察等工作，打牢常委会履职的民意基础。加强代表与人民群众的联系，充分发挥全省 6000 多个代表家站作用，持续开展“代表进家站，履职为人民”活动，推动解决群众困难和民生实事 1.3 万件，将代表发挥作

用嵌入基层治理体系，让群众感到全过程人民民主就在身边。

以“两个高质量”为要求推动代表议案建议办理落实。代表议案建议承载民意民智。常委会按照“内容高质量、办理高质量”要求，健全完善议案建议提出前的沟通协调机制，建立集中交办、创新督办、跟踪落实、结果反馈全流程工作闭环。各承办部门高效办理，推动代表建议由“办件”向“办事”转变。省十四届人大三次会议以来，代表提出的 4 件议案、239 件建议全部办理完毕并答复代表。一批关于“两重”“两新”政策落实、现代化产业体系建设、粮食生产、新能源利用、智改数转、教育科技人才产业一体发展、文化遗产保护传承、就业养老医疗等建议，切实转化为深化改革、破解难题、改善民生、推动发展的实际举措。同时，吉林省全国人大代表在十四届全国人大二次会议上提出议案 11 件、建议 164 件，很多建议被采纳，特别是关于健全粮食主产区利益补偿机制、支持吉林省打造世界级冰雪基地、加快完善东北地区高速铁路网络等 7 件代表团建议，得到国家相关部委高度重视，有的已经得到有效落实，取得很好效果。黄强书记批示予以充分肯定。

以“两个能力”双提升为目标加强代表工作能力建设。坚持“代表履职能力、代表工作队伍能力”一起抓，制定《加强人大代表工作能力建设的意见》，以代表工作机构成立为契机举办省市县三级人大代表工作队伍培训班，全面提高为代表服务的能力和水平。举办 2 期省人大代表履职专题培训班，重点围绕“学习贯彻党的二十届三中全会精神”等内容开展集中学习。扎实开展闭会期间代表集中视察和专题调研，指导省人大代表小组活动，形成调研报告 15 份。编发《人大代表之声》53 期，得到省委、省政府领导同志 18 次批转办理。

一年来，全省 5.4 万名各级人大代表始终牢记人民重托，始终心系振兴发展大局，以高度的政治自觉、强烈的使命担当、务实的工作作风，积极践行全过程人民民主，始终把人民群众的关心关注作为履职出发点，在平凡的岗位上刻印着坚实的履职印记，交出了厚重的履职答卷，以实际行动兑现了“人民选我当代表，我当代表为人民”的庄严承诺。

五、坚持以高标准自身建设打造“四个机关”，不断提升常委会依法履职能力和水平

常委会牢牢把握“四个机关”定位，切实加强政治建设、思想建设、组织建设、作风建设、纪律建设，着力打造政治坚定、服务人民、尊崇法治、发扬民主、勤勉尽责的人大工作队伍。

突出常委会党组自身建设。充分发挥把方向、管大局、保落实作用，认真履行抓班子、带队伍的政治领导责任，坚持用改革精神和严的标准管党治党。扎实开展党纪学习教育，高质量举办专题读书班，班子成员带头学纪、知纪、明纪、守纪，推动党纪学习教育常态化长效化。认真落实全面从严治党主体责任，经省委批准，在人大 10 个专门委员会设立分党组，形成常委会党组、机关党组、专委会分党组、机关党委、各党支部共同抓党建的工作格局。召开以高质量党建推动人大工作高质量发展会议，落实意识形态工作责任制，纵深推进党风廉政建设和反腐败斗争，积极营造风清气正的良好政治生态。

强化常委会履职能力建设。健全完善常委会议事规则和运行机制，按照紧凑高效的原则，合理安排会议日程，优化会议流程，建立常委会组成人员履职档案，保障常委会组成人员依法高效履职。规范设置相关工作机构，持续优化常委会和专门委员会组成人员结构。有序组织市县人大负责同志、立法联系点负责人和公民代表等 190 余人次列席、旁听常委会会议。制定完善《代表资格审查委员会议事规则》《常委会人事任免工作流程》等制度规定，持续推进常委会工作科学化、议事规范化、履职制度化。

狠抓人大机关作风建设。严格落实中央八项规定及其实施细则精神，坚决反对形式主义，大力精文减会，改进会风文风，切实为基层减负。牢固树立正确政绩观，大兴调查研究，班子成员深入基层一线领题调研，了解真情况、发现真问题，强化调研成果运用。

树立正确选人用人导向，细化完善高质量发展政绩考核措施，构建“选育管用”全链条机制。持续深化抓学习、抓制度规矩、抓作风建设、抓责任落实、抓服务保障五项工作举措，让讲政治、严要求、守规矩、抓落实成为人大机关常态。

一年来，常委会还积极配合全国人大常委会来吉林省开展执法检查、视察和调研，各方面工作得到有力指导；密切与市县人大的联系，在立法、监督、代表等工作中上下联动、同题共答、同向发力；加强对外交往、新闻宣传、信访和信息化建设等工作，全面提升人大工作整体实效。

各位代表，过去一年常委会工作取得的成绩，根本在于习近平新时代中国特色社会主义思想的科学指引，是在省委正确领导下，全体代表和机关同志们担当作为、扎实工作、共同奋斗的结果，是省政府、省监委、省法院、省检察院和全省各级人大以及社会各界大力支持的结果。在此，我代表省人大常委会表示崇高的敬意和衷心的感谢！

各位代表，2024年也是吉林省人民代表大会成立70周年，70年来人民代表大会制度在吉林省得到全面贯彻、有效运行，有力保障人民当家作主和经济社会发展。在新时代新征程坚持和完善人民代表大会制度实践中，我们更加深切感到，党的全面领导是人民代表大会制度发展完善的根本保证，必须旗帜鲜明讲政治，自觉把党的领导贯穿人大履职各方面全过程。更加深切感到，人民代表大会制度是支撑国家治理体系和治理能力现代化的根本政治制度，必须从“两个结合”的高度深刻认识我国根本政治制度“五大显著政治优势”，准确把握“八个必须坚持”“四个充分发挥”的丰富内涵和实践要求，在服务吉林高质量发展中推动人大制度优势不断转化为治理效能。更加深切感到，人民代表大会制度深深扎根于人民，是实现我国全过程人民民主的重要制度载体，必须始终坚持人民主体地位，不断扩大人民有序政治参与，为吉林振兴发展广泛凝聚各方面智慧力量。

同时，我们也清醒地认识到，常委会工作还存在一些差距和不足，主要是：立法工作与改革发展和社会治理的迫切需要还有差距，监督工作制度机制有待进一步完善，吸纳民意、汇集民智工作机制还需进一步健全，常委会自身建设仍需进一步强化，等等。我们将高度重视这些问题，认真听取人大代表和各方面意见建议，采取扎实措施，切实加以改进。

新一年的工作安排

2025年是“十四五”规划收官之年，也是吉林省推动高质量发展明显进位、全面振兴取得新突破的关键一年。常委会将坚持以习近平新时代中国特色社会主义思想为指导，全面贯彻党的二十大和二十届二中、三中全会精神，认真落实省委十二届五次、六次全会部署，始终坚持党的领导，聚焦中心工作，履行法定职责，发挥代表作用，建好“四个机关”，不断开创人大工作新局面。

一是坚定不移坚持党的领导。深入学习贯彻习近平总书记关于坚持和完善人民代表大会制度的重要思想，开展立法、监督、决定、任免、代表等工作，都要自觉同习近平总书记重要讲话重要指示批示精神对标对表，在深学笃行中坚定拥护“两个确立”、坚决做到“两个维护”。紧紧围绕党中央重大决策部署和省委工作要求，紧紧围绕人民群众所思所盼，坚持干字当头、履职尽责，在推动吉林振兴发展中充分发挥人大职能作用。持续加强机关党的建设，把党的领导全面系统整体地落实到人大工作各方面全过程。

二是全面提高立法监督工作质效。强化进一步全面深化改革法治供给，扎实推进重点领域、新兴领域立法，做好优化营商环境、人参产业发展、松花江流域水生态环境保护、博物馆建设管理、建筑市场管理、未成年人保护和古树名木等方面立法修法。坚持围绕中心、服务大局、突出重点开展监督，紧扣贯彻新发展理念，推进高质量发展，开展教育科技人才产业一体发展专题调研；听取审议落实“两重”“两新”政策促进扩大内需、黑土地保护、发展特色产业促进乡村振兴、支持和规范发展新就业形态促进就业、知识产权审判等专项工作报告；围绕纪念抗战胜利80周年开展红色资源保护传承条例执法检查，围绕完善社会治理体系开展多元化解纠纷促进条例执法检查；对文化遗产保护传承开展工作监督并进行专题询问；开展“十五五”规划审查、强化预决算审查、听取国有资产管理情况报告、开展政府债务管理监督，不断增强监督实效。

三是充分发挥人大代表作用。进一步健全吸纳民意、汇集民智工作机制，加强常委会、专门委员会同代表的联系，拓宽代表参与人大工作的广度和深度，在立法、监督等工作中认真听取吸纳代表意见建议。深化代表家站、基层立法联系点等人大民主民意表达平台载体建设，组织开展代表闭会期间活动，不断丰富人大代表联系人民群众的内容和形式。加强代表履职服务保障，围绕新修订的代表法开展代表专题培训，开展县乡人大换届调研，高质量做好代表议案建议工作，更好发挥代表在吉林全面振兴中的积极作用。

四是全面推进人大及其常委会自身建设。坚持把政治建设摆在首位，努力打造让党放心、让人民群众满意的“四个机关”。认真履行全面从严治党政治责任，坚持党性党风党纪一起抓，把遵规守纪与敢作善为统一起来。健全人大议事规则和论证、评估、评议、听证等制度，不断提高常委会工作质量和水平。加强和改进人大新闻宣传工作，加强立法全过程宣传解读，加强对代表履职和代表工作的宣传，加强人大制度理论和实践研究。完善进一步激励干部崇严尚实、干事创业的考评机制，打造忠诚干净担当的高素质专业化人大干部队伍。

各位代表，让我们更加紧密地团结在以习近平同志为核心的党中央周围，在省委坚强领导下，依法履职，担当尽责，凝心聚力，守正创新，积极践行全过程人民民主，充分发挥人民代表大会制度优势功效，为谱写中国式现代化吉林新篇章作出新的更大贡献！

中国人民政治协商会议吉林省委员会常务委员会工作报告

——2025 年 1 月 13 日在政协吉林省第十三届委员会第三次会议上

朱国贤

各位委员：

我代表中国人民政治协商会议吉林省第十三届委员会常务委员会，向大会报告工作，请予审议。

一、2024 年工作回顾

2024 年是中华人民共和国成立 75 周年，也是人民政协成立 75 周年。在中共吉林省委的坚强领导下，政协吉林省委员会及其常务委员会坚持以习近平新时代中国特色社会主义思想为指导，全面贯彻中共二十大和二十届二中、三中全会精神，深入学习领会习近平总书记在庆祝中国人民政治协商会议成立 75 周年大会上的重要讲话精神，认真贯彻落实省委十二届五次、六次全会部署，坚持党的领导、统一战线、协商民主有机结合，充分发挥专门协商机构作用，为推动吉林全面振兴取得新突破作出了新贡献。

一年来，常委会重点开展了五方面工作。

（一）坚持党的全面领导，巩固团结奋斗的共同思想政治基础

牢牢把握坚持和发展中国特色社会主义是巩固共同思想政治基础的主轴、习近平新时代中国特色社会主义思想是统揽政协工作的总纲，深刻认识人民政协制度和人民政协组织的鲜明政治属性，认真学习党的创新理论，加强思想政治引领，忠诚拥护“两个确立”、

坚决做到“两个维护”。

强化理论武装夯实思想根基。严格落实“第一议题”制度，召开15次党组（扩大）会议、7次党组理论学习中心组学习会，及时传达学习贯彻习近平总书记最新重要讲话精神和中共中央决策部署，对标对表习近平总书记关于东北全面振兴和吉林工作的系列重要指示精神，坚持不懈用习近平新时代中国特色社会主义思想武装头脑、指导实践、推动工作。深入学习宣传贯彻中共二十届三中全会精神，主席会议成员深入联系的市（州）政协、乡村振兴联系点积极开展宣讲活动，引导广大政协委员和界别群众深刻把握进一步全面深化改革的重大意义、重大原则和重大举措，结合自身实际积极投身改革。巩固拓展主题教育成果，扎实开展党纪学习教育，推动政治生态持续向好。

加强政治引领确保同心同向。深入学习贯彻习近平总书记关于加强和改进人民政协工作的重要思想，把握精神实质和核心要义。召开常委会会议、各界人士学习座谈会，集中学习习近平总书记在庆祝中国人民政治协商会议成立75周年大会上的重要讲话精神，进一步明晰新时代新征程做好人民政协工作的根本遵循，发扬优良传统、牢记政治责任，推动各党派团体和各族各界人士进一步实现政治上团结合作、思想上共同进步、行动上步调一致。全方位、多层次讲好委员故事、传播好政协声音，营造良好舆论环境。

健全落实党对政协工作领导机制。认真贯彻落实省委十二届五次、六次全会精神，坚持省委安排部署到哪里、政协工作就跟进到哪里。落实省委相关文件要求，定期对进展情况进行督查，一抓到底。把进一步全面深化改革作为根本动力和重要抓手，以学习贯彻中共二十届三中全会精神和省委十二届五次全会精神为主题，开展委员学习培训和调研活动，引导广大委员当好改革的促进派、实干家；围绕“进一步全面深化改革、推进中国式现代化”开展视察考察调研，助推省委重要决策落地见效。根据省委进一步加强请示报告工作的要求，制定请示报告事项清单，严格执行重大事项请示报告制度，把党的领导落实到政协工作全过程各方面。

（二）深入协商议政，助力谱写中国式现代化吉林新篇

再学习、再对标、再落实习近平总书记关于东北全面振兴和吉林工作的系列重要指示精神，在学思践悟中增智慧、找差距、明方向、长才干，努力把学习成果转化为政协履职的实际成效。围绕吉林经济社会发展的 28 个重点问题开展调研视察、协商座谈，报送协商成果 63 件、社情民意信息 191 篇，省委、省政府领导批示 121 次，推动协商成果落实。

胸怀国之大者，聚焦推动经济高质量发展深入协商。深入学习贯彻落实习近平总书记关于因地制宜发展新质生产力的重要指示精神，召开“以科技创新推动产业创新，深化与优势企业战略性合作，因地制宜发展新质生产力”“加速科技创新成果转化，助力我省冰雪旅游产业发展”专题议政性常委会会议、“发挥科技创新优势，培育壮大我省光电信息战略性新兴产业”协商座谈会；围绕制造业重点产业链优化升级、培育具有吉林特色优势的“专精特新”企业、空天经济一体发展、新能源开发等开展系列调研协商，提出针对性、操作性强的意见和建议。积极参加东北三省一区政协主席联席会议，围绕“打造哈长沈大及蒙东地区科技创新走廊，因地制宜发展新质生产力”开展区域协作履职。落实习近平总书记关于吉林作为粮食主产省，要扛稳粮食安全重任重要指示精神，聚焦完善粮食安全保障能力、扛稳粮食安全责任开展专题视察，召开“推进农产品深加工，加快农业产业化步伐”协商座谈会，推动农业强省建设。全国“两会”期间提交《关于科学推进东北地区林下经济高质量发展的提案》，被列为重点提案，得到国家林草局等有关部委的重视和支持，助推我省林下经济高质量发展。

立足省之要事，围绕进一步全面深化改革建言资政。积极落实省委关于推动全省人参产业高质量发展的部署要求，全体班子成员带领 8 个小组，以“四不两直”方式深入参农、参地、参市、参企，以及科研院所、检验机构调查研究，开展民主监督，向省委、省政

府报送调研报告、民主监督报告 8 份，社情民意信息 27 篇，提出许多有价值的意见建议。跟进落实黄强书记批示要求，组成工作组紧扣“推进吉林烟草产业与人参产业融合发展”赴四川调研对接，促成签署川吉烟草战略合作协议。围绕省委部署，深入调查研究，相继召开“落实习近平总书记重要指示精神，推动我省文化遗产保护传承”“深入贯彻落实习近平文化思想，增强历史自觉、坚定文化自信”专题协商会，让大家进一步了解吉林、热爱吉林、奉献吉林，努力为吉林全面振兴取得新突破注入强大精神力量。聚焦兴边富民、稳边固边，组织开展边境地区全面推进乡村振兴情况专题调研，助力绘就新时代民富边稳幸福新画卷。

心系民之所需，为提高人民群众生活品质广谋良策。践行以人民为中心的发展思想，推动“民生清单”转化为“幸福账单”。落实习近平总书记“各级政协要加大生态文明建设专题协商和民主监督力度”重要指示精神，围绕打造宜居宜业和美乡村、创建“两山”实践创新基地、加强湿地保护、推进森林康养旅游，开展专题协商和民主监督，合力推进生态文明建设。聚焦健康吉林建设，围绕长期护理保险居家服务模式、未成年人心理健康开展调研视察，推动健全社会保障体系。聚焦人口高质量发展，召开协商座谈会，督办重点提案，为新时代吉林人口发展战略献计献策。聚焦义务教育优质均衡发展，围绕学龄儿童人口减少背景下教育质量提升开展调研，推动优化教育资源配置。

（三）促进团结合作，发挥最广泛爱国统一战线组织作用

坚持大团结大联合，发挥统一战线凝聚人心、汇聚力量政治作用，把加强思想政治引领、广泛凝聚共识作为中心环节，积极做好强信心、聚民心、暖人心、筑同心的工作，不断提升共识度、拓展团结面、画出最大同心圆。

支持各党派团体和无党派人士更好履职尽责。发挥人民政协作为实行我国新型政党制度重要政治形式和组织形式作用，召开议政协商会，提高重要协商会议大会发言比例，搭建沟通交流平台。各

民主党派省委会、省工商联围绕促进民营经济发展、科技金融创新等提交大会发言57篇，同有关专门委员会开展联合调研、联办协商活动7次，提交提案121件。定期走访调研、沟通重点工作，为各民主党派、工商联和无党派人士在政协更好发挥作用创造条件。注重在履职中加强同党外知识分子、非公有制经济人士、新的社会阶层人士沟通交流、联系联谊。

发挥少数民族界、宗教界委员带动作用。坚持以铸牢中华民族共同体意识为主线，立足促进各民族共同团结奋斗、共同繁荣发展，组织少数民族界、宗教界委员赴辽源市、白山市、延边州开展“看发展、看变化”视察，增强对推进中国式现代化的信心和决心，凝聚广大界别群众共识和力量。按照坚持我国宗教中国化方向要求，积极引导宗教与社会主义社会相适应，召开加强宗教思想建设界别协商座谈会，广泛宣传党的宗教工作基本方针，引导宗教界人士不断增进对伟大祖国、中华民族、中华文化、中国共产党、中国特色社会主义的认同。

鼓励引导港澳台同胞、海外侨胞更好发挥作用。密切与港澳委员联系，专程赴香港、澳门走访看望委员，宣讲中共二十大精神，强化思想政治引领，推动吉港澳中医药、文旅等领域交流合作。组织港澳委员赴临江市、长白县、抚松县等地开展“知情明政、凝心聚力”学习考察，引导委员切实了解吉林经济社会发展成就，积极投身吉林全面振兴实践。引导港澳委员坚定落实“爱国者治港”“爱国者治澳”，团结联络更多港澳人士形成共识，促进香港、澳门长期繁荣稳定。围绕促进两岸经济交流合作，走访调研20余家台资企业，帮助协调解决问题，助力台资企业健康发展。积极参与海外统战和华侨权益立法工作。

（四）加强专门协商机构建设，推进发展协商民主创新实践

把握“协商民主是全过程人民民主的重要组成部分，是我国社会主义民主政治的特有形式和独特优势，是党的群众路线在政治领域的重要体现”的深刻内涵，认真贯彻落实中共二十届三中全会和

省委十二届五次全会关于协商民主建设的部署要求，拓展协商方式和平台，加强制度化、规范化、程序化建设，推动人民政协制度优势更好转化为社会治理效能。

健全协商机制。深入推进政协工作领域进一步全面深化改革中的各项任务，提出可操作、能落实、见成效的措施办法。修订提案工作条例，对提案提交和管理方式、提案原则、重点提案督办机制等作出新规范。制定改进全体会议组织工作的若干措施，完善协商工作规则，优化重点协商方案生成机制，在协商什么、同谁协商、怎样协商、协商成果如何运用等方面做出明确规定，进一步提高深度协商互动、意见充分表达、广泛凝聚共识水平。围绕学习培训、调研视察、协商议政、谈心交流、新闻宣传、委员读书、机关建设等工作，采取务实举措，有效推动改革任务落地落实。

拓展协商渠道。落实中共中央关于发展全过程人民民主的决策部署，完善委员联系界别群众制度机制。自2024年10月起，在省级层面首批建立科技、教育、经济、文艺4个界别委员工作室，创新开展协商议事、调研座谈、视察考察、跨界交流、团结联谊、联系服务群众等活动，打造引领凝聚共识的“根据地”、联系服务群众的“连心桥”、协商议政建言的“对话窗”。规范提案“提、立、办、督、评”工作，增强办理实效、强化督办协商，全年收到提案604件，提案数量和质量实现“双跃升”。充分发挥社情民意信息舆情汇集和分析机制作用，拓宽信息渠道，机制化常态化吸纳民意、汇集民智。

创新协商平台。发挥“政协吉云”履职平台作用，探索互联网时代政协委员线上履职新方式，引导省市县三级政协1.6万名委员聚焦经济发展热点、社会治理痛点和群众身边难事琐事提出“微建议”，党委政府对此高度重视，建立了“两快速、两落实”工作机制，实现了委员建议“一键达”、办理反馈“一点通”。一年来，共提出“微建议”3755条，办结3381条，解决了一大批老百姓“急难愁盼”的切身问题，人民群众有获得感，政协委员有成就感。比如，通过“微建议”，助力解决调整长春市巡游出租车计费方式、优化中小学生课桌椅配置、推动全省打造定制公交等一批民生实事。全国政协办公厅刊发简报，《人民日报》推出题为《拓宽履职平台，高效服务民生》的长篇通讯，推广吉林省政协“微建议”经验，在全国政协系统获得广泛关注。

（五）提升履职能力，强基固本推进政协事业高质量发展

坚持以改革创新精神推进履职能力建设，把常委会建设、专门委员会建设、政协委员队伍建设和机关建设等整体谋划、一体推进，不断夯实履职基础。

加强常委会自身建设。充分发挥政协党组把方向、管大局、保落实的领导作用，党组成员带头做“忠诚、干净、担当”的表率，确保中共中央重大决策和省委部署要求在人民政协得到贯彻落实。制定主席会议成员学习调研和联系委员办法，主席会议成员带头执行，带动委员不断提高思想认识水平和履职本领。将加强专门委员会建设列入常委会工作要点，定期听取工作汇报。实行“委员全员入委”、常委联系委员，完善走访看望、谈心谈话、共同活动、集体座谈、联谊交友等联系制度，实现专门委员会组织保障工作全覆盖，更好发挥专门委员会联系服务委员、组织协商议政活动的作用。

加强委员队伍建设。认真落实习近平总书记关于“懂政协、会协商、善议政，守纪律、讲规矩、重品行”重要要求，积极引导委员锤炼政治品格，提升高质量履职能力。尊重和保障委员各项民主权利，完善委员履职报告机制，创新履职载体，开展“微观善治”协商恳谈，推动委员自觉投身凝心聚力、决策咨询、协商民主、国家治理第一线的具体实践。广大政协委员坚持为国履职、为民尽责，助发展、惠民生、聚共识、促和谐，书写了一份份有深度、有温度、有力度的精彩答卷，展现了新时代吉林政协委员的新风貌。

深化政治机关建设。召开党建暨党风廉政建设工作会议，推动落实全面从严治党政治责任，绷紧正风肃纪反腐之弦。力戒形式主义、官僚主义、文牍主义，下半年会议数量大幅压减。加强干部思想淬炼、政治历练、实践锻炼、专业训练，持续打造政治过硬、作风优

良的机关干部队伍。举办全省市县政协主席培训班、全省政协秘书长培训班，促进提升全省政协系统的履职质量和成效。落实党中央、省委关于全面推进乡村振兴的部署要求，持续做好乡村振兴包保帮扶工作，协调建设日光大棚采摘园、多功能服务驿站，对接浙江省对口合作部门，搭建农特产品销售平台，助推产业项目发展和美丽乡村建设。

各位委员，同志们！过去一年，在习近平新时代中国特色社会主义思想科学指引下，在全国政协有力指导和中共吉林省委坚强领导下，在省政府及有关单位大力支持、社会各方面全力配合下，在省政协各参加单位和广大政协委员共同努力下，省政协及其常委会各项工作取得了新的成绩。在此，我代表省政协常委会向大家表示衷心的感谢、致以崇高的敬意！

同时，我们的工作与新时代人民政协的使命任务相比还存在一定差距：围绕吉林经济社会发展重大问题研究论证、深度协商议政并提出前瞻性、战略性意见建议还不够，协商式监督创新不足、办法不多，专门委员会基础性作用发挥不够充分，委员联系界别群众不够紧密，发挥委员主体作用的活动和载体不够丰富，制度落实存在薄弱环节，作风建设有待进一步夯实。这些不足，我们将在今后工作中切实加以改进。

二、2025 年工作安排

2025 年是“十四五”规划收官之年，也是进一步全面深化改革的重要一年，是“十五五”规划谋划之年，做好全年工作，非常重要。省政协及其常委会工作的总体要求是：坚持以习近平新时代中国特色社会主义思想为指导，全面贯彻中共二十大和二十届二中、三中全会精神，再学习、再对标、再落实习近平总书记关于东北全面振兴和吉林工作的系列重要指示精神，忠诚拥护“两个确立”、坚决做到“两个维护”。紧扣省委十二届五次、六次全会部署安排，认真履行政治协商、民主监督、参政议政职能，牢牢把握人民政协性质定位，加强思想政治引领，积极建言资政、广泛凝聚共识，以改革创新精神推进履职能力建设，坚定信心、团结奋进，为奋力推动吉林高质量发展明显进位、全面振兴取得新突破汇聚智慧和力量。

（一）提高政治站位，坚持和加强党对人民政协工作的全面领导

深入学习贯彻习近平新时代中国特色社会主义思想，对标对表习近平总书记关于东北全面振兴和吉林工作的系列重要指示精神，深学细悟习近平总书记关于人民政协工作的“十个坚持”规律性认识，更好把学习成效转化为高水平履职尽责的工作实践。自觉做到在思想上政治上行动上同以习近平同志为核心的中共中央保持高度一致，确保把中共中央决策贯彻到位，把省委部署安排落实到位。配合开好省委政协工作会暨庆祝吉林省政协成立70周年大会，坚持正确政治方向，推动全省政协工作创新发展。持之以恒加强政协党的建设，把党的领导贯穿到协商议政、民主监督、凝聚共识、调查研究、团结联谊、自身建设等各项工作之中。

（二）汇聚各方合力，紧紧围绕吉林高质量发展明显进位议政建言

贯彻省委十二届五次、六次全会部署，落实《中共吉林省委关于贯彻落实党的二十届三中全会精神 以进一步全面深化改革推动吉林全面振兴取得新突破的实施意见》，充分发挥人民政协“智囊团”和“人才库”作用，主动服务中心大局，坚持小切口破题、大纵深发力，围绕吉林全面深化改革的9个重点专项开展调查研究、民主监督，聚焦增强历史自觉坚定文化自信、大力提振消费扩大内需、努力在开放发展上实现新突破等重点积极建言献策。大兴调查研究，深入一线了解基层创造的鲜活经验，人民群众的愿望诉求，政策实施的难点堵点，拓展议政建言深度，助推省委决策部署落地见效。承办好东北三省一区政协主席联席会议。

（三）广泛凝聚共识，着力画好吉林全面振兴取得新突破的最大同心圆

增强大局意识、全局观念，协助党委政府宣传政策、稳定预期、

坚定信心、凝聚共识，唱响主旋律、传递正能量。团结引导各党派团体和各族各界人士积极投身吉林全面振兴火热实践，广泛汇聚团结力量，营造心往一处想、劲往一处使的良好氛围。创新平台载体，完善制度机制，更加充分发挥各民主党派、工商联和无党派人士作用。加强委员联系走访，创新同少数民族界和宗教界代表人士、港澳台侨代表人士、新的社会阶层代表人士的团结联谊。树牢“人民政协为人民”理念，围绕公立医院高质量发展、老年助餐服务等人民群众关心的切身利益问题履职尽责，协助党委政府把群众最在乎的事情办好办实，当好党的政策宣传者、群众利益维护者、社会和谐促进者。

（四）贡献政协力量，不断推动协商民主广泛多层制度化发展

秉持有事好商量、众人的事情由众人商量的理念，为各党派团体和各族各界人士有序政治参与和利益表达提供制度化平台，促进科学决策、有效施策。推动完善协商民主体系，抓好界别委员工作室建设，做实界别组织工作，引领界别群众，助力基层协商，服务基层治理。加强反映社情民意、联系群众、服务人民机制建设，多做知民情、解民忧、暖民心的工作。完善民主监督机制，发挥协商式监督优势，增强民主监督实效。拓展协商方式和平台，创新协商会议、调研视察、民主监督等履职方式，完善“政协吉云”履职平台，办好委员“微建议”，健全平台运行机制，更加灵活、更高质量开展网络议政。讲真话、建净言、献良策，真正通过协商出办法、出共识、出感情、出团结。

（五）强化政协担当，切实加强两支队伍建设不断夯实履职基础

引导广大政协委员珍视政治身份、锤炼政治品格、提高政治能力，在事关道路、制度、旗帜、方向等根本问题上立场不含糊、原则不动摇。勤学习、善钻研，把握党和国家方针政策，熟悉政协履职方式方法，不断提高思想认识水平和履职本领。尊重和保障委员民主权利，为委员履职创造良好条件，把人民政协建设成为委员之家、民主之家、团结之家。巩固深化党纪学习教育成果，着力营造遵规守纪、干事

创业的良好氛围。力戒形式主义、官僚主义，持续改进会风文风，切实提高履职效能。弘扬崇严尚实、挺膺担当之风，把事业放在心上，把责任扛在肩上，以更加奋发有为、昂扬向上的精神状态履职尽责。

各位委员，牢记嘱托奋进强国路，不忘初心阔步新征程。中共二十届三中全会发出了新时代新征程进一步全面深化改革的动员令，省委十二届五次、六次全会吹响了吉林重振雄风、再创佳绩的冲锋号。让我们更加紧密地团结在以习近平同志为核心的中共中央周围，高举中国特色社会主义伟大旗帜，在中共吉林省委的坚强领导下，切实增强紧迫感、责任感、使命感，自信自强、奋进奋发、拼搏实干，不断开创新时代政协事业新局面，为奋力推动吉林高质量发展明显进位、全面振兴取得新突破作出新的更大贡献！

1月13日，中国人民政治协商会议吉林省第十三届委员会第三次会议在长春隆重开幕　丁研/摄

吉林两会·一图读懂　值得期待的新吉林

中国吉林网海报

关于吉林省 2024 年预算执行情况和 2025 年预算草案的报告

——2025 年 1 月 14 日在吉林省第十四届
人民代表大会第四次会议上

吉林省财政厅

各位代表：

受省政府委托，现将吉林省 2024 年预算执行情况和 2025 年预算草案提请省十四届人大四次会议审议，并请省政协各位委员提出意见。

一、2024 年预算执行情况

2024 年是中华人民共和国成立 75 周年，是实现“十四五”规划目标任务的关键一年。全省上下坚持以习近平新时代中国特色社会主义思想为指导，深入学习习近平总书记关于东北全面振兴和吉林工作的系列重要指示精神，全面贯彻落实党的二十大和二十届二中、三中全会精神，贯彻落实省委对财政经济工作的总体部署和省十四届人大三次会议有关决议要求，坚持稳中求进工作总基调，加力提效落实积极的财政政策，加强资金资产资源统筹，强化民生和重点领域财力保障，努力防范化解重大风险，全面深化财政管理改革，全省经济运行稳中向好、稳中有进，全年全口径税费收入实现 3763.6 亿元[①]，比上年增长 2.7%，其中，一般公共预算收入两位数增长，财政支出有力有效，预算执行总体平稳。

①2024 年全省全口径税费收入包括：一般公共预算收入 1191.4 亿元、上划中央级税费 867.2 亿元、政府性基金预算收入 494.9 亿元、国有资本经营预算收入 19.6 亿元、社会保险基金预算中的缴费收入 1190.5 亿元。

（一）2024年一般公共预算收支情况

1. 全省一般公共预算。全省一般公共预算收入1191.4亿元，为预算的100.8%，比上年增加116.6亿元，同比增长10.8%。其中，税收收入682.1亿元，比上年下降2.5%，主要是汽车制造业、房地产业相关税收减收较大；非税收入509.3亿元，比上年增长35.7%，主要是盘活存量资源资产，国有资源（资产）有偿使用收入增加较多。加上政府一般债务收入、中央转移支付收入、动用预算稳定调节基金和上年结余收入等4970.1亿元，收入总量为6161.5亿元。其中，一般公共预算收入占19.3%；政府一般债务收入412.3亿元，占6.7%；中央转移支付收入2970.3亿元，占48.2%。全省一般公共预算支出4672.9亿元，为调整预算的84.4%，比上年增加266.1亿元，增长6%。加上政府一般债务还本支出、安排预算稳定调节基金和结转下年支出等1488.6亿元，支出总量为6161.5亿元。其中，一般公共预算支出占75.8%；政府一般债务还本支出302亿元，占4.9%；结转下年支出875.2亿元，占14.2%。全省实现财政收支平衡。

2. 省本级一般公共预算。省本级一般公共预算收入278.8亿元，为预算的90.9%，比上年同口径减少14.6亿元，下降5%。加上政府一般债务收入、中央转移支付收入、市县上解收入、动用预算稳定调节基金和上年结余收入等3805.6亿元，收入总量为4084.4亿元。省本级一般公共预算支出1109.6亿元，为调整预算的88.7%，比上年减少39.7亿元，下降3.5%。加上政府一般债务还本支出、省对市县转移支付支出、安排预算稳定调节基金、政府一般债务转贷支出及结转下年支出等2974.8亿元，支出总量为4084.4亿元。其中，一般公共预算支出占27.2%；政府一般债务还本支出55.8亿元，占1.4%；省对市县转移支付支出2254.6亿元，占55.2%；结转下年支出212.4亿元，占5.2%。省本级实现财政收支平衡。

省级（含长白山保护开发区）一般公共预算收入281.2亿元，省级（含长白山保护开发区）一般公共预算支出1131.4亿元。

中央财政下达我省一般公共预算转移支付2970.3亿元，比上年减少295亿元，下降9%，主要是2023年中央财政下达的转移支付中包含疫情防控、减税降费、土地指标跨省调剂等一次性补助 272 亿元，原通过一般公共预算下达的高标准农田建设补助 120 亿元，改由政府性基金预算超长期特别国债安排。其中，一般性转移支付 2704.3 亿元，占 91%；专项转移支付 266 亿元，占 9%。省财政下达市县一般公共预算转移支付 2254.6 亿元，比上年减少 106.8 亿元，下降 4.5%。其中，一般性转移支付 1985.3 亿元，占 88.1%；专项转移支付 269.2 亿元，占 11.9%。

省本级预算安排预备费 11 亿元，执行中动用 0.5 亿元，主要用于购置救灾应急所需设备以及支持灾后重建、农作物“一喷多促”等支出。省本级预备费未动用部分 10.5 亿元，加上清理盘活财政存量资金等 76.2 亿元，共计 86.7 亿元，按预算法规定安排补充省本级预算稳定调节基金。年末省本级预算稳定调节基金余额 104.4 亿元。

（二）2024 年政府性基金预算收支情况

全省政府性基金预算收入 494.9 亿元，为预算的 77%，比上年减少 94.1 亿元，下降 16%。其中，国有土地出让收入 407.9 亿元，为预算的 76.7%，下降 17.8%。加上政府专项债务收入、中央转移支付收入、调入资金和上年结余收入等 1774.7 亿元，收入总量为 2269.7[②] 亿元。其中，政府性基金预算收入占 21.8%；政府专项债务收入 1222.8 亿元，占 53.9%；中央转移支付收入 266.1 亿元，占 11.7%，主要是争取超长期特别国债 252.9 亿元。全省政府性基金预算支出 1152.5 亿元，为调整预算的 75.3%，比上年减少 159.4 亿元，下降 12.1%，主要是国有土地出让收入下降相应减少支出安排。加上政府专项债务还本支出、调出资金和年终结余等 1117.2 亿元，支出总量为 2269.7 亿元。其中，政府性基金预算支出占 50.8%；政府专项债务还本支出 700.1 亿元，占 30.8%；调出资金 31 亿元，占 1.4%。

省本级政府性基金预算收入 40.6 亿元，为预算的 86%，比上年减少 3.7 亿元，下降 8.5%。加上政府专项债务收入、中央转移

② 该数据以万元为单位统计，按亿元表述时，由于四舍五入原因会出现总计与分项合计不等情况，下同。

支付收入、调入资金和上年结余收入等1497.6亿元，收入总量为1538.2亿元。省本级政府性基金预算支出66.6亿元，为调整预算的77.2%，比上年增加34.2亿元，增长105.4%。加上地方政府专项债务还本支出、专项债务转贷支出、对市县转移支付支出、调出资金和年终结余等1471.6亿元，支出总量为1538.2亿元。其中，政府性基金预算支出占4.3%；政府专项债务还本支出49.8亿元，占3.2%；政府专项债务转贷支出1126.2亿元，占73.2%；对市县转移支付支出263.1亿元，占17.1%；调出资金1.6亿元，占0.1%。

省级（含长白山保护开发区）政府性基金预算收入43.2亿元，省级（含长白山保护开发区）政府性基金预算支出70.8亿元。

（三）2024年国有资本经营预算收支情况

全省国有资本经营预算收入19.6亿元，为预算的112.2%，比上年增加10.8亿元，增长121.6%，主要是省本级转让金融机构股权、长春市重点国有企业上缴利润增加的一次性收入较多。加上中央转移支付收入1.1亿元，上年结余收入0.3亿元，收入总量为21亿元。全省国有资本经营预算支出4.4亿元，为调整预算的66%，比上年增加3.4亿元，增长317.4%。加上调出资金16.3亿元，年终结余0.3亿元，支出总量为21亿元。

省级国有资本经营预算收入4.3亿元，为预算的75.4%，比上年增加2.1亿元，增长92.2%。加上中央转移支付收入1.1亿元，上年结余收入等0.2亿元，收入总量为5.6亿元。省级国有资本经营预算支出1亿元，为调整预算的76.7%，比上年增加0.2亿元，增长28.1%。加上调出资金4.5亿元，年终结余0.1亿元，支出总量为5.6亿元。

（四）2024年社会保险基金预算收支情况

全省社会保险基金收入预计2556.5亿元，为预算的106.4%，同口径[3]比上年增加293.7亿元，增长13.5%，主要是企业职工养老

③2023年，剔除了以前年度机关事业单位养老保险清算的社保缴费、财政补助等收入，以及基本养老金支出。

保险全国统筹调剂资金同比增加较多。加上滚存结余收入 1134.3 亿元，收入总量为 3690.8 亿元。全省社会保险基金支出预计 2310 亿元，为预算的 102.6%，同口径[③]比上年增加 135.3 亿元，增长 6.5%。收支相抵，年末滚存结余 1380.8 亿元。

省级社会保险基金收入预计 1665.1 亿元，为预算的 106.1%，同口径[③]比上年增加 252.7 亿元，增长 18%，主要是企业职工养老保险全国统筹调剂资金同比增加较多。加上滚存结余收入 429.1 亿元，收入总量为 2094.3 亿元。省级社会保险基金支出预计 1466 亿元，为预算的 100%，同口径[③]比上年增加 91.3 亿元，增长 6.7%。收支相抵，年末滚存结余 628.3 亿元。

地方政府债务情况。2024 年全省政府债务收入 1635.1 亿元，其中一般债务收入 412.3 亿元（含外债转贷收入 1.6 亿元），专项债务收入 1222.8 亿元。2024 年末，全省政府债务余额 9993.4 亿元，控制在国家核定我省的政府债务余额限额 11090.7 亿元以内，包括一般债务余额 4584.5 亿元，专项债务余额 5408.9 亿元。

（五）2024 年主要财税政策落实和重点财政工作情况

1. 提效加力，推动内需外贸潜力释放。更好统筹支持拉动经济增长的“三驾马车”，推动经济发展不断向纵深迈进。引导扩大消费需求。筹措拨付资金 46.1 亿元，落实设备更新贷款财政贴息政策，加力支持交通运输等七大领域设备更新、消费品以旧换新等工作，特别是加大汽车、家电以旧换新补贴力度，让“真金白银”直达消费者。筹措拨付资金 5.2 亿元，支持开展消费券促销活动，拉动销售额 99.6 亿元；支持开展雪季开封板系列活动、发放冰雪旅游消费券，持续释放冰雪经济“热效应”；支持打造 27 个夜间集聚区和 16 个一刻钟便民生活圈等新型消费场景，推进消费新载体逐步升级。支持扩大有效投资。筹措拨付超长期特别国债 210.3 亿元，重点支持高标准农田、城市地下管网建设改造等 179 个项目。筹措拨付增

③2023 年，剔除了以前年度机关事业单位养老保险清算的社保缴费、财政补助等收入，以及基本养老金支出。

发国债366.9亿元，支持461个防灾救灾减灾能力建设项目。发行使用新增地方政府债券739.5亿元，支持交通、农业、市政等领域1000多个项目建设。筹措拨付资金384.2亿元，全力保障沈白高铁、沿边开放旅游大通道、长春都市圈东半环等高速公路以及中西部供水工程等重大项目建设。扶持对外贸易发展。筹措拨付资金5.4亿元，支持中欧班列健康运营、跨境电商综试区和机场口岸通道建设，以及举办东北亚博览会、全球吉商大会、中国新电商大会等活动。指导长春市成功入选外经贸国家汽车制造业提质增效示范项目，促成“轨道客车车身”在国家关税税目中单独列示，争取重新设立长春龙嘉、延吉朝阳川2家口岸出境免税店，抢抓外贸发展新机遇，助力出入境消费市场发展。

2. 精准发力，推动新旧动能接续转换。统筹推进科技、产业、人才等资金同向发力，支持塑造发展新动能新优势。大力支持科技创新。筹措拨付资金25.1亿元，支持实施一汽自主创新、碳纤维产业等12个重大科技专项以及581个重点研发攻关项目；推动11个国家重点实验室重组，3个省级实验室挂牌运行；综合采取前补助、后补助、股权投资等方式加快重大科技成果转化，省内科技成果转化数量超过3000项，有力推动汽车、光电、现代农业、生物医药等重点产业创新发展。助力产业转型升级。统筹安排工业、服务业、旅游等专项资金38.6亿元，支持汽车产业技改升级，突出装备制造业高端化发展，壮大医药健康、文化旅游等产业新业态，推动“智改数转”加力扩围，深入实施“专精特新”中小企业奖补政策，不折不扣落实研发费用税前加计扣除、科技成果转化税收减免、先进制造业企业增值税加计抵减等优惠政策，助力打造具有吉林特色优势的现代化产业体系。保障人才政策落地。筹措拨付人才开发资金3.1亿元，支持“长白英才计划”“长白山人才工程”等7个方向29项人才激励奖励、人才资助等项目落地，2711名人才（人才团队）得到资助，有力营造更有获得感的人才环境。强化政府基金引领。省级政府投资基金及其子基金累计投资31.4亿元，累计支持项目（子基金）23个，撬动社会资本17.7亿元，支持新材料、新能源（汽车）、装备制造、医药康养、现代农业、光电信息、化纤、文化旅游等产业发展。

3. 集中财力，推动农业农村振兴发展。始终绷紧扛稳粮食安全重任这根弦，支持农业强省建设取得积极进展。巩固粮食稳产增产基础。筹措拨付资金 421.1 亿元，系统支持高标准农田建设、黑土地保护、盐碱地治理，加快推进种业振兴、农机数智发展和农业关键核心技术联合攻关，有力保障农民合理收益，粮食生产能力进一步提升，全省粮食产量达 853.2 亿斤，再创历史新高。推动乡村产业振兴。统筹专项资金、产业基金、专项债券等 80 亿元，支持创建现代农业产业园、产业强镇和优势特色产业集群，制定实施农产品加工业发展突破性政策，促进农村一二三产业融合发展。完善覆盖肉牛全产业链的财政支持政策和资金保障体系，助力实现新增百万头肉牛饲养量和屠宰量倍增目标。支持新型农业经营主体和服务主体提升发展三年攻坚行动，制定一揽子财政金融扶持政策，提高农业适度规模经营水平。保持财政支出强度，持续巩固拓展脱贫攻坚成果，国家资金绩效考核评价连续 5 年取得“A”等次。发挥农业保险作用。全面实施玉米、水稻、小麦三大粮食作物完全成本保险，全省政策性农业保险保费规模达到 51.5 亿元，为 135.5 万户次投保农户提供 1639.2 亿元风险保障。优化调整肉牛保险费率，有效缓解保险机构赔付率高、承保意愿不强等问题。推进和美乡村建设。筹措拨付资金 46 亿元，支持创建 10 个美丽乡村示范县、207 个“百村示范”村、1019 个“千村美丽”村，推动近万个行政村开展生活垃圾治理等村庄清洁行动，完成 793 个公益事业发展项目建设，改造 1.77 万户卫生厕所，持续改善农村生产生活条件。加快边境地区发展。筹措拨付资金 19.6 亿元，提高边民、新生儿、支边高校毕业生等 10 项补助标准，支持解决边境村屯空心化问题，加强边境地区基础设施建设，改善群众生产生活条件，实现稳人引人留人。

4. 用情用力，推动民生福祉持续增进。坚持把民生问题作为一面“镜子”，以可感可及的改革成果造福于民。支持稳定扩大就业。筹措拨付就业创业补助资金 28.8 亿元，有力保障高校毕业生、农民工、退役军人等重点群体就业创业，落实高校毕业生“三支一扶”计划，支持返乡入乡等创业基地建设，城镇新增就业23.35万人，高校毕业生留吉突破15万人。助推教育事业发展。落实“两个只增不减”要求，筹措拨付资金216.4亿元，较好保障各层次、各学段教育经费，全面落实国家学生资助提标扩面政策，支持办好人民满意教育。提升医疗卫生能力。城乡居民医疗保险、基本公共卫生服务经费人均财政补助标准分别提高30元和5元，支持提升基层医疗卫生机构服务能力，推动白山市成功入选国家公立医院改革与高质量发展示范项目。提高社会保障水平。企业职工、机关事业单位职工和城乡居民养老保险退休人员月人均养老金分别提高90元、124元和22元，城乡低保月人均标准分别提高31元和38元，残疾人两项补贴标准月人均提高5元。建立城乡居民丧葬抚恤金制度。支持新建47个综合嵌入式居家养老服务中心、149个农村养老大院，新建改建1300个合作助老餐厅和助餐点。为26.9万困难群众发放一次性生活补助2.7亿元，切实增强困难群众获得感。促进文化繁荣发展。筹措拨付资金26.9亿元，支持公益性文化场馆免费向社会开放，做好文化遗产保护、传承与利用，继承发展社会主义先进文化，推动基本公共文化服务体系标准化、均等化建设，支持开展“送演出下基层”活动1820场、配套建设健身路径200套，满足群众日益增长的精神文化需求。支持防灾救灾减灾。筹措拨付应急救灾等资金6.5亿元，全力支持洪涝灾害抢险救援。向临时用款紧张的受灾县市紧急调拨资金近1亿元，帮助做好倒损住房重建和受灾群众应急期、过渡期救助。筹资组建农业保险重大自然灾害防灾防损基金，建立并启动“预赔付”机制，督促承保机构第一时间支付受灾赔款1.2亿元，帮助受灾农户恢复生产、减轻损失。加强城镇住房保障。筹措拨付城镇保障性安居工程资金9.3亿元，支持发放5.8万户住房租赁补贴、改造4893户长春市城中村和251套城市危旧房、筹集1.2万套保障性住房等，推动改善群众居住条件和生活环境。

5. 凝心聚力，推动生态环境稳步改善。深入践行“两山”理念，支持提升美丽吉林建设效能。持续推进环境污染防治。筹措拨付资金16亿元，吸引带动社会资本81亿元，支持实施清洁取暖、钢铁行业超低排放改造、流域水污染治理、流域水和地下水生态保护修复等项目，全省生态环境质量稳定向好，土壤质量状况稳居全国前列。加快推进生态保护修复。筹措拨付资金109.4亿元，支持深入推进国土绿化、山水工程和矿山修复等重点生态环保示范工程，支持开展“三北”工程、天然林和湿地保护、草原生态修复治理和以国家公园为主体的自然保护地建设，筑牢东北亚生态安全屏障。稳步推进碳达峰碳中和。筹措拨付资金18.5亿元，支持超低能耗、可再生能源建筑项目和电动汽车基础设施建设，全年推广自主品牌新能源汽车3.3万辆、建成74座充电站和5座换电站，推动生产生活方式绿色转型。

6. 保持定力，推动重大风险有效化解。切实强化财政部门职责，支持守住不发生区域性系统性风险底线。防范化解政府债务风险。“一地一策”审核督导各地化债方案，逐地区、逐债项包保调度推进。连续开展四轮起底摸排，推动资产资源有效盘活变现，大力清收对外债权，增加化债资金来源。用好用足国家一揽子增量政策，多措并举推进化债工作。全省存量隐性债务降至1000亿元以下，与上报国务院“331”数据相比压降80%左右；全省58个市县区隐性债务清零，占全部市县区的82.9%；压降融资平台187家，压降比例56.7%。筑牢兜实基层“三保”底线。对70个市县区预算开展提级审核，夯实财力来源。强化收支管控和动态监测，对“三保”等刚性支出全面标识、全程跟踪、严禁调剂，按月精准调度保工资库款，养老、医疗保险资金直达专户，增发国债、生态环保、高标准农田等重点领域资金严格按项目进度调拨。改进财力下沉机制，动态测算财力状况，确保基层“三保”平稳运行。同步推进金融改革与化险。依托省投资集团、省金控集团打造省级国有金融资本投资和运营“两大平台”，战略布局和专业化整合基本成型。推动吉林银行增资扩股、优化股权、化降风险，提升改革成效。积极配合化解农信系统风险，推动吉林信托高风险机构出列，助力省属金融国企实现高质量发展。

7. 构建合力，推动财税改革破题深入。不断加强狠抓落实能力，创新推动各项改革任务落地见效。深化零基预算改革。初步构建“1+1+N”[④]的零基预算制度体系，省级率先突破，将2025年部门预算、重大项目、专项资金、转移支付等预算全部“从零”编制。推动财税体制改革。坚持增量改革，差别化确定省与市县财政支出责任，将财政资源向困难地区倾斜，适当增加重大战略任务的省级事权和支出责任。推进市（州）理顺与辖区、开发区的收入划分、财政事权关系，推行一体化管理，稳步推动形成更加规范的省以下财政体制。全面推开水资源税改革，在全国范围内率先确定水资源税适用税额等国家授权事项，有效保障改革试点工作顺利实施。强化财政绩效管理。坚持“花钱必问效、无效必问责”理念，畅通绩效闭环管理，强化评价结果应用，根据事中监控和事后评价结果，调整、压减资金3.1亿元。研究建立市县财政高质量发展评价指标体系，助推引领高质量发展，激励更好履职尽责。在地方财政绩效管理考核中被财政部评为先进单位，预算绩效管理迈进全国“第一方阵”。树牢过紧日子思想。坚决落实习惯过紧日子要求，省级部门预算公用经费压减2.7亿元，同比下降6%。落实12条过紧日子措施，明确各地各部门委托业务费和“三公”经费等限额，全年一般性支出减少65亿元，同比下降16%，其中委托业务费支出压减超40亿元，同比下降近50%。开展对省直部门和市县过紧日子落实情况评估，引导树立节支减支意识。发挥财政评审作用。严格按照“先预算评审，后结算审定”的原则，省级开展11个政府投资项目的预结算评审以及16个增发国债项目的预算评审，分别审减资金0.9亿元、1.5亿元，审减率分别达8.6%、6.3%，切实发挥财政投资评审对预算约束、成本控制的积极作用。扎实开展财会监督。聚焦预算管理、重点民生、资产管理等领域工作，开展增发国债、基层“三保”、资产盘活等27项专项监督，全年下达处理处罚决定77个，查处问

④“1+1”即《关于深化零基预算改革的实施意见》和《省级全面实施零基预算改革工作方案》，“N”即制定出台涉及部门预算、转移支付、“三保+”、国库资金、资产管理、投资项目、政府采购、市县高质量发展等一系列配套制度措施。

题500余个，督促各地各部门严肃财经纪律，切实推动财经秩序持续向好。

在总结成绩的同时，我们也清醒地看到，预算执行和财政工作中还存在一些困难和问题。主要是：受多重因素影响，一般公共预算税收收入增长乏力，土地出让收入持续回落，财力稳定增长的基础不牢，税源财源建设还需加强；基层“三保”保障压力较大，政府法定债务付息等必要刚性支出增长较快，市县财政收支矛盾突出；预算管理存在薄弱环节，零基预算改革刚刚起步，支出标准体系尚不健全，预算执行约束不够严格，绩效管理还需强化，资金使用效益有待进一步提升。

二、2025年预算草案

2025年，是“十四五”规划收官之年，也是“十五五”规划谋篇布局之年，编制好2025年预算、做好各项财政工作，具有十分重要意义。

（一）2025年财政收支形势分析

当前，我省经济运行总体平稳，资源禀赋、产业基础、发展潜力仍有比较优势，高质量发展扎实推进，但经济回升向好的基础还不牢固，财政收支形势依然严峻。从收入方面看，随着进一步全面深化改革激发新的发展动能，存量政策和一揽子增量政策持续发挥作用，国家加强超常规逆周期调节释放重大利好，一批重大项目投产见效，将为明年财政收入增长提供支撑。但受需求收缩、传统制造业竞争加剧、房地产市场不够景气、新兴产业尚未形成有效支撑，以及可盘活优质资源资产减少等多重因素影响，收入保持高速增长较难。从支出方面看，落实养老、教育、医疗等民生提标政策增支较大，政府债务还本付息支出刚性增长，编外人员、城市运维等支出易增难减，以及支持新旧动能转换、产业结构优化、城乡融合发展、绿色低碳转型等高质量发展明显进位，都需要持续加大财政投入。总体来看，2025年财政收支仍将处于紧平衡状态，需要进一步深化改革，不断盘活存量、做优增量，努力管理挖潜、花钱问效，全力防范风险、严肃纪律，确保全年收支平衡。

（二）2025年预算编制的指导思想和基本原则

预算编制的指导思想：坚持以习近平新时代中国特色社会主义思想为指导，深入贯彻党的二十大和二十届二中、三中全会精神，全面落实习近平总书记关于东北全面振兴和吉林工作的系列重要指示精神，按照中央经济工作会议、省委十二届五次、六次全会暨省委经济工作会议部署，坚持稳中求进工作总基调，完整准确全面贯彻新发展理念，加快构建新发展格局，扎实推动高质量发展。落实更加积极的财政政策，加强财政资源和预算统筹，加大财政支出强度，加强重点领域保障，优化财政支出结构；深化零基预算改革，坚持党政机关过紧日子，兜牢基层“三保”底线，狠抓地方政府债务管理，统筹推进财税体制改革；严肃财经纪律，严控“三公”经费，严管“跑冒滴漏”，严格预算刚性，严抓项目管理和绩效管理，提高财政资金使用效益，推动经济持续回升向好，为奋力推动吉林高质量发展明显进位、全面振兴取得新突破提供有力支撑。

预算编制的基本原则：一是突出统筹。坚持实事求是、科学合理测算收入，与经济社会发展水平相适应，与税费改革相匹配，与更加积极的财政政策相衔接，全省一般公共预算收入按3%增幅安排；突出“四本预算”统筹，突出资金资产资源盘活，增强预算完整性和财政资源统筹能力。二是突出重点。优化支出结构、强化精准投放，坚持“三保”优先，打破固化格局，更加注重惠民生、促消费、增后劲，提高财政资源配置效率，省级统筹设立35项支持经济高质量发展专项资金，省对市县财力性补助资金同比增长21.8%，集中财力办好大事要事。三是突出创新。充分利用政策工具，采取贷款贴息、拨投结合、股权投资等市场化方式，合理配置专项债券、超长期特别国债等政府性资金，持续带动有效投资，支持经济社会发展；省对国债资金、中央预算内投资、专项资金全部按进度调拨库款，防止挤占挪用；用足用好增量化债政策，有效化解地方政府债务风险。四是突出绩效。强化财政资金绩效导向，推动预算和绩效管理有机融合，完善全过程预算绩效管理机制，强化激励约束作用，绩效考核结果与资金预算安排挂钩，大力削减或取消无效支出，省级一般性支出压降 19%，总体压减腾出财力 63.5 亿元。五是突出严管。从严管理财政性资金，清理规范各类账户，不断强化过程管理；加强全口径地方债务监测，持续推动债务风险防控化解，尽快实现隐性债务、融资平台“双清零”目标；深化财政内控建设，强化权力监督制约；严肃财经纪律，加强财会监督，强化预算约束，完善预算执行监控机制。

（三）2025 年主要收支政策

1. 聚焦扩大有效需求，支持提升经济增长动能。支持消费提档升级。增加商贸服务、养老、文化、旅游等专项资金规模，新增设立首发经济、银发经济高质量发展专项资金，支持提振消费专项行动，加力落实大规模设备更新和消费品以旧换新政策，鼓励大宗消费、刺激常规消费、创新多元化消费供给，培育壮大文化、旅游、健康、养老等领域新的消费增长点；推动中低收入群体增收减负，助力提升消费能力、意愿和层级。支持政府投资提质增效。积极争取超长期特别国债，支持全省重大战略和重点领域安全能力项目建设；扩大专项债券投向领域，支持土地储备和收购存量商品房用作保障性住房，扩大用作项目资本金范围，推行债贷组合方式支持项目建设；加强财金协同，打好财政资金、产业基金、金融贷款、社会资本组合拳，强化对铁路、公路、机场、水利等重大建设项目资金保障。

2. 聚焦科技产业融合，支持加快发展新质生产力。突出科技创新主导作用。全面统筹整合财政科技投入，省级用于科技创新专项资金同比增长 27.3%，支持有组织聚力攻坚，推动企业加大科技研发投入，助力更多关键核心技术实现突破；支持长白山、三江、吉光等省实验室建设发展，推动省科技创新研究院、省氢能产业综合研究院重大技术攻关和成果转化，加快打造高水平创新平台；支持揭榜挂帅、产学研协同、先投后股、概念验证、中试等成果转化项目，持续深化央地合作、省院合作、校企合作，推动科技成果更多在吉林转化落地。发挥重点产业带动作用。继续增加工业信息化、冰雪旅游、新能源等专项资金规模，支持实施制造业“智改数转”三年行动，打造国家级先进制造业集群，加快推动汽车、装备制造等传统产业转型升级；支持激活冰雪消费市场，举办雪博会、雪季开封板等宣传推介活动，落实航线开发培育、涉旅企业奖补政策，助力打造旅游万亿级产业；支持氢燃料电池汽车应用推广，加快布局新能源汽车充换电基础设施，推动新能源产业跨越发展。提升人才政策吸引作用。深入落实“长白英才计划”、人才政策3.0、医药汽车领域等人才政策，加强人才领域资金统筹，强化政策和资金效能，不断优化人才发展环境，吸引更多人才来吉留吉回吉，为科技创新、产业振兴提供坚实的人才保障。突出政府投资基金撬动作用。通过新老基金整合、新增预算安排、专项资金“拨改投”、股权划转等方式扩大省级政府投资基金规模；优化政府投资基金管理，促进“产业—科技—金融”良性循环，强化基金投资的政策导向，在现代大农业、人参产业、碳纤维制品、冰雪经济、医药健康等方面，谋划、挖掘高质量项目，支持全省科技创新和产业升级，培育和壮大新质生产力。

3. 聚焦乡村全面振兴，支持高水平农业强省建设。推动夯实粮食安全根基。围绕实现“千亿斤粮食”产能建设工程目标，支持新建高标准农田500万亩，实施黑土地保护工程，推进“大水网”、盐碱地改造水利骨干工程建设和“四沟四渠”整治，加快现代农作物种业体系建设，优化农机购置补贴政策，提升农业防灾减灾救灾能力。全面实施玉米、水稻、小麦三大主粮完全成本保险，持续落实惠农惠民补贴政策，合理保障种粮农民收益。推动农产品精深加工集群发展壮大。统筹设立粮食、农业高质量发展专项资金，促进粮食一产、二产融合发展，壮大人参、鹿茸、林蛙、食用菌、渔业、肉牛等特色产业，突出支持精深加工和品牌营销，引导农业全产业链高质量发展。推动巩固拓展脱贫攻坚成果。保持省级财政衔接推进乡村振兴补助资金规模不减，支持脱贫地区产业发展，促进脱贫人口就业增收，增强内生发展动力。推动建设宜居宜业和美乡村。统筹设立新农村建设、边境村高质量发展专项资金，支持全省行政村持续改善人居环境，支持农村“厕所革命”，扎实推进乡村建设，扶持壮大新型农村集体经济，激发农村发展动力活力；支持边境村加快发展，全面落实促进边境村人口稳定财政补助政策，助力沿边开放旅游大通道建设，带动解决村屯空心化问题。

4. 聚焦巩固生态优势，支持实现绿色低碳转型。支持深入打好污染防治攻坚战。加大资金投入力度，支持细颗粒物和臭氧协同治理，推进冬季清洁取暖项目建设，落实秸秆全域禁烧奖惩措施，开展流域水污染治理和生态保护修复、集中式饮用水水源地保护、地下水生态环境保护和水污染防治监管能力提升，加强农业面源污染和农村生活污水管控，巩固提升蓝天碧水净土保卫治理成果。扎实推进生态系统保护修复。推进天然林保护、草原湿地生态修复治理和自然保护地体系建设，支持打好“三北”工程攻坚战，继续实施山水林田湖草沙、历史遗留废弃矿山等重大生态保护修复工程，巩固国家北方生态安全屏障。深化生态保护补偿制度改革。健全完善水流、森林、耕地等生态环境要素保护补偿制度，综合运用财政资金、税收和政府绿色采购政策，支持能源体系向绿色低碳转型，促进工业、建筑、交通运输等重点行业节能降碳，推广农作物秸秆、畜禽粪污等废弃物资源化利用，推动减污降碳协同增效。

5. 聚焦保障改善民生，支持提高人民生活品质。突出就业优先导向。坚持把就业作为民生之本，增加就业高质量发展专项资金规模，支持落实高校毕业生留吉就业创业系列扶持政策。延续实施阶段性降低失业、工伤保险费率政策，减轻企业负担，支持企业稳岗扩岗、吸纳就业。开展多层次职业技能培训，实施重点群体专项培训计划。支持教育事业发展。积极筹措财政教育资金，支持扩大普惠性学前教育资源、加快推动城乡义务教育优质均衡发展、改善高中基本办学条件、职业教育特色发展、高等教育内涵式发展，完善覆盖全学段学生资助体系，落实各项学生资助政策。推进养老保险制度改革。全面落实企业职工养老保险全国统筹，深入推进机关事业单位养老保险制度改革，按照国家统一部署，适当提高退休人员基本养老金和城乡居民基础养老金，落实地方政府投入责任，确保养老金及时足额发放。提高医疗卫生服务能力。持续推动公立医院综合改革和疾控能力建设，巩固提升医疗服务保障能力。优化财政支持和保障机制，继续提高基本公共卫生和城乡居民基本医疗保险人均财政补助标准，强化基本医疗保险、大病保险、医疗救助等综合保障作用。保障特殊群体待遇落实。全力做好资金保障，确保特困人员、低保对象、残疾人、退役军人、优抚对象等特殊群体生活待遇有效落实。加大养老服务投入力度，继续支持社区嵌入式服务设施建设、居家养老服务改革试点和老年助餐服务提质扩面等。适当提高老年人高龄津贴、孤儿基本生活费最低养育标准、城乡特困人员基本生活补助标准，进一步增强人民群众幸福感、获得感。加强文化保护与发展。省级增加文化高质量发展专项资金规模，支持历史文化保护和传承，拓展历史建筑活化利用渠道，在历史文化挖掘、新闻宣传、文物保护、文艺创作、文旅融合等领域持续发力，进一步助力开创吉林文化发展新局面。

6. 聚焦兜牢“三保”底线，确保基层财政平稳运行。坚持“三保”是“头保”理念。贯彻落实国家加强“三保”保障工作要求，压实各级党委和政府“三保”责任，健全“县级为主、市级帮扶（兜底）、省级兜底”的分级责任体系。推动全省财政一体化管理，深入开展预算提级审核，合理确定“三保”范围标准，厘清市县真实财力和必保支出底数，强化收入可靠程度与支出刚性程度动态匹配。改进财力下沉机制。全面推行零基预算分配模式，打破省对市县财力补助固有基数，精准匹配财力资源，重点帮助困难市县提升保障能力。加强“三保”资金管理。设立“三保+”专账，通过预算管理一体化系统，对“三保”等资金实行系统控制、单独归集、封闭管理、专款专用，真正实现预算指标和库款资金精准管控。健全完善动态运行监测机制，积极研判、妥善处理潜在风险和重大问题。

7. 聚焦习惯过紧日子，从严从紧管控行政运行支出。严格落实党政机关过紧日子要求，严把支出关口，严控一般性支出和委托业务费支出，严格执行会议、培训、差旅等费用开支标准，合理压降财政供养人员支出，努力降低行政运行成本。从严审核编制新增资产配置预算，从严从紧核定“三公”经费，严控节庆展会论坛活动，严禁建设政绩工程、形象工程。建立健全节约型财政保障机制，细化对各类支出事项的审核，定期开展、做实做细过紧日子落实情况评估。

（四）2025年一般公共预算收入预计和支出预算安排

1. 全省一般公共预算。全省一般公共预算收入 1227 亿元，比上年增长 3%。其中，税收收入 702.5 亿元，比上年增长 3%；非税收入 524.5 亿元，比上年增长 3%，主要是持续保持资源资产盘活力度。加上政府一般债务收入、中央转移支付收入、动用预算稳定调节基金等 3311.9 亿元，收入总量为 4538.9 亿元。其中，一般公共预算收入占 27%；政府一般债务收入 428.2 亿元，占 9.4%；中央转移支付收入 2476.7 亿元，占 54.6%。按照收支平衡的原则，全省一般公共预算支出 4146.5 亿元，比上年支出基数增长 2%。加上政府一般债务还本支出、上解中央支出和预备费等 392.4 亿元，支出总量为 4538.9 亿元。

2. 省本级一般公共预算。省本级一般公共预算收入 280 亿元，同口径比上年增长 0.4%。加上政府一般债务收入、中央转移支付收入、市县上解收入、动用预算稳定调节基金等 3046.4 亿元，收入总量为 3326.4 亿元。按照收支平衡的原则，省本级一般公共预算支出 1079.4 亿元，比上年支出基数增长 2.2%。加上政府一般债务还本支出、对市县转移支付支出、上解中央支出、政府一般债务转贷支出、预备费等 2247 亿元，支出总量 3326.4 亿元。

省级（含长白山保护开发区）一般公共预算收入 282.6 亿元，省级（含长白山保护开发区）一般公共预算支出 1098.6 亿元。

中央财政提前下达一般公共预算转移支付 2476.7 亿元，其中，一般性转移支付 2400.7 亿元，专项转移支付 75.9 亿元。省级安排对市县一般公共预算转移支付1779.6亿元，其中，一般性转移支付1670.7亿元，专项转移支付108.8亿元。

政府一般债务收入428.2亿元，包括新增一般债务收入123.3亿元（含外债转贷1.4亿元），全部转贷市县；再融资一般债务收入304.9亿元（省级26.6亿元，转贷市县278.3亿元）。

（五）2025年政府性基金预算收入预计和支出预算安排

全省政府性基金预算收入505.2亿元，比上年增长2.1%，主要是专项债务对应项目专项收入预期增加。加上政府专项债务收入、政府性基金转移支付收入、调入资金和上年结余收入等1872.3亿元，收入总量为2377.4亿元。其中，政府性基金收入占21.3%；政府专项债务收入1447.5亿元，占60.9%；中央转移支付收入10.2亿元，占0.4%。按照以收定支的原则，全省政府性基金预算支出1349.8亿元，比上年增长17.1%，主要是上年下达的超长期特别国债在2025年随项目进度加快支出，同时，安排346亿元专项债券用于支持金融系统改革。加上政府专项债务还本支出、调出资金等1027.6亿元，支出总量为2377.4亿元。其中，政府性基金支出占56.8%；政府专项债务还本支出879.1亿元，占37%；调出资金13.4亿元，占0.6%。

省本级政府性基金预算收入55.4亿元，比上年增长36.6%。加上政府专项债务收入、政府性基金转移支付收入、调入资金和上年结余收入等1473.1亿元，收入总量为1528.5亿元。按照以收定支的原则，省本级政府性基金预算支出406.6亿元，比上年增长510%，主要是专项债务收入安排的支出增加。加上政府专项债务还本支出、对市县转移支付支出、调出资金、政府专项债务转贷支出等1121.9亿元，支出总量为1528.5亿元。其中，省本级政府性基金支出占26.6%；政府专项债务转贷支出1045亿元，占68.4%；对市县转移支付支出44.8亿元，占2.9%；调出资金0.9亿元，占0.1%。

省级（含长白山保护开发区）政府性基金预算收入59亿元，省级（含长白山保护开发区）政府性基金预算支出410.8亿元。

政府专项债务收入1447.5亿元，包括新增专项债务收入580亿元（省级292.4亿元，转贷市县287.6亿元），再融资专项债务收入867.5亿元（省级24.1亿元，转贷市县843.4亿元）。此外，收回以前年度市县使用补充中小银行资本专项债券86亿元，调整用于省级金融机构改革。

（六）2025年国有资本经营预算收入预计和支出预算安排

全省国有资本经营预算收入20.9亿元，比上年增长6.6%，主要是国有资本经营预算编制范围从2024年的省本级、长春市和吉林市，扩大到全省所有市县。加上中央转移支付收入和上年结余收入1.3亿元，收入总量为22.2亿元。按照收支平衡的原则，全省国有资本经营预算支出5.8亿元，比上年增长31.6%。加上调出资金16.4亿元，支出总量为22.2亿元。

省级国有资本经营预算收入6.3亿元，比上年增长47.8%，主要是部分国有企业经营效益提升增加的收入。加上中央转移支付收入和上年结余收入1.2亿元，收入总量为7.5亿元。按照收支平衡的原则，省级国有资本经营预算支出2.7亿元，比上年增长179.9%。加上调出资金4.8亿元，支出总量为7.5亿元。

（七）2025年社会保险基金预算收入预计和支出预算安排

全省社会保险基金预算收入2432.1亿元，比上年下降4.9%。加上滚存结余收入1380.8亿元，收入总量为3812.9亿元。全省社会保险基金预算支出2488.6亿元，比上年增长7.7%。收支相抵，年末滚存结余1324.3亿元。

省级社会保险基金预算收入1478.2亿元，比上年下降11.2%。加上滚存结余收入628.3亿元，收入总量为2106.5亿元。省级社会保险基金预算支出1588.4亿元，比上年增长8.4%。收支相抵，年末滚存结余518亿元。

三、做好2025年财政改革和管理工作

2025年，吉林省被财政部选为12个财政科学管理试点省份之一，以此为契机，坚持守正创新、先立后破，大力推进财政科学管理，全面深化财税体制改革，有效实现财政治理体系和治理能力新突破，更好服务保障省委省政府重大决策部署。

（一）深化零基预算改革

按照“1+1+N”的改革制度框架，构建全面规范、标准科学、约束有力、讲求绩效的预算制度体系。狠抓财源建设，把依托行政权力、政府信用、国有资源资产获取的收入全部纳入政府预算管理，促进“四本预算”统筹衔接；县级以上政府全面编制国有资本经营预算，实现所有市县全覆盖、国有企业应纳尽纳；全面加强资产管理，让错配资产厘清摆正、沉睡资产发挥价值；统筹财政拨款和非财政拨款、预算财力和债券资金、中央补助和地方资金，提升财政保障能力。打破固化格局，坚持“先定事、后定钱”，全面梳理评估现行所有支出政策，严格审核新增支出事项，编制具有战略性、全局性、基础性的重点支出事项清单，合理划分保障边界，结合财政承受能力精准匹配财力资源；全面加强专项资金管理，突出事项核批、目标跟踪、专款专用。深化配套改革，推进支出标准体系建设，强化支出标准约束作用；统一预算分配权，提高预算管理统一性、规范性；全面从严资金管理，突出账户设立、过程管控，规范各类财政性资金管理；加强政府投资项目管理，健全预决算评审制度，严格项目决算管理。

（二）强化财政绩效管理改革

加强新出台重大政策、项目事前绩效评估，探索“三评+”联动，将事前绩效评估、绩效评价和预算评审深度融合，推动构建全行业多领域项目支出定额标准体系。将高质量设置绩效目标作为省级专项资金设立的前提，运用绩效目标压实绩效责任。加大绩效目标审核力度，扩大抽审范围，巩固绩效监控、绩效自评全覆盖成果，

强化绩效结果应用，真正做到“有效安排、低效压减、无效取消并问责”。完善市县财政高质量发展评价指标体系，客观评价市县财政运行质量和风险防控水平。持续开展过紧日子评估，推动省级部门和市县在节约高效利用资产、控制财政供养人员等方面切实压降成本。推动建立省市县联动绩效评价工作机制，加强省级部门、市县财政等各类管理责任主体的绩效能力建设。

（三）推进省以下财政体制改革

进一步理顺省以下政府间财政关系，建立权责清晰、财力协调、区域均衡的省以下财政体制。优化事权与支出责任，加强重大战略任务的省级事权和支出责任。强化省级调控能力，将金融业增值税、企业所得税调整为省级固定收入。稳步推进水资源费改税、部分品目消费税征收环节后移等改革任务，增加自主财力。完善转移支付体系，优化转移支付结构，清理规范专项转移支付，增加一般性转移支付，提升市县财力同事权相匹配程度。推行省与市县、市与辖区财政一体管理，重点完善开发区财政管理体制，增强市级对开发区财政收支、转移支付、政府债务及国库资金管理的直接保障责任，加强乡村财政财务管理。

（四）加强地方政府债务管理

认真贯彻落实党中央、国务院决策部署，落实一揽子化债方案，统筹用好化债支持政策，科学使用增量置换债券，加快释放政策红利。实施全口径债务管理，债务资金与其他财政资金有效衔接，巩固化债成果，争取实现隐债全面清零。加强全口径地方债务监测，坚决遏制新增隐性债务，严格落实举债终身问责制和债务问题倒查机制，对新增隐性债务“零容忍”。加快地方政府融资平台改革转型，分类推动平台转型退出，进一步压降平台数量，同时做好已退出融资平台监控，引导建立现代企业制度，按照市场化法治化原则运作。优化专项债券管理机制，加强资金使用监管，完善项目资产管理，健全债券本息偿还机制，逐步建立偿债备付金制度，抓好项目收入征缴工作，提高专项债券资金使用效益。

（五）加强预算执行管理

依法依规组织财政收入，规范非税收入管理，完善收入征管政策，提升财政收入质量，坚决纠治乱收费、乱罚款、乱摊派问题。强化预算执行常态化监督，严禁超预算、无预算列支，硬化预算执行刚性约束，防止财政资金“跑冒滴漏”。严格执行政府性基金预算以收定支规定，结合宏观经济和市场形势，科学预测土地出让收入规模，加强土地出让收支管理，实现收支平衡，落实土地出让收入用于农业农村比例要求。依托预算一体化系统，对市县资产（资源）盘活收入、土地出让收入精准管控，确保收支严格匹配。严肃财经纪律，强化财税政策落实和预算执行管理监督，针对关键环节做出明确规定，严肃查处违法违规举借债务、违规新建楼堂馆所、财政收入虚收空转和违规返还等违反财经纪律行为，加大追责问责力度。综合施治，提高财政队伍素质。实施数据财政工程，提高财政管理信息化水平、数据治理水平。

（六）加大财会监督力度

聚焦重大政策、重点资金、重要领域和关键环节，扎实开展专项整治和专项监督，发现并纠治一批违规问题，增强震慑和约束作用，促进财政资金安全高效使用。压实发现问题整改责任，将财会监督结果与绩效考评、资金管理和完善政策相挂钩，巩固财会监督成果，提升财会监督效能。深化财会监督与纪检监察、巡视巡察以及审计等各类监督之间的协同，形成监督合力。加强注册会计师和资产评估行业监管，从严从重查处影响恶劣的财务舞弊、会计造假等案件，切实提高财经纪律严肃性、震慑力，维护和规范市场经济秩序。深化财政内控建设，强化权力监督制约。

（七）主动接受人大预算审查监督

践行全过程人民民主，自觉接受人大监督，积极听取人大代表意见建议，及时回应人大代表关心关切。贯彻落实省人大及常委会有关预算决议和审查意见，及时报告财税改革、债务管理和财政重点工作进展，有针对性地改进和加强财政预算工作。高质量办理人大代表议案建议，做好与代表日常沟通交流，把办理建议提案同编制预算、推进改革、制定政策结合起来。扎实做好审计查出问题整改，提高整改质量和效率，推动建立健全长效机制。

各位代表！

2025年，我们将更加紧密地团结在以习近平同志为核心的党中央周围，全面贯彻习近平新时代中国特色社会主义思想，在省委坚强领导下，自觉接受省人大监督，虚心听取省政协意见建议，坚定信心、攻坚克难，求真务实、开拓进取，扎实做好各项财政工作，为奋力推动吉林高质量发展明显进位、全面振兴取得新突破作出新的更大贡献！

长春夜景　石雷/摄

一图读懂　2025 年吉林省财政预算报告

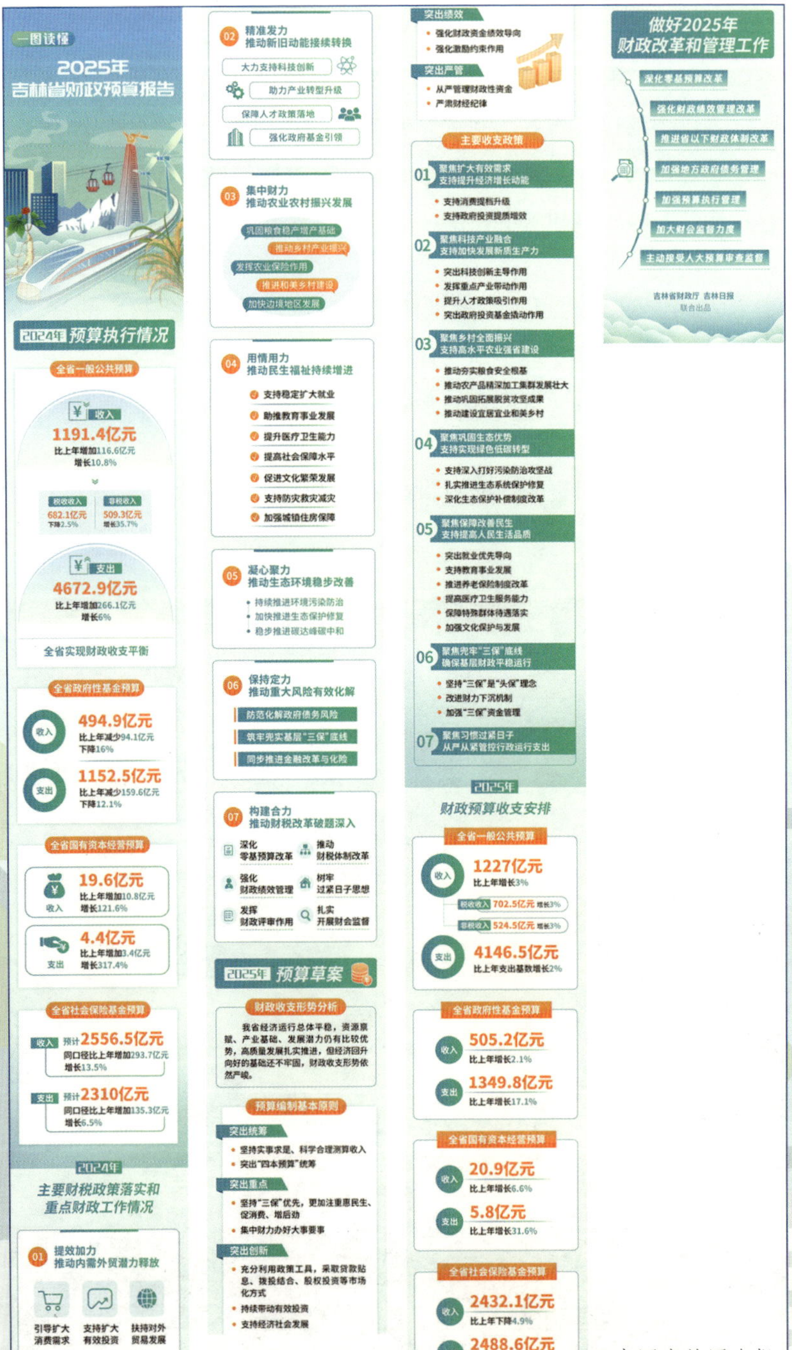

中国吉林网海报

思维导图 2025，吉林要怎么拼？

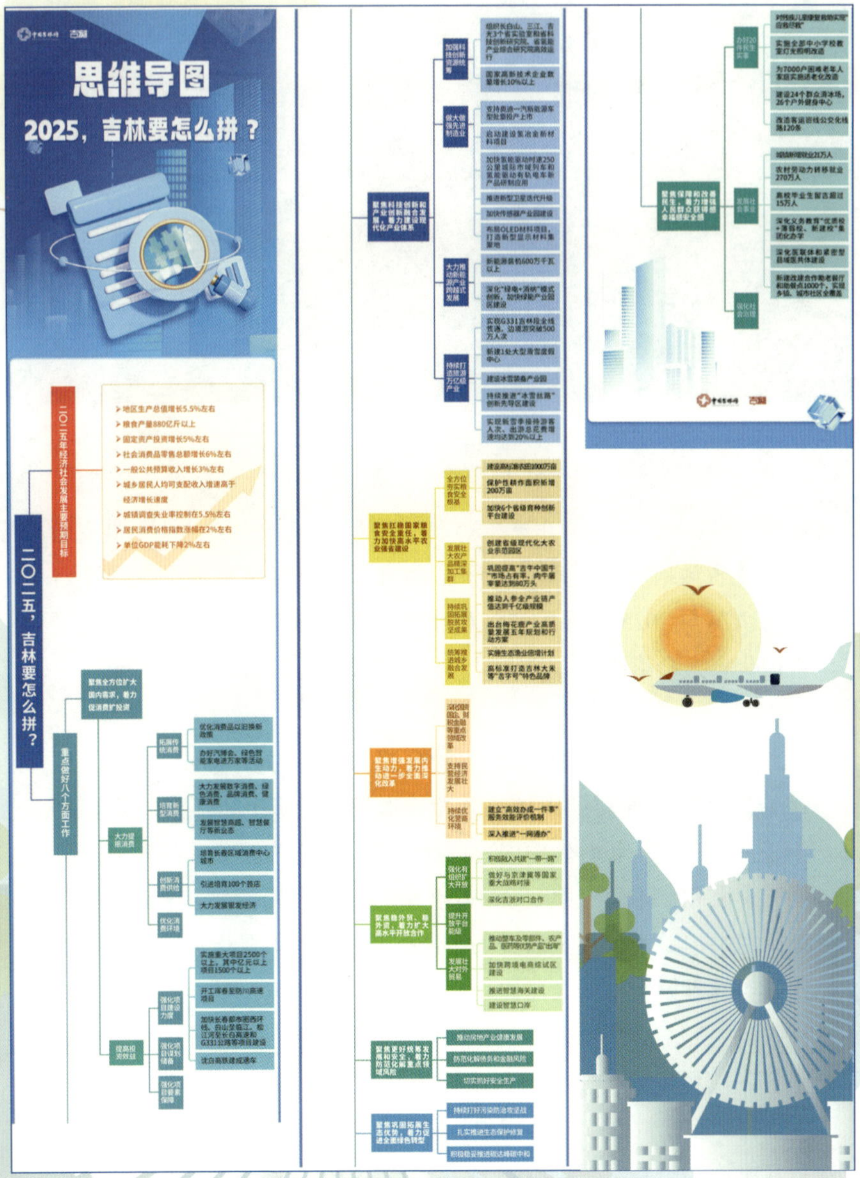

中国吉林网海报

关于吉林省2024年国民经济和社会发展计划执行情况与2025年国民经济和社会发展计划草案的报告

——2025年1月14日在吉林省第十四届人民代表大会第四次会议上

吉林省发展和改革委员会

各位代表：

受省政府委托，现将吉林省2024年国民经济和社会发展计划执行情况与2025年国民经济和社会发展计划草案提请省第十四届人民代表大会第四次会议审议，并请省政协各位委员提出意见。

一、2024年国民经济和社会发展计划执行情况

2024年，面对国内外复杂严峻形势和经济下行压力，全省上下坚持以习近平新时代中国特色社会主义思想为指导，深入贯彻党的二十大和二十届三中全会、中央经济工作会议精神，全面落实习近平总书记关于东北全面振兴和吉林工作系列重要指示精神，认真执行吉林省第十四届人民代表大会第三次会议审议批准的《政府工作报告》和2024年国民经济和社会发展计划，坚持新发展理念，锚定高质量发展，坚决扛起维护国家“五大安全”重要使命，负重前行、多措并举、攻坚克难，全力以赴推动经济社会各项工作取得新成效。2024年一季度和上半年，全省GDP分别增长6.5%和5.7%，居全国第1和第8位。但受需求不足、预期转弱、化债除险等多重因素影响，前三季度全省GDP增长4.1%。随着一揽子增量政策效应

逐步显现和挖潜增效举措落地落实，全省经济呈现总体平稳、稳中有进态势，深化改革稳步推进，重点领域风险化解有序有效，民生保障扎实有力，社会大局保持稳定，吉林高质量发展迈出坚实步伐。

一年来，全省国民经济和社会发展计划执行成效主要体现在九个方面。

（一）推动产业转型升级，产业发展韧性不断增强

推动传统产业高端化、智能化、绿色化转型，大力发展战略性新兴产业，抢占产业发展新赛道，具有吉林特色的现代化产业体系加快构建。

新型工业化加快推进。全力打造世界级汽车先进制造业集群，奥迪一汽新能源汽车正式投产，红旗天工 08、EH7 等多款新能源车型推出。红旗品牌销量达 41.2 万辆、同比增长 17.4%，红旗新能源汽车销量达 11.5 万辆、同比增长 43.7%。一汽弗迪新能源动力电池正式交付。长春市被纳入国家首批智能网联汽车“车路云一体化”应用试点城市。松原全国首套严寒地区全钒液流电池共享储能电站投入运行。吉化转型升级项目 28 套工艺装置累计开工 26 套。吉林化纤年产 15 万吨原丝等重大项目陆续投产达效。T800 级高性能碳纤维试生产。中车长客自主研发的我国首列氢能源市域列车完成时速 160 公里满载运行试验，清远磁浮列车在湖蝶湾—长隆区间上行线进行达速试验。“吉林一号”在轨运行卫星数量达到 117 颗，全球最大的亚米级商业遥感卫星星座地位更加巩固，实现国内首次星间激光 100 千兆比特每秒超高速高分辨遥感影像传输，发布全球首张高清年度一张图。通化安睿特重组人白蛋白注射液在俄罗斯完成注册获批上市。四平拓华生物 2 款干细胞治疗产品和 1 款免疫细胞产品获得临床批件，列全国同行业第一梯队。印发《吉林省绿能产业园区供电实施方案》，开启全国首创新能源直供模式，配套新能源装机所发电量 80% 自发自用，20% 自发自用、余电上网，实现了风光绿电直供。全省发电装机容量预计达到 4790.08 万千瓦，同比增长 12.29%。规上装备制造业和电子信息产业增加值分别增长 9.3% 和 6.5%，高技术制造业增加值占规上工业增加值 12.3%，战

略性新兴产业产值占规上工业总产值 16.9%。新产品产量快速增长，新能源汽车同比增长 27%，集成电路同比增长 12.7%，风力发电机组同比增长 50.1%。

专栏一　工业重点产业发展情况

汽车产业	制定出台《吉林省新能源和智能网联汽车产业高质量发展行动方案》，从关键技术攻关、产业化落地、企业培育壮大、集群化发展等多个维度给予财政金融支持。全力保障一汽生产运行，支持中国一汽加快实施“ALL IN 新能源”战略，推出红旗天工 08、EH7 等多款新能源车型。红旗品牌销量达 41.2 万辆、同比增长 17.4%，红旗新能源销量达 11.5 万辆、同比增长 43.7%。支持长春创建新能源汽车换电模式综合应用试点城市、公共领域车辆全面电动化先行区试点城市。全省累计推广自主品牌新能源汽车 6.9 万辆，累计建设运营换电站数量达到 183 座。
食品产业	谋划梳理重点项目 116 个。泸源酒业 2 万吨白酒、中之杰食品产业园等项目开工建设；佐丹力素食全餐、吉林协联 15 万吨柠檬酸等项目建成投产。推动人参加工技术成果转化，组织实施人参产业“聚力攻坚”专项。推动吉林广泽乳业成功申报国家脱盐乳清产品能力提升揭榜工作任务，投资 12 亿元建设年产 4 万吨乳品深加工项目，打造国内重要的原制奶酪和脱盐乳清产品生产基地。积极推动长春美禾生物基乙二醇、低成本糖原等技术开发应用；培育壮大玉米生物工程制品，加快发展生物降解材料等新兴品种。
石化产业	推动吉化项目有序实施，吉化转型升级项目 28 套工艺装置累计开工 26 套。完成长春北湖精细化工新材料产业示范园、吉林经济技术开发区化工园区审核认定，完成梅河新区（梅河口市）化工园区新建认定考核、辽源高新技术产业开发区化工产业园区审核认定考核，并已通过公示。目前，全省 13 家化工园区通过正式认定，8 家化工园区通过新建认定，1 家化工园区正在整改待正式认定。支持康乃尔实施制氢装置改造，生产负荷由 70% 提高到 100%。

装备产业	中车长客自主研发的我国首列氢能源市域列车完成时速160公里满载运行试验；清远磁浮列车在湖蝶湾—长隆区间旅游专线上行线进行达速试验，新一代CR450动车组样车正式发布。年内9颗“吉林一号”卫星发射成功，目前共117颗卫星在轨运行。长光卫星实现国内首次星间激光100千兆比特每秒超高速高分辨遥感影像传输，发布全球首张高清年度一张图，性能指标达到国际领先水平。长光博翔全球双飞翼垂直起降固定翼无人机200公斤级等5个平台定型并上市销售。2套重大技术装备入选国家重点支持发展装备清单。长春光机所高性能面发射激光器量子阱材料模拟设计取得突破，获得稳定可靠的VCSEL激光器结构。天朗农机装备产业园扩能改造项目顺利投产。康达农机智能免耕播种机、吉大智能玉米籽粒收获机等农机装备研发制造推广应用一体化试点示范项目加速落地。三鼎变压器成功研制SFZ-H-240000/150三相组合式电力变压器和XKSSP-18400/35油浸式空心电抗器新产品，填补行业技术空白。
医药产业	通化安睿特重组人白蛋白注射液在俄罗斯完成注册获批上市。惠升生物1类创新药脯氨酸加格列净片、国产首个德谷门冬双胰岛素注射液生物类似药获批上市。金赛药业重组人促卵泡激素注射液、菲洋生物地舒单抗注射液等重点品种上市。四平拓华生物2款干细胞治疗产品和1款免疫细胞产品获得临床批件，列全国同行业第一梯队。
电子信息制造业	深入推进与国家智能传感器创新中心深度合作。举办传感器产业发展交流研讨会、“光通万物，智启芯程”光电信息产业峰会，5户集成电路企业享受2024年度国家税收优惠政策。
冶金建材及新材料产业	加快推动白城市富达棒材轧制有限公司开展产能置换节能减排技术改造、吉林迎新玻璃有限公司日产1300吨“一窑三线”光伏玻璃盖板、汽车玻璃、电子玻璃生产线项目建设。印发《关于推动玄武岩纤维产业高质量发展若干举措》。吉林省中研高分子材料股份有限公司和圣博玛生物材料有限公司2户企业成功入围工信部生物医用材料创新任务揭榜挂帅（第一批）揭榜单位。

轻工纺织产业	加快推动吉林化纤集团年产 15 万吨碳纤维原丝、年产 3 万吨高性能原丝、3.5 万吨碳纤维树脂助剂、8 万吨天然气瓶等一批产业链项目建设，打造“原丝—碳纤维—复合材料—终端制品—回收利用”完整产业链。推动碳纤维产品在风电、体育休闲、军工等领域应用。延吉可喜安医疗器械有限公司温热电位治疗仪、吉林东华原医疗设备有限责任公司健康管理一体机两种产品入选 2024 年老年用品产品推广目录。

数字经济发展壮大。修订施行《吉林省大数据条例》，建立数字经济统筹推进机制，数字经济核心产业规模过千亿级。长春新区人工智能新基建项目（智算中心）、中国联通长春大数据产业园等一批项目加快推进，长春算力中心已稳定提供智能算力 300P 和超级算力 10P。推进数据要素市场化配置改革，开展公共数据授权运营和数据产权登记试点，实施“数据要素 ×”行动，赋能重点产业加快数字化转型。长春市开展大数据深加工基地建设，9 家企业完成入驻。启明公司、吉大正元、博立电子、东师理想等一批数字企业创新成果不断涌现。华为吉林区域总部建成，在光通信、卫星通信、应用化学、自动驾驶等多个领域，与我省科研院所、高校、企业开展合作对接。建设长春国家级互联网骨干直联点项目，建成后我省互联网网间互联带宽达到 1200Gbps。持续扩大传输网、5G 网络和千兆光纤网络覆盖范围，率先在长春、吉林等地区开展试点。全省建成 5G 基站 5.5 万余个，9530 个行政村及生产生活区的 5G 网络通达率达到 92.45%，实现乡镇级以上 5G 网络连续覆盖。全面启动实施制造业“智改数转”三年行动，推动 1000 个以上重点项目加速建设，支持金赛药业等 37 个数字化改造项目获得超长期特别国债资金 4.9 亿元。加速推进长春、吉林两个中小企业数字化转型试点城市建设，培育国家智能制造示范工厂 5 个，国家智能制造优秀场景 15 个，省级未来工厂 4 个，省级智能工厂 27 个，省级数字化车间（生产线）50 个，全省工业企业数字化转型率超 32.7%。与农业农村部合作共建全国玉米全产业链大数据平台，开展 20 家合作社试点应用。

专栏二　“智改数转”行动开展情况

选树一批转型示范标杆	支持龙头骨干企业从车间、工厂、企业三个层面，系统建设“智改数转网联”示范项目。累计培育4个省级未来工厂，27个省级智能工厂，50个省级数字化车间（生产线），建成一汽大众、一汽红旗等国家智能制造示范工厂5个，国家智能制造优秀场景15个。
支持一批试点示范项目	动态组织“智改数转”项目入库申报，553个项目入库。安排专项资金支持“智改数转”项目167个、省级数字化车间（生产线）47个、智能工厂23个和未来工厂4个，供应商25个，云平台4个。
提供一批系统解决方案	大力推进优秀数字化转型服务商引进培育，组建100支数字化转型服务商队伍，建立包括域外华为、西门子、百度等龙头企业，域内吉大正元、启明信息、易加科技等领军企业在内的《工业企业数字化转型系统解决方案服务商名录》，“一对一”巡回诊断企业超500户，精准指导中小企业根据自身个性化需求进行数字化、网络化、智能化改造。
培训一批转型需求企业	全省共召开各类数字化转型对接会30余场，培训企业高管近2000人；先后组织近200家企业赴上海、杭州、成都等先进发达城市，参访上海通用、海康威视、西门子创新中心等数字化转型标杆企业；组织超300家企业参加浙江大学、复旦大学、同济大学、深圳大学等6场数字化转型研修班；组织召开汽车、装备、医药行业数字化转型服务商与工业企业专题调研对接会。
培育一批数字化云平台	印发《吉林省智能制造服务商联盟产品手册》，吸纳41家数字化云平台企业加入省级工业互联网生态资源池，及时围绕企业需求匹配合适的服务公司。

现代服务业健康发展。召开全省服务业发展大会，出台《关于加快服务业高质量发展的若干政策举措》。省级现代服务业集聚区达到96家，入驻企业超过8000户，吸纳就业超过13万人。出台《吉林省现代服务业同先进制造业、现代农业融合发展试点管理办法（试行）》，开展第二批产业融合发展试点认定。出台《支持冷链物流高质量发展的若干政策措施》，培育壮大冷链物流产业。四平国家骨干冷链物流基地交易量同比增长15%。吉林商贸服务型国家物流枢纽成功获批。服务业对经济增长的贡献率超过50%，规上服务业重点行业营业收入同比增长8.8%，其中，软件和信息技术服务业同比增长24.9%，科学研究和技术服务业同比增长13.6%。深入实施“万亿级”旅游产业攻坚行动，成功举办全省旅游发展大会、消夏避暑休闲季、长春冰雪节等品牌活动，预计全年接待国内游客、国内游客出游总花费均同比增长20%以上。

（二）大力推进科技创新，新优势新动能持续壮大

狠抓核心技术攻关，强化科技成果转化，着力构建良好创新生态，推动科技创新与产业创新深度融合，助力吉林高质量发展。

关键核心技术取得突破。启动实施4批25项揭榜挂帅（军令状）机制项目。新部署实施核心光电子器件和高端芯片等重大科技专项9个，中国一汽开发出L3级智能网联汽车。长春光机所研制的面发射半导体激光器、长光辰芯研制的高端CMOS传感器、吉林化纤的聚丙烯腈基碳纤维关键技术等均达到国际领先水平。奥来德OLED发光材料成功突破国外专利壁垒。发光学及应用国家重点实验室在国际上首次利用单个器件通过单次测量，对宽带光谱范围内具有任意变化的偏振和强度的高维光场进行了全面表征，实现了高维度光场信息探测。

科技创新平台建设步伐加快。有组织聚力攻坚科技创新体制加速形成，综合科技创新水平指数居全国第18位，科技促进经济社会发展指数居全国第13位。完成一汽集团高端汽车集成与控制、吉林大学汽车底盘集成与仿生、吉林大学参与的人兽共患传染病重症诊治3家全国重点实验室重组。高功率半导体激光、动态光学成像与测量2个国防重点实验室被纳入我省全国重点实验室支持序列。出台《吉林

省实验室管理办法（试行）》，长白山、三江、吉光3个省实验室正式挂牌运行。围绕人工智能、大数据、生物技术等领域，全面布局建设省重点实验室158家，重点开展基础研究、应用基础研究和前沿研究。吉林农业大学李玉院士团队荣获国家科学技术进步奖一等奖，实现吉林省属高校的历史性突破。省科研院实施科技协同创新专项21项，其孵化园入驻企业14户。完成省氢能产业综合研究院选址，启动氢能产业重大科技专项。谋划筹建吉林省生物医药与高端医疗器械研究院。

企业创新主体地位逐步提升。启动实施科技企业创新能力提升三年行动，“破茧成蝶”专项支持两批104家初创企业加速成长，采用“免申即享”方式为574户企业补助3986.1万元。出台《吉林省雏鹰、瞪羚、独角兽企业评价办法（试行）》。发布2023年度吉林省优秀科技型中小企业500强榜单。认定高新技术企业超过4100家。向630家企业选派759名“科创专员（科创副总）”。召开金融助力科技型企业高质量发展大会，推动金融机构设立知识产权质押贴息贷款、善新贷、初创贷等30余款科技企业专属信贷产品，为科技型企业发放贷款1709.8亿元。成立“吉林省汽车绿色轻量化材料创新联盟”“吉林省功率半导体产业科技创新联合体”2个技术创新联合体（创新联盟），全省创新联合体（创新联盟）数量达11个。

科技成果加速转化。深入实施科技成果转化“双千工程”，出台《吉林省科技成果转化贡献奖励办法》《吉林省概念验证中心和科技成果转化中试中心管理办法（试行）》，省内转化科技成果3609项，技术合同成交额达到241亿元，实现两个翻番。依托高校、科研院所、企业，首批备案概念验证中心12家、中试中心20家。建立10个市（州）分市场和19家国家技术转移东北中心工作站。启动实施“先投后股”科技成果转化项目创新试点。成立省科技经纪人创新发展联盟、省促进产业协同创新和成果转化投资联盟、省科技成果服务平台“两联盟一平台”，成员单位基金规模约1494亿元，已投项目1103个。

创新生态不断优化。印发《吉林省教育科技人才产业一体化发展三年行动方案（2025—2027年）》，启动2批18家省属高校院所职务科技成果赋权改革试点，赋权职务科技成果1928个，转化职务成果633个，科技成果转化合同金额累计超1.6亿元。新增院士工作站1家、累计达14家，柔性引进15名院士驻站指导。获得2023年国家科学技术奖13项。持续扩大项目经费“包干制”试点范围，投入经费13548万元，支持人才项目227个、杰青优青基金项目36个、面上项目639个。授予329名人才和团队“长白英才”称号。出台《促进高校毕业生就业创业若干措施》，全省高校毕业生留吉突破15万人。赴天津、成都、广州等多个城市开展组团引才活动，加大对青年、中青年科技人才支持力度，加强子女就学、安家补贴等配套服务保障，吸引更多高层次人才来吉创新创业。

（三）积极扩大有效需求，内需潜力稳步释放

用好用足一揽子增量政策，加强各类政策协调配合，更大力度扩大有效投资，多措并举促进消费，着力提振市场信心，不断提升内需对经济增长的拉动力。

投资和项目建设加力推进。春节后上班第一天召开全省推进项目建设大会，省领导分别带队赴各地实地踏查重点项目，督导地方夯实抓项目主体责任。加快推进重大项目建设，长春轨道交通6号线、长春至太平川高速公路等一批重大项目竣工运行，沈白高铁、“吉电入京”“氢动吉林”、沿边开放旅游大通道、吉林水网骨干工程等一批重大项目顺利推进。上海电气洮南、中国天楹辽源2个百亿级绿氢化工项目开工建设，新增风光装机超过600万千瓦，新能源及关联产业投资突破1100亿元。全力争取中央资金支持，2024年可使用的国家政策资金1158.3亿元，较上年增加近400亿元，支持近1200个重大项目。发挥省市县三级项目中心作用，协调解决项目立项、规划选址、土地使用等问题1116个。实施“项目中心+行长”工作机制，常态化征集推送2200多个项目，593个项目获得408亿元融资贷款支持。全省项目投资（不含房地产）同比增长5.8%、产业投资同比增长10.1%，亿元以上项目投资同比增长7%。谋划亿元以上重大项目1000个以上。

消费市场平稳运行。压茬举办“春季消费促进月”“盛夏消费季”“冰雪消费季”等活动，全年开展主题化、特色化、多元化消费促进活动2000余场。有体系推动消费品以旧换新，出台《吉林省推动大规模设备更新和消费品以旧换新实施方案》，直接拉动消费190亿元。出台《吉林省新电商产业发展专项规划（2024—2030）》，举办第四届中国新电商大会，京东（吉林）区域中心落户长春，京东德惠小町产业带、抚松人参产业带项目销售额超千万元，全省网络零售额同比增长16.1%。安排农民购房奖补资金，按照1∶1比例支持各地实施购房贷款贴息和消费券政策，加大对各地人才购房补助力度，支持住房消费。推进一刻钟便民生活圈试点项目建设，63个生活圈服务96.12万人。开展省级步行街改造提升试点评估验收，认定省级第二批夜间消费集聚区11个，打造吉菜名店50家，评选特色小店30家。推进县域商业行动试点41个，经验做法被商务部推广。

（四）不断夯实农业基础，乡村振兴扎实推进

坚决扛起国家粮食稳产保供“压舱石”首要担当，发挥吉林农业特色和优势，加快推进农业农村现代化建设。

粮食生产再创新高。全面落实“千亿斤粮食”产能建设工程年度任务，分解下达9277万亩粮食、573万亩大豆、356.08万亩油料播种任务，有力应对低温、洪涝等自然灾害影响，实现总产、单产和种植面积“三增长”，全省粮食产量达到853.2亿斤，全国第4的位次进一步巩固，单产连续3年居粮食主产省第1位。深入实施“黑土粮仓”科技会战。新建高标准农田806万亩。推动保护性耕作模式创新，实施面积扩大到3800万亩以上。持续推动盐碱地等耕地后备资源综合利用，稳步推进国家试点建设，累计实现种植水田19.6万亩。开展2处大型、20处中型灌区现代化改造，新增改善灌溉面积104万亩。启动“四沟四渠”专项整治行动，开挖、修缮各类农田沟渠3.11万公里，农田沟渠整治工作成为全国典型。出台《关于加快推进种业振兴的政策措施》，吉林省作物、北方粳稻2个种质资源保护与利用中心正式投入使用，建设玉米、水稻、大豆3个

国家级育种创新中心、6个国家重点实验室。印发《2024—2026年农机购置与应用补贴实施方案》，全省农作物耕种收综合机械化率达94.5%，高于全国平均水平近20个百分点。

特色农牧业扩量提质。落实肉牛屠宰量倍增任务，全省肉牛屠宰量达52万头，跃升至全国第5位。抓好生猪产能调控、屠宰加工、产销对接，超额完成国家下达的生猪稳产保供任务。全力打造吉林大米、吉林鲜食玉米“双名片”，舒兰大米、万昌大米入选区域品牌百强榜，四平玉米获评区域品牌玉米类第1名。出台《推动吉林人参产业高质量发展若干举措》，推动园参批量赋码和林下参“一参一码”追溯管理，标准化种植实现参农参企全覆盖，“长白山人参”入选新华社品牌工程，人参综合产值突破800亿元，同比增长13%以上。支持林蛙产业做大做强，落实增殖保护费减免政策，立项支持林蛙油药食同源相关研究。“双阳梅花鹿”首次被纳入国家精品品牌培育计划，“东丰梅花鹿”夺得全国县域品牌擂台赛金奖。梅花鹿种质资源、养殖规模、鹿茸产量均居全国第一。全省园艺特产业综合产值突破1620亿元，同比增长3%。新认定“菜篮子”应急保障基地54家、累计达232家。

城乡融合发展统筹推进。出台《吉林省落实〈深入实施以人为本的新型城镇化战略五年行动计划〉实施方案》，推动《吉林省2024年新型城镇化和城乡融合发展重点任务》落实，长吉接合片区国家城乡融合发展试验区加快建设，试验区内农村承包地确权登记证、集体建设用地使用权证颁证率分别达97.16%、96.98%。“零门槛”吸引外来人口落户，农业转移人口市民化质量进一步提高。制定支持长春、吉林、四平等8市（州）高质量振兴突破发展政策举措。省级特色产业小镇创建对象达83个。完成首批5个美丽乡村示范县和201个“三美共进”示范村创建。新建宜居农房18393户，新改建农村公路3732公里、改造危桥115座、实施安防工程2512公里、整治“畅返不畅”5564公里。95%以上的行政村基本实现清洁干净目标。行政村生活垃圾收运处置体系覆盖范围达98%以上。新增24小时供水6060处，农村24小时供水工程比例达72.9%。

村级寄递物流综合服务站覆盖率达86.78%。全省新型农业主体发展到18.5万家，农业生产托管等面积达7043万亩。第二轮土地承包到期后再延长30年试点范围扩大到4个整县和77个整乡。启动50个抵边产业园建设。全省边境村“空心化”率下降至16%。

脱贫攻坚成果不断巩固。落实动态监测和帮扶机制，全省防止返贫监测对象规模3.1万户6.2万人，监测收入指导线上调至8700元。强化对13个省级乡村振兴重点帮扶县的倾斜支持，投入中央和省级衔接资金16.3亿元，占全省比重达45%。实施帮扶产业项目900余个，中央衔接资金用于产业比例达60%以上。促进脱贫人口稳定增收，创新“飞地”庭院、“庭院+”模式，带动18万脱贫户人均增收1300余元。开展促进脱贫人口高质量就业集中攻坚，脱贫人口就业规模达到15.1万人。

（五）深化重点领域改革，发展活力动力进一步增强

聚焦聚力重点领域改革，坚持用改革的办法解决前进中的问题，小切口破题、大纵深发力，带动各领域改革整体推进，为经济社会发展注入强大动能。

营商环境持续优化。实施营商环境优化重点行动，推行帮办代办服务等35项举措全部落地见效。“高效办成一件事”第一批重点事项如期完成，平均压减申请材料65%、压减办理时限86%。推出“吉事办”2.0版，高频政务服务事项网办率达到79%。深化接诉即办改革，受理各类诉求工单556.6万件，实现接通率97.1%、按时办结率95.7%。工程建设项目审批制度改革评估综合得分居全国第10位。制定落实国家创新完善体制机制推动招投标市场规范健康发展意见的任务清单，规范招标投标领域公平竞争审查。长春国家知识产权保护示范区加快建设。完成专利申请线上受理7236件，为创新主体节省费用1.7亿元，专利质押融资达40.02亿元。

国资国企改革深入推进。开展省属国有企业布局优化和重组整合攻坚，省属国有资产实现分类集中统一监管，“135N”吉字号国企方阵落地就位。省属企业新增种业、智慧农机、数字旅游、数字农业等新型业务板块。实施“活力效率提升”专项行动，创新对标

考核和绩效评价机制，行业对标考核已实现集团层面全覆盖，绩效综合评价全面启动。重点企业改革发展和转型脱困成效显著，吉林森工集团和长白山森工集团完成战略性重组后利润增长 30% 以上。大成集团完成金融化债，实现复工复产。吉能集团持续减亏 2 亿元。旅控集团扭亏为盈。省属国企主要经济指标均创近 5 年最好水平，资产总额超过 6000 亿元，营业收入增长 7.5%，利润增长 110.5%，上交税费增长 32%。

民营经济不断壮大。组织召开全省民营经济发展大会，全面落实国家“民营经济 31 条”和省“民营经济 41 条”，推动建立民营经济工作协调机制、政企“直通车”服务机制和民营经济宣传工作机制，举办民营企业家能力提升培训，实施金融助力民营企业行动，不断优化民营经济发展环境。全省新增登记在册民营经济经营主体 52.02 万户，其中私营企业 11.34 万户，个体工商户 40.68 万户。全省新增“个转企”4791 户，升规入统 67 户。实施个体工商户分型分类精准帮扶，评选“名特优新”个体工商户 224 户。加强涉企违规收费治理，查办案件 13 件，推动退费 749.23 万元。着力解决企业融资难题，全省小微企业贷款和制造业中长期贷款余额分别增长 16.6% 和 12.6%。

财政金融改革有序推进。推动省以下财政体制改革，差别化确定不同区域省与市县财政支出责任，理顺省以下政府间收入关系，完善省以下转移支付制度，推进市级与开发区的一体化管理。建立预算提级审核机制，对全省 70 个市县区预算开展提级审核。改进财力下沉机制，对“三保 +4”存在财力缺口的市县进一步加大倾斜帮扶力度，在转移支付资金分配上，重点向困难市县倾斜。出台《深入贯彻落实稳健的货币政策 有效发挥金融支持作用 助力吉林全面振兴率先实现新突破的指导意见》，持续深化“1+3+N”促进信贷稳定增长工作机制，全省本外币贷款余额增长 4.8%。深入开展首贷拓展专项行动。推动吉农金服加速铺设村级服务站进度，新增铺设服务站 859 个，行政村覆盖率达到 74.46%；助贷金额 33.53 亿元，同比增长 11.21%，综合融资费率较上年下降 25 个基点。

（六）着力稳定外贸外资，开放合作取得新成效

着力完善高水平开放体制机制，加大招商引资力度，推动外资外贸稳定发展，开放合作层次和水平不断提升。

开放平台载体作用持续加强。加快推进长吉图开发开放先导区规划实施。吉林延吉－长白重点开发开放试验区获国务院批复。设立省级专项资金支持吉西南承接产业转移示范区发展。长春新区、中韩（长春）国际合作示范区、珲春海洋经济发展示范区加快建设，示范带动作用进一步增强。协调国铁集团新增中欧班列计划，中欧班列开行133列、同比增长24.3%。持续打造“税路通·北吉兴”跨境税费服务品牌，精准推送各类跨境税费政策。完善吉林省外贸综合服务平台功能，累计上线企业超2000家。珲春圈河、和龙南坪、龙井三合等对朝口岸陆续恢复双向货运通关。新建珲春公路国际口岸货检通道达到通车条件。

专栏三　主要国家级开放合作平台建设情况

吉林延吉－长白重点开发开放试验区	吉林延吉－长白重点开发开放试验区于2024年6月获国务院正式批复，正在编制试验区发展建设规划和三年行动计划，着力构建“双片联动、两极引领、多区协同”的发展格局。
吉西南承接产业转移示范区	出台《吉西南承接产业转移示范区建设发展专项资金管理办法（试行）》，组织示范区申报2024年吉西南承接产业转移示范区建设发展专项资金，研究制定竞争性评选办法，按规定程序选择第三方机构对申报项目开展评审，通过5个项目共支持6066万元。
中韩（长春）国际合作示范区	着力打造对韩国乃至东北亚区域国家合作的开放窗口与基地。积极推进与韩国三星SDI、SK、海力士等企业合作，促进光电信息产业集聚发展。持续推进氢能、永磁、医美产业链发展。

吉林珲春海洋经济发展示范区	持续集聚发展海洋产业，海洋经济科技孵化园、海产绿色预制菜加工基地一期、互贸现代物流集散中心等项目基本完工，承载海洋经济产业发展的平台集群初具规模。
长春临空经济示范区	着力提升区域性航空枢纽地位，长春龙嘉机场是东北地区唯一实现与高铁立体换乘的大型国际机场，连接龙嘉机场与长春市区的轨道交通 9 号线预计 2025 年开通运营，长吉高速横贯东西，核心区“七横三纵”路网体系基本形成。

对外贸易较快增长。全力提升汽车及零部件产业外向度，新增 64 家二手车出口备案企业，为一汽、长春金马等企业申报汽车临时出口授权。东北石油产品交易中心（吉林）等 7 户企业取得成品油（燃料油）进口资质。制定出台拓展中间品贸易任务清单措施，扩大优势中间品出口。多元化开拓国际市场，组织企业参加消博会、广交会、墨西哥中国投资贸易交易会、俄罗斯国际工业博览会等国内外展会活动。推进跨境电商 + 产业带发展，珲春畅达俄乌苏里斯克省级公共海外仓正式启动。发挥对俄区位和金融结算优势，服务企业开立账户 6000 余个，吸引外省企业落户 188 家。全省外贸进出口总额增长 8.1%。其中，机电产品出口增长 6.5%，高新技术产品出口增长 33.4%。跨境电商进出口增长 69.2%。

区域合作走深走实。省党政代表团赴京蒙川陕 4 省区市交流合作，签约项目 57 个，引资额 823.63 亿元。举办 2024 年吉林省招商引资座谈会、第九届全球吉商大会、全国优强民营企业助推吉林全面振兴发展大会、第二届世界寒地冰雪经济大会等，签约合同项目 209 个，合同引资额 1564.32 亿元。吉浙对口合作重点工作四大类 52 个项目扎实推进。举办东北亚博览会、汽博会、光博会、农博会、电影节等系列展会，促进经贸合作拓展至 190 多个国家和地区。成立汽车、人参、碳纤维、氢能、低空经济 5 个重点产业链招商专班，开展精准招商。加强重大项目履约落地，招商引资产业项目形成固定资产投资占产业投资 26.7%。

（七）协同推进降碳减污扩绿增长，生态环境持续改善

深入贯彻落实碳达峰碳中和重大战略部署，坚定不移走生态优先、绿色发展之路，生态环境质量持续提升。

污染防治攻坚战成效明显。抓好秸秆全域禁烧，创新实施秸秆残茬处置改革，全省地级及以上城市空气质量优良天数比例为 92.9%，同比上升 2.7 个百分点。实行“四个第一时间”水质管控机制，国考断面优良水体比例为 89%，同比上升 3.7 个百分点，全面消除劣Ⅴ类水体，104 条城市黑臭水体全部实现动态清零。建制镇生活污水处理设施覆盖率居东北三省首位。加强受污染耕地“查因溯源”，土壤环境质量保持在较好水平。全域推进“无废城市”建设，建设各类“无废细胞”913 个。实施重要生态空间生态环境问题排查行动，生态质量状况稳中向好。

生态治理修复取得积极进展。“三北”工程攻坚和科尔沁沙地歼灭两大战役分别完成 74.28 万亩和 16.3 万亩，超额完成年度建设任务。开展万里绿水长廊建设，新增和改善提升绿水长廊 1096.76 公里。莫莫格、头道松花江等 8 个保护地总体规划完成修订。查干湖景区、嫩江湾旅游区被正式确定为 5A 级旅游景区。开展清山清套、候鸟护飞、野生动物收容救护、疫源疫病监测防控，野生动植物资源总量有效增长，东北虎豹国家公园范围内的东北虎、豹数量分别增长至 70—80 只左右。长白山地质公园被联合国教科文组织列入世界地质公园网络名录。推进乡村绿化行动，绿化美化村屯 1080 个。新建“口袋公园”“小微绿地”262 处、57.8 万平方米，新增城市绿道 302 公里。

碳达峰碳中和稳步推进。着力推动碳排放权市场交易，出台国内首个省级履约风险防控制度，全省 46 家纳管企业完成清缴履约 1.51 亿吨，履约率实现 100%。全省 162 处高速公路服务区实现充电设施全覆盖，城镇新建绿色建筑占比达 97%。积极发展绿色金融，全省绿色贷款余额同比增长 19.2%，累计发放碳减排贷款 22.68 亿元，

带动年度减碳量189.07万吨。松原氢能产业园（绿色氢氨醇一体化）示范项目入选国家首批绿色低碳先进技术示范项目清单。长春、延边入选国家首批深化气候适应型城市建设试点。“山水工程”“历史矿山示范工程”修复国土面积50万亩。

（八）注重保障和改善民生，人民群众获得感幸福感不断提升

始终将保障和改善民生作为一切工作的出发点和落脚点，下大力气解决群众急难愁盼问题，丰富公共服务供给，人民群众生活水平持续改善。

年初承诺的25项民生实事高质量完成。

专栏四　2024年全省民生实事完成情况

分类	事项
促进就业方面（2项）	1. 征集推送岗位50.4万个（次），完成年度计划的126%。 2. 建成规范性实体零工市场71个，完成年度计划的142%；构建“15分钟就业服务圈”2253个，完成年度计划的102.2%。
社会保障方面（5项）	3. 全省城乡特困人员平均基本生活标准达到月人均846元和616元，均达到上年城乡低保保障标准的1.38倍；城乡低保对象平均保障标准分别达到月人均643元和483元，各地均不低于省定最低指导标准，完成年度计划。 4. 为15万名持证残疾人提供康复训练、辅助器具适配等基本康复服务，完成年度计划的150%。 5. 为19000户困难重度残疾人家庭实施无障碍改造，完成年度计划的191%。 6. 救助患有肿瘤、股骨头坏死、白内障等疾病困难患者1339人，完成年度计划的111.6%。 7. 资助2570名考入本科院校的困难家庭考生，实现应救尽救。

教育惠民方面（3项）	8. 完成300所中小学“活力操场”建设年度任务。 9. 为4001名学员拨付学费补助，帮助农民工、一线职工和产业工人参加学历继续教育，完成年度计划的153.9%。 10. 为508个畜牧养殖大村配备村兽医，完成年度计划的101.6%；对280名村兽医开展专业技能培训，完成年度计划的140%。
医疗卫生方面（3项）	11. 为7834名适龄儿童免费开展牙齿窝沟封闭服务，完成年度计划的111.9%。 12. 为6187名新生儿免费提供遗传代谢病筛查服务，完成年度计划的103.1%。 13. 完成751名乡镇卫生院院长培训，完成年度计划的150.2%。
养老助老方面（3项）	14. 建成35个居家养老服务中心，完成年度计划的106.7%。 15. 新建改建并投入运营合作助老餐厅和助餐点1327个，完成年度任务。 16. 完成8000户困难老年人家庭适老化改造的年度任务。
文体生活方面（3项）	17. 完成免费向学校困难学生和特殊群体发放惠民购书卡5万张、电子阅读卡12万张的年度任务。 18. 完成送演出下基层1820场年度任务。 19. 配建健身路径200套，建设多功能运动场26个、笼式足球场20个、健身广场5个，完成年度任务。
公共服务方面（6项）	20. 改造瓶装液化石油气居民用户“阀、管”99.94万户，完成年度计划的199.9%。 21. 实现14项医保服务“乡镇可办”、8项医保服务“村可办”，各地乡镇（街道）医保服务覆盖率100%，村（社区）医保服务覆盖率均超80%。共受理业务46.37万笔，完成年度任务。 22. 完成客运班线公交化改造线路140条，完成年度计划的127.3%。 23. 完成新增1517个行政村的污水治理（管控）任务。 24. 建立法律援助联络点1531个，完成年度计划的139.2%。 25. 完成85家集中配送单位的“互联网＋明厨亮灶”升级改造任务。

就业形势总体稳定。落实完善就业优先政策，促进高质量充分就业，社保基金“降、返、补”惠企惠民38.23亿元，发放创业担保贷款14.8亿元。深入推进“两找一服务”工程，持续保障重点群体就业，依托“96885吉人在线”应用，推送岗位50.3万个（次），建成规范性实体零工市场71个，建立高校大学生就业创业指导服务站67家，建设返乡入乡创业基地128个。全省城镇新增就业23.35万人、农村劳动力转移就业295.56万人，超额完成年度计划目标。城镇和农村人均可支配收入分别同比增长4.5%和6.4%。零就业家庭保持动态清零。

社会事业全面发展。义务教育阶段辍学学生保持动态清零。提供优质公办幼儿园学位11870个。资助考入本科院校的困难家庭考生2570名。1824所学校将冰雪运动及替代项目纳入体育课程。长春汽车职业技术大学挂牌成立。6所高校、52个学科上榜“软科世界一流学科排名”。4个国家区域医疗中心项目全部开工建设。“一次就诊只挂一次号”服务试点医疗机构达307家、服务区域覆盖率达100%。“一村一名大学生村医计划”基本完成。退休人员基本养老金按时足额发放。城乡居民基本医疗保险政府补助标准提高到每人每年670元。新建改建合作助老餐厅和助餐点1327个。东北抗联题材电视剧《磐石》入选国家广电总局庆祝抗日战争胜利80周年重点剧目。吉林健儿在全国第十四届冬运会上获得62枚金牌、位列金牌榜第2位。老龄、慈善、残疾人、地方志、中医药、红十字、妇女儿童、志愿服务等各项事业全面发展，外事侨务、港澳台、民族宗教、气象、地震、测绘、援疆、援藏等工作务实推进。

（九）有效防范化解重点领域风险，社会大局安全稳定

始终将风险防范与处置作为工作重点，不断完善风险处置机制，妥善处理各领域风险，全省重点领域风险总体可控，发展环境和谐稳定。

房地产市场平稳发展。取消首套住房和二套住房商业性个人住房贷款利率政策下限，下调公积金贷款利率0.25个百分点，将二套房商业性个人住房贷款最低首付款比例由25%下调至15%。举办

房交会，累计成交面积118万平方米、成交金额92亿元。建立房地产新机制新模式，开工建设配售型保障房2446套，消化存量商品房120万平方米。发挥房地产融资协调机制作用，推送保交楼项目进入“白名单”。1.5万套保交楼任务全部完成，国家两次通报我省是高于计划交付率10%以上的6个省份之一。解决“无籍房”问题9.5万户。

金融风险总体可控。农信系统改革工作稳步实施并取得积极进展，部分金融机构风险得到有效化解，3家村镇银行被主发起行顺利吸收合并，森工财务公司、德惠长银贷款公司获批解散。严厉打击非法金融活动，全省新发非法集资案件数量同比下降50.65%。建立金融突发事件应急机制，持续运用好防“爆雷”监管工作体系，坚决守住不发生单体机构“爆雷”的红线。

政府债务化解有力有效。统筹各类资源，控降债务风险，全省政府债务化解总体实现“一超、两降、三质变”，即政府债务化解大幅超额完成，政府隐债余额和债务率均大幅下降，地市债务等级降档、市县隐债清零、融资平台退出均实现质变。建立预算提级审核机制，对全省70个市县区预算开展提级审核，基层“三保”底线进一步兜牢。对市县增加暂付款实行“一事一议”提级审核，增发国债，生态环保、高标准农田等重点领域资金得到有效保障。

社会安全稳定。部署开展安全生产治本攻坚三年行动，夯实安全生产责任落实、隐患治理、制度建设，全省发生各类生产安全事故数量、死亡人数同比分别下降40.5%和32.7%，降幅居全国第5位，未发生重大及以上事故，实现连续44年无重大森林火灾。全力抗御严重洪涝灾害，实现群众无伤亡、堤防无决口、水库无溃坝，安置危房群众866户、加固重建危房1312户。以实施“警地融合”“警民融合”和社会面协同管控新机制全面加强社会治安综合治理，常态化开展扫黑除恶斗争，全省刑事案件、八类暴力犯罪案件、危害公共安全案件数量分别同比下降31.7%、18.2%和48.8%，电信网络诈骗案件数量同比下降41.8%。圆满完成新中国成立75周年、“双节”“两会”等重大会事活动安保维稳工作。退役军人服务保障、军民融合、国防动员和后备力量建设、双拥共建取得新进展。

总结成绩的同时，我们也清醒地看到，外部环境依然复杂严峻，我省经济社会发展仍面临一些困难和挑战。一是产业结构还不够优化，汽车占比过高，传统产业增长乏力，新兴产业未能形成有效支撑；二是部分企业生产经营困难，企业减员现象有所增长，利润空间受到挤压；三是重点领域风险仍需持续关注，部分市县一般公共预算收入、土地出让收入不及预期，“三保”及刚性支出压力大，加之历史包袱重，财政平稳运行需持续关注，金融化险任务艰巨，安全事故隐患仍然存在；四是民生保障还存在短板，全省居民快速增收难度较大，公共服务能力仍需提升。以上问题省政府高度重视，正在采取有力举措加以解决。

从全年计划指标执行情况看，已实现全年经济社会发展预期目标。但全省 GDP、规上工业增加值、社会消费品零售总额、固定资产投资等指标增势放缓。主要是受宏观大环境影响，需求收缩、供给冲击、预期转弱“三重压力”仍然存在且不断演进，出现一些新的变化，我省经济运行中新老问题相互交织、深度叠加，债务化解带来的收缩效应显现，化债效应从政府端延伸至企业端、社会端。工业对经济增长支撑不足。汽车产业占工业比重较高，全国汽车市场竞争加剧，传统燃油车销售下滑，一汽集团销售承压，对工业增长下拉明显。石油化工、冶金建材、粮食深加工等行业受产品价格下降影响较大。受集采政策影响，医药产业产值下降。消费恢复不及预期。城乡居民收入处于较低水平，居民消费意愿偏弱，住户存款余额增速高于贷款余额增速。消费增长乏力，需求不旺、降级明显。投资增长受到制约。受政府债务高风险省份投资政策影响，部分项目禁止建设，提级论证项目不允许使用银行贷款等债务性资金，很多项目暂缓建设。

二、2025 年经济社会发展目标和重点工作任务

2025 年是“十四五”规划收官之年，也是“十五五”规划谋划之年，做好经济和社会发展工作意义重大。全省经济社会发展的

总体要求是：坚持以习近平新时代中国特色社会主义思想为指导，全面贯彻党的二十大和二十届二中、三中全会和中央经济工作会议精神，深入落实习近平总书记关于东北全面振兴和吉林工作系列重要指示精神，按照省委十二届五次、六次全会暨省委经济工作会议部署，坚决扛起维护国家“五大安全”重要使命，坚持稳中求进工作总基调，完整准确全面贯彻新发展理念，加快构建新发展格局，扎实推动高质量发展，不断提高人民生活水平，保持社会和谐稳定，坚定信心、抢抓机遇、拼搏实干，推动“十四五”规划圆满收官，为实现“十五五”良好开局打牢基础。

2025年全省经济社会发展的主要预期目标是：地区生产总值增长5.5%左右，正常年景下粮食产量880亿斤以上，规上工业增加值增长6.5%以上，固定资产投资增长5%左右，社会消费品零售总额增长6%左右，一般公共预算收入增长3%左右，城镇新增就业21万人，城乡居民人均可支配收入增速高于经济增长速度，居民消费价格指数（CPI）涨幅在2%左右，单位GDP能耗下降2%左右。

确定GDP增长5.5%左右的预期目标，主要考虑：一是全面贯彻习近平总书记关于“新时代东北全面振兴‘十四五’时期要有突破”重要指示精神和党的二十大作出的“推动东北全面振兴取得新突破”决策部署，必须在提高质量效益基础上长期保持合理增长速度；二是体现了稳增长、稳就业、稳物价的要求，有利于缩小与全国差距，向市场传递积极信号，更好引导预期、提振信心、凝聚力量；三是充分考虑全省经济持续回升基础还不稳固等制约因素，综合分析增长潜力和支撑条件，目标的确定是积极进取、符合吉林振兴发展实际、通过多方努力能够实现的。

围绕实现全年国民经济和社会发展目标任务，要深入落实省委经济工作会议和《政府工作报告》部署要求，抓住国家政策机遇，用足用好增量政策，立足吉林实际匹配政策资源，做好经济政策和非经济性政策与宏观政策取向一致性评估，发挥政策叠加效应，最大限度释放政策红利，重点做好以下九方面工作。

（一）着力促消费扩投资，全方位扩大有效需求

坚定实施扩大内需战略，更好统筹消费引导和投资撬动，把扩大消费摆在更加突出的位置，增强投资强度和效益，不断提升内需拉动作用。

大力提振消费。实施提振消费专项行动，持续开展新春消费季、盛夏消费季等系列活动，更大力度释放消费潜力。推进消费品以旧换新政策落细落实，谋划扩大支持范围，提高汽车、家电、电子产品等补贴标准。引导二手车流通企业由“经纪”向“销售”转变，鼓励销售企业做大做强二手车置换业务。打造商旅文体健融合发展消费新场景，抓好住宿餐饮、家政、养老、托育等服务消费，推动住宿业与旅游、康养、研学等业态融合，举办养老服务和老年用品主题促消费活动，引导家政企业开发新服务品类，不断提升消费品质。大力发展新型消费，发挥平台经济对促进消费的重要作用，推动平台企业规范经营、提升质量。创新发展智慧超市、智慧餐厅等新业态，构建智慧商圈、智慧街区等新场景，加快无人零售店、即时零售、自提柜等布局，推广线上排队、智能停车、智能导流、非接触式服务等应用，提升数字消费。构建废旧物资循环利用体系，促进耐用消费品绿色更新和品质升级，提升绿色消费。培育长春区域消费中心城市，推动步行街、商圈设施改造和业态升级。积极推进首发经济，引进培育100个左右首店，打造5个夜间消费集聚区、20个夜间消费新场景。积极发展银发经济，拓展冰雪避暑＋中医中药康养模式，支持国有企业参与利用存量场地（场所）设施布局相关产业。深化县域商业建设三年行动，实施农村电商高质量发展工程，推动农村消费升级。大力盘活政府存量房和闲置楼宇，增加公共服务功能，改造医院病房，改善高校宿舍条件。

扩大有效益投资。推进实施重大项目2500个以上，其中亿元以上项目1500个以上。不断优化投资结构，突出产业投资考核，组织市县实施“一号产业项目”，建立“一号产业项目”库，产业

投资占比超50%。积极推进长春都市圈环线高速西环线、白山至临江高速公路、松江河至长白高速公路、沿边开放旅游大通道（G331吉林段）、长春国家区域创新中心产业园二期、长春轨道（5号线、7号线、空港线）等项目加快实施，推进城市基础设施更新，持续提升城市公共设施功能和韧性水平。沈白高铁建成通车。和龙通用机场年底前竣工。珲乌高速珲春至防川段项目和靖宇、和龙抽水蓄能等项目开工建设，长春机场三期扩建工程预可研报告争取得到国家批复，加快推进长辽通高铁、四梅集铁路扩能改造工程、沈吉铁路水害整治工程、“大水网”二期工程等前期工作。重构项目管理中心，抢抓“两重”“两新”政策窗口期，结合“十五五”规划编制，谋划储备一批打基础、利长远的高质量项目，建立“随时可申报、近期可实施、长期有储备、定期可滚动”的项目库，亿元以上项目达到1000个。用好国家一揽子增量政策，围绕农业、工业、社会事业、交通、能源等领域，争取中央预算内资金、超长期特别国债、专项债分配额度。激发民间投资活力，发挥重大项目牵引和政府投资撬动作用，加快实施政府和社会资本合作新机制，进一步鼓励民间资本参与重大工程和补短板项目建设，大力推动PPP、REITs项目有效落地，积极吸引社会资本参与创业投资。

（二）持续优化产业结构，加快构建吉林特色产业体系

聚焦区位特点、资源禀赋、产业基础等优势，加大特色产业和支柱产业培育力度，加快发展新质生产力。

高质量推动新型工业化。加大力度推进传统产业转型升级，通过制造业重大技术改造升级、大规模设备更新等改造提升传统制造业，延伸产业链条，推动汽车、石化等传统产业做大做强。加快培育发展新兴产业，集中力量突破关键核心技术，积极争取国家支持，推动新材料、新能源、高端装备、生物医药、光电信息、商业航天等产业提速发展。提前布局未来产业，加快建设未来实验室，主动布局新型显示、新型储能、生物制造等新赛道。

专栏五　2025 年推进重点产业工作举措

汽车产业	继续深入实施汽车产业集群“上台阶”工程，充分发挥集群“链主”企业引领带动作用，谋划推进一批强链、补链、延链、固链型项目落地建设。推进实施《吉林省新能源和智能网联汽车产业高质量发展行动方案》。推动整车企业新能源智能网联化转型，支持中国一汽优化纯电动汽车、混合动力汽车、节能燃油车、氢燃料电池汽车产品线布局，加快开发具有市场竞争力的新能源智能网联汽车产品。推动红旗、解放自主品牌新能源产品上市，支持奥迪一汽首款新能源车型批量投产上市。发挥“揭榜挂帅”“专精特新”“首台套”等政策引导作用，推动开展核心技术攻关。提升供应链配套水平，推动省内零部件企业、高校院所与一汽集团、奥迪一汽等整车企业加强对接交流，开展协同创新。加强零部件薄弱环节引培力度，打造安全可控的汽车零部件配套体系。推动全省充换电基础设施布局建设，推进实施公共领域车辆全面电动化试点建设。培育智能网联汽车产业生态，加快“车路云一体化”基础设施建设，拓展街路、景区、停车场等应用场景。
食品产业	巩固提升玉米深加工业，支持推动吉林梅花年产 60 万吨赖氨酸等一批重点强链补链延链项目加快建设。编制《吉林省酒类产业高质量发展规划》。全力推动人参产业加快发展，培育人参产业领军企业、链主企业；加快以人参为基源的产品研发创新和产业化。开展生物制造产业发展研究，积极布局生物制造产业发展新赛道。培育优势特色产区（产业集群），力争推动将长白山矿泉水等传统优势特色产区列为首批试点。
石化产业	全力保障吉林石化转型升级项目按计划建设。推进科研成果转化中试基地建设，有效衔接科研单位和生产企业，完善资源共享软、硬件平台，支持省内化工园区、企业与国内外相关企业和机构共建研发机构、技术转化中心及技术推广应用公共平台。引导社会资本、金融机构向中试基地投资，加快科技成果产业化应用。

医药产业	全力推动生物医药、现代中药、高性能医疗器械等高质量发展，抓好大品种、大项目、大集聚区建设，壮大医药新业态。帮助龙头企业提升市场竞争力和可持续发展能力，推动打造一批国际国内知名医药企业，大力培育医药产业“专精特新”中小企业。加强数字化改造能力培训，做好梯度培育，引导企业在工厂设计、生产制造、物流仓储、经营管理等各个环节应用数字化技术。依法依规做好医药储备工作。
装备产业	加快氢能驱动时速250公里城际市域列车和低能耗、高安全氢能驱动有轨电车新产品研制。加快建设航天信息产业园项目（二期），打造遥感数据智能化、批量化生产基地。制定《吉林省卫星激光通信产业发展实施方案》，加大遥感、通信卫星相关基础研究和应用技术研发，推动省内企业、科研机构围绕大型星座系统运营管理、卫星轻量化设计制造、卫星激光通信传输、海量数据处理及管理等领域开展技术攻关。谋划推动数控机床、人形机器人等产业发展。持续推动长春光机所、应化所、长春理工大学等单位重点装备科技成果转化。加快推进智能免耕播种机、高速精密排种器、激光除草机等新产品研发制造。推进滑雪模拟器、冰刀、冰鞋等冰雪装备器材发展。
冶金建材产业	重点发展高品质特殊钢、无取向硅钢、工字钢、钛钢等多品种关键钢材，更好满足市场需求。开展水泥企业冬季错峰生产，合理缩短水泥熟料装置运转时间，有效压减过剩熟料产能。组织申报“政府采购支持绿色建材促进建筑品质提升试点城市”，适时推广不同应用场景的部品化、功能性绿色建材产品。支持钢铁企业争创环保绩效A级，鼓励企业实施原料场机械化、烧结烟气内循环、炉窑低氮燃烧等技术改造。推进通钢2号烧结机脱硫脱硝、磐石建龙高炉大数据智能降碳关键技术改造科技创新研发与应用、鑫达钢铁炉渣高效处理及循环利用等项目建设。

电子信息制造业	前瞻布局智能传感器、高端光电仪器、虚拟现实等战略性新兴产业，继续推进国家智能传感器创新中心建设事宜。推动长光辰芯等企业加快上市进程，培育更多制造业单项冠军和国家级专精特新“小巨人”企业。推动长春光电信息产业园、传感器产业园建设，加快培育光学电子产业集群。推动长春奥来德、海谱润斯新型显示材料等光电子项目加快开工建设，高端图像传感器生产线项目、中溢（乾安）负极材料等能源电子项目加快建成投产。
轻工纺织产业	推进吉林绿纤年产5万吨生物质新型人造丝、吉林化纤年产3万吨高性能碳纤维原丝、年产6万吨碳纤维等一批大项目建设。发挥省碳纤维联盟作用，持续推动吉林化纤与一汽集团、中车长客等产业链下游制品企业对接，持续扩大碳纤维复合材料及制品应用规模，加快碳纤维“零碳”制品产业园建设，启动建设氢冶金新材料项目，促进新材料、新能源、新装备集群化融合发展。编制《吉林省碳纤维复合材料及下游制品产业链研究及重大项目谋划》，启动《吉林省碳纤维产业发展“十五五”规划》编制工作。

推进实体经济与数字经济深度融合发展。推动数据要素市场化配置改革，建立健全数据产权、数据流通等制度规则。推进公共数据资源开发利用，深入实施“数据要素 ×”行动。适度超前布局建设网络、算力、流通利用、安全保障等数据基础设施，深化创新算力中心投资建设运营机制，算力总规模翻一番。培育一批数据产业园区、建立一批数据产业创新联合体、打造一批数据要素应用示范场景，规模以上数字经济核心产业企业营收占比达到全国同类地区平均水平。深入实施“智改数转”三年行动，支持实施项目100个以上，接续打造示范工厂（车间）20家以上。建设汽车制造、装备制造等重点行业工业互联网平台，赋能产业链数字化转型。加快“数字村”建设，打通“吉农云”平台末端应用“最后一公里”，探索建设一批高水平的智慧农场、智慧园区、智慧渔场，带动新型农业经营主体数字化转型。

促进服务业提质增效。加快推进生产性服务业发展，聚焦汽车、医药、新材料等优势产业，支持建设一批面向制造业的公共服务平台和专业化服务机构，促进现代服务业同先进制造业深度融合。加强交通、通信等基础设施建设，创造生产性服务业发展良好硬件环境。开展省级现代服务业同先进制造业、现代农业深度融合试点评选。做好第十二批省级现代服务业集聚区认定，力争年底前达 100 家。实施降低全社会物流成本专项行动，加快长春生产服务型、吉林商贸服务型等国家和省级物流枢纽、骨干冷链物流基地建设，构建全省现代物流运行体系。建立全省物流枢纽联盟，促进枢纽间协同合作、互联互通，力争全年枢纽货物吞吐量同比增长 5% 以上。抓好“万亿级”旅游产业攻坚行动方案落实。聚焦景区运营、康养度假、体育用品、冰雪装备，引进龙头企业，打造标志性项目。以冰雪和避暑“双品牌”为引领，推动景区景点吃住行游购娱全链条提升，全面发展文化游、红色游、乡村游、边境游，拓展业态、丰富体验，完善配套设施，提高景区承载能力。推动 G331 吉林段全线畅通，边境游突破 500 万人次。突出发展冰雪经济，支持更多景区创建国家级旅游度假区。新建 1 处大型滑雪度假中心。建设冰雪装备产业园，壮大冰雪装备产业规模。加强冰雪文化融合发展，持续推进“冰雪丝路”创新先导区建设。加大旅游市场治理，净化旅游市场环境。加强历史文化遗产保护利用，推进一汽博物馆、长影旧址博物馆、近现代史展览馆、张伯驹展览馆等修缮利用。

推动新能源产业跨越式发展。以“源网荷储一体化”为方向，以绿能园区为支撑载体，带动新能源产业再升级、发展质量再跃升。全省能源及关联产业投资超过 1300 亿元，新能源装机 600 万千瓦以上。开展老旧风机改造，“以大替小”新增 500 兆瓦以上。深化“绿电 + 消纳”模式创新，加快绿能产业园区建设，推进增量配电网从“建网”向“强网”演化，保障园区绿电用能，引导各地新能源资源集约化开发。以“绿电消纳、新型电网、产业耦合、储能提升、创新驱动”五大工程为依托，推进重大项目建设，力争吉电股份大安一期、上海电气绿色甲醇等项目如期竣工投产，东方电气氢燃料电池等 5 个以上装备制造项目开工建设。

（三）强化科技创新和产业创新深度对接，培育壮大新动能新优势

突出科技创新“第一动力”，统筹推进教育科技人才产业一体化发展，促进科技创新和产业创新深度融合，加快新旧动能转换。

加强关键核心技术攻坚。深化有组织聚力攻坚机制，聚焦新能源汽车、高端装备制造、碳纤维、人参、现代种业、风光电氢储、生物医药等产业关键核心技术，持续推进攻坚突破。改革科研项目凝练方式，突出企业“出题”，支持企业牵头实施科技攻关任务。有序推进“揭榜挂帅”项目，进一步扩大实施范围，围绕企业需求强化各方协同攻关。继续抓好一汽自主创新重大科技专项相关工作。

打造高水平科技创新平台。加强我省国家重点实验室建设，组织实施第三批国家重点实验室重大专项和能力建设专项，引导国家重点实验室发挥作用。建设“三室”“三院”新型研发机构，支持长白山、三江、吉光 3 个省实验室高效运行，探索实施“任务 + 平台 + 人才”组织模式，推动一批科研成果落地转化。加强氢能产业综合研究院建设，推动创新平台面向企业和社会开放共享。加快推动中国 – 新加坡肝脏病学研究“一带一路”联合实验室、中国 – 白俄罗斯先进材料与制造“一带一路”联合实验室建设。

提升企业创新主体地位。实施“破茧成蝶”专项行动、企业科技创新能力提升三年行动，推动政策、人才、资金等要素向科技型中小企业集聚，推动更多科技型中小企业评价入库。支持行业领军企业牵头联合高校院所实施科技攻关任务，国家高新技术企业数量增长 10% 以上。开展雏鹰、瞪羚、独角兽企业评价工作。建立科技领军企业储备名录，省市联动、“一企一策”支持一汽集团、中车长客、长光卫星、吉林化纤等企业成长为科技领军企业，打造创新引领者。

强化科技成果本地转化。深入落实科技成果转化“双千工程”，促进创新链和产业链精准对接。加快吉林大学科技成果转化中心建设，支持更多高校院所、科技企业建设概念验证中心和中试中心。

加强技术经理人队伍建设，拓宽技术经理人职业发展通道。充分发挥省促进产业协同创新和成果转化投资联盟、科技经纪人创新发展联盟、科技成果服务平台作用，为科技成果转化工作提供更多支撑和服务。全年转化科技成果数量同比增长 15% 以上。

积极营造科技创新生态。修订出台《进一步扩大吉林省科技发展计划项目经费“包干制”试点实施方案》。深化职务科技成果改革，着力解决职务科技成果不愿转、不敢转、不想转问题。出台《关于推动新型研发机构高质量发展的具体举措》，推动新型研发机构健康有序发展。优化高校学科专业设置，打造一批高水平应用型大学学科，超前布局战略性新兴产业、未来产业急需的学科专业，认定 100 个校级现代产业学院、30 个省级示范性现代产业学院。推动高校、科研院所与企业互选互派互认“科创专员”和“产业教授”。

（四）加快建设现代化大农业，促进乡村全面振兴

坚决扛稳粮食安全责任，学习运用“千万工程”经验，着力发展现代化大农业，加力建设高水平农业强省。

夯实粮食安全根基。以“千亿斤粮食”产能建设工程为引领，突出抓好粮食作物大面积单产提升，力争在历史高点上再夺大丰收。科学下达粮食、大豆和油料播种面积任务目标，落实好各项强农惠农富农政策。打好“黑土粮仓”科技会战，因地制宜推广深松深翻、耕地轮作、种养循环等保护措施，保护性耕作面积新增 200 万亩，“水肥一体化”推广面积新增 100 万亩。建设高标准农田 1000 万亩，完善建设、验收、管护机制，确保建一亩成一亩。严守耕地保护红线，稳妥有序推动耕地特别是永久基本农田“非粮化”恢复整改。扎实推进盐碱地等耕地后备资源工程建设，稳步拓展农业生产空间。推进双辽、乾安、大安盐碱地综合利用试点和农安、永吉试验田建设。加快 6 个省级育种创新平台建设。深入实施农机研发制造推广应用一体化试点项目，推动智慧农机聚力攻关，主要农作物耕种收综合机械化率提升至 94.7%。健全便捷高效的农业社会化服务体系，带动小农户规模达到 160 万户。

发展壮大畜牧业。深入推进“千万头肉牛”工程，巩固提高“吉

牛中国牛”在“粤港澳”“江浙沪”“京津冀”等主销区市场占有率，引导皓月、桦牛、城开、犇福等重点企业，整合创新技术、平台资源和市场渠道，研发细分赛道的“拳头”产品，支持新落户企业发展壮大，全省肉牛屠宰量达到80万头。加强生猪市场走势研判，引导养殖企业科学调整存出栏结构，稳定生猪产能。出台梅花鹿产业高质量发展五年规划和行动方案，推动梅花鹿“茸角胎骨”入食申报，打造百万只梅花鹿养殖基地。实施生态渔业倍增计划，力争总产值达到350亿元。动态调整畜牧业支持政策，探索推进“一牛一码”“一鹿一码”“一品一码”，实现优质优价。加快推进现代畜牧产业集群建设，依托皓月肉牛、牧原生猪、国权肉羊、金翼蛋品、广泽乳业、敖东梅花鹿等50个头部企业，培育现代畜牧产业集群“领军”企业和“链主”企业，引领加工新业态，构建营销新格局，促进“大肉库”向“大厨房”转变。

做大做强特色富民产业。启动实施乡村富民特色产业高质量发展三年行动，做深做实做优“土特产”文章，推动人参、梅花鹿、食药用菌等优势特色产品精深加工、高值利用。修订《吉林省人参产业条例》，全面推行标准化种植，推动上市园参鲜品“批量赋码”全程追溯，发展壮大林下参标杆企业，全产业链产值达到1000亿元。强化设施农业建设，新建改造各类棚室3万亩，提高冬春季产品自给率。推动吉林大米、吉林鲜食玉米、吉林矿泉水等“吉字号”特色品牌。优化资源配置，创建省级现代化大农业示范园区，发展数字农业，提高全产业链增值收益。按照国家部署，争创国家休闲农业重点县。

统筹推进城乡融合发展。深入实施以人为本的新型城镇化战略，开展新一轮农业转移人口市民化、县城城镇化水平提升、长春都市圈培育、城市更新和安全韧性提升四项行动。健全城市规划体系，完善新增城镇建设用地指标配置同常住人口增加协调机制，促进未落户的常住人口与城镇户籍人口均等享有基本公共服务，保障随迁子女在流入地受教育的权利，提升农业转移人口落户意愿。落实《关于强化分类引导推动县域经济高质量发展的指导意见》，按照区域节点带动型、农产品主导型、边境型和生态经济型，分类培育发展特色优势产业，加快改善县城市政基础设施，优化公共服务质量，因地制宜补齐县城发展短板弱项，增强城镇综合承载能力。开展公主岭、德惠、舒兰、梨树、前郭 5 个国家新型城镇化试点。增强长春都市圈辐射带动力，加强长春市与各市（州）常态化对接合作。加快推进老旧小区改造、保障性住房建设，深入实施城市管网、道路等生命线安全工程，推动城市基础设施向农村延伸、公共服务向农村覆盖、资源要素向农村流动。围绕国家赋予的五项试验任务，推进长吉接合片区国家城乡融合发展试验区建设。按照控制总量、提升质量原则，持续开展规范纠偏，全面清除虚假虚拟“特色小镇”，推动全省特色产业小镇规范健康发展。深入实施“十百千万”工程，继续打造美丽乡村示范县 5 个、“百村示范”村 200 个左右。新改建农村公路 2700 公里，实施“畅返不畅”整治 5200 公里、安防工程 1500 公里、危桥改造 66 座。改造农村低收入群体危房 3600 户。接续开展村庄“清洁战役”，行政村清洁覆盖率保持 100%。有序推进建制镇生活污水处理设施建设。

巩固拓展脱贫攻坚成果。完善巩固拓展脱贫攻坚成果长效机制，研究制定过渡期后政策举措。常态化做好防止返贫监测帮扶，不断提高监测帮扶质效，落实好产业和就业等帮扶政策，守牢不发生规模性返贫底线。推动庭院经济与消费帮扶、经营主体带动深度融合。继续扩大小额信贷规模，提高户贷比例，支持脱贫人口发展生产增收。出台帮扶产业发展若干措施和帮扶产业保险实施意见。加快推进“四个一批”项目分类精准施策。抓好衔接资金项目资产管理，确保衔接资金支出达到序时进度。实施农民工资性收入提升行动，农民工资性收入同比提高 20% 以上，力争农民收入增速超过全国平均水平。实施兴边富民行动，编制《吉林省边境村发展规划》，指导边境市县布局谋划 40 个左右抵边产业园。落实边境村人口稳定政策措施，加快边境村污水管网和新能源取暖建设，整合开发边境资源、完善基础设施，带动解决“空心村”问题。

（五）推动改革任务落地见效，增强发展内生动力

发挥经济体制改革牵引作用，进一步全面深化改革，小切口破题、大纵深发力，抓好改革任务落实，为激发经营主体活力动力持续赋能。

持续优化营商环境。积极扩大营商环境重点优化领域，推动一批创新性、突破性、牵引性改革举措落地见效。开展经营主体全生命周期监测，建立营商环境动态监测体系。推动企业和个人两个全生命周期重要阶段“高效办成一件事”重点事项落地见效，完善服务型政府建设机制。擦亮“吉事办”特色服务品牌，高频政务服务事项网办率达到90%以上。纵深推进接诉即办改革。完善招标投标制度规则，推进全流程、全链条智慧监管，严厉打击招标投标违法活动。规范涉企行政检查行为，强化行政检查执法备案管理。推行包容审慎监管，探索“无感监管”模式，严查不作为、乱作为问题。建立政务失信和惩戒制度，有效解决政府拖欠企业账款问题。

深化国资国企改革。统筹推进11类突出问题专项整治、国企改革深化提升行动等重点任务落实。实施融合化合工程，减少法人户数至500户以内，三级企业压减30%。对项目投资、资金调配、员额管理、工资总额等实施穿透式监管。实施特困企业脱困工程。吉农高新公司实现战略重组。启动交投集团改革重组。农发集团重点做好种业、农机、智慧农业，农垦集团注资组建，推动大成集团发挥示范引领作用。旅控集团开展旅游资源整合。实施改善绩效工程，将对标考核延伸到二三级企业，显著提升产业投资管理集团、长白山森工集团等企业经营业绩。对符合条件的企业推行财务集中管理和司库建设。推动三项制度改革严格落地。开展亏损企业专项治理，亏损子企业减亏扭亏率力争达到50%以上。

大力发展民营经济。研究制定民营经济促进条例，为民营经济发展提供法治保障。完善政企常态化沟通交流机制，发挥政企“直通车”服务机制和民营经济发展综合服务平台作用，切实解决经营主体实际困难。引导支持民营企业建立现代企业制度，增强民营企业竞争力。建立完善政府部门服务民营经济指标体系，优化惠企政

策措施。帮助企业拓展应用场景，支持重点企业扩大市场份额，鼓励民营企业参与投资建设基础设施竞争性领域项目。完善支持小微企业融资协调工作机制，做好融资服务工作，降低经营主体融资成本。健全民营企业信用状况综合评价体系和中小企业增信制度，完善个体工商户信用评级。选树民营经济典型，开展评选表彰活动。

推进财政金融改革。全面深化零基预算改革，坚持“量力而行、因事定钱、按事核资”，省级率先改革，同步开展11个市县试点。强化闲置资产盘活整合，严控新的基本建设，加强集约利用，腾出优质资源，优先满足教育、医疗、养老、社区公共服务等领域需要。强化财政绩效管理，省级统筹管理基层“三保”，大幅压减差旅、会议、培训等一般性支出和非重点、非刚性支出，杜绝挤占挪用。完善助贷机制，增加金融产品供给。深化拓展“金润吉科”特色品牌，引导金融机构用好科技创新和技术改造再贷款低成本资金，探索“贷、投、保、担”相结合的金融联动支持模式。整合优化融资信用服务平台，强化信用信息共享。鼓励金融机构创新产品和服务，更好满足“三农”、中小微和民营企业等重点领域和薄弱环节融资需求。

（六）全力稳外贸稳外资，推动高质量开放合作取得新进展

坚持以开放促改革促发展，聚焦稳外贸、稳外资，统筹做好“引进来”“走出去”，持续扩大对外开放，不断完善更高水平开放型体制机制。

提高对外贸易质效。积极拓展海外市场，推动整车及零部件、农产品、医药、高新技术等优势产品“出海”，新增外贸企业200家以上。实施跨境电商扩量提质行动，加快跨境电商综试区建设，促进跨境电子商务等新业态、新模式健康发展。加快培育外贸新动能，推动生产型、内销型企业开展国际贸易，鼓励大型龙头企业开展自营进出口业务，推动新车商业化出口，培育壮大二手车出口主体，全力扩大外贸主体规模。组织企业参加汉诺威工业展、慕尼黑光电展、广交会、高交会等境内外展会，拓宽企业资源渠道。用好边合区、互贸区平台，发展“互贸＋电商、互贸＋旅游”业态，完善外贸综合服务平台功能，年签约额力争达到20亿元。创新外贸

监管模式，推进智慧海关建设。指导长春兴隆综保区运营外贸孵化基地，年入驻企业50家。拓展服务贸易，培育以数字文化贸易为特色的品牌项目、出海平台，加强远程交付能力。

提升开放通道和平台能级。实施好长吉图开发开放先导区战略，支持延吉－长白重点开发开放试验区、珲春海洋经济发展示范区等建设，促进珲春与东北亚地区港口城市互联互通。发挥好吉西南承接产业转移示范区功能，培育区域经济新增长点。加快“冰雪丝路”创新先导区建设，建立国际性和区域性交流合作机制。持续推进临江中朝贸易加工产业园、临江国际冷链物流园区等项目。扩能改造边境口岸基础设施，加快建设智慧口岸。推动“长满欧”“长珲欧”等中欧班列稳定运行，进一步加强与国铁集团、国铁沈阳局集团沟通协调，全力争取班列计划。参与修订《中国开发区审核公告目录（2018年版）》，优化外资项目准入服务水平。

加强有组织的开放合作。积极参与共建“一带一路”，鼓励骨干企业、国企设立驻外机构，完善与各国友好省州合作机制。加强与驻华商协会对接，推动与欧洲装备制造、冰雪产业，日韩农业、电子信息、汽车、生物医药、健康养老等产业合作。积极打造吉浙对口合作升级版，推动优势重点产业合作，加快“一市一园区”建设。强化东北三省一区战略合作。推进我省与北京、上海、广东等13个省（区、市）合作协议落细落实。高质量办好东博会开幕式暨东北亚合作高层论坛、东北亚电商峰会等招商活动，提升全球吉商大会品牌。常态化举办长春光博会、中德汽车大会、白山人参高质量发展大会等活动。加快出台招商引资新机制，全年新引进项目1000个、合同引资额3000亿元。

（七）巩固拓展生态优势，加快建设美丽吉林

统筹推进生态优先、节约集约、绿色低碳发展，协同推进降碳减污扩绿增长，加紧推进经济社会发展全面绿色转型。

持续打好蓝天碧水净土保卫战。优化调整体制机制，统筹构建“十五五”生态环境保护“1+N”规划体系。强化多污染物协同控制和区域协同治理，疏堵结合抓好秸秆全域禁烧，推动提高秸秆综

合利用率，高质量推进清洁取暖改造和重点行业超低排放改造，开展臭氧污染精准治理行动，地级及以上城市空气优良天数比例保持在93%左右。深入推进水环境质量巩固提升行动，精准治理重点流域水质波动断面，持续开展污水直排口规范化建设，优良水体比例保持在85%以上，稳定消除劣5类水体。实施土壤污染源头阻断工程，优先控制农业面源污染，巩固提升土壤环境质量，加强畜禽规模化养殖污染治理，受污染耕地安全利用率保持在95%以上。持续开展环境问题“大排查、大起底”行动，坚决抓好中央生态环保督察反馈问题整改，确保按时限销号清零。

加强生态保护修复。深入推进“三北”工程攻坚和科尔沁沙地歼灭两大“战役”，完成“三北”工程70万亩、科尔沁沙地歼灭工程13.8万亩。加强草原湿地保护管理，推进向海、莫莫格、通化哈泥等湿地保护提升工程，草原生态保护修复13.03万亩，草原综合植被盖度达到72.3%。加快“山水工程”“历史矿山示范工程”实施，年内修复国土面积50万亩。开展清山清网清套、候鸟护飞等专项行动，加强野生动植物保护，推进虎豹公园、长白山世界地质公园建设，强化松嫩鹤乡国家公园候选地保护地监督管理。实施生物多样性保护战略与行动计划，全面提升自然生态系统稳定性和生态服务功能。抓好生态补水、灌区退水治理等重点工程。扎实推进查干湖生态治理专项工程，稳定提升水质。开展毁林毁湿毁草等问题排查整治。

深入开展碳达峰专项行动。深入挖掘重点领域节能降碳潜力，推动石化化工、钢铁等传统产业技术改造升级。持续开展能效诊断服务，大力推动节能降碳改造和用能设备更新，提高重点用能单位能源利用水平。积极推进省级碳排放统计核算体系建设，推动国家第二批碳达峰试点建设，推广碳达峰碳中和先进示范及应用，推动能耗双控转向碳排放双控。优化能源结构，推行绿色供能。加快推动省级自愿减排项目综合管理平台建设。持续推进碳市场建设，全流程规范碳汇交易项目建设及交易活动。倡导简约适度、绿色低碳、文明健康的生活理念和方式。

（八）切实保障和改善民生，提高人民生活品质

全力兜牢民生底线，及时有效解决群众急难愁盼问题，不断提高人民群众获得感、幸福感和满意度。

扎实办好民生实事。加大保障和改善民生工作力度，尽力提标扩面，不断扩大受惠群体，重点推进 20 项重大民生实事，确保各项任务年底前高质量完成。

促进高质量充分就业。完善就业优先政策，统筹推进稳岗扩岗、技能培训、创业带动、灵活就业等措施保障重点群体就业。把促进高校毕业生就业摆在更加突出位置，加快推进补贴待遇兑现，激励高校毕业生留吉就业创业。推行“岗位需要 + 技能培训 + 就业服务”新模式，增强农民“非农化”转岗就业能力。建设一批“吉字号”特色劳务品牌、返乡入乡创业基地，促进农民工就地就近就业，填补一线普工缺口。深化“两找一服务”工程，加强“96885 吉人在线”服务平台开发应用，开展求职招聘多元化需求的一站式精准服务。建设一批高质量充分就业社区，示范引领提升基层就业公共服务质量。城镇新增就业 21 万人、农村劳动力转移就业 270 万人。零就业家庭实现动态清零。

不断提升社会保障水平。进一步实施全民参保计划，推进机关事业单位养老保险制度改革，推动各项社保待遇按时足额发放。全面落实企业职工基本养老保险全国统筹。在全省范围内实施个人养老金制度。完善新业态从业者等重点人群参保政策。平稳推进渐进式延迟法定退休年龄改革。落实完善失业、工伤保险省级统筹。提高城乡居民医保政府补助标准、工伤保险待遇标准。推动长期护理保险制度建设。健全分层分类社会救助体系，始终关爱特殊困难群体，切实保障基本生活。

加快发展社会事业。深化义务教育“优质校 + 薄弱校、新建校”集团化办学。扩大优质高中招生规模。构建职普融通、产教融合职业教育体系，推进职业本科教育提质发展。深化“双一流”建设，支持吉林大学建设中国特色世界一流大学，支持省属高校冲击“双一流”。编制《青年发展友好型省份建设规划》，完善青年就业创业、住房保障、教育供给、权益维护等政策体系，吸引国内外青年

来吉林投资创业。持续深化医药卫生体制改革，加强医联体和紧密型县域医共体建设，推动优质资源、医疗服务下沉。推动长春市、白山市公立医院改革与高质量发展示范项目和省级示范项目建设。推动落实“优质服务基层行”活动和社区医院建设三年行动。稳妥实施大学生村医专项计划。完善冰雪运动进学校、进课堂机制，实施百万青少年上冰雪行动。出台生育补贴政策，提升托育服务水平，建设生育友好型社会。推进综合嵌入式社区居家养老服务中心建设，抓好居家养老服务改革试点。着力发展老龄、慈善、残疾人、地方志、中医药、红十字、妇女儿童、志愿服务等事业，全面做好外事侨务、港澳台、民族宗教、气象、地震、测绘、援疆、援藏等工作。

（九）积极防范妥善应对重大风险，高水平统筹发展和安全

强化忧患意识和底线思维，积极防范、妥善应对，守好守牢安全底线，促进高质量发展和高水平安全良性互动。

防范化解房地产风险。加力推动房地产市场止跌回稳，持续推进城市更新和保障性住房、镇村建设。合理控制新增房地产用地供应，盘活存量用地和商办用房，坚决打好“保交房”攻坚战。发挥城市房地产融资协调机制作用，加大“白名单”项目贷款投放力度，满足房地产项目合理融资需求。以长春市为试点，推动构建房地产发展新模式，打通库存商品房与二手房、保障房、回迁房、人才公寓转换通道。大力推动 10 个以上“好房子”示范项目建设。紧盯房地产项目逾期交房和棚改逾期未安置等矛盾焦点，加大资金追索、司法保全、资产盘活、信访维稳力度，及时应对和有力处置各类舆情。

防范化解政府债务风险。抢抓国家化债政策机遇，落实一揽子化债方案，以专项债券资产管理为重点，将存量资产资源作为化债重要资金来源，争取早日“脱红摘帽”。指导市县开展“细水长流”式资产盘活，加大对外债权清收力度，由偿还隐性债本金为主向保障法定债利息为主转变，尽量熨平税收下行带来的波动影响。科学合理分配使用债券资金，优先置换债务成本较高、涉众风险突出的隐性债务，力争全部市县隐性债务清零。

防范化解金融风险。扎实推进金融支持融资平台债务风险化解，全面消除纯融资平台，实体类平台向投、建、运、管一体化转型发展。

压紧压实各方责任，推动农信系统改革取得决定性进展，分类有序处置其他中小金融机构风险。引导金融机构强化对新业务合规管理，合理支持融资平台市场化转型。做好地方法人银行机构流动性监测，针对突发风险事件，提前谋划好应急预案。发挥央地金融工作协调机制作用，严厉防范打击非法金融活动，坚决守住不发生系统性金融风险的底线。

维护社会安全稳定。深入推进安全生产治本攻坚三年行动，严格落实“三管三必须”责任，紧盯燃气、消防、煤矿、危化企业等重点领域和关键环节，密切关注新业态、交叉领域安全生产职责落实盲区，坚持人防、物防、技防相结合，细化监管责任到人，加大事故隐患排查整治力度，坚决杜绝重特大安全事故发生，坚决遏制安全事故多发频发势头。加快燃气管道“带病运行”专项治理，完成剩余 550 公里改造任务。做好保供稳价工作，抓好蔬菜、猪肉、

药品等重要民生商品供应。强化煤电油气运保障。完善自然灾害特别是洪涝灾害监测防控，实现河流水位短临预报的技术突破，抓好森林防火、防震减灾救灾等工作。落实“四个最严”要求，严把食品安全源头关、生产关、流通关，全力守护人民群众“舌尖上的安全”。持续打击整治电信网络诈骗等新型犯罪，健全扫黑除恶常态化机制。用好新时代“枫桥经验”，积极化解社会矛盾，统筹做好农民工工资发放、社会治安、信访维稳等工作，全力维护人民群众生命财产安全，严防极端事件发生，确保社会大局稳定。

各位代表，做好 2025 年经济社会发展工作，任务艰巨、责任重大。我们将自觉接受省人大监督，认真听取省政协意见和建议，攻坚克难、真抓实干，不折不扣抓好各项工作部署落地落实，努力完成全年经济社会发展目标任务，为奋力推动高质量发展明显进位、全面振兴取得新突破作出新的更大贡献！

331 国道鸭绿江段　刘斌 / 摄

媒体聚焦

人民日报 2025年2月10日1版

抓住机遇、乘势而上，勇于创新、苦干实干

——习近平总书记在吉林的重要讲话激励广大干部群众增强本领、担当作为、争创佳绩

人民日报

RENMIN RIBAO

抓住机遇、乘势而上，勇于创新、苦干实干

——习近平总书记在吉林的重要讲话激励广大干部群众增强本领、担当作为、争创佳绩

广东加快建设更具国际竞争力的现代化产业体系

外资有没有大规模撤离中国？

找准发力点，干出好年景

从“过境免签”看今日中国

2月8日，习近平总书记在吉林省长春市听取吉林省委和省政府工作汇报并发表重要讲话。习近平总书记重要讲话鼓舞人心、催人奋进，激励广大干部群众增强本领、担当作为、争创佳绩。大家表示，要认真学习领会习近平总书记重要讲话精神，深入落实党中央战略部署，抓住机遇、乘势而上，勇于创新、苦干实干，在中国式现代化建设中展现更大作为。

着力构建现代化产业体系

机器轰隆，产线繁忙。眼下，吉林各地全力冲刺“开门红”。

“习近平总书记指出‘统筹推动传统产业转型、优势产业壮大和新质生产力培育’，我们要加快推动制造业‘智改数转’，强化高校、科研单位对产业的支撑，推动卫星、轨道客车等优势产业扩大布局，形成更大的产业牵引力。”吉林省工业和信息化厅厅长宋刚表示。

白雪皑皑，玉树琼枝。在吉林长春市净月潭，雪友顺着雪道纵跃而下。“以习近平总书记重要讲话为指引，我们将统筹区域协调发展，加快推进长春现代化都市圈建设，进一步加大与东北地区兄弟城市的协同联动力度，做大做强冰雪经济，形成融合发展的格局。”长春市常务副市长吴波说。

进一步全面深化改革开放

习近平总书记强调：“进一步全面深化改革开放对东北全面振兴至关重要。”吉林省发展改革委主任张志新表示，吉林将瞄准制约构建新发展格局、推动高质量发展的堵点卡点和民生领域的难点痛点问题，坚持目标导向、问题导向、结果导向，扎实有效推动全面振兴取得新突破。

深化改革是国企焕新的关键。2024年，中国第一汽车集团有限公司自主品牌销量突破81.9万辆，同比增长14.7%。“我们将抓住机遇加速科技创新和现代企业制度建设，乘势而上推动企业向新转型、向世界一流奋进。”习近平总书记重要讲话让公司战略与合作部总经理孙惠斌信心更加坚定。

珲春市是吉林省对外开放的重要窗口，全国市场供应的帝王蟹约八成从这里入境。“建设更高水平开放型经济新体制，我们将以发展海洋经济、电商产业和扩大国际合作为主攻方向。”珲春市委书记盛效儒说。

保障国家粮食安全

“我们要坚决扛起农业大省、粮食大省的政治责任。统筹发展和安全，任何时候都必须紧紧抓在手上。”吉林省农业农村厅副厅长钟东深感责任在肩，“以发展现代化大农业为主攻方向，吉林将进一步实施好千亿斤粮食产能建设工程。”

村居整洁亮丽，道路通达四方，产业生机盎然……在吉林公主岭市，和美乡村新画卷正在铺展。“我们要做大做强乡村特色产业，推动兴业、强县、富民一体发展，促进城乡共同繁荣。”公主岭市农业农村局综合科科长秦尧深受鼓舞。

开创民族团结进步新局面

“作为多民族聚居地区，我们将深入贯彻落实习近平总书记重要讲话精神，推动民族边境地区加快融入新发展格局，奋力开创吉林民族团结进步新局面。”吉林省民族事务委员会主任冯庆忠表示。

吉林延边朝鲜族自治州和龙市东城镇光东村，发展乡村旅游，带动村民增收。“各族村民在共享发展成果的获得感中，更加坚定了跟党走的信念，今后的日子会越过越红火。”村党支部书记金宪对未来充满期待。

“我们将坚定不移地把铸牢中华民族共同体意识作为各项工作的主线，引导各族群众树立正确的国家观、历史观、民族观、文化观、宗教观。”延边朝鲜族自治州委副书记、州长洪庆说。

长春新区夜景　何晨／摄

新华社 XINHUA NEWS AGENCY 新华每日电讯 2025年2月9日2版

奋勇争先，开创高质量发展新局面
——习近平总书记在听取吉林省委和省政府工作汇报时的重要讲话提振信心催人奋进

2 要闻

奋勇争先，开创高质量发展新局面

——习近平总书记在听取吉林省委和省政府工作汇报时的重要讲话提振信心催人奋进

市场监管总局出台"首违不罚""轻微免罚"清单

聚焦食品药品安全 最高检部署开展检察公益诉讼监督活动

金融监管总局发文规范保险集团集中度风险管理

未成年人入住旅馆"五必须" 公安部公布5起典型案例

"抓住机遇、乘势而上，勇于创新、苦干实干，在中国式现代化建设中展现更大作为。"

2月8日，习近平总书记在听取吉林省委和省政府工作汇报时发表重要讲话。广大干部群众表示，要以习近平总书记的重要讲话精神为根本遵循，团结一心、锐意进取，担当作为、真抓实干，把党中央的各项部署落实落细，以奋发有为的姿态开创高质量发展新局面。

东北地区是我国重要的工业和农业基地，维护国家国防安全、粮食安全、生态安全、能源安全、产业安全的战略地位十分重要，关乎国家发展大局。党的十八大以来，习近平总书记多次到东北地区考察调研，为东北全面振兴把脉开方。

现场聆听了习近平总书记的重要讲话，吉林省发展改革委主任张志新倍感振奋。"总书记的重要讲话为吉林发展指明了正确方向、注入了强大动力。"他表示，要发挥好经济综合部门的职责，把经济质的有效提升和量的合理增长统一于高质量发展全过程。特别是按照总书记的要求，在加快构建体现吉林特色的现代化产业体系上下功夫，为推动吉林高质量发展明显进位作出应有的贡献。

广袤的黑土地上，正孕育新一季的勃勃生机。在吉林省白城市镇赉县，南岗子村党支部书记徐成凯和村民们正商讨如何提高小冰麦单产，迎接即将到来的备耕期。

"保障国家粮食安全""统筹发展科技农业、绿色农业、质量农业、品牌农业"，习近平总书记的要求让徐成凯更加坚定了干好"三农"工作的决心。"总书记说，做足做活'粮头食尾''畜头肉尾''农头工尾'文章，对我们来讲就是加快发展小冰麦精加工。"徐成凯说，不仅要打造小冰麦绿色高产高效种植示范区，让“中国饭碗”装进更多“吉林粮”，也要延长产业链、发展特色产品，把好收成变成好收益，带着乡亲们走好乡村全面振兴的大道。

神州万象新，奋进正当时。

新春伊始，长春长光大器科技有限公司的光学精密加工车间里，超精密抛光设备规律运转，工程师们正开展纳米级光学元件加工。

习近平总书记强调“抓住机遇、乘势而上，勇于创新、苦干实干”，让长光大器科技有限公司总经理王旭对今年发展充满信心。“我们正在抢抓生产进度，力争实现‘开门红’。”他表示，企业将聚焦高端超精密复杂曲面光学元件，加大创新攻关的力度，为光电信息产业发展贡献力量！

央广网　2025 年 2 月 9 日

看！吉林如何把黑土地变成“金土地”

新年伊始，东北大地寒意凛冽，但吉林各地的农业产业已迫不及待焕发生机，处处呈现出热火朝天的忙碌景象。

近日，吉林省发布了《吉林省乡村富民特色产业高质量发展三年行动方案》。该方案以“土特产”为核心，旨在打造一批特色鲜明、规模适度、品质优良、标准严格、产业链完整、综合效益佳、带动能力强的乡村富民产业。

据悉，今年吉林省的“吉菌”“吉菜”“吉果”“吉花生”“吉鹿”“吉蜂”“吉渔”“吉蛙”以及乡村旅游、庭院经济等预计综合产值将达 2100 亿元。

冬闲时节农事忙，夯实基础备春耕

连日来，在吉林公主岭市乾程农民专业合作社的黑土地保护利用项目现场，伴随着机械的轰鸣声，农机手熟练操作有机肥抛撒车，将腐熟的有机肥均匀地播撒在田间，为即将到来的春耕备耕工作打下坚实基础。

“庄稼一枝花，全靠肥当家”，合作社理事长王成向记者介绍，为保持黑土地的肥沃与活力，他们已连续四年采用这种科学的施肥方式，增施堆沤肥，减少化肥使用，进而达到保护地力、稳定增产的目的。

王成说：“只要是国家政策支持的黑土地保护项目，像土地深翻、粮豆轮作、玉米大豆轮作、土地免耕播种等，我们都积极参与。”

公主岭市农业农村局农业科科长田晶介绍，公主岭市始终坚持“藏粮于地、藏粮于技”战略，全力推进“千亿斤粮食”产能提升工程，确保粮食安全。通过实施“五良一智”，大面积开展单产提升行动，力求在正常年景下，实现粮食总产量稳步增长。

近年来，公主岭市结合当地实际，探索出一套行之有效的黑土地保护利用体系，通过“增、保、养、调”综合施策，加强监督管理，有效提升了耕地地力。目前，项目区土壤耕作层深度已达 30 厘米以上，土壤有机质含量提高了 3% 以上，粮食产量增加了 5% 以上，为推动乡村振兴和现代农业发展提供了有力支撑。

搞智慧规模养殖，带村民就业增收

在德惠市的德翔集团自养场里，工作人员熟练地操作着智能化养殖设备，不仅高效易操作，更为本地村民带来了就业的新机遇。

走进该集团天台肉鸡一场的一栋鸡舍，记者见到了一对新招聘的夫妻工，他们正忙着日常的清洁与管理工作。鸡舍内，肉鸡数量多达三万余只，但得益于自动化设备的助力，他们的工作显得轻松自如。

夫妻俩虽无养殖经验，但在先进设备的辅助下，很快便掌握了养殖技术。如今，他们每人都能独当一面，轻松管理一栋鸡舍。能在养殖场就近就业，以场为家，让他们非常满足。

“现在，我一个人就能养活 31000 只鸡。只需一按电钮，饲料自动送上，窗户也自动开启。”工人董学礼说。

在肉鸡养殖板块，德翔集团凭借规模化、自动化的养殖技术，显著提升了肉鸡的生产指标。据悉，该集团在德惠市各乡镇的自养场已吸纳了 300 多对夫妻工。每个场区都为他们提供了舒适的住宿条件和免费的食堂，并对业绩优异的员工给予绩效奖励，增强了员工的归属感和幸福感，让村民在家门口就能找到好工作，实现就业增收。

擦亮吉林农产品品牌，拓宽渠道走向全国

1 月 16 日，长春农博园内绿意融融，游人络绎不绝。第十五届吉林（长春）冬季农业博览会在此拉开帷幕，吸引了众多市民和游客前来打卡留念。

本届展会将数字农业与绿色农业、冰雪旅游与年俗文化相融合，打造了一个集观光、休闲、购物于一体的节庆大集，同时也为农民提供了学习冬季设施农业的科普平台。

展会中尤为引人注目的是吉味年菜甄选活动。省内多位推荐官亲临现场，热情推介自家产品，力求擦亮吉林优质品牌。

据展区负责人赵寒冬介绍，本届冬季农博会展览面积高达20万平方米，其中叶菜基质栽培区占地6400平方米，展示了15个适合冬季温室栽培的优良品种，包括芹菜、蒜苗等常见菜，以及新颖的红叶芹菜等特色品种菜，让人目不暇接。

作为东道主，长春市精选了17家企业参展，皓月清真牛肉、土们岭山野菜包子等春城百姓耳熟能详的品牌悉数亮相。在长春市力塔食品有限公司展台上，各类年夜饭主食产品应有尽有，从传统面鱼到各式水饺，品种丰富，满足了百姓的多样化需求。“以往过年总包酸菜肉馅饺子，今天买点辣白菜肉馅的，回家冻上，过年时煮着吃，尝尝鲜。”来自山东济南的游客张磊把刚买的饺子装进袋子。

省农业农村厅在全省甄选的44家企业带来了300余款富有吉林地方风味和文化内涵的年菜、饮品、调味品等，在现场集中展销。桦甸的坚果礼盒、辽源的蒲公英菜丸子……每一件产品都独具特色。展会拓宽了销售渠道，让吉林的优质农产品走向更广阔的市场。

从特色产业方案的擘画，到黑土地的精细养护；从智慧养殖的高效实践，再到农产品品牌的全力推广，每一步都踏得坚实有力，吉林农业正以多元创新之姿，在黑土地上书写高质量发展的崭新篇章。

CMG 中央广播电视总台 CHINA MEDIA GROUP　央视新闻客户端　2025年2月8日

抓住机遇　乘势而上　勇于创新　苦干实干

央视快评丨抓住机遇 乘势而上 勇于创新 苦干实干

央视新闻客户端丨2025-02-08 19:58:57
浏览量1529922

2月8日上午，习近平总书记在吉林省长春市听取吉林省委和省政府工作汇报，勉励吉林要“深入落实党中央关于推动新时代东北全面振兴的战略部署，牢牢把握东北在维护国家‘五大安全’中的重要使命，坚持把发展立足点放在高质量发展上，完整准确全面贯彻新发展理念，积极服务和融入新发展格局，进一步全面深化改革开放，抓住机遇、乘势而上，勇于创新、苦干实干，在中国式现代化建设中展现更大作为”。

2月8日上午，习近平总书记在吉林省长春市听取吉林省委和省政府工作汇报，勉励吉林要“深入落实党中央关于推动新时代东北全面振兴的战略部署，牢牢把握东北在维护国家‘五大安全’中的重要使命，坚持把发展立足点放在高质量发展上，完整准确全面贯彻新发展理念，积极服务和融入新发展格局，进一步全面深化改革开放，抓住机遇、乘势而上，勇于创新、苦干实干，在中国式现代化建设中展现更大作为”。

习近平总书记对吉林各项工作取得的成绩给予肯定，对下一步工作提出要求。总书记的重要讲话，进一步明确了吉林新的使命任务，为新时代新征程东北地区和吉林全面振兴指明了前进方向、提供了重要遵循，必将激励吉林广大干部群众以更加坚定的信心、更加振奋的精神、更加昂扬的斗志投身到高质量发展实践中，奋力谱写中国式现代化吉林新篇章。

吉林是我国重要的工业基地，是共和国汽车、化工、电影产业的“摇篮”，地处世界三大黑土区之一，科技资源和力量优势明显，生态资源丰富。新征程上，吉林要心系“国之大者”，牢牢把握在中国式现代化发展全局中的历史方位，坚决扛起维护国家粮食安全、产业安全、能源安全、生态安全、国防安全的重要使命，紧紧抓住全面振兴实现新突破的关键时期，以时不

梨树百万亩绿色食品玉米标准化基地核心区 蒋盛松/摄

我待的紧迫感和笃行不怠的实干精神，做好高质量发展这篇大文章。

习近平总书记强调，“高质量发展离不开创新驱动和产业支撑”，进一步全面深化改革开放要“瞄准制约构建新发展格局、推动高质量发展的堵点卡点和民生领域的难点痛点问题”“以发展现代化大农业为主攻方向”“因地制宜发展边境贸易、特色产业”“统筹发展和安全”“高质量发展需要高质量党建来引领”……总书记紧紧围绕高质量发展这一新时代的硬道理，为吉林解发展难题、谋振兴之路，明确了重点任务、工作要点、主攻方向，从不同维度对吉林推动高质量发展提供了有力指引。

东北全面振兴在中国式现代化全局中具有重要的战略支撑作用。春节前夕，习近平总书记赴辽宁看望慰问基层干部群众，为辽宁把脉定向、指路引航；正月里，总书记赴黑龙江出席亚冬会系列活动，并来到吉林。总书记接连走访调研东北三省，结合不同的省情特色，看成就、画蓝图、指方向、谋举措，彰显出总书记对实现东北全面振兴寄予的深切关怀和殷切期望。包括吉林在内的东北地区要朝着“重振雄风、再创佳绩”的目标不懈前行，发挥独特优势，注重协同联动，共同努力走出一条高质量发展、可持续振兴的新路子。

白山松水，奋发方有为。吉林广大干部群众要深入贯彻落实习近平总书记关于推动新时代东北全面振兴的重要讲话精神，牢记总书记殷切嘱托，增强信心、迎难而上、奋力拼搏、争创佳绩，锻长板、补短板，咬定目标不放松，敢闯敢干加实干，在中国式现代化建设中展现更大作为。

经济日報 2025年2月9日1版

依靠改革开放推进东北全面振兴

经济日報
ECONOMIC DAILY

习近平对四川宜宾市筠连县山体滑坡作出重要指示强调
千方百计搜救失联人员 防止发生次生灾害
切实保障人民群众生命财产安全
李强作出批示

习近平在听取吉林省委和省政府工作汇报时强调
深入落实推动新时代东北全面振兴战略部署
在中国式现代化建设中展现更大作为
蔡奇出席汇报会

奋勇争先，开创高质量发展新局面
——习近平总书记在听取吉林省委和省政府工作汇报时的重要讲话提振信心催人奋进

经济论坛
依靠改革开放推进东北全面振兴

《公司登记管理实施办法》2月10日起施行——
将有效促进经营主体"新陈代谢"

导读

春节前夕，习近平总书记赴辽宁看望慰问基层干部群众时强调，东北全面振兴，归根到底靠改革开放。2月8日上午，在听取吉林省委和省政府工作汇报后又强调，进一步全面深化改革开放对东北全面振兴至关重要。

作为我国重要的工农业基地，东北地区拥有一批关乎国民经济命脉和国家安全的战略性产业。全面振兴，不仅是东北人民福祉所系，也事关强国建设与民族复兴伟业的大局。近年来，东北地区紧紧依靠改革开放，爬坡过坎攻难关，解决了一批长期积累的矛盾问题，取得了一批振奋人心的重大成果，经济形势企稳向好，释放出振兴发展的积极信号。

改革开放可谓东北全面振兴的总开关、加速器、活力源。新时期的改

革开放有新的使命任务，需要新思路、新举措不断将改革向纵深推进，扩大高水平开放。

“怎么改”得明晰工作方向。习近平总书记指出，“要瞄准制约构建新发展格局、推动高质量发展的堵点卡点和民生领域的难点痛点问题，设置改革议题、生成改革方案，着力解决深层次矛盾、破除体制机制障碍”。要在建设法治政府、优化营商环境、坚持和落实“两个毫不动摇”、完善中国特色现代企业制度等方面多下功夫。

聚焦东北全面振兴面临的问题，首先要理顺市场与政府的关系。要进一步解放思想、增强服务意识，为各类经营主体创造稳定、透明、可预期的法治环境，让国企敢干、民企敢闯、外企敢投。东北国企普遍偏重偏老，历史遗留问题较多，也是改革重点难点所在。当前，东北地区改革正在涉深水区，啃硬骨头。比如探索创新央地合作模式，推动国有资本向重要行业和关键领域集中，提升国企核心竞争力等。民营经济薄弱，也是制约东北振兴的短板。鼓励民营经济投身混合所有制改革，扩大投资领域，要消除各种隐性壁垒，实施更多普惠性政策，从而培育多种所有制企业活力竞发的“雨林式生态”。

东北地区资源禀赋较好，产业基础雄厚，沿边沿海区位优势独特，如何将地区优势转化为发展动能？扩大高水平开放是必由之路。东北地区是我国面向东北亚开放的重要门户，应紧抓共建“一带一路”机遇，畅通东北地区面向东北亚开放合作的陆海大通道，建立统一的市场体系，以边境口岸为重要平台打造国内市场东北延伸带，实现对外开放与区内发展“内外贯通”，打造形态多样的开放高地，尝试更多首创性的开放探索。东北地区改革开放潜力巨大，东北全面振兴未来可期。

中车长客动车组调试车间　丁研/摄

牢记嘱托 感恩奋进
在中国式现代化建设中展现更大作为
着力开创民族团结进步新局面
06
新华每日电讯
久久为功谋未来
微博热搜
新鲜 · 热门 · 有料
我的
热搜
文娱
吉林
要闻
更多
实时热点，每分钟更新一次
深入落实推动新时代东北全面
1 公认是烂片但你却很喜欢的
2 王楚钦止步新加坡大满贯4强
3 哈尔滨亚冬会中国队首金
4 她的遗物不多我是其中一个
5 儿子砸车窗取AED救下心梗
6 零下35度一家三口救下路边
抖音热榜
热门 | 新鲜 | 多元
热点榜
种草榜
娱乐榜
社会榜
挑战榜
更新于：2025-02-09 12:53:59
习近平听取吉林省委和省政府工作汇报
1 四川山体滑坡29人失联
2 勇士逆转胜公牛
3 全球最大变质岩潜山油田投产
4 皇马1:1马竞
5 格斗大腕对张伟丽苏亚雷斯预测
6 哪吒2进入全球票房榜前50
7 一代人有一代人的汤圆
8 情人节高段位送礼指南
9 王者荣耀联动神都洛阳
10 直击四川山体滑坡救援现场
11 1月CPI同比上涨0.5%
12 张碧晨唱哪吒片尾曲的含金量
13 小孩：这才是吃席
进一步全面深化改革开放中勇于探索
网易热榜
热议榜
热闻榜
热搜榜
视频榜
总书记对这片土地寄予厚望
四川山体滑坡村民徒手刨石头
遇人124-117步行者
推荐
时间线
热榜
24小时
长春
大国外交的新春之约
创新文化 逐梦星辰大海
人勤春来早！全国多地农业生产
破"冰"之旅——吉林冰雪产业
推荐
快讯
深度
短剧
法治
体育
习近平对西藏6.8级地震作出重要指示
从"常""长"二字读懂反腐倡廉
过了腊八就是年 新年事事都"粥"全
12356！没事儿热线如何解心事？
寻迹长白山脉的"冰雪走廊"
直击！西藏6.8级地震房屋出现倒塌 部分地方通讯中断
运-20飞往西藏日喀则震区
以高质量党建引领高质量发展
China Xinhua News
中国官方媒体 · 7小时
The Northeast China Tiger and Leopard Culture International Communication Center was launched Monday in Jilin Province, as authorities aim to spotlight wildlife conservation xhtxs.cn/0gE

年初以来，央媒网媒全方位多角度对吉林进行充分报道。"五个'必须统筹'推动高质量发展的吉林实践"等15篇重头报道被全网置顶推送，"总书记对这片土地寄予厚望"等10个话题登上今日头条、微博、百度、抖音、网易、腾讯等平台的热搜总榜，"绘说现代化丨吉林冰雪经济'花样'上新"等30余篇报道被人民网、新华网等总网首页展示推荐。

吉林日报提供

中央广播电视总台《新闻联播》密集推出吉林学习贯彻落实习近平总书记在听取吉林省委和省政府工作汇报时重要讲话精神的报道，在更高层面展现吉林在中国式现代化进程中，努力推动全面振兴实现新突破的火热实践

2025年1月3日

【标题】消费火热开年 新场景新业态不断涌现

【正文】北方滑雪季到来，河北、吉林等地推出雪具运输、寄存等相关服务，滑雪摄影等贴心服务也一站式上新。

2025年1月4日

【标题】打造特色文旅产品 激发冰雪消费活力

【正文】这个雪季，吉林省通过消费券开展“引客入吉”，面向全国冰雪爱好者发放总规模1亿元的冰雪消费券。

2025年1月4日

【标题】团结奋斗 真抓实干 共同开创美好未来——习近平主席二〇二五年新年贺词引发热烈反响

【正文】从城市到乡村，民生保障有力推进，富民产业发展壮大，人们满怀希望迎接新的一年。

2025年1月5日

【标题】二十四节气·小寒

【正文】这个时节已经临近“春冬正月交”，年的脚步近了，春的气息渐渐浓了。春归有期，春山可望。

2025年1月15日

【标题】2025年全国春节文化和旅游消费月启动

【正文】2025年全国春节文化和旅游消费月今天在吉林长春启动。

2025年1月20日

【标题】【开放式尾报】二十四节气·大寒

【正文】吉林辉南 龙湾群国家森林公园

2025年1月23日

【标题】中央精神文明建设办公室慰问帮扶全国道德模范

【正文】2025年新春佳节来临之际，中央精神文明建设办公室开展了慰问帮扶全国道德模范活动。

视频画面为中国文明网副总编霍增龙前往吉林省看望慰问全国道德模范纪长秋（已故）家属纪庆禹，勉励模范家属继续发挥榜样引领作用，为社会传递更多正能量。

2025年1月27日

【标题】东北多地积极应对持续降雪天气

【正文】吉林通化连夜对境内高速实行管控，开展清雪作业。中央气象台今天继续发布暴雪黄色预警和大风黄色预警。预计今明两天，内蒙古、辽宁、吉林、山东半岛等地部分地区有大到暴雪，局地有大暴雪。公众出行需做好准备。

2025年1月28日

【标题】春运以来全社会跨区域人员流动量超30亿人次

【正文】今天，交通出行人数较前几日有所下降。铁路预计发送旅客数780万人次。为方便夜间到达的旅客接驳换乘，成都东站、汉中站、长春站等火车站，提前与地方政府相关部门做好公交、出租车等接驳对接，通过延长营业时间、开通专线等方式畅通旅客出行“最后一公里”。

2025年1月30日

【标题】多彩活动贺新春 欢乐祥和庆华年

【正文】吉林辽源打造冰雪光影盛宴，既有以畅游太空、驶向未来等为主题的现代灯组，又有体现福禄寿喜、生肖贺岁的传统主题灯组。

2025年2月8日

【标题】习近平在听取吉林省委和省政府工作汇报时强调 深入落实推动新时代东北全面振兴战略部署 在中国式现代化建设中展现更大作为

【正文】中共中央总书记、国家主席、中央军委主席习近平在听取吉林省委和省政府工作汇报时强调，吉林要深入落实党中央关于推动新时代东北全面振兴的战略部署，牢牢把握东北在维护国家“五大安全”中的重要使命，坚持把发展立足点放在高质量发展上，完整准确全面贯彻新发展理念，积极服务和融入新发展格局，进一步全面深化改革开放，抓住机遇、乘势而上，勇于创新、苦干实干，在中国式现代化建设中展现更大作为。

2025年2月8日

【标题】哈尔滨第九届亚冬会——开幕后首个比赛日中国队斩获8枚金牌

【正文】在越野滑雪女子个人短距离（传统技术）比赛中，李磊（吉林人）夺得金牌。这也是中国体育代表团参加亚冬会比赛以来收获的第100枚金牌。

2025年2月9日

【标题】在中国式现代化建设中展现更大作为——习近平总书记在听取吉林省委和省政府工作汇报时的重要讲话引发热烈反响

【正文】习近平总书记在听取吉林省委和省政府工作汇报时强调，吉林要完整准确全面贯彻新发展理念，积极服务和融入新发展格局，进一步全面深化改革开放，抓住机遇、乘势而上，勇于创新、苦干实干，在中国式现代化建设中展现更大作为。广大干部群众表示，要以习近平总书记的重要讲话精神为根本遵循，把党中央的各项部署落实落细，以奋发有为的姿态开创高质量发展新局面。

2025年2月10日

【标题】【新年新气象 奋斗正当时】实干为要 为高质量发展蓄势赋能

【正文】推动新能源产业高质量发展，吉林今年将实现新能源装机600万千瓦以上，开工建设氢燃料电池等5个以上装备制造项目，同时加大新能源产业链上下游协同，增加新能源应用场景，促进能源消费结构升级。

2025年2月11日

【标题】各地开展多彩活动喜迎元宵节

【正文】庆元宵，赏花灯。在吉林长春，新春冰雪灯会将传统彩灯与冰雪巧妙融合，为大家献上独具魅力的光影秀。

2025年2月11日

【标题】【新思想引领新征程】冰雪经济成为我国经济新增长点

【正文】在吉林，75家滑雪场对软硬件设施进行了改造升级。北大湖滑雪度假区开放雪道数量从64条增至74条，雪道面积增加15%，预计本雪季，旅游接待人数将突破100万人次。

2025年2月12日

【标题】我国将实施东北黑土地保护性耕作超1亿亩

【正文】记者从农业农村部了解到，今年，我国将继续在东北地区实施黑土地保护性耕作1亿亩以上。

目前，保护性耕作已成为东北适宜区域的主流耕作技术。今年，农业农村部将推动保护性耕作与粮油大面积单产提升紧密结合，重点建设60个左右整体推进县和800个以上高标准应用基地，在保护黑土地的同时强化增产效果。

2025年2月13日

【标题】各地欢度元宵佳节

【正文】在吉林敦化，除了大型音乐焰火表演，还有秧歌等当地民俗表演和特色美食，吸引了众多市民和游客参与。

2025年2月14日

【标题】我国春管春耕由南向北陆续展开

【正文】趁着积雪尚未消融，吉林公主岭加紧开展抛肥作业。在黑土地保护利用项目区，种植户们将腐熟好的有机肥抛撒到田间。当地已经连续四年通过这样的方式，保护土壤肥力，目前项目区土壤有机质含量提高了3%以上。

2025年2月15日

【标题】各地加快推动乡村产业振兴

【正文】走进吉林公主岭黄花村的君子兰产业园，温室大棚里一派生机盎然。花农们根据消费者的需求选出主推品种，运往各地市场，日均销售额达到30万元。现在，线下养兰、线上销售的产销模式，带动了周边600多人就近就业。今年，当地加强农民技术培训，进一步提升产业附加值。

2025年2月16日

【标题】各地重大工程建设加快推进

【正文】在吉林，大安风光制绿氢合成氨一体化示范项目，正开足马力进行新能源部分的施工建设，作为国内最大的绿氢合成氨一体化项目，建成投产后，每年可制绿氢3.2万吨，绿氨18万吨，减碳排放约65万吨。

2025年2月18日

【标题】新春车市热潮涌动 产销同比双增

【正文】春节假期刚过，全国不少地方公布了汽车置换更新补贴的实施细则，消费者购买新能源汽车普遍能够减免两至三万元，加上汽车企业的促销力度，各地汽车市场一片火热。在吉林省通化市某汽车4S店，最近销量明显提升，其中以旧换新占比达到80%。

2025年2月19日

【标题】中国社会科学院公布“2024年中国考古新发现”

【正文】本次公布的“2024年中国考古新发现”中，有三项聚焦石器时代。其中，吉林和龙大洞遗址，在距今2.8-2.4万年的地层中，发现了由9块自然砾石构成的人工石圈遗迹，推测应是古人类的简易棚屋遗存。多重发现显示，我国长白山地区在东北亚古人类演化与迁徙研究中具有重要价值。

吉林广播电视台提供

明确工作思路

Mingque Gongzuo Silu

长春新区　何晨 / 摄

▶ 明确工作思路

用好改革开放关键一招

长珲城际铁路跨伊通河段　霍春光 / 摄

领导讲话

省委书记黄强在省委十二届五次全会第二次全体会议上的讲话

（2024 年 10 月 16 日）

在全体参会人员共同努力下，省委十二届五次全会即将闭幕了。全会听取了省委常委会工作报告，审议通过了《中共吉林省委关于贯彻落实党的二十届三中全会精神、以进一步全面深化改革推动吉林全面振兴取得新突破的实施意见》，圆满完成各项议程。

会议期间，同志们发扬民主、集思广益，围绕全会议题展开了充分讨论。一致认为，习近平总书记关于东北全面振兴和吉林工作的系列重要指示，是我们做好一切工作的根本遵循，必须再学习、再对标、再落实。一致认为，省委十二届四次全会以来，全省上下以习近平新时代中国特色社会主义思想为科学指导，坚持稳中求进工作总基调，坚决扛起维护国家“五大安全”重要使命，改革发展稳定工作取得新成效。一致认为，必须坚持新发展理念这个“指挥棒”“红绿灯”，坚持发展必须是、只能是高质量发展，推动吉林高质量发展明显进位。一致认为，推动吉林全面振兴取得新突破，必须用好改革开放“关键一招”。全会审议通过了《实施意见》，要明确责任、全面落实，推动进一步全面深化改革向广度和深度进军。

下面，我代表省委常委会，就贯彻落实全会精神讲几点意见。

一、着眼“为什么改”，准确把握全会部署，坚定不移将改革进行到底

全省党员干部要统一思想，搞清楚“为什么改”，下定决心，

攻坚克难，务求全胜。

一要讲政治、讲党性、讲原则。进一步全面深化改革，是有方向、有立场、有原则的。无论改什么、改到哪一步，必须坚持党对改革的集中统一领导，坚持守正创新，准确把握新时代新征程举什么旗、走什么路等重大理论和实践问题，牢牢把握“六个坚持”原则，忠诚拥护“两个确立”、坚决做到“两个维护”。贯彻党中央决策部署，要冲破任何阻力、清除任何障碍，坚决落实、说到做到。要充分认识到，习近平总书记关于东北全面振兴和吉林工作的系列重要指示，是我们进一步全面深化改革必须坚持的方向和重点。要把贯彻省委全会精神与贯彻习近平总书记重要指示、党的二十届三中全会精神相贯通，确保始终沿着正确方向推进改革。

二要把准改革路径要求。这一轮改革，是进一步全面深化改革，“进一步”是要求改革再动员、再部署、再出发，“全面”是要求整体谋划、系统布局、协同高效，“深化”是要求突出体制机制改革，突出战略性和全局性重大改革，突出经济体制改革牵引作用。从“改革”到“全面深化改革”再到“进一步全面深化改革”，改革的内涵和外延不断变化。习近平总书记讲过，“好吃的肉都吃掉了，剩下的都是难啃的硬骨头”。改革这么难，不改行不行？正是因为难，所以必须进一步全面深化改革，除此别无他途。尤其当前，经济下行压力加大，形势错综复杂，唯有以改革为根本动力，才能实现高质量发展。我们要把握新阶段、新特点、新情况，破藩篱、扫障碍、下深水、涉险滩，把一个个“不可能”变成“一定能”，以改革之力推动吉林全面振兴取得新突破。

三要把牢改革价值取向。为了人民而改革，改革才有意义。坚持以人民为中心的改革价值取向，不是抽象的、玄奥的概念，而是具体的、现实的要求。进一步全面深化改革，必须把人民放在心中最高位置，以群众满意不满意、高兴不高兴、答应不答应为标准，善于从群众关注的焦点、百姓生活的难点，寻找改革的切入点，多做雪中送炭的事情。领导干部要经常到背街小巷、边角后院走一走，听一听街谈巷议，看一看外地游客的评价议论，头脑就会比较清醒，不能自我陶醉、自我感觉良好。要把民生问题作为一面“镜子”，照一照哪些体制机制、政策规定还存在堵点卡点，看一看哪些领域和环节百姓还闹心、有怨言、有期盼，哪个问题突出，哪个就是改革的重点。要以实绩实效和人民群众满意度检验改革，把老百姓关注的“小事”当成改革的“大事”，急难愁盼的事抓紧办、容易简单的事立即办，以可感可及的改革成果造福于民。

二、着眼“怎么改”，狠抓工作落实，以钉钉子精神推动改革任务落地见效

省委全会审议通过的《实施意见》，已经把“改什么”安排清楚了，现在关键是“怎么改”，如何把改革“蓝图”变成“实景”。抓而不紧，等于不抓；抓而不实，等于白抓。我们要进一步强化狠抓落实导向，把抓落实作为硬作风，按照《实施意见》部署，全力以赴抓好各项改革工作。

一要切实转变思想观念。进一步全面深化改革，首先要在思想观念上突围。要深入学习贯彻习近平总书记关于全面深化改革的新思想、新观点、新论断，创造性开展工作。改革不是温和的改良，是刀刃向内的自我革命，是要“动奶酪”的，必须拿出壮士断腕的勇气，冲破陈旧的、不合时宜的观念束缚，切实增强市场意识、开拓意识、法治意识、风险意识。改革没有旁观者，各级党员干部都要带头躬身入局、挺膺担责，积极主动想改革、抓改革，身体力行把改革任务完成好。

二要以正确政绩观推动改革。进一步全面深化改革，必须牢固树立和践行正确政绩观，严防急功近利、走偏走虚。经过这几个月调研，总的感觉，全省广大干部精神状态很好，想干事也能干事，特别是在这次防汛抗洪抢险中，各级干部经受住了考验，基层干部发挥了重要作用，同时也看到了一些问题。比如，受错误政绩观影响，过去有的地方领导干部，“拍脑袋决策、拍胸脯蛮干、拍屁股走人”，

遗留下一些问题。政绩工程、形象工程、面子工程，都是领导心血来潮、缺乏深入调研和科学规划干的，也有的是私心作祟。根据《中国共产党纪律处分条例》第五十七条明确规定，“政绩观错位、违背新发展理念、背离高质量发展要求”，是违反政治纪律的。以前地方政府负债累累、金融风险较大，源于不正确的政绩观，现在化债、化险不能在政绩观上一错再错了。要坚持花钱必问效、无效必收回，强化财政预算和绩效管理。我们不能把高质量发展的经念歪了，必须匡正政绩观。在改革过程中，不能假借发展之名搞大拆大建，甚至干“拆真古迹建假古董”的蠢事。各级干部都要认真学习历史、敬畏历史，对历史负责。党的十八大以来，习近平总书记调研考察100多处历史文化遗产，就文物、考古、非遗等作出170余次重要指示批示。我们必须认真落实习近平总书记的重要指示要求，全面加强文化遗产保护传承，坚持最小干预原则，加强文物古迹、古建筑和古树保护，落实老城不能再拆的要求，严格保护历史文化名城、街区、村镇的传统格局、空间肌理、历史风貌、文化生态、景观环境，真实保存城乡历史文脉。必须牢记“规划科学是最大的效益，规划失误是最大的浪费，规划折腾是最大的忌讳”，领导干部不抓规划是最大的失职。各级领导干部要特别重视规划、尊重规划，保持规划的连续性、稳定性，一张蓝图绘到底，不能瞎折腾。

三要提高狠抓落实能力。改革是真刀真枪的干，不看“唱功”看“做功”，各级领导干部要切实增强抓落实能力。在起草《实施意见》一开始，我们就明确由所有省级领导牵头研究，既是发扬民主、集思广益，也是为了后期工作的落实。省四大班子要对照清单，分兵把口抓好落实，各地各部门也要建立责任明晰的落实推进机制。要全省一盘棋，各项改革要协同配合、同向发力。抓工作落实，必须具体抓、抓具体，工作一具体就深入，一深入就能发现问题，发现问题就真解决问题。不能凭主观臆断或光听下面汇报，会议室里是难以听到真实情况的。各级领导干部要坚持身教胜于言教、行胜于言，带头深入一线了解真情况、到达现场找准真问题、帮助基层真解决问题。抓改革落实，要集中力量打歼灭战，而不能打成持久战。战争打不赢，一切都是零。要弘扬东北抗联精神、抗美援朝精神，拿出杨靖宇舍身殉国的英雄气概，拿出吴大澂勘界守土的智慧担当，明知山有虎，偏向虎山行，改革不落地、不见效，决不收兵。抓改革和工作落实方法得当，会事半功倍。要坚持小切口破题、大纵深发力，善于以机制创新突破体制障碍，锲而不舍、久久为功、示范引领。高手在民间，基层有真经。我们要充分尊重基层首创精神，在坚持改革原则、遵守“六大纪律”的前提下，鼓励基层大胆闯、大胆试。

四要弘扬崇严尚实作风。进一步全面深化改革，需要脚踏实地、实事求是、真抓实干。对每一项改革都要一抓到底，抓铁有痕、踏石留印。要力戒形式主义、官僚主义，不能口号喊得震天响、落实起来轻飘飘，必须着力解决干部乱作为、不作为、不敢为、不善为问题。看干部的工作实不实，要从政治、思想、组织、作风上加强监督考察，听其言、观其行、察其果。改革当然很难，进一步全面深化改革更是难上加难，遇到困难不能墨守成规简单说不行，而是要千方百计破解问题，把“不”字去掉，留下“行”。不能把遵规守纪作为不干事、怕出事的借口和托词，不担当就谈不上忠诚。要引导激励广大党员干部勤奋工作、放手干事、锐意进取、积极作为。在改革中树立重实干、重实绩的鲜明正确的选人用人导向，重用贤人，就会群贤毕至，要让敢于负责、勇于担当、善于作为、实绩突出的干部脱颖而出。旗帜鲜明为担当者担当、为负责者负责、为干事者撑腰、为创新者鼓劲。各级领导干部要识“五线谱”，在改革中要守住安全底线、生态红线、耕地红线、地方政府债务警戒线和统计数据质量线。要继续发扬艰苦奋斗精神，认真落实党政机关习惯过紧日子的要求，严控一般性支出，腾出资金保基本民生、保工资、保运转和重点领域支出，将更多资金用于补短板、强弱项、惠民生，确保重点支出力度不减、重点改革顺利推进。

最后，我再强调一下经济形势和发展问题。9月26日，习近平总书记主持召开中央政治局会议，分析研究当前经济形势，部署下一步经济工作，释放出积极的政策信号。近期，国家陆续推出一揽子有针对性增量政策，省直部门和各地要用足用好存量政策，紧跟中央增量政策供给，创造性匹配地方政策资源，最大限度挖掘释放政策红利，推动经济持续回升向好，确保实现年初确定的增长目标。现在天气转冷，有效施工期不多了，要加快推进重大项目建设，用好超长期特别国债和地方政府专项债，力争形成更多实物工作量。对商品房建设要严控增量、优化存量、提高质量，提振房地产市场信心。全省秋收正在进行，要组织好秋粮收储，确保安全高效、颗粒归仓。我省即将迎来新雪季，要提前谋划好各项文旅活动和赛事，培育新型消费业态，更好激活冬季冰雪消费市场。

同时，要统筹做好当前工作。一是着力保障和改善民生。扎实办好民生实事，抓好食品和水电气热等重要物资的保供稳价，守住兜牢民生底线。供暖是冬季最大的民生。各地已陆续开栓供热，要加强运行调度，做好充分物资准备，确保群众温暖过冬。要加快推进灾后重建，特别是水毁房屋修缮重建要倒排工期，保质保量，尽快完成，不让一户受灾群众挨冻。二是认真搞好“五年规划”总结评估谋划。全面总结评估“十四五”规划落实情况，做好“十五五”规划前期谋划工作。三是切实加强安全生产。坚持底线思维和极限思维，狠抓安全生产隐患排查整改，把安全责任落实到最小工作单元，坚决杜绝重特大安全事故发生，坚决遏制安全事故多发频发势头。

进一步全面深化改革已全面开启。让我们更加紧密地团结在以习近平同志为核心的党中央周围，高举改革开放旗帜，以狭路相逢勇者胜的胆识气魄，下定决心、坚定信心，勇往直前、拼搏实干，为推动吉林全面振兴取得新突破而团结奋斗！

“复兴号” 驶来　谢清晨 / 摄

彩练 NEWS 吉林日报

吉林省人民政府办公厅

关于进一步推动高水平开放发展的

若干措施

吉政办发〔2025〕1 号

2025 年 2 月 6 日

总体目标

深入贯彻党的二十届三中全会精神和省委十二届五次、六次全会部署，打造“一带一路”向北开放重要窗口，深入实施长吉图开发开放先导区战略，以开放发展塑造吉林全面振兴新动能新优势

政策举措

实施主体培育行动

（1）外资主体扩量

（2）外经主体扩量

实施平台跃升行动

（3）开发区平台跃升

- 启动全省开发区“十五五”专项规划编制工作
- 改造提升传统产业，引进高质量工业项目
- 定期开展开发区经济发展水平调查工作，促进开发区高质量发展

（4）外贸功能平台跃升

- 发挥外贸转型升级基地等外贸功能性平台作用
- 支持长春兴隆、珲春综合保税区拓展服务贸易业务

（5）开发开放平台跃升

- 外资平台。对接国内发达地区外资产业，结对开展产业转移协作

●服贸平台。对新获批国家级服务贸易发展试点、示范的地区（开发区、平台）予以奖励

●重大经贸活动平台。利用中国－东北亚博览会、世界寒地冰雪经济大会等平台，促进国际经济交流与合作

●沿边开发开放平台。高质量建设吉林延吉－长白重点开发开放试验区，推动珲春海洋经济发展示范区建设

（6）海外合作平台跃升

●积极搭建与境外机构、企业合作桥梁，支持双边企业间经贸对接促进活动

（7）友城合作平台跃升

●完善交流合作机制，深化经贸、科技、人文、青少年等领域的交流与合作

（8）区域合作平台跃升

●建立京津冀、长江经济带、粤港澳大湾区、长三角等重点区域的合作对接机制，深化吉浙对口合作

实施市场开拓行动

（9）支持经贸团组“走出去”

●加大对重点国别地区的招商引资、经贸交往、对口合作力度

●鼓励科技类、经贸类团组走出去，全力推动重点对外合作项目落地实施

（10）抢抓贸易订单

（11）拓宽引资渠道

- 推动设立我省驻欧洲商务代表处
- 积极参加商务部“投资中国”系列活动
- 完善全球招商网络体系

（12）扩大对外投资合作

- 对境外劳务企业的培训费用予以补助，完善校企合作和中韩雇佣制等合作机制
- 对境外丢失护照的吉林籍人员开通身份核查“绿色通道”

实施业态创新行动

（13）做大跨境电商

- 提高企业跨境电商应用水平
- 推动建设跨境电商线上综合服务平台、监管场所
- 支持“跨境电商＋产业带”发展

（14）做强数字贸易

- 支持服务贸易数字化转型升级
- 支持影视制作等具有国际竞争力的企业申报国家级文化出口重点企业和重点项目

（15）做优新型贸易

- 积极发展中间品贸易
- 积极推行“互市贸易＋落地加工”模式
- 培育内外贸一体化领跑企业

实施科教交流行动

（16）搭建科技合作平台

- 对现有的省级国际科技合作平台进行阶段性评估，择优给予支持

●提高外籍科学家牵头承担国际科技合作平台和项目比例

●持续开展东北亚产业技术论坛、中国－白俄罗斯创新论坛等科技交流活动

（17）加大海外人才交流

●允许外资研发中心以团队为单位，为团队内外籍成员申请一次性不超过劳动合同期限的工作许可

●积极邀请外国专家来访，为省内科研机构、高校和企业引进高科技项目与高端人才

（18）加强人才培养引进

●支持延边大学、吉林农业大学、东北电力大学等高校与国外高水平理工类大学合作，建设中外合作办学机构

●支持省内高校培育建设高等学校学科创新引智基地

实施文旅“出海”行动

（19）推进冰雪丝路建设

●办好吉林雪博会，开展“冰雪丝路”粉雪联赛，搭建对外合作交流平台

●创新推广“长白天下雪”冰雪品牌，弘扬冰雪文化，活跃冰雪市场

（20）加大海外推介力度

●开展“走出去”旅游推广活动

开发行销对路的入境游线路，进行正面推广和引流

（21） 推动文旅产品走向世界

●推动旅游企业与国际旅游电商平台合作

●拓展 G331 沿边开放旅游大通道功能

●推动吉林文化“走出去”

实施政策协同行动

（22）健全外资准入

- 全面取消制造业外资准入限制措施
- 持续扩大鼓励外商投资范围

（23）用好财政政策

- 集中财力培育重点产业、重点外经贸企业
- 全面提高汽车产业核心竞争力和国际影响力

（24）落实税收政策

- 保障出口退税办理全流程畅通提速
- 优化出口退税函调管理
- 符合条件的跨境电商出口企业适用出口退（免）税政策

（25）强化信保支持

- 扩大出口信用保险承保规模和覆盖面
- 用足用好出口信用保险政策工具
- 鼓励出口信保公司为企业提供更多国别信息服务

（26）强化金融服务

- 发展外贸应收账款、仓单、订单、保单、出口退税等融资模式
- 开展更高水平贸易投资人民币结算便利化试点
- 完善企业汇率风险管理服务

（27）优化停居留政策

- 建立服务外籍人士协作机制
- 高标准做好 APEC 商务旅行卡人员服务保障

（28）加强法律维权

●完善涉外法律服务保障

●落实好外资企业国民待遇

●完善外商投资企业投诉处理程序

（29）强化要素保障

●对外经贸企业重大项目实施“即报、即受理、即转评估”的环评审批绿色通道

●加大对外经贸企业减负稳岗的支持力度，推广“直补快办”经办模式

实施通道畅通行动

（30）完善口岸基础设施

●积极争取超长期特别国债等资金支持我省口岸项目建设

●积极推进长春航空口岸、延吉航空口岸旅检信息化查验设施升级改造

（31）加快沿边路网建设

●推进长吉、延龙图珲、通白三个枢纽集群建设

●推动口岸桥建设，畅通国际公路运输通道

（32）加快国际航线建设

●加密日韩航线航班，拓展开通曼谷、吉隆坡、河内等东南亚地区国际航线

●保持长春、延吉至符拉迪沃斯托克（海参崴）航线长期稳定运行

●开通哈巴罗夫斯克、叶卡捷琳堡、伊尔库茨克等航线

●开通法兰克福等定期对欧航线

(33)加强对外互联互通

- 谋划共建中俄国际客运站
- 畅通东北亚与东南沿海海上通道

(34)提升口岸通关便利化水平

- 推广铁路口岸“直装直提”“即卸即装”新模式
- 优化珲春公路口岸工作时间

(35)推广口岸智慧查验系统应用

- 加快推进吉林省智慧口岸顶层设计，开工建设省级平台和枢纽口岸重点项目
- 推进“智慧旅检”建设，进一步优化旅客通关体验

保障机制

组织保障机制

成立吉林省开放发展工作领导小组，组织推动全省开放发展工作，协调解决有关重大事项

评价预警机制

建立县（市）海关代码目录。在政策措施实施后持续跟踪问效，动态监测各地区政策目标实现效果

政策宣贯机制

常态化举办政策吹风会、培训宣讲会，及时发布相关信息。将高水平对外开放纳入各级党校主体班次教学内容，形成齐抓共管促进外经贸高质量发展的浓厚氛围

人民日报 人民日报客户端 2025年1月24日

聚焦五个关键持续发力
蹄疾步稳纵深推进国资国企改革

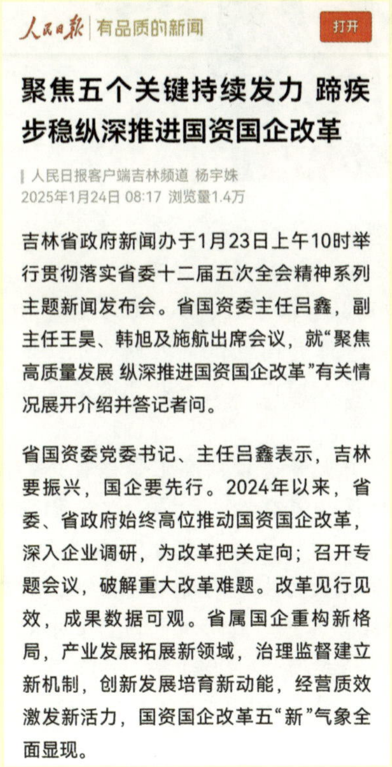

人民日报 | 有品质的新闻 打开

聚焦五个关键持续发力 蹄疾步稳纵深推进国资国企改革

人民日报客户端吉林频道 杨宇姝
2025年1月24日 08:17 浏览量1.4万

吉林省政府新闻办于1月23日上午10时举行贯彻落实省委十二届五次全会精神系列主题新闻发布会。省国资委主任吕鑫，副主任王昊、韩旭及施航出席会议，就“聚焦高质量发展 纵深推进国资国企改革”有关情况展开介绍并答记者问。

省国资委党委书记、主任吕鑫表示，吉林要振兴，国企要先行。2024年以来，省委、省政府始终高位推动国资国企改革，深入企业调研，为改革把关定向；召开专题会议，破解重大改革难题。改革见行见效，成果数据可观。省属国企重构新格局，产业发展拓展新领域，治理监督建立新机制，创新发展培育新动能，经营质效激发新活力，国资国企改革五“新”气象全面显现。

吉林省政府新闻办于1月23日上午10时举行贯彻落实省委十二届五次全会精神系列主题新闻发布会。省国资委主任吕鑫，副主任王昊、韩旭及施航出席会议，就“聚焦高质量发展 纵深推进国资国企改革”有关情况展开介绍并答记者问。

省国资委党委书记、主任吕鑫表示，吉林要振兴，国企要先行。2024年以来，省委、省政府始终高位推动国资国企改革，深入企业调研，为改革把关定向；召开专题会议，破解重大改革难题。改革见行见效，成果数据可观。省属国企重构新格局，产业发展拓展新领域，治理监督建立新机制，创新发展培育新动能，经营质效激发新活力，国资国企改革五“新”气象全面显现。

为吉林全面振兴取得新突破贡献国资国企力量，切实将中央精神“大写意”变成吉林实践“工笔画”，仍需锚定高质量发展目标，以改革破题，以改革精神抓改革，聚焦五个关键持续发力。一是在专业化整合上持续发力，让改革成果惠及更多企业员工；二是在创新驱动上持续发力，力争每户创新型企业都有“独门绝技”；三是在改善经营绩效上持续发力，打好“组合拳”，使出“连环招”；四是在提升监管效能上持续发力，完善监督体系，强化监督格局，提高协同监督效能；五是在公司治理上持续发力，强化党建引领作用，健全市场化经营机制，完善中国特色现代企业制度。

央视网　2025 年 1 月 13 日

春节临近　跨境电商“热”力全开

随着春节临近，各地年货采购氛围渐浓，跨境电商也迎来销售高峰。近日，总台记者走进吉林边境城市珲春，探访当地跨境电商产业发展状况。珲春东北亚跨境电商产业园内，各国进口商品琳琅满目，吸引众多消费者。一家跨境电商线下体验店店长聂晓晶说：“像韩国电饭锅近期热销，过年很多人买来送亲友。商品以跨境电商模式进入国内，免关税且增值税有折扣，价格实惠。”

国货跨境热销海外。在产业园，不仅有大量进口商品汇聚保税仓，国货也经珲春口岸销往海外。珲春综合保税区物流分拨中心内，工人们忙着分拣、装箱、打包货品，这些商品将以跨境电商方式发往俄罗斯，预计 7 至 15 天送达当地消费者手中。近年来，珲春大力发展跨境电商产业，打造“买全球、卖全球、通全球”的跨境电商综合体，建成跨境电商监管中心、物流分拨中心等基础设施，推动贸易额跨越式增长。2024 年 1—11 月，跨境电商贸易额达 60 亿元，对俄跨境电商供货量居全国前列。

央视新闻客户端　2025 年 2 月 8 日

东北首家省级数据要素服务中心成立

2 月 8 日，东北首家省级数据要素服务机构——北京国际大数据交易所吉林省数据要素服务中心在吉林长春正式挂牌成立，并同步举行了吉林省数据要素服务研讨会，标志着吉林省在落实国家大数据战略、深化要素市场化改革方面取得关键突破。

会上，在智慧交通、数字农业、数字安全等领域启动首批数据要素应用示范项目，并成立“数据要素价值释放共同体”，全面激活吉林特色数据要素市场活力。

作为数字吉林建设的重要基础设施，该中心围绕公共数据和行业数据的产品研发、数据资产化、数据流通交易等关键领域开展市场化运营，提供数据流通、数据场景、数据资产、可信数据空间、产业人才培养、数据生态六大服务，以及 AI 智能数据价值挖掘平台、数据资产价值管理平台、数字存证平台三大产品，为吉林省经济社会发展提供便捷高效的数据流通服务，推动数据资源共享利用，助力产业升级。

来自政府部门、企业、科研院所及金融机构的 300 余位代表齐聚一堂，共同见证吉林省数据要素市场化迈入新阶段。

据了解，中心运营将以吉林为圆心辐射东北亚，通过各方共同努力，联合探索数据要素市场化最佳实践路径，构建数据驱动的新型经济形态，为全国区域经济社会高质量发展贡献力量，开创吉林省数字经济发展新篇章。

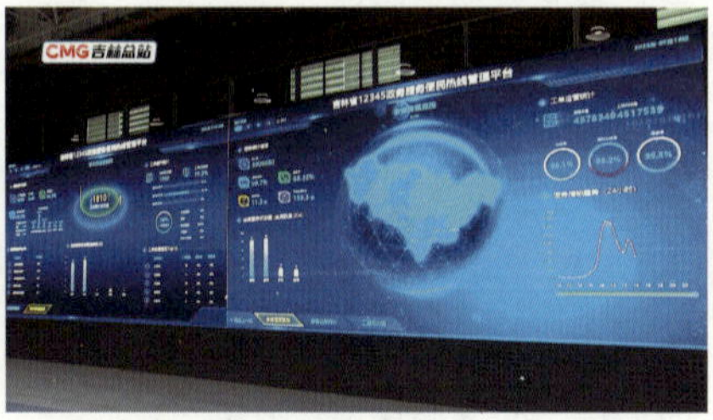

中新网　2025 年 1 月 24 日

长春至大连海铁联运开行“天天班”助力外贸经济

1 月 24 日，一列满载汽车零部件的列车从长春兴隆铁路口岸出发，8 个小时后，这批货物将在大连港集装箱码头装船发往海外市场。这趟长春—大连海铁联运班列由长春国际陆港发展有限公司运营。2024 年，该班列运输量达 3 万余标箱。在此基础上，今年班列加密了运行班次，由每周一班或多班升级为稳定的每天一班。

长春国际陆港介绍，过去从长春发出的相关货物主要通过公路运输，改由铁路运输后，与大连港的货物集疏运时间由 3 天缩短至 8 小时，运输效率大幅提升，有利于吉林省企业增强产品在海外市场的竞争力。目前，长春—大连海铁联运班列运行线路覆盖了日韩、欧美、东南亚等地区，初步形成了“交通 + 物流 + 产业”运产贸一体化发展格局，并逐渐实现货物运输的“双向奔赴”。

吉林日报　吉林日报客户端彩练新闻　2025 年 2 月 23 日

春潮涌动启新程！吉林省奋进冲刺“开门红”掠影

春潮涌动启新程！吉林省奋进冲刺“开门红”掠影

经济　来源：彩练新闻

2025-02-23 20:41:18

字体大小：加 减　新闻播报

蛇年首季刚刚过半，吉林大地“干”字当头，活力澎湃。

日前，记者深入到省内各个角落，走进车间、实验室、景区、民宿、农家院……亲身感受各行各业冲刺“开门红”的热烈氛围，见证全省上下打开发展新天地的奋发之势。

蛇年首季刚刚过半，吉林大地“干”字当头，活力澎湃。

日前，记者深入到省内各个角落，走进车间、实验室、景区、民宿、农家院……亲身感受各行各业冲刺“开门红”的热烈氛围，见证全省上下打开发展新天地的奋发之势。

制造业：鼓足干劲火力全开

在中国一汽繁荣基地，一辆辆崭新的汽车在生产线上组装成型。快速操作的工人们、不停穿梭的无人物流车，组成了一首智能制造的“交响曲”。

一月份，中国一汽“红旗”“解放”“奔腾”三大自主品牌新能源汽车销售超过 2 万辆，同比增长 166.14%。其中，红旗品牌新能源汽车销量同比增长 26.9%，解放品牌新能源汽车销量同比增长 376.9%，奔腾品牌新能源汽车销量同比增长 614.6%。

新兴产业：占据高地开拓空间

吉林化纤生产车间里，一根根碳纤维在设备间有序穿梭，仿佛是在编织未来的蓝图。

开年以来，吉林化纤喜讯频频。1 月份，企业实现工业总产值 15.5 亿元，同比增长 6%；碳纤维销量同比增长 37%；复材制品迅速放量；出口创汇同比增长 16%……

新的一年，伴随新的生机与活力。凭借科技创新、数字赋能，我省新兴产业从无到有，从小到大，生机勃勃，在全省高质量发展中担当更重要的地位。

文旅产业："热"势不停持续火爆

春节假期，长春冰雪新天地接待游客、营业收入分别同比增长89.8%、170.8%；北大湖滑雪度假区连续6天爆满，平均入住率92%；万科松花湖度假区接待游客、营业收入分别同比增长40.1%、35.3%；集安高句丽景区接待游客量同比增长143%；吉林北山风景区接待游客41.45万人次……

中国吉林网 www.cnjiwang.com　2024年12月30日

别无他途，唯有向前

2025年是"十四五"规划收官之年，是奋力开创吉林高质量发展新局面"看点"之年。发展起势，得有好底子。重走一遍吉林的2024，你会发现，亮点出奇多。如若用关键词表达，则更为具象，"科技创新""光电之城""粮食丰收""吉商回家""'参'机盎然""文旅出彩"……一连串关键词，勾勒出吉林发展之变。这些突破性变化，正是吉林底气和信心所在！

发展之路，从来都不是一帆风顺的。站在新的更高历史起点上，推动经济高质量发展，不仅需要勇气决心，更需明确目标任务。此前召开的吉林省委十二届六次全体会议暨省委经济工作会议，作出全面部署。2025年经济工作要牢牢把握"稳中求进、以进促稳，守正创新、先立后破，系统集成、协同配合"24字要求，咬定目标、拼搏实干，向党中央和全省人民交上一份良好答卷。眼下，吉林要全方位扩大有效需求，要以科技创新引领新质生产力发展，要更加注重城乡融合发展，要加快推动绿色低碳发展，要扎实保障和改善民生……可以说，这些都是加快塑造高质量发展新动能新优势的前瞻布局。新的一年，吉林要求各级领导干部，坚持干字当头，争当"雄狮型"干部，冲锋陷阵、攻城拔寨、奋勇争先。引导党员干部在遵规守纪前提下放手干事、积极作为。同时要求，全省上下要砥砺谋定快动、雷厉风行的务实作风，增强"马上就办"意识，用最快速度推动各项工作有效落实。

▶ 明确工作思路

逐“新”提“质” 蓄势赋能

长春世界雕塑园　何平 / 摄

领导讲话

省长胡玉亭在第二届世界寒地冰雪经济大会开幕式上的讲话

（2024 年 12 月 19 日）

冰雪经济是寒地区域经济发展的重要引擎。本届大会以“繁荣冰雪经济、携手共赢未来”为主题，共建国际交流新平台、创新产业合作新载体、拓展冰雪消费新场景，必将有力激发寒地冰雪经济活力，对促进冰雪运动、冰雪文化、冰雪装备、冰雪旅游全产业链发展，加快培育新质生产力起到极大促进作用。

习近平总书记高度重视冰雪经济发展，亲自倡导“三亿人参与冰雪运动”，亲自部署举办了精彩卓越的北京冬奥会。冬奥会后，全国掀起“冰雪热”，冰雪运动、冰雪文旅成为新风尚。上个雪季，全国冰雪休闲旅游人数已经超过 3.85 亿人次，滑雪人次超过 2308 万，室内滑雪场数量全球第一，冰雪产业规模逼近万亿元，冰雪经济爆发式增长，已成为新的“蓝海”和“风口”。

吉林省简称“吉”。“吉”字，在中文当中是好运、幸福的意思，吉林物华天宝、人杰地灵，是冰雪运动的天堂、冰雪旅游的胜地。

这里冰雪资源得天独厚。位于东北亚地理几何中心，地处“世界冰雪黄金纬度带”，这里是世界三大“粉雪”基地之一。这里的雪，松软富有弹性，被滑雪爱好者奉为极品。这里的山，形成了天然的屏风，雪场风力小，温度好，非常适宜户外冰雪运动，可谓“雪落千山静，风拂万岭轻”。一座座雪场、一条条雪道镶嵌在群山之间。人们在粉雪上纵情驰骋，穿梭在林海雪原，呼吸着富含数万负氧离子的清新空气，心旷神怡。

这里冰雪运动写满荣耀。作为中国冰雪运动的发祥地，这里诞生了新中国第一座滑雪场、举办了新中国第一次滑雪比赛，培养了新中国第一位全国滑雪冠军、第一位亚洲滑雪冠军、第一位短道速滑世界冠军，被称为“新中国滑雪运动摇篮”。近年来，又涌现出武大靖、苏翊鸣、齐广璞等一批世界冠军和优秀运动员。

这里冰雪美景雄奇壮美。4 个城市入选国内冰雪旅游前十目的地，94 家国家 4A 级以上景区星罗棋布。长白林海、雾凇奇观、冰湖腾鱼、飘雪温泉，让人流连忘返。国际雪博会、瓦萨滑雪节、雾凇节、冬捕节驰名中外。长春冰雪新天地、吉林雾凇岛、梅河“知北村”火爆全国。

这里冰雪文化薪火相传。从古老的肃慎部落到“海东盛国”，再到辽金元清的金戈铁马，吉林人民在与冰雪共生共存的过程中，形成了富有特色的文化形态。国家级非物质文化遗产查干湖冬捕，渔猎文化、农耕文化、关东民俗交相辉映。

总书记对吉林冰雪资源青睐有加，党的十八大以来 3 次视察吉林，作出重要指示。我们牢记总书记殷切嘱托，全力打通“冰天雪地”向“金山银山”的转换通道，加快建设冰雪强省，冰雪市场占有率、产品销售额、接待总规模连续多年保持全国前列，冰雪经济稳居第一方阵。

我们以优质的产品矩阵，推动冰雪旅游跨越式发展，紧握天赐“凉”机，以“粉雪、静风、雾凇、温泉”的独特优势、“长白天下雪”的品牌矩阵，以“开门迎客、礼遇八方”的姿态，热情迎接国内外游客。上个雪季，全省接待游客 1.25 亿人次、实现旅游总花费 2419 亿元，实现翻倍增长。

我们以世界一流的资源，引领中国冰雪运动新潮流，全省 19 所高校开设冰雪产业相关专业 44 个，冰雪专业运动员近 7000 人，人才优势突出。我们的雪道总面积、总长度位居全国前列，脱挂式索道雪场、架空索道数量全国第一。我们拥有亚洲唯一的山洞式室内越野滑雪场（吉林北山），室内专业雪道 1308 米；我们拥有 50 公里长距离的“世界最美越野滑雪赛道”（净月瓦萨国际滑雪节）；

明年全国规模最大的室内滑雪场将建成投运，最长雪道达 410 米（长春万达茂）。5 家滑雪度假区入选国家级滑雪旅游度假地，数量全国第一。北大湖滑雪场是亚洲单体规模最大滑雪场，万科松花湖连续 8 年获评“中国最佳滑雪度假区”。

我们以雄厚的产业基础，打造现代化冰雪产业体系。构建以长白山、查干湖为支点的“东雪西冰”发展格局。推动装备制造、新材料、新能源等优势产业向冰雪产业延伸，建设冰雪装备产业园。丰富消费业态、拓展消费场景，推动吉林冰雪产业进入上升期、快车道。

展望未来，冰雪经济前景广阔、未来可期。最近，中国出台大力度支持政策，到 2030 年全国冰雪经济总规模将达到 1.5 万亿元，空间巨大、大有可为。“冰天雪地”是吉林的、中国的，也是世界的。我们将敞开大门、拥抱世界，加快建设“冰雪丝路”创新先导区，持续拓展“国际冰雪朋友圈”。希望大家加强务实合作，共享发展机遇，让“冷资源”变成“热产业”、“小雪花”成就“大发展”。希望大家积极参与“吉林冰雪全球推广计划”，以冰雪为媒、促交流交往，当好共建“一带一路”的桥梁纽带。欢迎海内外人士来体验吉林冰雪，我们将全力“宠粉”、暖心服务，让大家乘兴而来、满意而归。

雾凇漂流　冯健男 / 摄

政策文件

中共吉林省委办公厅　吉林省人民政府办公厅 关于推动吉林省冰雪经济高质量发展的实施意见

吉办发〔2024〕16号

（2024年12月12日）

为深入贯彻习近平总书记关于冰雪经济发展的重要指示精神，忠实践行“冰天雪地也是金山银山”理念，认真落实党中央、国务院关于推动冰雪经济高质量发展的决策部署，结合吉林实际，现提出如下实施意见。

一、总体目标

以习近平新时代中国特色社会主义思想为指导，深入贯彻党的二十大和二十届二中、三中全会精神，认真落实习近平总书记关于东北全面振兴和吉林工作的系列重要指示精神，落实省委十二届五次全会工作部署，加快推进“冰雪丝路”创新先导区建设，构建现代冰雪产业体系，实现寒地冰雪经济迭代升级。到2027—2028年雪季，冰雪旅游接待游客2.3亿人次，冰雪旅游游客出游总花费达到4200亿元；到2029—2030年雪季，冰雪旅游接待游客3亿人次，冰雪旅游游客出游总花费达到5400亿元，冰雪装备制造业总产值超过50亿元，把长白山脉打造成为世界级滑雪度假胜地，把吉林省建设成为国家冰雪经济中心、冰雪文化创意中心、优质冰雪生活圈和具有国际影响力的冰雪经济集聚区。

二、重点任务

（一）推动冰雪运动发展

1. 广泛开展群众性冰雪运动。构建“一县一品、一市多品”的冰雪体育赛事体系。加强冰雪协会和冰雪体育俱乐部建设，支持协会和俱乐部承办群众性滑雪赛事活动。举办2025年全国职工冰雪运动挑战赛，持续开展“冰雪季·惠职工”活动，鼓励各地工会积极开展冰雪运动会等活动，带动全省职工上冰雪。每年开展各类群众性冰雪赛事活动不少于300项。

2. 发展普及青少年冰雪运动。继续开展“百万青少年上冰雪”系列活动。将冰雪运动（含替代项目）纳入体育与健康课程和体育中考测试选项，义务教育阶段学校按每学年12—18学时标准，2025年年底前，实现义务教育阶段学校冰雪运动（含替代项目）体育课程全面普及；2026年年底前，实现中小学体育教师冰雪运动专项培训全覆盖。建强冰雪运动特色学校，推动退役优秀冰雪运动员入校执教，每所学校配备1名专业化冰雪运动教师；鼓励有条件的市县为中小学校配备校园冰雪运动训练室，支持学校自浇冰场，保障学校多场景、全季节开展冰雪（含替代项目）教学及训练。每年举办全省冰雪项目青少年锦标赛15项以上，根据赛事成绩授予相应等级证书。积极承办全国大学生滑雪挑战赛、中国中学生高山滑雪锦标赛等赛事。强化“雪假”政策的引导作用，鼓励义务教育阶段中小学生积极参加校内外冰雪活动。有序引导外国留学生参与冰雪运动。规范冰雪研学实践教育，开发一批冰雪研学精品课程和线路。

3. 提升冰雪运动竞技水平。积极与国家体育总局做好国家速度滑冰青年队、国家跳台滑雪青年队共建工作。加大对吉林体育学院国家体能重点实验室、东北师范大学吉林省冰雪运动重点实验室等支持力度，提升运动队科学化训练水平和医疗保障能力。发挥吉林北山四季越野滑雪场全天候标准化滑雪专业训练场地作用，用好北大湖国家雪上训练基地、长白山高原冰雪训练基地，培养高水平冰雪运动员。支持普通高中选拔冰雪运动体育特长生，支持普通高校做强冰雪运动高水平运动队，通过省队市办、省队校办等方式，统筹各方力量，培养优秀冰雪竞技后备人才。

4. 发展冰雪项目竞赛表演产业。争取每年承办国际级、国家级冰雪体育赛事活动不少于 10 项，把中国长春净月潭瓦萨国际滑雪节办成金牌赛事。深入开展“跟着赛事去旅行”活动，将观赏性强、群众参与度高的冰雪赛事活动举办地转移到具备条件的景区、街区、商圈。加强对综合性冰雪赛事活动科学风险评估，合理测算所需安保力量，有效核定赛场安全容量，可售（发）票数量原则上不低于赛场可用座位数的 95%。

5. 推进冰雪运动基础设施建设。推进“操场变冰场”“草场变冰场”，每年浇建冰场 500 块以上。支持北大湖扩建 10 条新雪道、4 条新索道及符合国际赛事标准的 U 型槽、障碍追逐场地。支持白山市建设吉林省冰雪运动中心，支持长春万达 Mall 建设国内一流室内滑雪设施。

（二）培育吉林特色冰雪文化

6. 加强冰雪相关非物质文化遗产项目保护和利用。深度挖掘冰雕、雪雕技艺等非物质文化遗产项目，培养壮大非物质文化遗产传承人队伍，构建冰雪类非物质文化遗产项目保护传承体系。每年举办高水平冰雕赛事活动，开展冰雪类非物质文化遗产项目推广和产品展销活动。

7. 繁荣冰雪文艺作品创作。支持社会力量创作以冰雪文化为主题的文艺和影视作品，争取每年创作 1—2 个冰雪主题节目，力争创作 1 部大型冰雪主题舞台艺术作品。支持景区、度假区打造冰雪主题文旅演艺项目，对符合标准的加大奖补力度，激发冰雪演艺市场活力。

8. 建设冰雪文化博物馆。加强冰雪文化与红色文化、工业文化、民族传统文化融合发展，推动“冰雪丝路”博物馆建设，指导做好展陈和讲解词编写工作，打造具有国家水平、国际视野的冰雪文化客厅，讲好吉林冰雪文化故事。

9. 弘扬冰雪运动精神。发挥优秀运动员示范作用，邀请知名冠军运动员进校园、进社区、进企业，推广冰雪运动。编写《中华体育精神吉林诠释》，宣传我省体育健儿在北京冬奥会、十四届冬运会等大型赛事上的优异表现，弘扬中华体育精神。

（三）打造提升冰雪旅游产品品牌

10. 实施旅游景区、度假区质量提升行动。建设高品质冰雪旅游目的地，支持旅游景区、度假区拓展冰雪项目，打造一批雪地穿越、雪地越野、冬季漂流等冰雪新业态。以万达长白山、华美胜地为核心联合申报世界级旅游度假区培育对象，支持北大湖、万科松花湖、长春莲花山等创建国家级旅游度假区。全面提升长白山、查干湖、净月潭、嫩江湾、老白山、老里克湖、露水河等冰雪主题旅游景区。

11. 实施滑雪度假地优化提升行动。支持丰满松花湖、抚松长白山、永吉北大湖、东昌万峰、池北区长白山 5 家国家级滑雪旅游度假地丰富业态、提升服务；支持延边仙峰、吉林巨龙谷、柳河青龙山等滑雪度假区建设，积极申报 1—2 家国家级滑雪旅游度假地。

12. 实施特色冰雪乐园升级行动。利用城市公园内水域因地制宜建设室外滑冰场，增加群众身边的冰雪运动场地。支持长春冰雪新天地做大做强，推动长春莲花岛冰雪大观园、长春北湖企鹅村、吉林冰雪乌拉城、辽源冰雪欢乐荟、白山松花江雪谷市集、长白山云顶市集、长白山云顶天宫、梅河口知北村等冰雪产品投入运营和改造升级，实现冰雪乐园市（州）、县（市、区）全覆盖，年营业不低于 100 家。

13. 优化冰雪产品供给结构。大力开发冰雕、冰钓、冰灯、冰餐厅、冰上龙舟等“乐冰”产品，全面提升“精彩夜吉林”冰雪产品影响力，发展冰雪夜经济，实现冰与雪、昼与夜、高端与大众等互融互动互通。

14. 培育特色冰雪品牌。提升“长白天下雪”“温暖相约·冬季到吉林来玩雪”品牌形象，打造吉林冰雪品牌矩阵。支持长春、吉林、松原、通化、延边、长白山保护开发区建设“冰雪名城”；以“冰雪名城”带动二道白河镇、北大湖镇、松江河镇、查干湖镇等 20 个“冰雪名镇”高质量发展；丰富和拓展休闲农业和乡村旅游的冰雪业态场景，培育以冰雪文化体验、嬉冰玩雪产品为主要特色的 30 个

"冰雪名村"；培育一批冰雪领域知名品牌和龙头企业。

（四）支持冰雪装备器材产业发展

15. 推动冰雪装备"吉林制造"。围绕冰雪竞技与冰雪旅游需求，组织产学研用协同攻关，开展冰雪装备器材新材料、新技术、新工艺研发，加快推动冰雪装备器材"卡脖子"关键技术突破，不断提升我省碳纤维滑雪器材、冰刀、防切割服等冰雪装备器材产品技术水平和竞争力。推动冰刀、雪车、雪板、自发热雪袜等吉林省优秀冰雪体育装备制造品牌进入国家优秀冰雪装备器材产品目录，提升产品质量和市场占有率。

16. 完善冰雪装备制造产业链条。谋划引进品牌索道、压雪机、高端雪板等冰雪场地装备、个人装备器材项目。依托头部企业，建设冰雪装备产业园区。鼓励我省有基础、有能力的制造企业与域外知名冰雪企业开展针对性合作，完善我省冰雪装备制造产业链条。

17. 实施冰雪装备制造企业培育壮大计划。推动省内冰雪装备器材骨干企业加快发展，扩大市场规模。培育冰雪装备"专精特新"企业，开展"一对一"精准辅导。帮助企业对接雪场、冰场需求，推动装备领域优势企业进军冰雪装备器材领域。谋划组建索道、缆车、压雪机等大型冰雪场地装备维修公司，为雪场、冰场提供市场化服务。

（五）完善冰雪经济产业链条

18. 提升冰雪商贸水平。做精冰雪特色美食，开发以满朝蒙民族菜、特色小吃、中医药膳等为特色的吉林冰雪食品谱系，支持举办延边国际冰雪美食节、查干湖冰湖腾鱼美食节、鸭绿江冰葡萄酒节等节事活动。打造"雪丝"优质商品，开发千款伴手礼，举办设计成果和实物成果展览展示，推进市场转化和对接，推动建立"礼遇吉林"吉林省文创和旅游商品市场化营销体系。做优冰雪住宿，鼓励建设高标准冰雪主题酒店、木屋、公寓、客栈、民宿等设施；支持发展大众经济型酒店、品牌连锁酒店、青年旅社、森林人家等多元冰雪住宿业态；推动低碳绿色住宿，全面提升冰雪住宿服务水平。在场馆内及赛场周边提供餐饮服务，销售体育用品，扩大冰雪体育消费。

19. 加快冰雪科创发展。将冰雪竞技与冰雪旅游等装备器材及关键技术研发纳入吉林省科技发展计划。支持高校与冰雪产业相关企业合作开展科研攻关，建设一批校企联合技术创新实验室，组建冰雪科创联盟。支持冰雪元宇宙开发，推进数字孪生冰雪城镇、景区度假区建设。鼓励文旅企业等利用虚拟现实、人工智能等技术，打造沉浸式、体验式冰雪场景。

20. 打造便捷冰雪交通。加快推进长春龙嘉国际机场三期扩建工程，强化长白山、通化、松原机场旅游服务功能。增加航线航班，提高北京、上海、广州等重要冰雪客源城市航班量，重点城市间季节通航率达到 100%，全省开通航线不低于 270 条。增开延吉西至太原南、延吉西至哈尔滨西、沈阳北至白城、延吉西至白城等往返高铁动车组列车。通往吉林、长白山等地高铁动车配备高铁快运柜，为冰雪运动爱好者提供冰雪装备高铁快件托运服务。加快通往冰雪运动场所的高速公路、沿边开放旅游大通道等项目建设；优先支持通往冰雪运动场所的农村公路建设。

21. 完善冰雪公共服务体系。建设“一部手机游吉林”和文旅数字平台，丰富平台信息资源，为游客提供便利信息查询服务。完善冰雪旅游集散体系，推动长春、吉林、通化、白山、延边等重点冰雪城市机场、车站旅游集散中心建设，支持客运企业以市场化形式开通“冰雪直通车”。开展客运班线公交化改造，开通定制客运服务，合理配置和投放巡游出租汽车、网约车运力，保障游客畅行无阻。支持游客相对集中的服务区逐步向冰雪驿站转变，完善高速公路服务区旅游宣传标识，逐步形成高速公路旅游资源宣传推介带。大力推动智慧冰雪 5G 网络、冰雪城镇信息技术综合应用试点、冰雪气象数据平台等冰雪数字化信息基础设施建设。

22. 深化冰雪开放交流合作。深化区域协同合作，促进冰雪经济跨区域联动发展。加强与“冰雪丝路”沿线国家城市交往，支持国内外滑雪场联盟开展技术交流，促进冰雪运动、冰雪文化、冰雪旅游、冰雪装备等领域合作。聘请高水平外籍冰雪项目教练员来吉执教。

选派我省重点项目优秀运动员赴加拿大、日本等国强化训练。为引进冰雪项目国际教练、经营管理人员等办理入境签证手续提供便利条件。推动建设边境旅游试验区及跨境旅游合作区，打造高水平对外开放窗口和平台。

（六）激活冰雪消费市场

23. 加大促消费政策力度。面向广大冰雪消费者投放资金 1 亿元，发放冰雪旅游、购物、运动类消费券等，全面释放冰雪消费潜力。支持北大湖、万科松花湖等滑雪场整合资源，推出联票联滑等消费模式。

24. 实施冰雪旅游境内外推广行动。锚定国内外重点客源地区，实施“冬季到吉林来玩雪”市场营销计划，每年面向 30 个以上国内重点客源城市、10 个以上国外重点客源地区开展冰雪主题宣传推广活动。开展“长白天下雪”数字互动产品创作，加强新媒体互动营销。通过“发现吉林”海外社交媒体账号等平台开展吉林冰雪海外线上推广，持续提升吉林省文旅品牌知名度、美誉度。

25. 组织举办特色冰雪活动。探索设立地方冰雪日和专门假期。每年制定新雪季吉林省冰雪节事活动指南，统筹“一会十节百活动”，以寒地冰雪经济大会暨吉林雪博会、查干湖冬捕节、吉林雾凇节、新雪季开板、长白春雪等活动为引领，带动各地每年举办特色冰雪活动 200 项、知名冰雪品牌商业活动 10 余项。

26. 实施消费服务提升工程。实行旅游投诉 24 小时回复制度，对游客投诉接诉即办、能快尽快，保护消费者合法权益。严厉打击“黑教练”“黑导游”“黑车”及私设冰雪旅游景点等不法行为，进一步规范旅游市场。科学布放 POS 机和 ATM 机，提高入境支付便利化水平。鼓励引导保险机构丰富冰雪相关保险类产品。推动具备条件的滑雪场医疗急救设施全覆盖，设置临时医疗处置场所，推进中医理疗服务进雪场，保障滑雪场医疗服务需求。每年发布冬季旅游精品线路 1000 条以上，为游客提供更多出游选择。

27. 健全冰雪标准体系。加快研究冰雪旅游、冰雪研学等特色标

冰雪遇见京剧　中国吉林网提供

准。推进《滑雪场所巡查救助人员管理规范》地方标准上升为行业标准，争取承接更多的冰雪运动国家标准和行业标准制修订工作。

（七）完善冰雪经济要素保障体系

28. 构建冰雪专业人才培养体系。支持东北师范大学、北华大学、吉林体育学院等高校冰雪学院建设，支持有条件的高校开设冰雪运动、冰雪经济等相关专业，建好10个左右一流专业，打造一批优质课程。深化产教融合、校企合作，支持高校、企业牵头成立“冰雪旅游产教联合体”、共建10个冰雪领域现代产业学院，打造一批冰雪产业人才培养定制班、订单班，建好一批产教融合实训基地。支持高校面向企业员工开展冰雪领域培训和学历继续教育。

29. 强化财政金融支持。加大财政资金支持力度，发起设立冰雪产业引导投资基金10亿元，统筹各类财政资金专项支持冰雪经济5亿元。加大金融支持力度，积极创新开发适合冰雪经济发展的金融产品和服务，健全行业部门征集、金融管理部门推送、金融机构重点支持的金融援企机制，提升银企对接效率。大力支持冰雪企业上市和再融资，鼓励各类投资机构加大投资力度，引导各类社会资本参与冰雪经济高质量发展。

30. 强化产业政策支撑。将冰雪产业用地纳入国土空间规划，优先安排年度土地利用计划，省重点冰雪产业项目由省级统筹保障。鼓励农村集体经济组织以集体建设用地使用权入股、联营等形式与其他企业、个人共同兴办冰雪经济项目。允许采取长期租赁、先租后让、弹性年期等方式多元化供应土地。保障重点冰雪项目使用林地定额。规范中小学冰雪研学等社会实践活动收费。支持符合条件的冰雪旅游企业更新升级索道、缆车、压雪车、造雪机、魔毯、雪地摩托等冰雪旅游设备，提升游客接待能力和服务水平。

三、组织保障

31. 加强冰雪经济统计。对省市县冰雪运动、冰雪文化、冰雪旅游、冰雪装备等重点领域开展统计监测，深入分析研判各区域、各领域冰雪经济发展趋势动态。

32. 强化安全管理。联合开展冰雪安全隐患排查治理工作，重点排查整治冰雪运动场所房屋结构、冰雪设施等安全隐患，压实主体责任。坚持政府监管与行业自律相结合、监管与服务相结合、分级分类管理的原则，按照“谁主办、谁负责”“谁审批、谁负责”的要求，全面加强体育赛事活动安全监管。指导冰雪运动场所合理配置运动防护设施。完善景区高峰期大客流应对处置机制，指导冰雪旅游企业制定和完善应急预案，及时发布冰雪旅游安全提示提醒。

33. 强化组织领导。省委、省政府统筹推进吉林省冰雪经济高质量发展工作，成立推动冰雪经济高质量发展工作专班，进一步优化组织领导体系，系统推进体育赛事、文化旅游、冰雪装备、基础设施、公共服务、市场监管等各项工作，为吉林冰雪经济高质量发展提供坚实支撑。

34. 强化责任落实。各地区各部门各单位要按照本意见，抓紧制定任务落实举措，明确责任主体和时间进度，加强协同配合，闭环推进工作落实。

冰雪吉林 激情相约　徐贺新 / 摄

政策文件

吉林省人民政府办公厅

吉林省新能源和智能网联汽车产业高质量发展行动方案

吉政办发〔2024〕9号

（2024年5月22日）

为深入贯彻落实国务院有关部署，加快推动全省新能源和智能网联汽车产业发展，结合我省实际，制定本方案。

一、主要任务

到2026年，全省新能源和智能网联汽车产业发展布局更加优化，产业规模和竞争力位居国内前列。省内新能源汽车产销量突破50万辆，其中自主品牌新能源汽车渗透率超过40%。新能源关键零部件本地配套率显著提升，占比达到70%。公共领域车辆新能源提速更新替代，充换电服务便利性显著提高。率先开展城市及高速公路自动驾驶汽车商业化应用。产业智能化改造、数字化转型和绿色化发展走在全国前列。

（一）加快创新能力提升

1. 开展核心技术攻关。灵活运用“竞争择优”“揭榜挂帅”“军令状”等组织形式，挖掘优势创新主体，深入激发创新活力，促进重大成果产出，助力解决新能源和智能网联汽车产业发展的关键技术难题。加强整零协同，重点攻关高比能、高安全、耐低温动力电池及关键材料、电池管理系统、高效电驱动系统、大功率氢燃料电池电堆及关键部件，加快推进换电技术研发及模式创新，加强大功率超快充、智能充电、动力电池综合利用等关键技术攻关。

2. 搭建新型创新平台。推动省工业研究院、省科技创新研究院等新型研发机构、企业、高校、科研院所合作共建新能源和智能网联汽车产业技术创新平台，集聚高端人才和创新要素。加快申建国家汽车智能集成技术创新中心和新能源汽车检测中心，拉动产业链供应链电动化、智能化创新转型。加快国家新能源汽车产品质量检验检测中心（吉林）等国家级创新载体建设落位，提升新能源汽车及零部件检测和认证能力。

3. 培育创新型骨干企业。加大对新能源和智能网联汽车企业上市、产业链协同创新、技术改造、科技攻关等方面推进力度。推动“专精特新”中小企业发展，打造国内汽车行业细分领域领军型企业。到 2026 年，力争培育新能源和智能网联汽车领域 2 家国家制造业单项冠军企业、10 家国家级专精特新“小巨人”企业、20 家国家高新技术企业，形成龙头带动、多点开花式的创新型骨干企业梯队。

（二）做强做大自主品牌

4. 全力提升自主品牌形象。借助中国品牌日、中国汽车创新大会暨吉林省汽车产业创新日、长春国际汽车博览会、东北亚博览会，以及各类展会、体育赛事等活动契机，全方位宣传和推介红旗、解放、奔腾等自主品牌，扩大国际、国内影响力。

5. 加快产品转型和企业提质。全力推动新一代模块化高性能插电式混合动力、纯电动整车平台开发和应用。加快红旗、奔腾和解放品牌新能源化转型，加快新能源车型导入，打造过硬拳头产品，尽快提升国内新能源汽车市场占有率。力争在 2026 年底前推出 20 款以上自主品牌新能源整车产品。通过兼并重组、合资合作等方式加快盘活整车存量资源，引入国内优势整车资源，提升产能利用率。

（三）高质量开展示范应用

6. 加快实施新能源汽车示范应用。持续推动公共领域车辆电动化示范应用，全力推动长春市高标准建设国家新能源汽车换电模式、公共领域全面电动化先行区等试点城市，发挥引领示范作用。制定新能源商用车路权政策，针对城市货运物流、渣土等领域车辆分时段、分区域开放城市通行。加快公共领域车辆电动化更新替代，2026 年新增及更新的城市公交、出租、环卫等领域新能源汽车占比达到 80% 以上，鼓励按规定运用城市交通发展奖励资金涨价补贴部分支持城市客运领域新能源汽车运营和充换电基础设施建设。除特殊场景外，机要通信用车和固定线路执法执勤用车要按照能用尽用的原则配备新能源车辆。推动燃料电池汽车在公交、重型载货、非道路移动车辆等特定场景开展示范应用，探索商业化新模式。

7. 稳步推进智能网联汽车示范应用。加强在长春国际汽车城、机场高速等开放道路场景实施智能公交、智慧物流、智能环卫等示范应用。推进更高级别自动驾驶（L3 级及以上）示范区建设，全力争取国家智能网联汽车准入和上路通行试点工作，加快实施“车路云一体化”先行示范，提升道路基础设施的智能化和数字化水平，打造国家级智能网联汽车商业化应用场景。

（四）深入推进产业链固链、补链、强链

8. 加快延伸新能源“三电”产业链。进一步做强锂电池隔膜、轻量化壳体等电池材料优势板块，强化正负极材料、电解液等产业链布局，加快固态电池、钠离子电池等新一代产品产业化，促进产业集聚引领发展。大力发展高功率密度驱动电机、功率半导体等高端产品。推进电池、电机电控集成化发展，积极推动电池车身一体化、多合一电驱动系统等技术开发及应用。

9. 着力打造智能汽车核心零部件产业。主要围绕智能传感器、车载控制单元、线控部件、车载计算平台、智能信息安全与通信等重点领域集中突破，大力发展中高端汽车电子产品及关键核心部件。打造智能座舱产业基地，推进中央和域控系统、车载信息娱乐系统、C-V2X 通信系统等智能产品体系化、集聚式发展。

10. 加强与“链主”企业协同联动。聚焦新能源和智能网联产业链“链主”发展需求，全力推动多域融合控制系统、线控底盘系统、全固态电池等技术和产业领域实现新突破。搭建整车与零部件、原材料、电子信息等相关企业协同对接平台，加快现有传统汽车零部件企业转型突破。建立政企对话合作机制，全力保障生产要素，围绕主机厂打造百公里配套圈，推动本地配套率提升。

11. 全力推进重大项目建设。以电动化、智能化为主要方向，加强重大项目谋划和建设，在中央基建投资、政府投资基金和贷款对接服务等方面给予重点保障。专班推动新能源和智能网联汽车重大项目建设，实行“点对点”调度和服务，加快重点项目投产达效。动态完善《吉林省重点产业链强链指南（3.0 招商版）》，高质量开展产业链精准招商。

12. 积极争取国家专项支持。对标国家部委相关专项指标要求，加快培育符合国家“揭榜挂帅”条件的项目，引导企业加大科技创新力度，积极争取国家专项资金支持。

（五）推进产业生态融合发展

13. 推进新型基础设施建设。推动长春市率先开展 5G–V2X、车载终端、信息安全、边缘计算等领域新技术研发和基础设施布局，实施智慧高速公路网建设、城市道路智能化改造。推动企业建设充换电站，加快形成适度超前、快充为主、慢充为辅的充电网络，推动换电站运营、电池供给等模式优化。2026 年，全省建成充换电站超 2000 座，充电桩突破 12 万个，新增公共充电桩与公共领域新能源汽车推广数量比例力争达到 1∶1（换电版车辆不纳入统计），高速公路服务区实现直流快充桩 100% 全覆盖。强化省级充换电基础设施监控平台服务功能，整合充换电信息资源，实现数据互联互通及一站式查询、支付。有序推进布局合理、安全高效的加氢体系建设。2026 年底前，结合车辆推广实际情况，力争建设 5 座加氢站。

14. 推动全生命周期绿色低碳发展。推动新能源汽车生产企业、动力电池生产企业、梯级利用电池企业及再生利用电池企业进行溯源管理，协助企业申报工业和信息化部《新能源汽车废旧动力蓄电池综合利用行业规范条件》企业名单，加快布局新能源汽车退役动力电池有序回收、梯次利用、拆解再利用产业链。积极培育国家、省级绿色工厂，实施吉林省绿色工厂、绿色供应链动态化清单管理。

（六）积极推动企业国际化发展

15. 推动新能源整车企业扩大出口。加快红旗、奔腾、解放等自主品牌海外建厂、建店，强化海外产品开发及认证，积极参与制定国际标准，开拓国际市场。开辟汽车进出口绿色通道，优化进出口通关流程，提供全天候预约通关服务。积极协调中欧班列等运力资源，保障流通要素。推动车企以合作自建的方式，在重点市场建立完善营销和服务保障体系。

16. 拓展产业链国际合作。依托合资企业资源优势，推动自动驾驶、"三电"控制、燃料电池等重点领域开展前瞻技术国际合作和产业化落位，推进大陆汽车电子长春技术中心、纬湃汽车电子长春质量实验室等外资企业研发类重点项目建设。

二、保障措施

（一）健全组织机构

统筹新能源和智能网联汽车产业发展相关工作，成立吉林省新能源和智能网联汽车产业发展工作推进专班，由省级工业和信息化、发展改革、科技、公安、财政、住房城乡建设、交通运输、商务、市场监管、国资、机关事务管理、能源、政务服务和数字化建设、金融等相关部门组成，专班办公室设在省工业和信息化厅。市（州）以及相关中央和地方企业各负其责，协同推进相关重点工作。重要工作事项报请省政府专题研究。

（二）加强财政金融支持

围绕新能源和智能网联汽车领域关键技术攻关、产业化项目落地、企业培育壮大、产业集群化发展等方面，打好财政专项资金和政府投资基金组合拳，加快"补链、强链、延链"。

1. 在关键技术攻关方面，对符合省科技发展计划支持条件的科技研发项目，择优通过省级科技创新专项资金给予支持；省工业研究院集中提供技术创新平台支撑，以缓解企业单独投资资金压力，助力项目培育。

2. 在产业化项目落地方面，对符合产业化攻关条件的核心零部件新建项目，通过争取中央相关资金以及使用省级工业和信息化高质量发展专项资金给予支持。

3. 在企业培育壮大方面，发挥好省产业引导基金参股的一汽创新发展基金、红旗产业发展基金等汽车产业基金优势，积极对接产业资本、金融资本，对具备产业基金投资条件的，省产业引导基金通过“子基金 + 直投”的方式，择优分阶段对相关企业进行投资，重点投向新能源汽车整车扩产扩能、新能源和智能网联汽车零部件配套以及车联网上下游配套产业，提供长期稳定的投后服务，推动企业孵化、培育和上市。

4. 在产业集群化发展方面，支持各地打造国家级先进制造业集群，鼓励整车及零部件企业在吉设立研发、销售和结算中心并实体化运营，省级财政视情况给予相关市（州）资金支持，统筹用于支持产业发展。

（三）支持推广示范

支持各地完善新能源汽车推广应用政策，制定运营补贴、通行路权、用电优惠、低/零碳排放区等政策举措。鼓励各地依据充换电站、加氢站等基础设施服务与运维质量出台相应的奖补政策，积极探索市场化运营路径。支持有关市（州）、汽车生产企业、示范应用单位等联合开展智能网联汽车准入和上路通行试点、城市级“车路云一体化”示范应用等国家级试点申报工作，对纳入国家相关试点示范的牵头城市，结合国家相关政策，适当给予支持。

（四）强化人才引育

推广吉林大学“红旗学院”教育合作模式，推进企业与高校、科研院所等联合设立现代产业学院，深化产教融合。推动长春汽车职业技术大学与中国一汽共建“数智化高技能人才培养基地”，加强职业院校、职业教育基地建设，开展针对新能源和智能网联汽车的专业化教育，培养市场紧需的技术服务人才队伍。

符合本方案要求的同一项目、同一事项同时满足本方案多项扶持政策要求的，按照从高不重复的原则予以支持，另有规定的除外。本方案有效期 3 年，自印发之日起执行。《吉林省人民政府办公厅关于支持吉林省智能网联及新能源汽车供应链产业园发展若干措施的通知》（吉政办发〔2019〕41 号）同时废止。

媒体聚焦

人民日报 2025 年 1 月 15 日 1 版

“冷资源”变成“热产业”
——东北地区发展冰雪经济见闻（上）

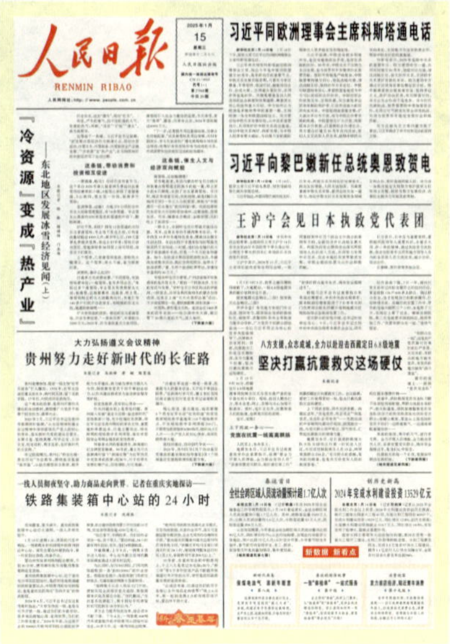
人民日报
RENMIN RIBAO

习近平同欧洲理事会主席科斯塔通电话

习近平向黎巴嫩新任总统奥恩致贺电

王沪宁会见日本执政党代表团

“冷资源”变成“热产业”
——东北地区发展冰雪经济见闻（上）

大力弘扬遵义会议精神
贵州努力走好新时代的长征路

坚决打赢抗震救灾这场硬仗

铁路集装箱中心站的 24 小时

行走东北，过去“猫冬”，现在“忙冬”。这得益于一条链。习近平总书记强调：“把发展冰雪经济作为新增长点，推动冰雪运动、冰雪文化、冰雪装备、冰雪旅游全产业链发展。”“冷资源”变“热产业”，正为持续向好的中国经济写下生动注脚。

这条链，带动消费和投资相互促进。占地 275 公顷的吉林市北大湖滑雪度假区，有 74 条雪道。专业雪友从最高约 870 米落差的雪道俯冲而下，酣畅淋漓。专业雪友吴靖最爱北大湖：能滑雪，还能看雾凇、泡温泉、吃土菜。滑雪场附近的北大湖镇南沟村，当地引导 140 多户村民开办农家乐，有暖暖的东北大炕、地道的铁锅炖……

这条链，蕴含“稳”与“进”的辩证关系。一把刀，锃亮锃亮的，这是长春百凝盾体育用品器材有限公司研发的 3D 打印钛合金冰刀。百凝盾研发了 10 多年，攻关关键技术，反复试验……20 年前，公司负责人王阳还是一名短道速滑运动员，冰鞋、冰刀都穿国外进口的，价格高，还要根据自己的脚型、运动习惯改装；如今，他们生产的冰刀、冰鞋，年订单量达到 1 万多双，帮助多位国内外运动员在冬奥会等国际赛事中夺冠。

这条链，演绎“内”与“外”的时代故事。吉林庙香山温泉滑雪度假区创始人王勇很是欣慰，他和其他 4 家滑雪场 2018 年发起的全国滑雪场联盟，成员单位已有 130 多家。上个雪季，联盟组织滑雪联赛，共设 9 站分站赛和 1 站总决赛，吸引 3000 多名中外雪友参赛。“一站一站滑，一省一省地推介冰雪运动、冰雪经济。”王勇说，他正和国外知名滑雪场对接，下一步要实现国内国外分站、接力滑。这个雪季以来，庙香山温泉滑雪度假区本雪季，实现客流、营收同比双增长。

长春世界雕塑园花灯展　冯健男 / 摄

新华社 XINHUA NEWS AGENCY　新华社电稿　2025 年 2 月 7 日

吉林：开工忙起来　发展热腾腾

项目建设忙、车间生产忙、年货消费忙，蛇年春节假期刚过，在还是冰天雪地的吉林，一个个项目、一座座车间、一笔笔订单，透着浓浓的忙活劲儿、热乎劲儿。

开工建设紧锣密鼓

在以长白山天池山峰为造型的沈白高铁白山东站，室内装饰装修紧张进行，铝板幕墙和玻璃幕墙搭建出了以白色为主色调的车站。

建设者之歌　关锋/摄

"全线将于今年10月前后开通运营。"中铁建设集团工作人员赵建峰满怀期待地说。通车后，沈阳到长白山只需1.5小时左右，北京至长白山的最短运行时间将缩短至4小时内。

吉林市龙潭区的山谷间，13万平方米的厂区内，7台工业炉高耸伫立，28套装置交错排布。中石油吉林石化公司转型升级东区项目主管卢思屹指着眼前的巨大装置对记者说："今年是120万吨乙烯项目投产的关键之年，目前正在紧张调试。"

商贸往来络绎不绝

在吉林万丰奥威汽轮有限公司车间里，机械手挥舞，压铸声轰鸣，经过熔炼、加工、涂装等工序，一个个崭新的汽车轮毂被打包整齐，装上货车，发往全国各地。2024年，该公司共生产422万只轮毂，销量同比增长10%。

口岸和外贸仓库，也是一派繁忙。位于中俄朝三国交界处的珲春口岸，满载蔬果、家电等货物的卡车排成长队驶出口岸。珲春东北亚跨境电商产业园内，来自各国的商品琳琅满目，将被发往全国各地。珲春示范区改革创新局电商业务负责人李金海表示，近年贸易额增长迅速。

文旅市场生机勃勃

春节假期后，吉林抚松的快递收发点，又迎来一波发货高峰。"人参产品如今远销30多个国家和地区，销量增长明显。"万良镇镇长李孟阳说。

在辽源市东丰县的一家鹿产品店内，鹿茸、鹿筋等产品散发着淡淡的中药香气。据统计，2024年，吉林省人参产业综合产值突破800亿元，梅花鹿产业规模保持全国第一。

春节前后，吉林省各大滑雪场和冰雪旅游景区迎来客流高峰。万科松花湖度假区等滑雪场周边，酒店平均入住率持续攀升。吉林省商务厅数据显示，2025年春节假期，吉林省接待国内游客2770.68万人次，国内游客出游总花费337.55亿元。

2024年，吉林省通过政策撬动、场景创设、活动牵引，社会消费品零售总额同比增长3%左右，预计2025年全省社会消费品零售总额同比增长6%左右。

CCTV 4 中文国际 2025 年 1 月 6 日播出

十集纪录片《大东北——向新而行》

首个讲述“整装东北”故事的纪录片《大东北》在央视热播。纪录片共 10 集，在 1 月 6 日播出的第九集《向新而行》中，吉林省委书记黄强接受采访。

【本集概述】本集将聚焦东北前瞻布局深空、深海、深地等未来产业发展，展现新一代信息、生物、材料等领域的前沿技术和颠覆性成果，以及它们如何催生一个个新业态、赋能新质生产力。生动展现处于新时代、新起点的大东北正奋勇争先，向新而行，新质生产力已在实践中形成，并逐渐成为高质量发展的强劲推动力、支撑力。

【字幕】吉林省长春市 长光卫星

【解说】具备年产 200 颗遥感卫星生产能力的“长光卫星”，还在不断地突破自我。这台 KM4000 空间环境模拟实验设备正在紧张安装，未来它将助力更低成本的小型卫星批量试验。2024 年，商业航天首次被纳入《政府工作报告》，成为经济新的增长引擎。从此，商业卫星进入了快速发展阶段。从 1970 年“东方红一号”卫星升空、开创中国航天史新纪元，到如今高不可攀的卫星深入百姓美好生活，中国商业航天“千帆竞发”赋能千行百业新发展的背后，离不开一次次技术的飞跃。

【采访】中共吉林省委书记 黄强

习近平总书记始终牵挂着东北振兴发展，党的十八大以来三次视察吉林，赋予我们新担当、新突破、新作为的重大责任使命。在新的征程上，我们正在加快吉林现代化产业体系的构建，因地制宜发展新质生产力，我们始终坚持新发展理念这个“指挥棒”“红绿灯”，努力走出一条高质量发展的新路。

【解说】回望东北的开发史，这里的人们最懂得脚踏实地，以辛勤耕耘换来五谷丰登。回望共和国的发展史，东北这片土地又是如此充满创造力，上天、下海、入地、登极，中国人每一次向科技前沿的进军，总少不了大东北的硬核实力。走进新时代，科技探索更加前沿，新产业勃发、新技术喷涌，培育面向未来的新质生产力，依旧硬核、依旧脚踏实地的大东北，依然值得托付与期待。

经济日报 经济日报客户端 2025年1月9日

吉林省可再生能源装机占总发电装机比重达62%

1月9日，吉林省能源局局长赵彦峰在省政府新闻办举办的发布会上介绍，吉林省具有“三新一强”（新的能源结构、新的能源形态、新的产业体系和坚强供应链）特征的新型能源体系正在加速形成。赵彦峰说，“十四五”以来，吉林省能源领域固定资产投资屡创历史新高，2024年全省能源及关联产业项目投资突破1100亿元，是“十三五”末的6倍；发电装机规模连年刷新纪录，全省装机总容量发展到4705.68万千瓦，较“十三五”末增长44%；能源生产结构得到持续优化，水电、风电、光伏发电、生物质和垃圾发电等可再生能源装机2919.62万千瓦，占总发电装机比重达62%，与“十三五”末相比增长94%。

吉林日报 2025 年 2 月 2 日 1 版

一汽红旗 1 月销量实现“开门红”

吉林日报

2025年2月
2
星期日

一汽红旗1月销量实现“开门红”

吉祥吉林 巳巳如意

瑞雪丰年

酒乡酒香

我省“博物馆热”持续升温

新年入境游热潮涌动

年味更浓 文化更炫

1 月，一汽红旗全月销量突破 4.3 万辆，同比增长 7.3%，市场份额创历史新高，实现新年强势开局，引领民族汽车品牌持续向上。近年来，中国一汽聚焦电动化、智能化领域持续发力。2025 年，红旗品牌将陆续推出多款新车型，进一步深化产品矩阵布局，打造更强的市场竞争力。丰富“产品力”的同时，中国一汽不断推进红旗品牌跃迁发展战略。以高质量发展为核心，通过战略转型、技术创新、用户体验提升、品牌形象塑造、创新营销等多方面的努力，实现了销量的跃迁式增长和市场竞争力的显著提升。在海外市场，红旗品牌引领中国豪华汽车品牌加速“走出去”，推进全球化进程。2024 年 10 月，一汽红旗携旗下新能源明星产品 EH7、EHS7 亮相巴黎，正式登陆欧洲市场。未来 5 年，红旗品牌还计划在欧洲市场投放 10 款全新产品，并携手多方合作伙伴推进销售网络、补能网络及品牌合作方面的建设，向“世界的新豪华”大步迈进，加速产品和技术的全球化落地。

吉林广播电视台
JILIN BROADCAST AND TELEVISION STATION

《吉林新闻联播》2025 年 1 月 1 日播出

2025 吉林新一年：新起点　新征程　新跨越

2025 年是“十四五”规划收官之年，也是“十五五”规划谋划之年。新一年，吉林产业振兴的浪潮滚滚向前，传统产业将加速转型升级，新兴产业蓬勃兴起。围绕扩大国内需求、促消费扩投资，数字消费、绿色消费、健康消费等新型消费模式将加速涌现。吉林省将实施重大项目 2500 个以上，沈白高铁迎来建成通车。越来越多的民营资本将参与到重大工程和补短板项目建设中。吉林科技创新和产业创新将加速融合。企业创新主体地位进一步加强，国家高新技术企业数量将增长 10% 以上。汽车产业加速向新能源和智能网联方向转型，氢能源驱动的汽车和轨道交通装备助力市民低碳出行，“人工智能 +”将开辟新型显示、低空装备等应用新场景。最美国道 G331 吉林段将实现全线贯通，新雪季冰雪旅游、冰雪文化、冰雪运动深度融合发展，接待游客将达到 1.5 亿人次，世界著名冰雪旅游目的地迎来新机遇。智慧农业将再放异彩，农产品深加工产业链不断延伸，农业增效益、农村增活力、农民增收入。吉林人参全产业链产值将达到 1000 亿元。新篇章开启，未来可期。

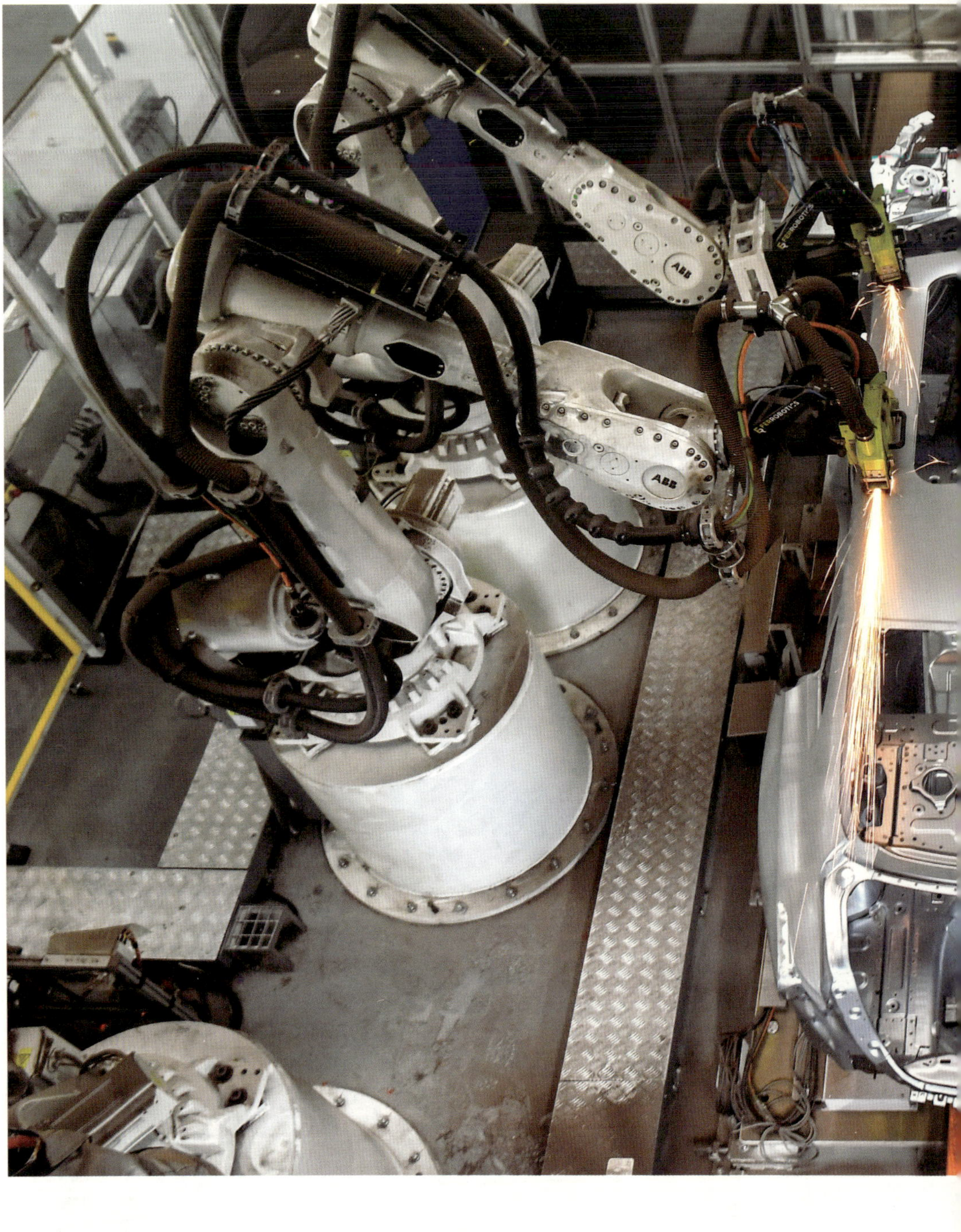

▶ 明确工作思路

激发科技创新第一动力

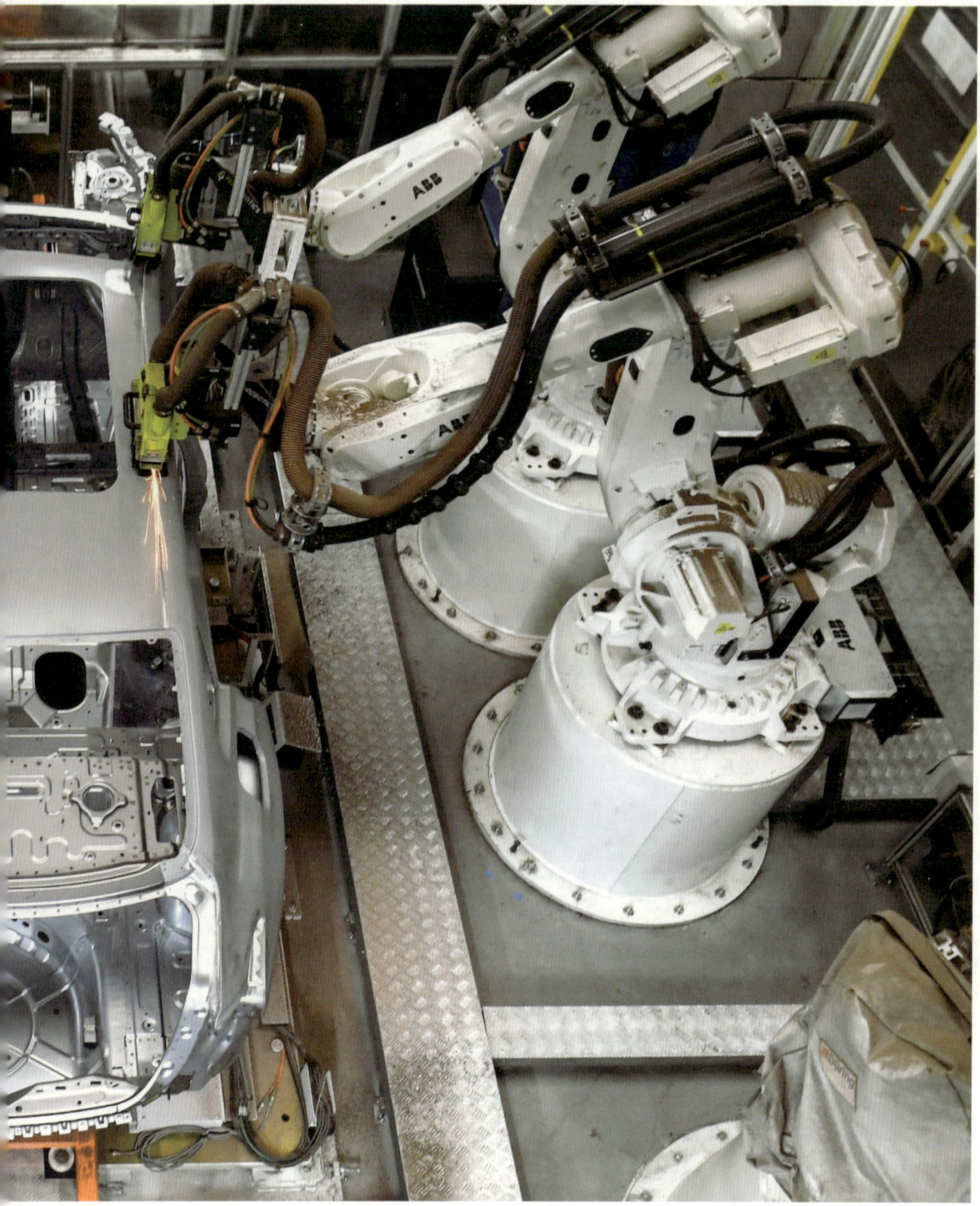

一汽红旗焊装车间内，机器人正在焊装车辆零部件　颜麟蕴 / 摄

领导讲话

省委书记黄强在全省教育科技人才大会上的讲话

（2024 年 11 月 15 日）

今天，我们隆重召开教育科技人才产业“四合一”大会，这在吉林历史上是第一次。首先，我代表省委、省政府，向获得嘉奖的先进集体和个人以及 3 个省实验室正式授牌，表示热烈祝贺！向为吉林振兴发展作出突出贡献、取得突出成绩的广大教育工作者、科技工作者和各类人才，表示由衷感谢，致以崇高敬意！

下面，我讲三点意见。

一、学深悟透习近平总书记重要指示，充分认识以改革为动力做好教育科技人才产业工作重大意义

党的十八大以来，习近平总书记就一体推进教育科技人才事业发展，作出了一系列重要指示，包括把教育作为国之大计、党之大计，科技兴则民族兴、科技强则国家强，人才是实现民族振兴、赢得国际竞争主动的战略资源，等等，思想深邃、站高谋远，引领推动教育科技人才工作取得历史性成就、发生格局性变化。党中央明确，到 2035 年建成教育强国、科技强国、人才强国，比全面建成社会主义现代化强国提前 15 年，就是要充分发挥教育科技人才的基础性、先导性、全局性作用，为以中国式现代化全面推进强国建设、民族复兴伟业提供有力支撑。我们要坚持以总书记重要指示精神为根本遵循，切实提高政治站位，进一步全面深化改革，以高度使命感、责任感、紧迫感做好教育科技人才产业工作。

第一，这是再学习、再对标、再落实习近平总书记关于东北全面振兴和吉林工作系列重要指示精神的具体举措。习近平总书记3次主持召开东北振兴座谈会，3次到吉林视察，都格外关心重视教育科技人才产业工作。总书记强调，吉林是人文科教大省，在科技、教育、人才方面有许多优势；指示我们全面贯彻党的教育方针，加快培养国家创新人才和紧缺人才；教导我们抓创新就是抓发展、谋创新就是谋未来，不创新就要落后，创新慢了也要落后；要求我们围绕产业链部署创新链、围绕创新链布局产业链，努力下好创新这步先手棋；积极营造拴心留才的良好环境，推进科技、产业、金融、人才协同发展，等等。总书记这些重要指示，直击要害，意蕴深长，对吉林具有极强的针对性、指导性、操作性。今天重温起来，依然令人茅塞顿开、心明眼亮、斗志倍增。我们要忠诚拥护“两个确立”、坚决做到“两个维护”，按照总书记确定的任务、教授的办法，一张蓝图绘到底，一锤接着一锤敲，一茬接着一茬干，不折腾、不翻烧饼，以钉钉子精神抓好落实。近年来，我省沿着总书记指引的方向，按照科教兴国战略、人才强国战略、创新驱动发展战略要求，集中力量，务实推进。现在，全省教育普及水平全国领先，创新能力大幅提升，高端人才进大于出，成绩来之不易，这个势头要保持下去。

第二，这是进一步全面深化改革的重要突破口。吉林全面振兴取得新突破，关键是教育科技人才产业率先突破。如何实现突破，就要坚定不移将改革进行到底，除此别无他途。教育科技人才产业发展走到今天，零敲碎打、修修补补已经无法从根本上解决问题，必须进一步全面深化改革，不系统集成、协同高效不行，不刀刃向内、自我革命不行。这是一场改变利益格局、动奶酪的改革，不可能轻轻松松、敲锣打鼓就能完成，也不是改不改的问题，而是怎么改、怎么改到底的问题。现在看，我省教育科技人才产业一体化发展还有一些痛点、难点、堵点，尚未构建起高质量教育、高水平创新、高素质人才与现代化产业体系建设相互贯通协同的发展格局。吉林大校、大院、大所、大企聚集，科教人才基础雄厚，但教育服务产业发展不足，有的高校不关注产业界的关键问题，学科设置不能迅速跟上产业发展的节奏；科技创新和产业创新融合深度不够，对科技成果不会“转化”、不知“融合”，很多成果在实验室“空转”，不善于科学研究、实验开发、推广应用“三级跳”，引领产业升级和新质生产力的“硬科技”还不够多，科研院所和企业缺乏“双向奔赴”的吸引力；人才对产业支撑能力不强，人才队伍结构规模与产业匹配度不高，尖端人才、“卡脖子”技术攻关人才、基础研究人才仍然不足，产业工人、高技能人才缺口较大。对这些问题，必须拿出壮士断腕的勇气，明知山有虎，偏向虎山行，冲锋陷阵、攻城拔寨，涉及谁就改谁，哪里有体制障碍就改哪里，什么机制不顺就改什么，坚决改、大胆改、彻底改。不要简单说不行，要通过改革、通过体制机制创新，把“不”字去掉，留下“行”。要通过进一步全面深化改革，更好发挥吉林科教人文优势，更好激发创新动力活力，更好夯实产业发展基础。

第三，这是筑牢高质量发展根基的必然要求。总书记强调，“新发展理念就是指挥棒、红绿灯。”发展必须是、只能是高质量发展。高质量发展的重中之重，是形成以创新为主要引领和支撑的经济体系。我们要清醒看到，为什么我省经济总量不大、债务却不小、风险还较高，一旦外部环境严峻复杂，“水落石出”暴露出不坚持高质量发展所产生的问题，那种靠拼资源、拼投入、拼速度的路子难以为继，以创新为引领的可持续发展模式还未形成。不坚持高质量发展，不仅不创造财富，还会留下包袱，甚至埋下恶果。高质量发展一定是教育先导、创新驱动、人才支撑、产业做优做强的发展。今年年底开始，全省要比一比、赛一赛各地各行业高质量发展的真成绩，端正发展理念，匡正政绩观，摒弃旧的发展模式，纵深推进教育科技人才产业一体化发展，奋力推动高质量发展明显进位。无论是各级领导干部，还是教育工作者、科技工作者、各类人才，都要充分认识到，如果我们走不出一条创新驱动、高质量发展之路，就很难完成吉林全面振兴取得新突破这个重大而紧迫的使命任务。

二、进一步全面深化改革，统筹推进教育科技人才产业一体化发展

党的二十大报告首次对教育科技人才进行“三位一体”专章部署，二十届三中全会对统筹推进教育科技人才体制机制一体改革作出系统安排，中办印发了关于加快形成支持全面创新的基础制度的意见，省委十二届五次全会创新提出教育科技人才产业“四合一”具体安排。今天会上，我们还出台了三年行动方案。可以说，教育科技人才产业一体化发展的改革号角已经吹响。各方面要迅速行动起来，以改革精神抓改革，小切口破题、大纵深发力，锲而不舍、久久为功，全面建立教育培养人才、人才支撑科技、科技引领产业、产业反哺教育和科技的良性循环机制，加快教育强省、科技强省、人才强省建设。

一要深化教育综合改革，扎实推进教育现代化。科技创新靠人才，人才培养靠教育。在今年9月召开的全国教育大会上，习近平总书记发出了加快建设教育强国的动员令。我们要积极响应，坚持教育优先发展，深化各级各类教育改革，打造高质量教育体系。要完善立德树人机制。以为党育人、为国育才为使命，坚持不懈用习近平新时代中国特色社会主义思想铸魂育人。加强和改进思想政治教育，培养哲学思维能力，讲好杨靖宇舍身殉国、吴大澂勘界守土、沙尔虎达和巴海父子“御外保疆”赫赫战功、吉林第一和第二贤良将军富俊和铭安守边安民等感人事迹，立报国强国大志向、做挺膺担当奋斗者。要建立基本公共教育服务供给机制。教育承载着万千家庭的希望。要推动义务教育优质均衡发展，促进学前教育普及普惠和高中阶段学校多样化发展。落实“健康第一”理念，加强体育、美育、劳动教育，普及心理健康教育，促进学生身心健康、德智体美劳全面发展。2035年前，各学段学龄人口将依次达峰，要做好教育资源配置的前瞻布局。要分类推进高校改革。高校是教育科技人才聚集的交汇点。要全面实施高等教育“百亿工程”和“办学条件改善工程”，举全省之力支持吉林大学、东北师范大学、延边大学“双

一流”建设，支持吉林外国语大学等民办高校健康发展，用5年时间补齐高校硬件短板。同时，要超常布局急需学科专业，推广“红旗学院”、卓越工程师产学研用协同培养等新模式，真正让高校成为重大科技突破的策源地。要理直气壮宣传、保护、利用吉林历史文化资源，要求贤若渴、礼贤下士吸引爱惜人才，使吉林成为全国人才纷至沓来的集聚地。要发挥高校人才学术优势，加强对高句丽、渤海国、东北抗联、抗美援朝等历史的研究阐释，争夺国际话语权。要健全职业教育体系。新时代，职业教育大有可为。要构建职普融通、产教融合的职业教育体系，弘扬劳模精神、劳动精神、工匠精神，让更多大国工匠、能工巧匠、高技能人才脱颖而出。要完善师德师风建设长效机制。教师是立教之本、兴教之源，是人类灵魂的工程师。国庆前夕，黄大年同志被授予“人民教育家”国家最高荣誉称号。要大力弘扬黄大年精神，坚持师德师风第一标准，造就新时代高水平教师队伍。尊师重教是中华民族的优良传统，要积极营造良好社会风尚，让“人民教师无上光荣”的观念深入人心。要建立经费投入稳定增长机制。中国人历来就有“再穷不能穷教育”的观念。财政教育经费投入增速要不低于全国平均水平，各级各类生均教育经费支出水平争取高于全省经济增速在全国的排位。

二要深化科技体制改革，激发科技创新潜力活力。科技是第一生产力，创新是第一动力，是引领高质量发展的“牛鼻子”。吉林创新基础扎实，但科技创新力量和优势资源分散、重复、低效配置问题比较突出。要加强创新资源统筹和力量组织。充分发挥新型举国体制优势，提升科技攻关体系化能力，加快建设创新型省份。从现在开始，要围绕“四个面向”，看一看我省哪些领域最有基础、最具优势、最能突破，系统谋划战略科技力量建设。要健全激发创新主体内生动力机制，用好科技评价指挥棒，强化以科技创新质量、绩效、贡献为核心的评价导向，构建充分体现知识、技术等创新要素价值的收益分配机制。要加快完成国家重点实验室重组，积极争取更多大科学装置在我省布局，力争多出战略性、关键性重大科技成果。发挥好中科院长春“一院三所”国家主力军作用，提升创新体系整体效能。要统筹强化关键核心技术攻关。中国一汽的创建人，也是原长春汽车拖拉机学院（吉林工业大学前身）首任院长饶斌，在那么艰苦的条件下，通过产业教育科技融合，经过不懈努力，生产出解放牌汽车和红旗轿车，结束了中国不能自己制造汽车的历史。总书记曾讲过：“距离实现建成科技强国目标只有11年时间了”。我们要传承老一辈科技工作者的骨气、志气，坚决不向美西方低头，以“十年磨一剑”的坚定决心和顽强意志，只争朝夕、埋头苦干，努力突破更多“卡脖子”难题。全省的教育工作者、科技工作者、各类人才，都要有为国争光的荣誉感，知难而进，迎难而上，攻坚克难，打好关键核心技术攻坚战，打赢事关强国建设、民族复兴的科技之战。同时，要统筹实施全省科技创新有组织聚力攻坚机制，针对集成电路、先进材料、核心种源等制约吉林发展的瓶颈，加大技术研发力度，用好“揭榜挂帅”“赛马制”等制度，确保重要产业链供应链自主安全可控。要增加高质量科技供给。完善重大科技创新问题和任务凝练机制，大力鼓励激励包容颠覆性、前沿性、引领性创新，既要加强“从0到1”的原始创新，也要注重“1+1＞2”的集成创新，更要注重“原点突破式”创新。全面深化职务科技成果改革，让更多优秀人才得到合理回报、激发创新动力、释放创新活力。

三要深化人才发展体制机制改革，加快建设全国重要人才中心。创新驱动的本质是人才驱动。我们要牢固树立“人才是第一资源”的观念，深入实施人才强省战略，创新人才工作政策、体制机制、方式方法，用心搭建各方面人才施展才干的广阔舞台。要打造战略人才方阵。历史上的吉林，李四光、朱光亚、王大珩等大师云集。现在，全省拥有24名院士、576名国家重点人才计划入选者，刚刚又为354名人才和团队被授予“长白英才”称号。要以国家战略需求为导向，培养造就更多战略科学家、一流科技领军人才和创新团队，巩固我省在中国创新版图上的地位。要强化产业人才供给。紧密结合汽车、新材料、光电子等重点产业发展需要，建强产业发展人才梯队。青年人才是国家战略人才力量的源头活水，要完善青年创新人才发现、选拔、培养机制，在科研支持、项目评选等方面建立单独通道，让更多青年才俊担当重任、茁壮成长。要优化人才成长环境。完善薪酬待遇、安家补助、社会保障、税收奖励等政策，提升人才生活服务保障水平。要努力为科研人员松绑减负，持续推进“唯帽子”问题整治，大幅减少开会、陪会，让科研人员心无旁骛、潜心钻研，切实减少为报项目、发论文、评奖励、争资源而分心劳神。要精心抓好城市规划建设，推动中国航空博物馆迁建，全方位提升城乡居住品质，以更有生活品味、书香气韵、文化层次的环境吸引人才。要大力弘扬科学家精神。钱学森、邓稼先等老一辈科学家在一穷二白的基础上呕心沥血、艰苦奋斗干出了“两弹一星”等一大批国之重器，没有一克材料、一个元器件是进口的，他们“干惊天动地事，做隐姓埋名人”，崇高风范令人景仰。要弘扬“国为重、家为轻，科学最重、名利最轻”的家国情怀，永葆科技工作者的初心使命，忘我攀登科技高峰。

四要建设现代化产业体系，释放教育科技人才的倍增效应。必须认识到，没有教育，就没有人才的摇篮；没有人才，就没有创新的源泉；没有创新，就没有产业的未来。要一体推进教育发展、科技创新、人才培养，清除体制机制卡点、疏通资源配置堵点、破解技术创新难点、补上产业循环断点，助力打造吉林特色现代化产业体系。要促进科技创新和产业创新深度融合。创新不是发表论文、申请到专利就大功告成，创新“成果”必须转化为发展“结果”、成为产业的“成品”。要坚持把深度融合作为关键，加强企业主导，鼓励科技领军企业牵头组织创新联合体，打通高校、科研院所和企业人才交流通道，支持企业选派人才到高校、科研院所担任“产业教授”。深度融合的支撑在于人才，既要立足本地培养，也要打开大门吸引人才。要树牢“改革促进开放、开放倒逼改革、开放也是改革”的理念，坚持“走出去、请进来”并举，在开放中集聚人才。

这方面工作还有很大空间，要加大开放引才的力度。

三、加强教育科技人才产业工作的组织领导

各地、各有关部门要坚持守正创新，坚持破立并举、先立后破，抓铁有痕、踏石留印，以钉钉子精神推动教育科技人才产业工作落地见效。

一要压紧压实责任。各级党委和政府要切实强化组织领导，党政一把手要坚持身教胜于言教，树立改革没有局外人、没有旁观者的观念，决不能等待观望、坐享其成，更不能站在一旁说风凉话。各级领导干部要进一步增强推动高质量发展本领，做内行人、明白人，吸引集聚更多聪明人来吉林创新创造创业，提升推进科技创新和产业创新及其深度融合水平。要拿出大刀阔斧改革魄力，弘扬严细实工作作风，提高狠抓落实能力。要争当“雄狮型”干部，不当“绵羊型”干部，带头把所在地区、部门、行业带成无所畏惧、无坚不摧的“狮群”。要力戒形式主义、官僚主义、文牍主义。二要狠抓工作统筹。党的二十届三中全会后，省政府立即调整领导分工，明确将教育科技产业由一位副省长分管。各地要参照这样的模式，探索适应新形势的工作机制，以机制创新突破体制障碍，鼓励基层大胆闯大胆试。要充分发挥各级党委科技委、教育工委、人才工作领导小组作用，搞好功能整合，推动教育科技人才产业一体规划发展、一体配置资源、一体制定举措。要加强各类政策的协调配合，确保各方出台的政策协调一致性。三要抓好考核督促。将教育科技人才产业工作纳入各级领导班子和领导干部考核评价内容。各地要坚持问题导向、目标导向、结果导向，拿效果说话、以实绩交卷。

统筹推进教育科技人才产业一体化发展，责任重大、使命光荣、任务艰巨。让我们更加紧密地团结在以习近平同志为核心的党中央周围，奋发进取，勇毅前行，进一步全面深化改革，激活创新创造创业的澎湃动力，为推动吉林高质量发展明显进位、全面振兴取得新突破作出新的更大贡献！

领导讲话

发挥龙头作用　主动担当作为 不断提升高校对吉林全面振兴的支撑力贡献度

——省委副书记吴海英在“吉林全面振兴取得新突破高等教育主动担当作为”专题培训班开班式上的讲话

（2024 年 7 月 21 日）

同志们：

经省委决定，省委组织部、省委教育工委联合举办的“吉林全面振兴取得新突破高等教育主动担当作为”专题培训班，今天正式开班。这次培训班节点特殊、意义重大，主要任务是深入学习贯彻党的二十届三中全会精神，认真落实习近平总书记在新时代推动东北全面振兴座谈会上的重要讲话精神和视察吉林重要讲话重要指示精神，引导全省高校在国家发展大逻辑和吉林振兴大布局中找准坐标方位，把高校的资源、优势、力量进一步向服务吉林高质量发展汇聚，向新发展理念这个“指挥棒”“红绿灯”聚焦，促进科技、教育、人才、产业一体化发展，推动科技创新和产业创新深度融合，不断提升高校对吉林全面振兴的支撑力和贡献度。

黄强书记对这次培训班高度重视，详细听取有关情况汇报，审定培训方案。为确保培训质量，我们专门邀请了两位省委常委同志、多位院士专家和省直有关部门主要负责同志为大家授课。省委教育工委研究起草了《高等教育服务吉林全面振兴取得新突破若干举措》，一并印发给大家，充分讨论后进一步完善。下面，围绕这次培训班主题，我和大家交流三点意见。

第一，牢记领袖嘱托，切实扛牢新时代吉林高校肩负的历史使命

当前，东北能否全面振兴，吉林能否全面振兴取得新突破，这就是国之大事。作为高校，无论是中管、省管还是民办，都应该胸怀“国之大者”，为全面振兴出一份力，为国家大局做一份贡献。全省高校要准确把握国家所需、振兴所系、吉林所向、高校所能，主动担当作为，加快把我们这次培训的主题由认识转化为思考、由思考转化为实践、由实践转化为实效，以实际行动忠诚拥护“两个确立”、坚决做到“两个维护”。具体从三个方面深化认识、提高站位。

一要深刻认识这是服务国家战略的内在要求。东北振兴作为国家战略，是强国建设、民族复兴的重要板块，高校积极投身东北振兴，就是在服务“国之大者”，就是在以实际行动助力中国式现代化建设。吉林高校先天具备红色基因、红色血脉，始终与时代同行、与振兴同向。历史上我省高校作出过许多重要贡献，涌现出许多杰出典型，创造过许多“中国第一”，为铸就老工业基地的辉煌奠定了坚实基础。如今，习近平总书记号召我们要扛牢“五大安全”重任，走出一条高质量发展、可持续振兴的新路子，并相信“东北一定能够重振雄风、再创佳绩”。这是总书记赋予我们新的时代责任，也是评价高校的价值尺度和衡量标准。各高校要继承和发扬鲜明的红色基因和光荣的革命传统，坚守立德树人根本任务和育人兴邦使命追求，充分发挥龙头作用，为吉林重振雄风、再创佳绩，作出新的更大贡献。

二要深刻认识这是吉林高质量发展的迫切需要。推动吉林全面振兴取得新突破，根本靠发展。发展必须是、只能是高质量发展。高校作为科技第一生产力、人才第一资源和创新第一动力的重要结合点，在推进高质量发展中发挥着关键作用。但实事求是地讲，与我们对高校的定位和期待相比，我省高校在高质量发展中的贡献度还有待提高。省里在财力如此紧张的情况下，连续多年支持高校在百亿元以上，去年财政拨款达到120亿元，但省属高校自主营收仅为10亿元左右，还有相当一部分是“墙里开花墙外香”，科研生产“两层皮”问题依然突出。我们组织这次培训，就是要让大家统一思想，进一步明确在服务吉林全面振兴过程中，要始终锚定高质量发展首要任务不动摇，更加积极主动与我省新质生产力布局、新赛道建设紧密衔接，推动科技、教育、人才、产业一体化发展，推动科技创新和产业创新深度融合，让新质生产力加快变成新质战斗力。

三要深刻认识这是全面深化改革的应有之义。坚决破除体制机制障碍，形成一个同市场完全对接、充满内在活力的体制机制，是推动东北老工业基地振兴的治本之策。这是党的十八大以来总书记多次视察东北、视察吉林时，反复提醒、反复叮嘱的重大事项。这次在研究起草《高等教育服务吉林全面振兴取得新突破若干举措》过程中，我们紧紧围绕落实总书记重要指示和党的二十届三中全会精神，在科研体制、人才发展、学科建设、协同育人等方面推出了一系列改革举措，就是要以小切口推进大纵深，让高校的体制机制创新步伐能够紧紧跟上社会生产力和创造力大解放的脚步。全省各高校要弘扬改革创新精神，既要全面落实中央全面深化改革部署和省委要求，也要结合自身实际，坚持问题导向，不断破除体制机制束缚，给科研人员“松绑”，给科技创新助力，给教学管理增效，给交流合作扩容，切实通过改革为高校增动力、为振兴添活力。

第二，主动担当作为，不断提升高校对吉林全面振兴的支撑力贡献度

高校作为人才培养的摇篮、科技创新的策源地和创新实践的推动者，其支撑力、贡献度直接关系到吉林全面振兴、高质量发展的速度和质量。各高校要按照省委省政府部署，科学谋篇布局、落细工作举措，加快把科教优势转化为产业优势、发展优势。

一要坚持人才强省，持续提高人才供给质量。吉林全面振兴取得新突破，就必须扛牢立德树人根本任务，以“人”兴引领振兴。要实施好拔尖创新人才自主培养计划。加强高校与科研院所研究生

培养合作，大力推进交叉培养、本研贯通培养，探索完善“招生—培养—就业—发展”联动的学科专业育人体系，切实提高人才自主培养水平和质量。这方面吉林大学与一汽集团共建的“红旗学院”，东北师范大学开展的“人工智能＋汽车”交叉人才培养，吉林农业大学建设的26个“科技小院”都取得了很好的效果，要继续总结推广。要实施好科技创新和教育教学领军人才引育计划。这两年在大家的共同努力下，全省高端人才连续两年进大于出，去年我省新增了2名院士，在吉院士达到24名，柔性引进院士14名，为吉林振兴发展积累了宝贵的人才资源。要继续千方百计培养和引进一批具有深厚科学素养、长期奋战在科研一线的院士层级科学家，一批在应用创新、基础研究等方面取得突出成绩、拥有国家级人才称号的高层次人才，一批具备较强科研能力、掌握一定技术技能和实践经验的青年人才，加强人才服务和管理，着力打造由战略科学家、学术领军人才、优秀中青年人才、青年学术骨干组成的高层次人才领军队伍“雁阵”格局。要实施好高校毕业生留吉创业就业行动。今年我们建立了留吉工作协同联动机制，省、市、高校也都相应成立了工作专班，书记校长带头“访企拓岗”，持续开展系列宣传推介活动，各项工作取得了显著成效。希望大家继续把这项工作抓好，落实好促进高校毕业生留吉的各项政策措施，让更多大学生留在吉林扎根奋斗，真正以人才高质量发展支撑吉林全面振兴。

二要注重“产学研用”融合，着力破解科研生产“两张皮”难题。推动东北全面振兴，根基在实体经济，关键在科技创新，方向是产业升级。吉林作为东北地区首个获批建设的创新型省份，科研物质条件指数居全国第5位，科技促进经济社会发展指数居全国第11位，创新基础很好、潜力很大。尤其是在6月份评选的2023年度国家科学技术奖中，我们共有12项成果获奖。高校在其中发挥了主力军作用，李玉院士团队申报的“食药用菌全产业链关键技术创新及应用”项目，荣获国家科学技术进步一等奖。此外，我们还创新设立高校产学研引导基金，累计支持18家高校院所科技成果产业化项目80个，撬动社会资本投资23亿元。这些良好的科教优势、创新态势，都为高校推动科技成果转化应用奠定了坚实基础。希望各高校拿出“十年磨一剑”的科学家精神，突出科技创新“第一动力”，强化科技创新和产业创新深度融合，立足企业科技创新主体地位，实施好产业化培育项目，积极对接企业技术需求开展研究，面向产业创新需求共同凝练科技问题、联合开展科研攻关、协同培养科技人才、推动企业主导的产学研用融通创新，让更多科研成果加快变成“成品”和发展“结果”。省教育厅要加快推动吉林高等研究院建设，实施好职业教育产教融合赋能计划，主动对接国家和吉林重大战略需求，围绕汽车、化工、光电子、碳纤维、智慧轨道交通等产业，积极打造一批市域产教联合体、行业产教融合共同体，建设一批高水平产教融合实训中心。要持续深化校地合作，充分利用好现代产业学院，以企业需求为导向，深入推动校企融合、科教融汇，推动科技链、教育链、人才链、产业链一体化发展。特别是吉林大学、长春理工大学、东北电力大学要发挥自身优势，办好办强大学科技园，创新引才留才机制，吸引外地校友来吉投资兴业。同时，充分发挥高校高端智库作用，围绕“人参为什么卖出萝卜价”“吉林好米卖不出好价”等产业升级中的难点堵点，积极开展前瞻性、战略性、全局性调查研究，为政府和企业建言献策。

三要优化学科布局，有效提升学科设置与高质量发展契合度。学科建设作为教育、科技、人才“三位一体”统筹推进的重要载体，是一流大学事业发展的根基。我省有 67 所高校，其中“双一流”建设高校 3 所、“双一流”学科 13 个，也有一批在各自领域具有优势特色的高校，如长春理工大学光学学科在国内处在第一梯队，吉林农业大学在食药用菌等领域独具特色，长春汽车职业技术大学在培养汽车产业技术技能型人才方面优势突出，等等。可以说每一所高校都有自己的特色，都有独门绝技。但目前来看，各高校学科专业结构与吉林现代化产业体系的衔接还不够紧密，有的学校在设置专业时只考虑“热不热”，有的学校盲目追求“大而全”，削弱了优势特色，部分专业存在同质化情况，就业率不高。在学科设置方面，一定要跟着时代走，需要什么设置什么，真正办出特色。去年，省教育厅印发了学科专业调整的文件，出台了急需紧缺专业目录。各高校要落实抓学科建设主体责任，正确处理守正与创新、优势与特色、有所为与有所不为的关系，围绕吉林振兴发展需要，瞄准人工智能、量子科技、生命科学等科技前沿和关键领域，用好学科交叉融合“催化剂”，主动推进学科更新换代，整合改造老化学科和学科方向，积极布局紧缺的新兴学科和研究方向，在动态调整和优化学科设置中，大力加强基础学科、新兴学科、交叉学科建设，加快形成吉林特色、全国一流的“双一流、双特色”优势学科群。

四要全面深化改革，以机制创新突破体制障碍。这次二十届三中全会围绕进一步全面深化改革、推进中国式现代化作了系统部署，对统筹推进教育科技人才体制机制一体改革提出明确要求。各高校要坚决把三中全会精神和省委部署要求落实好，牢固树立改革创新意识，用好改革开放“关键一招”，坚持奔着问题去、盯着问题改，持续深化教育综合改革，锲而不舍、久久为功，不断激发助力高质量发展的内生动力和活力。要深化科研体制机制改革，坚持“破四唯”和“立新标”相结合，突出以质量、绩效、贡献为核心的评价导向，重点评价学术贡献、社会贡献、成果转化以及支撑人才培养情况，加快健全符合科研活动规律的分类评价体系和考核机制，让科研人员心无旁骛潜心钻研，切实转变重“文字成果”、轻“成果落地”的观念。要完善科技奖励、收入分配、成果赋权等激励制度，赋予科研人员、科研团队成果转化自主权和转化收益优先分配权，让人才得到更多合理回报、释放创新活力。同时，要加强创新资源统筹和力量组织，改进资源配置方式，在科研项目中落实好“揭榜挂帅”等制度，切实提高科研成果质量。

第三，坚持党建引领，为高校服务吉林全面振兴取得新突破提供坚强保障

加强党的领导和党的建设，是吉林全面振兴的根本保证。各高校必须始终坚持和加强党的全面领导，把政治建设摆在首位，以自

我革命精神纵深推进全面从严治党，强化“两个确立”“两个维护”制度保障，完善党委领导下的校长负责制，不断提高党员干部、师生员工政治判断力、政治领悟力、政治执行力，推动党的建设和教育事业深度融合，切实扛稳服务吉林振兴发展的职责使命。

一要强化理论武装。思想统一是政治统一、行动统一的基础。高校各级党员领导干部要始终坚持以习近平新时代中国特色社会主义思想武装头脑、指导实践、推动工作，深入学习习近平总书记关于东北全面振兴和吉林工作系列重要指示精神，学习总书记关于教育的重要论述，切实做到学深悟透、对标对表、细照笃行。近期，省委组织全省各条战线对习近平总书记三次视察吉林重要讲话重要指示精神进行了再学习、再对标、再检视、再谋划，各高校也要认真落实相关要求，深入学习、严肃检视、细化举措，确保各项工作始终沿着正确方向前进。

二要加强班子建设。办好一所大学关键在书记校长，关键在落实好党委领导下的校长负责制。各高校党委要把服务吉林全面振兴、助力高质量发展作为重要政治任务，贯穿高校工作全过程。党委书记要时刻按照政治家、教育家的标准检验自己、审视自己、提高自己，切实担负起第一责任人责任，发挥好“头雁效应”，带领班子把服务吉林全面振兴的各项工作研究好、落实好，决不能当“甩手掌柜”。要深入谋划学校大事，认真研究如何抢抓教育强省建设机遇，促进学校高质量发展，努力在任期内干出更多实绩。省委教育工委要加强跟踪调度，否则抓而不紧、抓而不细、抓而不实等于白抓。

三要从严管理干部。从近年来我省查处的案件看，不少高校领导干部出问题，甚至有的高校连续出问题，可见“象牙塔”里也并非“一方净土”，必须坚持严字当头、全面从严、一严到底。要持续深入抓好党纪学习教育。各高校要按照学习计划，抓紧时间、有序推进，教育引导广大干部学纪、知纪、明纪、守纪，真正做到忠诚干净担当。对高校问题多发的选人用人、招生考试、基建后勤、科研项目、招标采购、学生餐等重点领域，要全面加强制度建设，严格用制度管人管事。同时，要坚持激浊和扬清并举，既要大力弘扬教育家精神，广泛宣传黄大年、郑德荣、孙正聿等楷模的先进事迹，注重用身边榜样传递师德力量，也要严格落实《新时代高校教师职业行为十项准则》，加大对师德失范行为的整治力度，对教师队伍中的“害群之马”坚决依法依纪予以严惩，营造风清气正的良好教育生态。

四要从紧转变作风。实现吉林全面振兴，必须以作风建设为切入点，大力弘扬崇严尚实作风，让脚踏实地、实事求是、真抓实干成为常态、成为自觉、成为习惯。要进一步强化服务意识。吉林全面振兴，是总书记的嘱托、党中央的部署，必须增强主动靠前、主动担当的自觉，从讲政治、讲规矩、讲党性的高度，把主动服务吉林全面振兴的政治责任履行好。要进一步强化问题导向。坚决清理“文山会海”，少讲空话、大话、套话，不看“唱功”看“做功”，认真梳理一下各领域、各条线存在的实际问题，拿出管用见效的办法，真正把问题解决好，力戒形式主义、官僚主义、文牍主义和烦琐哲学。要进一步强化结果导向。服务振兴发展成效如何，要拿效果说话、以实绩交卷。省委教育工委要研究制定一个标准，对各高校服务吉林振兴发展成效作出客观评价，促进真抓实干。

这里特殊强调一点，黄强书记高度重视安全工作，到吉林后第一个调研的厅局就是省应急管理厅。高校的校园安全关系重大，必须统筹发展和安全，坚持底线思维和极限思维，以“时时放心不下”的责任感，加强涉意识形态领域阵地建设和管理，深入开展校园消防安全、实验室安全、食品安全等专项排查整治，确保高质量发展和高水平安全良性互动、相得益彰。

同志们，推动新时代吉林全面振兴、高质量发展，高等教育责任重大、使命光荣，让我们坚持以习近平新时代中国特色社会主义思想为指引，坚决、全面、扎实贯彻落实好中央和省委决策各项部署，团结奋斗、砥砺前行，为吉林高质量发展明显进位、全面振兴取得新突破作出新的更大的贡献。

政策文件

吉林省人民政府
吉林省教育科技人才产业一体化发展三年行动方案（2025—2027年）

吉政发〔2024〕16号

（2024年11月13日）

为全面落实省委十二届五次全会精神，统筹推进教育科技人才产业一体化发展，推动吉林高质量发展明显进位、全面振兴取得新突破，制定本方案。

一、主要目标

到2027年，基本建成“机制顺畅、政策完善、要素互通、体系健全”的教育科技人才产业一体化发展格局。全省在学研究生数达到12万人，本科及以上理工农医类在校生占比达到55%，高层次人才数量超过2.7万人，全省科学研究与试验发展（R&D）经费投入年均增长10%左右，国家高新技术企业数量年均增长10%以上，转化科技成果数量年均增长15%以上，高技术制造业占规模以上工业增加值比重、有R&D活动规模以上工业企业比重均达到全国平均水平以上。

二、重点任务

（一）教育支撑产业高质量发展能力提升工程

1. 高等教育内涵建设行动。实施高等教育“百亿工程”，分类推进高校改革。深入推进“双一流”“双特色”建设，支持吉林大学建设中国特色世界一流大学。支持东北师范大学、延边大学“双一流”建设。支持吉林大学考古学、化学和东北师范大学世界史等学科进入世界一流学科前列。支持长春理工大学光学工程、吉林农业大学植物保护、东北电力大学电气工程等学科进入世界一流学科建设行列。

2. 学科产业精准对接行动。实施急需紧缺学科专业引导发展计划，建立行业企业人才需求清单。调整优化高校学科专业，超常布局战略新兴产业、未来产业急需的学科专业，调整本科高校 25% 以上学科专业布点，理工农医类学科专业数量占比达到 50% 以上。引导企业深度参与高等教育专业规划、教材开发、教学设计、实习实训。新增急需紧缺专业 100 个左右，学科专业与我省现代化创新产业体系匹配度达到 60% 以上。优化全省研究生教育布局结构，加强专业学位点建设，面向行业产业发展需要培养高层次实践创新型人才，专业硕士学位点占全省硕士学位点总量达 50% 以上，专业博士学位点达到 30 个以上。

3. 产学研一体化育人行动。建立就业与招生、人才培养联动机制，以企业需求为导向，开展校企联合人才培养。加快布局建设一批现代产业学院、专业特色学院，建强吉林大学国家级示范性软件学院、长春理工大学人工智能现代产业学院等示范性特色学院。推广“红旗学院”人才培养模式，打造一批紧缺人才培养定制班。实施职业教育产教融合赋能行动，打造 10 个市域产教联合体、10 个行业产教融合共同体，实施“现场工程师培养计划”“‘百千万’农业人才培养计划”“‘未来工匠’培养计划”，着力培养造就一批大国工匠、高技能人才。

4. 高等教育服务提升行动。推进高等院校与行业龙头企业、科技企业等合作，共建校企研发中心、实验室等创新平台，组织实施一批先导性大科学研究计划。建立校企共引共用高层次人才、重点企业特设岗位引才等机制。推进大学科技园建设，建立高等教育与区域创新深度融合的科研组织和人才培养模式。按照市场主导、政府主推、院校主研、企业主用的运行方式，建设吉林高等研究院。

聚焦化学、物理、材料等领域交叉融合，持续办好“南湖论坛”。

（二）科技支撑产业高质量发展能力提升工程

5. 基础研究能力提升行动。改进科技计划管理，强化面向产业需求的基础研究、应用研究，围绕光电信息、新材料、人参等重点产业和量子技术、人工智能等未来产业部署研究任务。建立多元化投入机制，鼓励央国企加大基础研究投入，鼓励社会以捐赠和建立基金等方式拓宽投入渠道，扩大省自然科学基金联合基金支持范围至35家单位，探索实施基础研究长期稳定支持制度，为实现高水平科技自立自强贡献吉林力量。

6. 高水平科技供给强化行动。深化科技体制改革，完善聚力攻坚机制，聚焦新能源汽车、高端装备制造、碳纤维、人参、现代种业、风光电氢储、生物医药等产业关键核心技术，启动实施专项30项，逐项攻坚突破。推动科研经费改革，强化省级财政科研经费统筹，鼓励企业与高校院所联合攻坚，引导更多社会资本进入科技创新领域。

7. 高能级创新平台建设行动。争取国家战略科技力量在我省布局，加快完成11个国家重点实验室重组。建设“三室”“三院”新型研发机构，每年省市共投入6亿元支持长白山、三江、吉光3个省实验室建设运行，探索实施“任务＋平台＋人才”组织模式，全链条适配一批概念验证中心、中试中心、成果转化中心和投资基金、科研团队、优质企业，产出一批对新质生产力发展有显著促进作用的成果。推动省工业技术研究院、省科技创新研究院、省氢能产业综合研究院建设提档升级。统筹各类科技创新平台建设，推动全国重点实验室、省实验室等高能级创新平台面向企业和社会开放共享。

8. 高质量科技企业培育行动。强化企业创新主体地位，鼓励企业建立研发准备金制度。设立科技领军企业储备名录，省市联动、“一企一策”支持一汽集团、中车长客、长光卫星、吉林化纤等成长为科技领军企业。加快“专精特新”企业和企业技术中心培育，力争省级专精特新中小企业占全省“四上”民营法人单位数量的18%，拥有省级企业技术中心企业占规模以上工业企业数量的15%。建立“雏鹰、瞪羚、独角兽”企业梯度培育体系，鼓励国有企业采购中小企业创新产品，实施“破茧成蝶”项目，支持初创、在孵企业成长壮大，科技型中小企业注册数量达2.1万户。完善科技企业孵化器动态管理机制，科技企业孵化器（众创空间）、孵化基地达350家，孵化企业1万户以上，全面提升科技企业创新能力。

9. 高效率科技成果转化行动。深化科技成果转化机制改革，扩大赋予科研人员职务科技成果所有权或长期使用权试点，推行职务科技成果资产单列管理、横向课题结余经费出资成果转化等新模式。探索“先使用后付费”“差异化赋权”等科技成果转化许可方式。健全技术转移服务体系，打造科技成果转化“一站式”服务平台，探索“创新券”机制，稳步扩大促进产业协同创新和成果转化投资联盟基金规模。培养技术经理人2000人、创业导师1800人、科技企业孵化器从业人员1500人，累计服务企业1万户（次），累计新增科技成果本地转化1.3万项，实现技术合同成交额1000亿元。构建中试研发服务体系，征集发布创新成果转化供给清单，为科技成果转化提供全要素支撑。

10. 高效能科技金融赋能行动。整合优化省级政府投资基金，引导基金“投早、投小、投长期、投硬科技”。开展“企业创新积分”评价工作，将高新技术企业、科技型中小企业、“专精特新”企业和省级政府投资基金投资企业纳入首批试点，建立基于创新积分的企业信用新模式，设置更加灵活多样的金融产品。鼓励天使基金、创业基金、产业基金等对科技企业给予投资支持，灵活运用创业担保贷款、科技保险产品、科技创新专项担保计划，开展投贷联动、投保联动、投担联动等。强化对重大科技任务和科技企业的金融支持，实施“先投后股”等新型资金投入方式，形成多元化投入格局。

（三）人才支撑产业高质量发展能力提升工程

11. 高层次人才吸引培育行动。实施“长白英才计划”，遴选支持一批高层次引进人才、科技领军人才、优秀青年人才和杰出团队。完善青年人才发现、选拔、培养机制，助力更多青年人挑大梁、当主角。深入实施卓越工程师产学研协同培养项目，培养1000名左右具备工程技术创新创造能力、善于解决工程技术难题的工程硕士和博士，为重点产业发展储备卓越工程师后备人才。

12. 高水平人才集聚平台建设行动。建设“长春人才创新港”，推动大校大院大所大企优质科创资源向港内集聚，打造具有影响力品牌力的吸引集聚人才平台和人才创新发展示范区。支持产业园区实施特色主导产业重大项目和新技术应用示范工程，建设研究开发、检验检测、创业孵化等科技服务机构，集聚产业高端人才，构建人才创新雁阵格局。

13. 人才发展体制机制改革行动。深化引才机制改革，建立完善“事编助企”引才用才、校企共用高层次人才、企业引才奖励等制度。常态化开展“组团引才”，引进一批我省急需紧缺的高层次人才和优秀高校毕业生。进一步深化财政科研项目经费“包干制”改革，落实科研人员保障机制，持续推进岗位管理、编制使用、职称评聘、薪酬激励、放权松绑。健全高校、科研院所和企业人才交叉挂职、兼职创新、定向服务机制，促进更多人才智力资源向产业生产一线流动汇集。

（四）教育科技人才产业一体推进工程

14. 科技创新与产业创新深度融合行动。充分发挥国家战略科技力量重要作用，支持中科院长春光机所、中科院长春应化所等中科院科研院所和吉林大学、东北师范大学等部属院校建立协同联动机制，引育优秀科技人才团队，突破一批“卡脖子”关键核心技术，推动一批重大科技成果在吉转化，促进我省优势传统产业迭代升级，加快前沿技术产业培育布局，营造教育科技人才产业一体化发展的良好创新生态。

15. 企业主导产学研深度融合行动。改革科研项目凝练方式，突出企业“出题”，支持企业牵头实施科技攻关任务，累计实施企业关键技术重点研发项目 300 项以上。鼓励企业联合高校院所开展技术研发，将符合条件的横向攻关项目认定为省级科技项目，加快科研成果直接在企业转化应用。推动产业与科技教育双向奔“富”，主动为科技企业适配一批科研人员，为科研团队适配一批关联企业，探索建立选派教授专家企业挂职、建立横向科研合作、共建专业性研究院的渐进式合作机制，累计选派“科创专员”“产业教授”1700人以上。

16. 园区建设助力产业集群行动。推动高新技术产业开发区提质增效，发挥长春国家自主创新示范区作用，瞄准新能源智能网联汽车、高端装备制造、光电信息、人参产业、数字经济、生物医药、现代农业等重点领域，做强做优做大主导产业，加快建设一流科技园区。积极引入高校院所创新资源设立研发分支机构，以企业为主体新建重点实验室5个、科技创新中心10个、院士工作站5个、新型研发机构40个、科学家工作室20个。统筹推进招商引资、招才引智，打通区域内上下游配套产业链，重点培育十大产业集群，打造吉林特色现代化产业体系。

17. 应用场景牵引技术创新行动。推动在氢能、碳纤维、大功率半导体、生物制药、人参产业等领域开发开放应用场景，引导科技成果在真实的场景应用中快速突破与迭代。支持“吉林一号”挖掘农业、水利、环保、交通、自然资源、城市建设等领域应用场景，依托长春光谷、北湖未来科学城等科技园区打造“场景创新促进中心”。设立概念验证中心和中试中心30家，依托吉林大学建立科技成果转化中心。落实制造业“智改数转”政策，开展数字化车间、智能工厂和未来工厂创建，打造智能制造标杆示范。探索文化和科技融合的有效机制，加快文化产业数字化布局，实现文化建设数字化赋能、信息化转型。

三、组织保障

坚持党的全面领导，发挥省委科技委统筹作用，建立教育科技人才产业一体化推进工作机制，强化共商共研、协同联动机制，增强政策一致性。优化财政支出结构，统筹配置教育、科技、人才、产业财政投入。鼓励科研类事业单位实行更加灵活的管理制度。将高校院所成果转化作为获得财政资金、平台建设、项目支持、科技奖励的重要依据，确保一体化发展政策举措落地见效。

媒体聚焦

人民日报 2025年1月16日15版

科技助力冰雪运动升级

雪场有了“机器狗”

人民日报 2025年1月16日 星期四 15 体育

冰天雪地也是金山银山

——推动冰雪经济成为新增长点①

赛事有流量，消费添增量

产品有亮点，服务更贴心

政策有力度，发展有劲头

一张木制乒乓球桌带来的改变

浙江江山市白沙村——

十一位中国网协选手进入单打正赛

郑钦文无缘澳网女单第三轮

广东河源打造惠民赛事

篮球“转”出幸福生活“同心圆”

科技助力冰雪运动升级

雪场有了“机器狗”

“中国体育招聘”平台上线运营

吉林长春莲花山滑雪场总经理李国春介绍，这个雪季，雪场引进了6只机器狗，让滑雪场在智能化管理、个性化服务等方面上了一个新台阶。这个雪季，智能科技成为不少雪场的升级方向——吉林市冰雪装备制造企业推出较普通滑雪板轻30%左右，强度却是普通滑雪板的3倍至5倍的碳纤维滑雪板在多个雪场“上新”，颇受欢迎；在万峰通化滑雪度假区，游客随身携带智慧接收设备，就能通过5G网络和北斗系统的精准定位，与雪道上的400余个高清摄像头交互联动，留下精彩瞬间。上个雪季，吉林省接待国内游客1.25亿人次、旅游收入2419亿元，创历史新高。新雪季，吉林将继续讲好冰天雪地里的生动故事。

长春莲花山滑雪场机器狗表现抢眼　田甜／摄

《朝闻天下》2024 年 12 月 8 日播出

第三届世界中医药科技大会
未来三年计划培训 1300 名海外中医药人才

【导语】记者从正在长春举行的第三届世界中医药科技大会获悉，为深化共建“一带一路”国家的传统医药国际合作，我国将在未来三年内，专项培养并培训 1300 名来自这些国家的中医药人才，共促中医药文化的国际交流与传承。

【正文】在大会的海外采购商贸易配对环节，20 多个共建“一带一路”国家的 50 多位海外采购商，在现场和国内的中医药厂商进行一对一的商务对接。

【同期】秘鲁采购商 巴卡诺娃·伊莲娜

在我们秘鲁以及整个拉丁美洲，对中国医药有所了解，但并不全面。在一些拉丁美洲国家，也有草药医学，但主要在乡村地区，并没有达到很高水平，所以我认为，这对于国际市场来说可能会很有意思。

【正文】记者在现场了解到，这些海外采购商采购需求覆盖了中医药的各个环节，包括医药、医疗器械、保健品等领域，期待与中国的优秀企业合作。

【正文】数据显示，自 2013 年“一带一路”倡议提出以来，中医药领域的国际合作取得了显著成效。中医药已传播至 196 个国家和地区，全球有 30 多万名中医药从业者在中国以外地区开设了 8 万多家中医诊所。

经济日报 经济日报客户端 2025年1月17日

科技攻关助力长春地铁项目建设

长春地铁5号线九工区项目位于长春市老城区，地面交通繁忙，地下管网复杂，施工难度和风险极高。为推动项目顺利开展，中铁一局二公司长春地铁5号线九工区项目党支部秉持党建引领、创新驱动理念，走出了一条技术创新与党建协同共进的发展之路。亚东区间交叉渡线的施工问题同样棘手，场地狭小、工期紧迫、交通疏解复杂。党员攻关团队联合业主、设计单位，邀请专家研讨，在传统盖挖法基础上创新，推出长春首个地铁纵向分幅、半明半盖施工工艺。针对格构柱安装等技术难题，组织技术骨干研讨，编制《复杂交通环境地铁工程半明半盖施工工法》，申报相关工法及专利1项，实现了经济效益和社会效益双赢，为同类工程提供了范例。项目部还高度重视青年技术人才培养，不断为科技创新注入"源头活水"，推进导师带徒活动，积极为青年搭建实践平台，选派党员技术骨干参加全国冻结法施工技术交流研讨会，让青年在实战中成长，推动科研管理升级。

长春地铁　刘宝范/摄

中国日报中文网　2025 年 1 月 19 日

超大功率陆上 12.5 兆瓦风电机组在中车松原基地下线

“凌风号”超大功率陆上 12.5 兆瓦风电机组是国内首个下线的 12 兆瓦级陆上风电机组，功率等级可实现 11 兆瓦—14 兆瓦的柔性配置，风轮直径可拓展至超过 250 米。以年均风速 7.5m/s 计算，“凌风号”单台机组每年可发电约 3800 万千瓦时，与上一代机组相比提升 15% 以上，相当于节约标准煤 1.5 万吨，减少二氧化碳排放 3.6 万吨，有效提升沙戈荒地区风资源利用率。与 10 兆瓦机组相比，“凌风号”平准化度电成本（LCOE）进一步降低约 8%，经济效益显著，将成为陆风时代挺进沙戈荒大基地的“驭风利器”。

洮南大通新立风电场　白宣／摄

中新社 CHINA NEWS SERVICE　中国新闻网　2025 年 1 月 24 日

吉林支持省属企业科技创新 研发投入增长保持两位数

中国新闻网 | 吉林
www.jl.chinanews.com (吉林新闻网)

首页　统战　中新观吉　国际传播　区县　科教　法制　社会　文旅　财经　汽车

首页-->财经

吉林支持省属企业科技创新 研发投入增长保持两位数

中新网吉林新闻1月24日电 (高龙安 金秀)记者23日从吉林省政府新闻办召开的新闻发布会获悉，该省不断推动省属企业科技创新、优化产业结构、加快转型升级。近几年，省属企业研发投入始终保持两位数增长，2024年增速达到23.2%。

吉林化纤集团碳纤维相关车间正在收丝。(资料图) 凌西政/供图

吉林省国资委副主任施航介绍，吉林省国资委加大政策支持力度，引导企业持续提高研发投入强度。除研发投入

吉林省不断推动省属企业科技创新、优化产业结构、加快转型升级。近几年，省属企业研发投入始终保持两位数增长，2024 年增速达到 23.2%。吉林省属企业立足主业和产业发展，设立各类研发机构 33 个，其中国家级 3 个、省级 21 个；围绕新材料、生物医药、生态保护等领域，与高校和科研院所设立各类产学研项目或创新联合体 69 个。去年，省属企业持有专利数量同比增长 3%。吉林省国资委正着手优化省属企业科技创新的顶层设计，配套制定若干支持措施，推动企业围绕产业链布局创新链，强化科技攻关，加快产学研深度融合，完善多元化研发投入机制，促进成果转化和推广应用，建立创新投资容错机制，落实多层次、宽领域的创新专项奖励和激励措施，优化国企创新生态。

中国吉林网 www.cnjiwang.com　2025 年 1 月 14 日

人工智能产业，吉林如何超前布局？

从智慧工厂到智能制造，AI 智慧下的吉林，正焕发着新生机。在吉林省第十四届人民代表大会第四次会议上，《政府工作报告》中提到，“打造一批高水平应用型学科，超前布局战略性新兴产业、未来产业急需的学科专业。”吉林新兴产业如何破局，高校新兴学科该如何更好地发展？对此，省政协委员、长春工程学院计算机技术与工程学院院长、人工智能技术研究院院长赵佳有新的理解。赵佳委员表示，吉林作为科教大省，汇聚

了众多高校、科研院所和高素质科研人才，积累了大量具有发展与转化潜力的科研成果。正因如此，产业与科研的深入结合尤为关键。与此同时，吉林省的产业基础雄厚，与农业的结合尤为紧密，其中人参产业就是一个典型的“小切口”成功案例。通过人工智能、区块链等数字化技术，在精准决策、溯源管理等方面有望实现“大纵深”的示范带动作用。这种“AI+农业”模式，不仅有助于释放人参产业的潜力，也能为吉林其他优势产业提供可复制的创新路径，进一步促进农业现代化和数字化升级。未来将进入人工智能的爆发期，有些应用必不可少。比如区块链技术，在数据储存、防篡改和溯源方面发挥作用，相当于最底层的数据基础设施。再比如垂直大模型，在通用人工智能尚需更多时间和技术累积的当下，垂直大模型凭借对特定领域的深度耦合和专用化能力，能够在当前阶段有效地为大众提供高效、精准的服务，展现出不可或缺的应用价值。在赵佳看来，对于未来发展，政府应在政策层面发挥引领作用，全面普及人工智能知识与应用，着力培养并留住本土人才。同时，应组建产业联盟、加强高校与企业合作，并在高校和中小城市率先试点，以此作为推动吉林经济高质量发展的切入点，加速人工智能技术在更广泛领域的应用与融合。

▶ 明确工作思路

守好“大国粮仓”

保护好利用好黑土地这一“耕地中的大熊猫”　李坤 / 摄

政策文件

中共吉林省委　吉林省人民政府
关于学习运用“千村示范、万村整治”工程经验加快发展现代化大农业有力有效推进乡村全面振兴的实施意见

吉发〔2024〕1号

（2024年3月3日）

2023年，省委、省政府深入贯彻落实习近平总书记在新时代推动东北全面振兴座谈会上的重要讲话和视察吉林重要讲话重要指示精神，团结带领全省上下加快建设农业强省，“三农”工作取得显著成效。粮食产量再创历史新高。总产达到837.3亿斤，由全国第五位提升到第四位，增量居东北四省（自治区）第一位，单产居粮食主产省第一位。牢牢守住不发生规模性返贫底线。健全落实防止返贫动态监测和精准帮扶机制，“三保障”和饮水安全问题动态清零，因灾返贫致贫风险有效防范化解。“十大产业集群”快速发展。玉米水稻、生猪、肉牛肉羊全产业链产值均超1000亿元，人参全产业链产值超700亿元，果蔬全产业链产值超600亿元。农村基础设施和公共服务水平稳步提升。新改建农村公路3175公里，整治“畅返不畅”公路6217公里。农村自来水普及率达到97.8%。基层医疗机构和村卫生室实现全覆盖。和美乡村建设扎实推进。学习运用“千村示范、万村整治”工程（以下简称“千万工程”）经验，建设美丽乡村示范县，打造高标准示范村、美丽村、吉乡农创园。村庄清洁行动行政村全覆盖。社会主义核心价值观宣传教育进村入户，移风易俗持续深入。农村居民人均可支配收入较上一年增长7.4%。

做好2024年及今后一个时期“三农”工作，要以习近平新时代中国特色社会主义思想为指导，深入贯彻落实习近平总书记关于“三农”工作的重要论述和视察吉林重要讲话重要指示精神，坚持和加强党对“三农”工作的全面领导，学习运用“千万工程”经验，牢固树立大农业观、大食物观，在加快发展现代化大农业上强化政策引领，在扛稳维护国家粮食安全重任上展现担当作为，坚决守住不发生规模性返贫底线，持续提升乡村产业发展水平、乡村建设水平、乡村治理水平，强化科技和改革双轮驱动，强化农民增收举措，加快建设农业强省，建设宜居宜业和美乡村，推动吉林乡村全面振兴取得新成效。

一、持续提升粮食和重要农产品稳产保供能力

（一）全力抓好粮食生产。扎实推进“千亿斤粮食”产能建设工程，正常年景下粮食产量达到880亿斤以上。严格各级党委和政府耕地保护和粮食安全责任制考核，下达粮食播种面积指导性计划9277万亩，把任务指标分解到乡村、落实到地块。实施大面积粮食单产提升行动。在中西部易旱地区推广玉米“水肥一体化＋密植”技术，新增100万亩，总面积达到700万亩以上。应用推广高产耐密玉米、高产高油大豆品种，新增200万亩，总面积达到2700万亩以上。推广“一喷多促（多防）”等防病虫促增产技术，新增200万亩，总面积达1770万亩。在产粮大县落实玉米和水稻完全成本保险保费补贴政策，扩大投保面积。

（二）严格落实耕地保护制度。坚持耕地保护党政同责，深化落实“田长制”，加快建立耕地保护责任目标考核奖惩机制。完善耕地占补平衡制度，全面改进规范耕地占补平衡管理。严肃查处各类违法违规占用耕地行为，坚决制止耕地“非农化”、防止“非粮化”。科学推进盐碱地综合利用，加快推进盐碱地等耕地后备资源综合利用国家试点，开发规模达到25万亩。

（三）着力加强黑土地保护。打好“黑土粮仓”科技会战，发

挥3个万亩级核心基地试验示范作用。推动“梨树模式”提质扩面，集成示范先进技术，探索新的耕作模式。实施保护性耕作技术3800万亩以上。实施“秸秆深翻还田+增施有机肥”技术110万亩。开展耕地质量监测评价。抓好第三次全国土壤普查。实施侵蚀沟治理项目112个，治理侵蚀沟8002条。

（四）加强农业基础设施建设。编制永久基本农田全部建成高标准农田实施方案。适当提高省级投资补助水平。建设高标准农田1000万亩。支持白城市、松原市开展高标准农田整区域推进试点。扩大中西部易旱地区农用机井建设。加快推动永舒榆、星星哨等18处大中型灌区续建配套与现代化改造项目建设。加强小型农田水利设施建设和管护。实施重点涝区排水疏浚工程。推进灾毁农田水利设施修复和重建。整治农田“四沟四渠”3万公里。加强农田防护林体系建设。加强干旱、洪涝、风雹、重大病虫害等灾害监测预报能力建设。

（五）强化农业科技支撑。鼓励科企联合开展盐碱地综合利用技术攻关，启动“吉林省盐碱地治理与综合利用科技创新重大专项”。优选全省农业主导品种126个、重点主推技术10项、主推实用技术75项。落实国家农业重大技术协同推广试点项目，完善“政产学研推用”链式模式。推动基层农技推广体系条件建设，强化公益性服务功能。持续推进农业高新技术产业示范区、农业科技园区建设。

（六）加快种业振兴发展。加强种质资源保护利用，加大种源关键核心技术攻关，培育高产、耐密、耐盐碱等作物新品种。育繁推一体化种业企业发展到8家。建设公主岭、洮南等高标准制种基地。加强肉牛核心育种场、种公牛站建设，推动延边黄牛和吉林西门塔尔牛改良提升和高效快繁。完善梅花鹿种质资源数据库。

（七）推动农业数智化发展。依托“吉林一号”卫星，大力发展智慧农业。升级完善“吉农云”平台，推动“云·码·村·社”全覆盖建设与应用，建设认定一批智慧农业示范基地和“数字村”。开展数智赋能大田作物单产提升试点示范建设。加快玉米全产业链大数据中心和平台建设。加强涉农信息协同共享，拓展种业资源、农业机械、肉牛产业、三产融合等农业数智化应用场景，推动涉农企业、农业生产经营主体数智化转型升级。

（八）加快先进农机研发推广。实施农机研发制造推广应用一体化试点项目，推进智能免耕播种机、丘陵山地收获机、粮食烘干机等研发创制。优化农机购置补贴政策，加大“有进有出、优机优补”力度，重点支持购置智能农机具、先进适用农机具，大力推广高性能播种机、收获机。下调普通机具补贴标准，加快老旧机具更新换代。健全农机应急作业服务体系，建设农机区域服务中心。

（九）稳步发展农业适度规模经营。实施新型农业经营主体和服务主体发展壮大三年攻坚行动，因地制宜发展土地流转型和服务带动型等多种形式的适度规模经营。实施新型农业经营主体提升行动，鼓励县级及以上示范类新型农业经营主体扩大经营规模，支持有条件的小农户新组建家庭农场。开展新型农业经营主体素质提升培训，力争实现家庭农场和农民专业合作社负责人培训全覆盖。持续推进农民合作社示范社和示范家庭农场三级联创。加快建设县乡村三级农业社会化服务平台，建立县域服务标准规范。开展“联百村带千社惠万家”专项行动，深入推进千户家庭农场、千户农民合作社“双千工程”对接服务。聚焦服务小农户、粮食和重要农产品保供，大力发展单环节、多环节、全程生产托管服务。鼓励农村集体经济组织提供农业生产、适度规模经营等居间服务。加大对新型农业经营主体分型分类支持力度，提供优质高效的登记注册服务，将家庭农场、农民专业合作社等各类农业企业法人纳入一网通办范围，实现“网上办、一日办、免费办”。

（十）提升粮食和重要农产品调控能力。持续发布粮食收购进度和价格监测信息，落实国家稻谷最低收购价政策。推进“百万亩棚室”建设工程，新建各类棚室3万亩。开展“菜篮子”市长负责制考核。加强救灾种子储备。积极培育壮大农资企业，建设农资配送网络体系。加大涉农领域市场监管力度。深入开展粮食节约行动，健全全链条节粮减损常态化长效化工作机制，大力推动粮食机收减损，落实安全储粮措施和简洁实用装具。提倡健康饮食，坚决制止餐饮浪费行为。

二、有序推进巩固拓展脱贫攻坚成果同乡村振兴有效衔接

（十一）坚决守住不发生规模性返贫底线。适时调整防止返贫监测范围，压紧压实防止返贫工作责任，确保应纳尽纳、应扶尽扶。巩固提升“三保障”和饮水安全保障成果，集中开展问题隐患摸排整改专项行动。完善分层分类社会救助体系，建设低收入人口动态监测信息平台，强化筛查预警和兜底保障。保持过渡期内基本医保、大病保险、医疗救助“三重制度”综合保障机制平稳运行，防范化解因病返贫致贫风险。推动防止返贫帮扶政策和农村低收入人口常态化帮扶政策衔接并轨。

（十二）持续加大产业和就业帮扶力度。深入实施促进脱贫人口持续稳定增收三年行动，推动各类资源和帮扶措施向产业发展、务工就业、发展集体经济、社会救助保障等方面聚焦发力。强化帮扶产业分类指导，打造一批高质量发展庭院经济重点县乡村。落实“四个一批”要求，加强帮扶项目资产后续管理，健全联农带农机制。规范光伏帮扶电站运维管理，保持稳定运行，合理分配收益。加大消费帮扶力度。继续做好脱贫人口小额信贷工作。加强乡村公益性岗位开发，保持就业帮扶车间规模，深入开展“雨露计划+”就业促进行动、乡村工匠“双百双千”培育工程，稳定脱贫劳动力就业规模。

（十三）加强重点地区帮扶。深化拓展包保帮扶、驻村帮扶、省内协作帮扶、乡村振兴高校联盟、金融机构赋能乡村振兴、“万企兴万村”吉林行动、社会组织助力乡村振兴等各方面帮扶成效。切实强化对 13 个省级乡村振兴重点帮扶县的倾斜支持和对易地搬迁安置区的后续扶持。

三、提升乡村产业发展水平

（十四）促进农村一二三产业融合发展。加快构建粮经饲统筹、农林牧渔并举、产加销贯通、农文旅融合的现代乡村产业体系，培育万亿级大农业集群。推进现代农业产业园、农业现代化示范区等平台载体建设，分类分型推动产业深层融合，带动大范围发展。持续培育农业产业化联合体。构建“农文旅”融合价值链体系，优化产品和服务供给，新评选一批4A、5A级乡村旅游经营单位和等级旅游民宿并给予奖补。

（十五）加快打造全国高端食品加工基地。持续壮大“十大产业集群”，研究制定支持农产品加工业高质量发展的政策措施，引导农产品加工业向县乡村下沉、向食品加工和销售等中下游延伸，加快从“卖原料”向“卖产品”转型。开展以链招商、以商招商，吸引央企、域外头部企业入驻，建设头部经济产业园。新增农业产业化省级重点龙头企业20户。建设吉林大豆优势特色产业集群，大力发展大豆全产业链加工。实施人参种业振兴、品质提升、品牌跃升“三项工程”，建设“中国人参产业示范区”，支持抚松县建设人参种质资源中长期保存中心，壮大人参产业发展联盟，推进人参产业标准化体系建设。启动《吉林省人参产业条例》修订工作。建设“吉林长白山黑木耳”优势特色产业集群，加快黑木耳、灵芝、桑黄等食药用菌产业标准化、规模化、集约化发展。加快人参、梅花鹿、食药用菌等优势特色产品精深加工、高值利用。推动梅花鹿茸、林蛙油进入药食同源目录。持续培育“一村一品”示范村镇。开展省级农产品加工示范县创建工作。做大叫响“吉字号”农产品品牌，重点培育10个精品区域公用品牌，推动优势特色农产品“走出去”。建立吉林大米评价体系。

（十六）构建多元发展农业产业体系。树立大食物观，做优“土特产”文章。推动“千万头肉牛”工程提质增效，加快“中东西”三大肉牛产业集群建设，打造集良种繁育、养殖、交易、屠宰、精深加工的肉牛产业链，肉牛饲养量达到880万头。实施肉牛屠宰加工量倍增计划，采取超常规举措释放产能，配套完善冷链物流体系。发展查干湖等大水面生态渔业，推广稻渔综合种养，扩大东部名优冷水鱼生产规模。发展红松果材兼用林、特色经济林、矿泉水等林下产业，积极创建林下经济高质量发展示范省。加强食用农产品产地质量安全控制和产品检测，提高绿色优质农产品供给。创建无抗养殖示范基地。建立与市场端紧密衔接的畜产品质量全链条智慧监管体系。

（十七）加快完善农村物流体系。实施县域商业建设行动，改造县级物流配送中心 10 个、乡镇集贸市场（农村大集）20 个、乡镇物流配送站 50 个，引导大型商贸流通企业下沉渠道资源。推进农村客货邮融合发展，支持客运站在具备客货功能基础上，增加快递、商超、邮政等功能，新建农村物流网点 1800 个。培育农村物流服务品牌。

（十八）多渠道增加农民收入。推动新型农业经营主体和涉农企业扶持政策与带动农户增收挂钩。实施“农村劳动力转移就业四季春”活动，开展“春风行动”“农村劳动力就业质量提升”“金秋招聘月”等专项行动。做大“吉林省十大劳务品牌”，培育新型劳务品牌。全年转移农村劳动力达到 270 万人以上，实现劳务收入 700 亿元以上。开展农民工服务保障专项行动，加强农民工动态监测和拖欠工资问题整治，做好大龄农民工就业扶持。落实农村困难群体城乡居民养老保险代缴保费政策。在政府投资重点工程和农业农村基础设施建设项目中推广以工代赈。鼓励多渠道盘活利用农村资源资产，增加农民财产性收入。

四、提升乡村建设水平

（十九）提升规划引领效能。统筹推进市县乡国土空间规划和审查报批工作，按需依法科学编制“多规合一”实用性村庄规划。实施规划“留白”机制，对一时难以明确具体用途的建设用地，可暂不明确规划用地性质，建设项目规划审批时，再落地规划指标、明确用地性质。将乡村振兴项目纳入用地组卷报批攻坚行动，对符合要求的项目，由省级统筹保障用地计划指标。

（二十）扎实推进和美乡村建设。学习运用“千万工程”经验，坚持因地制宜、分类施策、循序渐进、久久为功，制定出台乡村建设行动“1+N”方案，健全乡村建设议事协商、社会投入、农民参与机制，明确建设标准，细化考核指标，跟踪督导问效。打造美丽乡村建设示范县、高标准美丽乡村示范村，同步推进美丽乡村建设，建设“吉乡农创园”。

（二十一）深入实施农村人居环境整治提升行动。加强村庄公共空间整治，行政村覆盖面保持100%。打造“干净人家”30万户。坚持“宜水则水、宜旱则旱、以水优先”，实行农户自建、先建后补，新建农村卫生厕所1.7万户。以乡镇政府所在地、中心村等六类区域为重点，持续深入开展农村生活污水治理（管控）工作。优化处置设施布局，行政村生活垃圾收运处置体系覆盖率达到98%以上。统筹推进农村生产生活废弃物资源化处理和综合利用。健全畜禽粪污收储运体系，推进畜禽粪污就地转化、就近还田利用。

（二十二）加快补齐农村基础设施短板。实施乡村畅通工程，新改建农村公路3500公里，实施安防工程2500公里，整治“畅返不畅”5500公里，提档升级通往20个旅游景区公路。扎实推进农村供水保障工程，以县为单位全面实现县级统管、企业化运营，24小时供水工程比例达到70%以上。持续推进农村电网巩固提升工程。加快新能源乡村振兴项目建设。及时排查鉴定农村危房，推广示范农房建设标准和图集。落实智慧广电乡村工程各项任务。

（二十三）完善农村公共服务体系。优化公共教育服务供给，加强寄宿制学校建设，常态化开展控辍保学，落实义务教育学生资助政策。完善乡村医疗卫生服务体系，加强村级卫生室建设，实行慢性病签约服务和村医“积分制”管理，持续开展“优质服务基层行”活动。推动医保服务下沉乡村，把村卫生室纳入医保定点管理。完善县乡村三级养老服务体系，优化乡镇福利中心布局，加强跨乡镇入住需求统筹调剂，确保“应养尽养”。支持利用农村闲置资产建设养老大院、老年食堂。加强农村生育支持和婴幼儿照护服务，做好农村妇女、儿童、老年人、残疾人等关心关爱服务。

（二十四）保护农村生态环境。深入打好蓝天、碧水、净土保卫战，一体化推进乡村生态保护修复。科学推进秸秆全域禁烧，加强秸秆离田管理，推进秸秆“五化”综合利用。深入实施绿美吉林行动，统筹推进林草湿生态连通工程、“三北”工程攻坚战、科尔沁沙地歼灭战，修复草原26万亩，提升林草资源固碳增汇能力。全面加强森林草原火灾防控能力建设，落实“三员”网格化管理。建设幸福河湖，新建和改善绿水长廊1000公里，基本消灭重要流域“光板河”。持续推进西辽河干流吉林段、洮儿河干流母亲河复苏行动。动态排查整治黑臭水体，健全工作推进和考核监督机制。推进化肥农药减量增效，综合防治农业面源污染。发展生态低碳农业，推广种养循环模式。

（二十五）促进县域城乡融合发展。促进县乡村功能衔接互补、资源要素优化配置，构建以县城为枢纽、以小城镇为节点的县域经济体系，培育区域节点型、专业功能型县城，扩大县域就业容量。推进县域经济分类发展，依托自然生态、交通区位、历史文化等资源，打造一批百亿级特色产业集群。统筹县域城乡基础设施规划建设管护，推进城乡学校共同体、紧密型县域医共体建设。实施新一轮农业转移人口市民化行动，将符合当地规定条件的县政府所在地的住房或收入困难家庭纳入住房保障范围。

五、提升乡村治理水平

（二十六）促进乡村文化不断繁荣。节俭热烈办好农民丰收节、第十一届吉林省农民文化节。开展“送演出下基层”1800场以上。组织开展“民间文化艺术之乡”评审推荐活动。广泛开展展览展示、文化扶贫等活动。坚持农民唱主角，支持乡镇和行政村组建文体队伍，结合重大历史时间节点和重大节假日，自办“村BA”、村晚等群众性主题活动。开展第二批省级传统村落调查推荐，推进传统村落集中连片保护利用。深入实施“吉林印记”工程，结合乡村旅游精品线路，新建乡村博物馆16处。

（二十七）推进农村移风易俗。坚持把社会主义核心价值观融入农村日常生活，编制吉林省农村精神文明建设工作手册。开展“强国复兴有我”“听党话、感党恩、跟党走”等宣传教育活动，评选“文明家庭”“文明村镇”，建设“道德银行”“积分超市”，涵养乡村文明新风。强化村规民约激励约束功能，完善婚事新办、丧事简办、孝老爱亲等约束性规范和倡导性标准。持续整治高额彩礼、大操大办、厚葬薄养、散埋乱葬等陋习。完善农村志愿服务体系。

（二十八）加强平安乡村建设。完善覆盖全体村民的网格化管理体系，配强网格长和网格员，及时排查发现苗头性倾向性问题。坚持和发展新时代“枫桥经验”，完善矛盾纠纷排查化解机制。建设专兼结合的高素质农村人民调解员队伍，培养“法律明白人”。加强综治中心标准化建设和实体化运行，推动矛盾纠纷“一站式”调处、群众诉求“一站式”解决。加强农村法治宣传教育，创建“民主法治示范村（社区）”，培育农村学法用法示范户。加大农村涉黑恶案件线索侦办力度，依法打击农村赌博、电信网络诈骗等违法活动。开展农村自建房、道路交通、燃气、消防、渔船等重点领域安全隐患治理攻坚。建设农村应急广播主动发布终端，加快建成省市县乡四级贯通的应急指挥调度系统。

六、加强党对“三农”工作的全面领导

（二十九）健全党领导农村工作的体制机制。坚持农业农村优先发展，全面落实乡村振兴责任制，压实五级书记抓乡村振兴责任，运用“五化”闭环工作法推动落实。加强各级党委农村工作体系建设，强化统筹推进乡村振兴职责，加强重大问题研究和政策储备，及时开展重大任务督促落实。巩固拓展学习贯彻习近平新时代中国特色社会主义思想主题教育成果，落实“四下基层”制度，深入调查研究，

推动解决农民群众反映强烈的问题。统筹开展乡村振兴战略实绩考核、巩固拓展脱贫攻坚成果同乡村振兴有效衔接考核评估和暗访督导调研，强化考评结果运用。加强“三农”干部使用选拔和锻炼培养。深化纠治乡村振兴中的形式主义、官僚主义等问题。讲好新时代吉林乡村振兴故事。

（三十）强化抓党建促乡村振兴。坚持大抓基层鲜明导向，强化县级党委抓乡促村责任，实施抓党建促乡村振兴高质量发展“五项工程”。持续深化“五星级”乡村党组织创建，持续整顿软弱涣散村党组织，力争全省乡村党组织全部达到“三星级”以上。全面落实“四议两公开”制度，推行村级议事协商目录制度。严格实行上级部门涉基层事务准入机制，逐级建立职责清单和事务清单，持续清理规范村级组织工作事务、机制牌子和证明事项。提高村“两委”班子领导乡村振兴能力，储备村党组织带头人后备力量，对乡村干部开展全员轮训。加强村“两委”干部监管，细化村级小微权力清单，建立村干部履职行为负面清单。加强驻村干部日常管理和督导考核。

（三十一）深化农村改革。扩大第二轮土地承包到期后再延长30年政策试点范围，探索形成可复制可推广的延包模式。持续推进农村“三变”改革，促进新型农村集体经济健康发展。健全农村集体资产监管体系，严控经营风险。对集体资产由村民委员会、村民小组登记到农村集体经济组织名下按照国家有关规定实行税收减免。平稳有序推行村党支部领办创办合作社，因地制宜发展产业项目，落实分类管理帮扶措施。抓好农村产权交易市场全省规范化试点建设，健全工作推进机制。深入总结农村宅基地制度改革试点成果经验。审慎稳妥推进农村集体经营性建设用地入市试点。统筹推进农垦、林业、供销、农业水价等领域改革任务。

（三十二）完善乡村振兴多元投入机制。坚持把农业农村作为一般公共预算优先保障领域，压实地方政府投入责任。稳步提高土地出让收入用于农业农村比例。加大省级乡村振兴项目和资金的统筹整合力度，强化项目动态监测、实时绩效评价和结果运用，优先向产业发展好、项目实施好、完成效果好的县份投放项目。健全农村金融服务体系，完善大中型银行“三农”金融服务专业化工作机制，强化农村中小金融机构支农支小定位。围绕“千亿斤粮食”“千万头肉牛”等乡村振兴重点领域，加大信贷投放和担保支持，提高中长期贷款投放占比。拓宽涉农主体融资渠道，支持金融机构探索开展畜禽活体、农机具、大棚设施、畜禽圈舍等涉农资产抵押贷款。加大农村数字普惠金融建设力度，鼓励金融机构运用新一代信息技术因地制宜打造惠农利民金融产品与服务，向农村地区延伸信贷、保险等金融信息服务。开展金融“一县一业”专项行动等政银合作，加快农业农村信用信息共享。

（三十三）壮大乡村人才队伍。坚持招才引智和本土培养相结合，着力打造沉得下、留得住、能管用的乡村人才队伍。实施高素质农民、“耕耘者”振兴、乡村产业振兴带头人“头雁”等农民培育计划。组织开展乡村振兴人才专业职称评审。持续推进新农科建设，深化卓越农林人才培养模式改革，加快培养农林水利类紧缺专业人才。选树“助力乡村振兴优质学校”20个。健全城市专业技术人才服务乡村激励机制，加强待遇保障。深入落实科技特派员制度，扩大科技小院地域覆盖面和产业覆盖面，向“三区”选派科技特派员120名。持续开展科技助力乡村振兴专家服务行动。统筹实施“三支一扶”、一村一名大学生村医、特岗教师、订单定向医学生、订单农科生等培育培养计划。开展乡镇机关选调生、乡村振兴专干招录招聘，行政村乡村振兴专干实现全覆盖。实施乡村振兴巾帼行动。鼓励退役军人回乡创办领办新型农业经营主体，选拔优秀退役军人进入农村“两委”班子，培养选树“兵支书”典型。

让我们更加紧密团结在以习近平同志为核心的党中央周围，深入贯彻习近平总书记关于“三农”工作的重要论述，锐意进取、乘势而上，努力建好绿色大粮仓、加快发展现代化大农业、推动乡村全面振兴，为全面建设社会主义现代化新吉林提供强有力支撑。

媒体聚焦

新华社 XINHUA NEWS AGENCY 新华社电稿 2025年1月6日

吉林：温室大棚“科技范” 农民增收添动力

进入1月，东北大地银装素裹。在吉林省不少乡村，农民正在一栋栋现代化的温室大棚内忙碌着。从激光灯到“透光棉被”，再到物联网技术应用，有了科技装备加持，越来越多过去“猫冬”的农民经营起温室果蔬大棚，实现增产增收。

最近，吉林省白山市抚松县东胜村的草莓进入成熟期，村民正在大棚内采摘、装箱。2023年以来，村里新建的现代化温室大棚带动村里七成农户从事草莓种植，村民实现家门口就业增收。在公主岭市范家屯镇恒通生态现代农业产业园，温室大棚安装了传感器和监控系统，能实时监测棚室内土壤湿度、温度、光照和二氧化碳浓度等参数，实现高效、精准种植管理，进而提高果蔬产量和品质。

目前，吉林省建设棚室面积80万亩左右，拥有省级“菜篮子”应急保障基地近200家，全省大棚果蔬年产量可达1800万吨左右。吉林省农业农村厅园艺特产处处长杨明说，吉林省正在实施百万亩棚室建设工程，加快新装备应用，推动棚膜经济高质量发展。

吉林市昌邑区桦皮厂镇漂洋村吉林一亩田农业种植基地灵芝种植大棚 董育新/摄

CMG 中央广播电视总台 CHINA MEDIA GROUP　央视网　2025 年 1 月 13 日

从种地到卖花　君子兰的"花"开乡村振兴致富路

近日，公主岭市大岭镇黄花村的君子兰产业园区内热闹非凡。花农们穿梭在花窖之中，忙着擦拭君子兰叶片、精心摆放花卉，依据消费者喜好，筛选出主打品种开展线上售卖。为助力君子兰在质量、产量上实现双提升，园区专门聘请了君子兰种植技术人员，为种植户进行专业培训。现阶段，君子兰产业园区规模达 30 万平方米，已建成高标准日光温室 150 余栋，入驻种植户 180 户，辐射带动周边 600 余人成功就业。

公主岭市君子兰协会会长李玉德说："园区一直主打精品路线，眼下加上年宵花热卖，园区里 100 多户养兰人里，有八九十个甚至上百个主播天天直播带货。靠着直播模式，园区日销售额达到三五十万元不在话下。"在吉林公主岭，君子兰不仅扮靓了春节，更成为助力乡村振兴、带动农民增收的美丽产业。

科技，让农业丰收在春天开个好头……

光明日报
光明视野 07
科技，让农业丰收在春天开个好头……
培育新农人，加快农业农村现代化
育种实验忙不停
盐碱地飘来稻米香
攻关农产品加工技术

盐碱地飘来稻米香

讲述人：吉林省农业科学院水稻研究所副研究员　马巍

我们定点帮扶的白城市镇赉县嘎什根乡，再次传来好消息——嘎什根乡最后一块盐碱地平均公顷产量突破18000斤。如今，嘎什根乡不仅实现了水稻种植从无到有、从低产到高产，更实现了从高产到优质、从规模化到产业化的阶段性跨越。这背后，离不开三代农科人的努力。

20世纪80年代，嘎什根乡还主要以旱田为主，且土壤盐碱化不断加重。1988年，4名水稻栽培专家来到嘎什根乡，开展低洼盐碱地种稻技术示范。通过品种和栽培技术的不断更新换代，嘎什根乡水田面积不断扩大，一跃成为吉林省第一水田乡。

2008年开始，赵国臣研究员带领第二代科技人员进驻嘎什根乡，通过推广苏打盐碱地“一抢三替”栽培技术，实现了盐碱稻区提早育苗、提早插秧，产量也大大提升。

2014年，我作为第三代科技人员跟随老专家来到嘎什根乡。我们从200多个品种中成功筛选出一批优质丰产耐盐碱的水稻新品种，还针对重度盐碱地筛选出一批更耐盐碱的水稻品种，并不断探索盐碱地低成本、高效的种植模式。在技术推广上，我们主要以推广轻简化栽培技术为主，既降低了种植户的种植成本，又有利于稻米品质的提升。

2019年底，我们与引嫩入白工程建设管理局达成科研合作协议，在嘎什根乡最后一块盐碱地建立了550亩的嘎什根乡试验基地，旨在形成一套可推广、可复制的苏打盐碱地改良综合技术模式。

今天，我们仍然在路上，对盐碱地“以种适地”技术的探索还要继续。例如，通过种植可食用稗草、茭白等耐盐碱植物，解决盐碱地改良初期改良成本高、效益差的难题；在嘎什根乡示范推广盐碱地稻田养蟹技术模式，真正实现一田两用、一田双收……

中国日报中文网 2025年1月6日

全国首例“数字人参”在白山发售

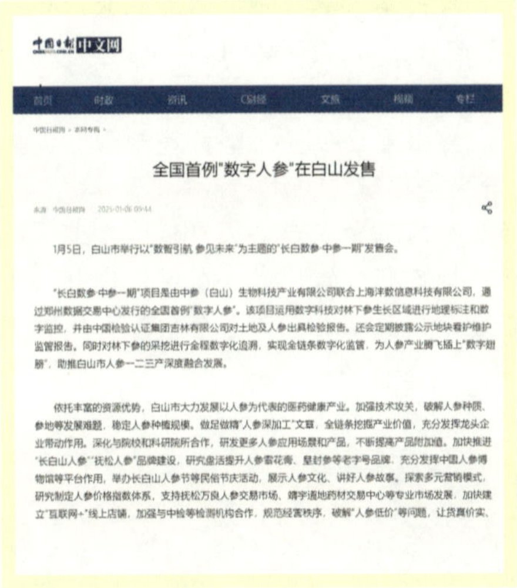

中国日报中文网

首页 时政 资讯 C财经 文旅 视频 专栏

中国日报网 > 本网专稿 >

全国首例"数字人参"在白山发售

来源 中国日报网 2025-01-06 09:44

1月5日，白山市举行以"数智引航 参见未来"为主题的"长白数参·中参一期"发售会。

"长白数参·中参一期"项目是由中参（白山）生物科技产业有限公司联合上海沣数信息科技有限公司，通过郑州数据交易中心发行的全国首例"数字人参"。该项目运用数字科技对林下参生长区域进行地理标注和数字监控，并由中国检验认证集团吉林有限公司对土地及人参出具检验报告。还会定期披露公示地块看护维护监管报告。同时对林下参的采挖进行全程数字化追溯，实现全链条数字化监管，为人参产业腾飞插上"数字翅膀"，助推白山市人参一二三产深度融合发展。

依托丰富的资源优势，白山市大力发展以人参为代表的医药健康产业。加强技术攻关，破解人参种质、参地等发展难题，稳定人参种植规模。做足做精"人参深加工"文章，全链条挖掘产业价值，充分发挥龙头企业带动作用。深化与院校和科研院所合作，研发更多人参应用场景和产品，不断提高产品附加值。加快推进"长白山人参""抚松人参"品牌建设，研究盘活提升人参雪花膏、皇封参等老字号品牌，充分发挥中国人参博物馆等平台作用，举办长白山人参节等民俗节庆活动，展示人参文化、讲好人参故事。探索多元营销模式，研究制定人参价格指数体系，支持抚松万良人参交易市场、靖宇道地药材交易中心等专业市场发展，加快建立"互联网+"线上店铺，加强与中检等检测机构合作，规范经营秩序，破解"人参低价"等问题，让货真价实、

1月5日，白山市举行以“数智引航 参见未来”为主题的“长白数参·中参一期”发售会。“长白数参·中参一期”项目是由中参（白山）生物科技产业有限公司联合上海沣数信息科技有限公司，通过郑州数据交易中心发行的全国首例“数字人参”。该项目运用数字科技对林下参生长区域进行地理标注和数字监控，并由中国检验认证集团吉林有限公司对土地及人参出具检验报告。还会定期披露公示地块看护维护监管报告。同时对林下参的采挖进行全程数字化追溯，实现全链条数字化监管，为人参产业腾飞插上“数字翅膀”，助推白山市人参一二三产深度融合发展。

依托丰富的资源优势，白山市大力发展以人参为代表的医药健康产业。加强技术攻关，破解人参种质、参地等发展难题，稳定人参种植规模。做足做精“人参深加工”文章，全链条挖掘产业价值，充分发挥龙头企业带动作用。深化与院校和科研院所合作，研发更多人参应用场景和产品，不断提高产品附加值。加快推进“长白山人参”“抚松人参”品牌建设，研究盘活提升人参雪花膏、皇封参等老字号品牌，充分发挥中国人参博物馆等平台作用，举办长白山人参节等民俗节庆活动，展示人参文化、讲好人参故事。探索多元营销模式，研究制定人参价格指数体系，支持抚松万良人参交易市场、靖宇道地药材交易中心等专业市场发展，加快建立“互联网+”线上店铺，加强与中检等检测机构合作，规范经营秩序，破解“人参低价”等问题，让货真价实、优质优价成为常态。

采参籽 孙莅珉 / 摄

吉林日报 吉林日报客户端彩练新闻 2025 年 2 月 7 日

让“中国饭碗”装进更多“吉林粮”

党的十八大以来，习近平总书记三次视察吉林，每次必看农业、必讲农业，为吉林“三农”事业发展指明了前进方向、提供了根本遵循。

作为中国“粮食版图”上的“优等生”，吉林人坚决扛稳维护国家粮食安全政治责任，将粮食生产工作摆在突出重要位置，坚持稳面积、提单产两手发力，全方位、系统性提升粮食安全保障能力。

粮食总产稳居全国第四位，单产居全国粮食主产省第一位，黑土地保护性耕作面积居全国首位……吉林正以坚定有力的步伐，在现代化大农业发展道路上奋勇前行，朝着农业强省目标扎实迈进，让每个中国人的饭碗里装进更多“吉林粮”。

守护耕地“国宝” 端牢“中国饭碗”

依托黑土地资源禀赋，2024 年粮食播种面积实现 19 连增，总产首次跨上 850 亿斤台阶，达到 853.2 亿斤。

从对黑土地保护与利用的精彩“独奏”，到面向全国推广的“齐奏和鸣”，

和美乡村 九台光明村 何平 / 摄

如今，吉林正在构建“院士工作站+科技联盟+科技小院+推广站+示范户”五位一体“梨树模式”，实施保护性耕作面积达到3800万亩。

良种铸“强芯” 粮安筑基石

种子是农业的“芯片”，是保障国家粮食安全的核心。吉林要建好中国的“大粮仓”，必须把种子牢牢攥在自己手中。

一粒良种，千颗好粮。作为制种大省也是用种大省，吉林高度重视现代种业发展，不断夯实发展基础，提高自主创新能力。2024年，启动建设寒地区域育种中心及玉米、水稻等六大育种创新平台，审定高产优质玉米、水稻、大豆新品种257个，认定非主要农作物品种27个。

农业“科技范” 挑上“金扁担”

从“靠经验”到“靠数据”，从“看天吃饭”到“看屏育种”，从“人扛马拉”到“机种机收”……吉林积极探索现代农业发展新模式，加快农业科技创新，以新质生产力赋能粮食稳产高产。

为现代农业装上“智慧大脑”，让农田管理“天上看、云里算、掌上管”。2024年，全省主要农作物综合机械化率达到94.5%，农业现代化第一方阵地位更加稳固。

2025年，吉林粮目标锁定：880亿斤！

中国吉林网 www.cnjiwang.com　2025 年 1 月 15 日

三江！这座实验室，可能将极大影响吉林农业格局

吉林这片拥有独特自然资源禀赋的土地，正孕育着一颗农业科技创新的璀璨之星——三江实验室。

作为吉林省最高层级的科研平台之一，三江实验室旨在坚持“四个面向”，突出植物、动物、菌物“三物”融合发展，聚焦“三物”种质资源保育与创新、农业高效生产、农产品精深加工等关键领域，致力于破解农业领域的重大科学与技术问题，大力培育和发展农业新质生产力，并推动科技成果的转移转化，打造吉林农业的原始创新策源地。实验室承担着对接吉林省“千亿斤粮食”产能建设工程，打造种业振兴科技高地的重任，服务现代化大农业建设。这个实验室肩负着打造国家“预备队”和区域“先锋队”的重要使命，将为吉林农业现代化建设乃至全国农业发展注入新的活力。

对于实验室项目的推进，吉林省政协委员、吉林农业大学校长李启云透露，目前，已完成实验室的机构和组织架构建设，设置了实验室的办公室。同时，在制度建设方面，形成了完整的 10 项制度。项目指南征集已经完成，将进一步梳理未来三江实验室建设的重点方向。春节之后，将面向全省、全国高校院所、企业发布指南。李启云也期望，通过三江实验室的建设，能把省内外具有优势的科技资源，汇聚到吉林现代农业发展的重大任务中来。

在科技驱动的当下，吉林如何放大农业优势？怎样高质量推动农业现代化？李启云表示，科技成果转化，一直是大家关注的话题。近年来，吉林省也加大了对科技成果转化政策的支持力度。特别是 2024 年底，吉林省发布了《吉林省全面深化职务科技成果改革实施方案》，在激活科技成果

丰收　陆民 / 摄

转化方面有重大突破。针对中小企业民营企业创新能力提升的问题，也提出了“零转让”“先使用后付费”等政策。今年的吉林省政府工作报告中提到，“2025年，粮食产量要达到880亿斤以上”。李启云认为，完成这个目标，“水肥一体化”技术应该会起到很大推动作用，而自己也带来了这份提案。同时，还带了一个关于数字农业的建议。“顶层政策加持，三江实验室助力，将有力推动学校科技创新，加速成果转化进程，吉林农业大学在农业科技领域蓬勃发展，潜力无限。”李启云坚定地说。

▶ 明确工作思路

托住“稳稳的幸福”

长春桂林路美食街　李雪松 / 摄

政策文件

中共吉林省委　吉林省人民政府
关于2025年全省民生实事安排的意见

吉发〔2025〕3号

（2025年1月24日）

2025年，省委、省政府将重点抓好7个方面20项民生实事任务，具体意见安排如下。

一、社会保障方面（2项）

1. 提高特困人员救助保障水平，按照不低于当地最低生活保障标准的1.3倍提高基本生活标准。

2. 将参加职工医保的灵活就业人员、农民工、新就业形态人员等五类人员纳入生育保险覆盖范围。

二、困难群体救助方面（2项）

3. 为10万名有需求的残疾人提供基本康复服务，对符合条件的残疾儿童康复救助实现“应救尽救”。

4. 为1万户困难重度残疾人家庭实施无障碍改造。

三、教育惠民方面（4项）

5. 建设100间校园冰雪运动训练室（场）。

6. 实施全部中小学校教室灯光照明改造。

7. 开展“阳光少年夏令营”活动，惠及农民工、新就业形态人员、困难职工等群体子女2000人。

8. 持续推进“求学圆梦行动”，资助5000名农民工、一线职工、产业工人参加学历继续教育。

四、医疗服务方面（3 项）

9. 为重点地区新生儿免费提供遗传代谢病筛查服务。

10. 为重点县（市、区）小微企业接触职业病危害的劳动者免费提供职业健康检查。

11. 建设医疗“影像云”，推动全省公立医疗机构医疗影像数据归集上云、互通共享。

五、养老助老方面（3 项）

12. 新建改建合作助老餐厅和助餐点 1000 个，实现乡镇、城市社区全覆盖。

13. 为 7000 户困难老年人家庭实施适老化改造，实现困难老年人家庭全覆盖。

14. 提高 80 周岁及以上老年人高龄津贴标准。

六、文体生活方面（2 项）

15. 免费向学校困难学生和特殊群体发放惠民购书卡 5 万张，电子阅读卡 9 万张。继续为边境村配置群众文化活动用品，实现边境村全覆盖。

16. 建设 24 个群众滑冰场，26 个户外健身中心。

七、公共设施方面（4 项）

17. 新增完成 1000 个行政村的农村生活污水治理（管控）。

18. 提高专业化物业服务面积覆盖率。长春市专业化物业服务面积占住宅总面积比例达到 87% 以上、其他城市达到 75% 以上。

19. 实施城中村改造，安置房开工 6000 套。

20. 改造 120 条客运班线公交化线路。

各地各部门各单位要把民生实事落实摆在重要位置，切实加强组织领导，抓紧制定本地区本部门本单位具体实施方案，强化工作措施，明确进度安排，细化责任分工，保障资金落实；省发展和改革委员会要加强统筹协调，强化跟踪调度，及时帮助解决问题，确保各项民生实事高质量完成。

媒体聚焦

新华社 XINHUA NEWS AGENCY　新华网　2025年1月10日

用心用力拓渠道　提档升级促就业
——长春多“点”发力激活高质量充分就业“新引擎”

近年来，长春市积极将公共就业服务向基层下沉，通过产业赋能、优化平台、突出就业优先导向等方式多点发力，构建“家门口”就业服务体系，激活长春市高质量充分就业“新引擎”。

推动产业升级，提升就业质量。当前，长春市光电信息、新材料、医药健康等产业集群蓬勃发展，吸引了大量高素质人才就业，带动了相关产业的就业增长。长春市人才服务局青年人才服务处处长胡哲夫表示，长春市将继续落实优惠政策，优先推荐吸纳就业多、稳岗效果好的企业获得帮助，助力高质量就业。此外，长春市有关部门把助力企业发展作为带动就业的关键。长春市就业服务局城镇就业处处长姚凤国介绍，长春市人社部门持续开展“访企稳岗促就业”专项行动，落实减税降费、就业补贴等惠企政策，助力企业吸纳就业。同时，在线下组织企业参加赴外招聘活动，拓宽人才引进渠道。

优化平台服务，广开就业门路。登平台，投简历，经过公司面试，长春理工大学2024年应届毕业生张柏宁找到了一份称心的工作，顺利签约。“为了找工作，我试过许多途径。没想到这次通过‘96885吉人在线服务平台’，很快找到了心仪的工作。”张柏宁说。该平台由政府职能部门牵头搭建，通过现代科技手段，整合各方资源，为求职者和企业提供高效、便捷、精准的就业服务，避免毕业生找工作时面临招聘信息不对称、就业资讯鱼龙混杂等问题。近年来，长春聚焦求职者急难愁盼的问题，优化数字化综合就业服务平台，为大学生、就业困难人员、灵活就业人员等各类就业重点群体和企业提供系统化保障服务。此外，长春市还建立“云牵手”

直播带岗队伍 13 支，通过抖音、快手等直播平台，为广大求职者解读就业政策，推介岗位信息。2024 年，全市各级就业服务部门共开展了直播带岗活动 667 场，观看量累计 767 万人次。

强化就业优先，完善就业体系。楚天华通医药设备有限公司在长春发展 30 余年，已成为制药用水系统和工艺系统工程领军企业，近年来积极布局战略新兴产业，需要大量专业技术人才。“参加培训人员大部分是应届毕业生，政府带领企业直入校园，找到很多企业需要的人才，不仅节约了时间，更提升了签约成功率。”该公司人力资源部部长姚红说。近年来，长春市持续强化就业优先政策导向，不断涵养就业发展生态体系，让服务更加精细化、特色化。长春市人力资源和社会保障局相关负责人表示，长春市聚焦促进高质量充分就业，织密就业服务网络，深入实施“安心就业”服务提升工程，构建“2345”就业服务体系，在为重点群体提供就业服务保障的基础上，为长春振兴发展提供人才支撑。

光明日报　2025 年 1 月 7 日 9 版

吉林省中小学校将建设 100 间冰雪运动训练室（场）

光明日报　文化新闻 09

“文物保护有我一份”
——北京第四次全国文物普查工作见闻

刻在木板上的“驻村日记”

甘肃人均博物馆拥有量居全国之首

哈尔滨亚冬会筹办工作进入冲刺阶段
多场“模拟考”力争“零失误”

吉林省中小学校将建设100间冰雪运动训练室(场)

吉林省教育厅副厅长单联成在吉林省召开的民生主题新闻发布会上介绍，为持续加大对学校开展冰雪及替代项目体育课所需必要场地及设备设施投入，吉林省教育厅将通过 2025 年教育民生实事项目，在全省开展中小学校校园冰雪运动训练室（场）试点建设，计划在全省中小学校建设 100 间冰雪运动训练室（场）。按照冰雪运动项目类别，吉林省教育厅设定了 4 套项目方案，其中，校园冰雪运动训练室 2 套，包括雪上项目运动训练室和冰上项目运动训练室；校园冰雪运动训练场 2 套，包括雪上运动项目训练场和冰上运动项目训练场。以上主要应用于冰雪运动项目理论知识教学、专项体能训练、专项技能以及实践教学等方面，旨在为学校提供更坚实的条件保障，让更多学生享受冰雪运动带来的健康和欢乐。

经济日报 2025年1月7日2版

劳务品牌提升就业质效

2 要闻 2025年1月7日 星期二 经济日报

赵乐际同秘鲁国会主席萨卢安纳举行会谈

王沪宁会见秘鲁国会主席萨卢安纳

环境监测数据容不得半点虚假

天津绿电交易向长周期延伸

上市公司破产重整规则再细化

劳务品牌提升就业质效

近年来，多地依托地方优势资源、特色产业，培育发展一批劳务品牌，在带动劳动力就业增收、促进乡村振兴等方面发挥了重要作用。目前，全国累计签订省市县各层级劳务协作协议超2000份，培育劳务品牌2300多个。

特色品牌加速涌现。作为新兴产业，低空经济呈蓬勃发展之势。由低空经济催生出的新职业——无人机操控师，已成一些地区重点打造的劳务品牌。因看好无人机行业前景，吴琼于2016年在长春市成立了吉林龙航无人机科技服务有限公司，专门做无人机操控与维护培训。如今，公司已拥有一支由30名专业教练组成的教师团队，累计培训无人机操作师5000余人。凭借高水平的培训体系和丰富的实践经验，公司加入长春空天（低空）经济发展人才培养联盟，并成为吉林省第一批产教融合型试点企业。“长春无人机操控师”劳务品牌在市场上越来越亮。

带动群众就业增收。吉林龙航无人机科技服务有限公司培训的无人机操作师，一部分进入与无人机相关企业，从事无人机驾驶、技术支持等工作；一部分自主创业，开展航拍、植保、测绘等无人机应用服务业务；还有一些进入相关院校或机构担任培训师，既满足企业用工需求，又促进了就业。

政策支持规范发展。为持续擦亮“长春无人机操控师”劳务品牌，2024年8月26日，长春市人力资源和社会保障局发布《关于开展社会职业技能等级评价机构征集工作的通知》，征集职业（工种）目录共涵盖69种与长春市产业发展相关的职业，无人机驾驶员、人工智能训练师等位列其中。目前，长春市的一些职业学校已将“无人机操控与维护”专业列为重要专业，为劳务品牌后续发展提供了充足的人才支撑。

中国新闻网　2025 年 1 月 4 日

吉林省构建优质高效老年助餐网络服务设施覆盖城乡

吉林省积极构建优质高效的老年助餐服务网络，目前已建成老年助餐服务设施 1851 个。据悉，吉林省连续多年将老年助餐服务建设相关内容纳入民生实事项目。2022 年至 2024 年，吉林省累计投入省级扶持资金 1.2 亿元，用于支持各地新建改建社会合作助老餐厅；投入省级扶持资金 1.5 亿元，将综合嵌入式社区居家养老服务中心建设列入该省民生实事任务，要求其必须具备老年助餐功能。

吉林省民政厅表示，该省因地制宜，多渠道增加服务设施，充分考虑城乡不同辖区的老年人口规模、用餐需求、服务半径和现有餐饮资源状况，对有闲置房产的，改建一批；对现有养老机构、社区养老服务中心增加助餐功能，拓展一批；对具备条件有合作意愿的社会餐饮企业，合作一批；农村依托养老大院或农民家中，互助共建一批。通过“四个一批”的形式，构建起布局合理的城乡老年助餐服务网络。

在城市，老年助餐服务建设重点依托现有餐饮资源，采取合作挂牌的方式发展，积极鼓励中央厨房建设，开展配餐服务。在农村，将老年助餐服务作为一项社会事业去做，加大补助力度，采取邻里互助、志愿服务、送餐的方式，为农村老年群体提供低偿的助餐服务。此外，吉林省各地民政部门正完善落实针对低保、失能、特困、独居等特殊老年人群体的助餐优惠政策。各地采取“线上”和“线下”结合的点餐方式，通过美团、微信、电话等进行网格化配送，形成“1+N”服务模式，实现定点膳食、配送到户。

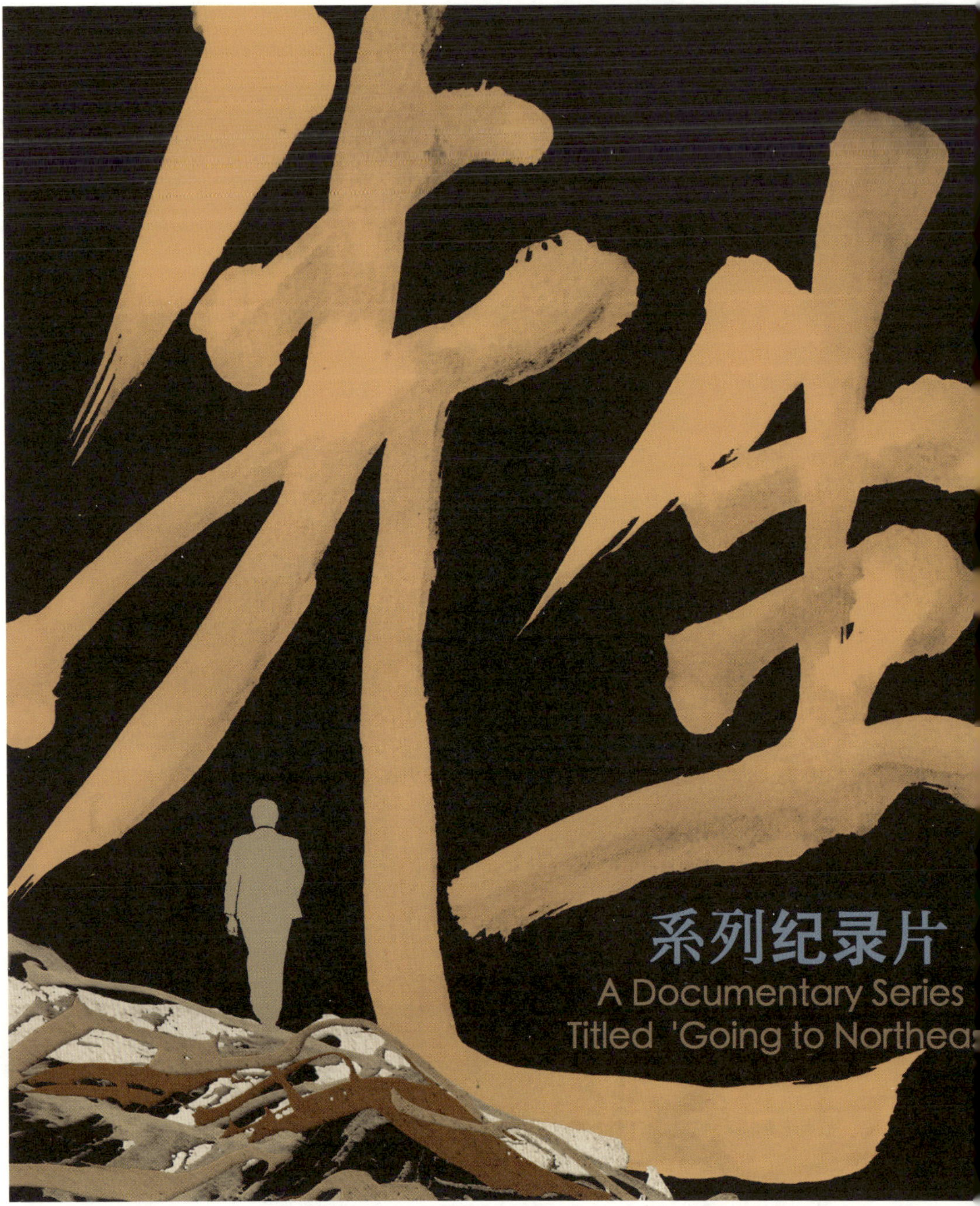

▶ 明确工作思路

坚定文化自信　挺起文化脊梁

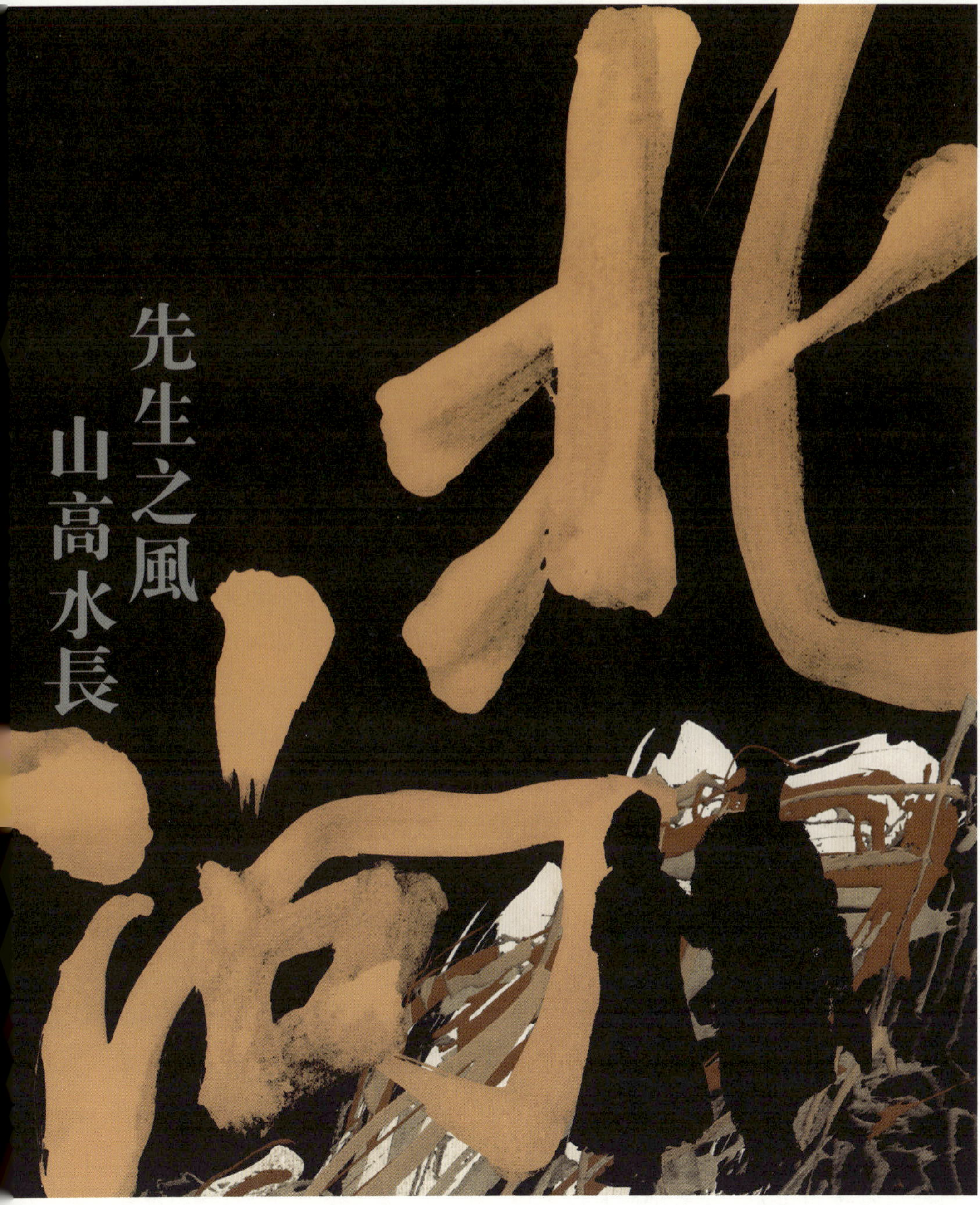

系列纪录片《先生向北》于 2025 年 1 月 7 日在吉林卫视首播　吉林广播电视台提供

领导讲话

以改革精神推动宣传思想文化工作高质量发展

——省委常委、宣传部部长曹路宝在《新长征》杂志上的署名文章

过去的2024年，全省宣传思想文化战线坚持以习近平新时代中国特色社会主义思想为指导，深入贯彻党中央决策部署和省委工作要求，坚持举旗帜、聚民心、育新人、兴文化、展形象，持续深化理论武装，团结奋进的方向更加明确；巩固壮大主流舆论，振兴发展的信心更加充沛；大力弘扬主流价值，向上向善的风尚更加昂扬；繁荣文化事业产业，优质文化的供给更加丰富；加强历史文化保护，吉林文化的底蕴更加深厚；压紧压实政治责任，意识形态的形势持续向好，全省万众一心、团结奋斗的生动局面得到不断巩固，宣传思想文化工作在守正创新中书写了崭新篇章。

这些成绩的取得：得益于坚持科学指引，保持政治坚定。只有以习近平文化思想为根本遵循，经常对标对表、及时找齐看齐，始终在思想上政治上行动上同党中央保持高度一致，才能在纷繁复杂的形势中坚定正确方向、增强政治定力。得益于胸怀全省大局，主动担当作为。只有把握时代大势、聚焦发展实践，为全省高质量发展鼓与呼、起而行、聚和导，同时创造更多的文化价值、产业价值，才能在全省事业发展全局中展现新作为、彰显新担当。得益于站稳人民立场，用心用情工作。只有坚持以人民为中心，聚焦人民的根本利益、体悟群众的需求期盼，多做多说暖人心、聚人心、振人心

的事，才能更好地宣传群众、引导群众、服务群众，汇聚起团结奋进的强大合力。得益于突出文化引领，提振发展信心。只有以坚定的信仰指引人、以深厚的历史鼓舞人、以先进的文化激励人、以文明的风尚感染人，才能不断增强广大干部群众的精神力量，在全省上下汇聚发展的信心、鼓足振兴的底气。得益于顺应时代变革，勇于创新创造。只有坚持守正创新、固本开新，积极顺应实践发展，紧跟信息技术变革，全面推进思路理念、体制机制、方法手段创新，才能更好地掌握信息化条件下的舆论主导权。得益于树立良好作风，不断追求卓越。只有大力倡导求真务实、真抓实干的工作作风，少说空话套话，多出实招硬招，才能在推进全面深化改革的壮阔征途上不负重托、不辱使命。

今年，是“十四五”规划收官之年，也是“十五五”规划谋划之年，吉林踏上了以进一步全面深化改革，推动全面振兴取得新突破的新征程，宣传思想文化工作面临新的形势任务。应对振兴发展过程中的困难挑战，迫切需要加强经济宣传和预期引导，更好激发信心、鼓舞斗志。不断巩固团结奋斗、砥砺奋进的思想基础，迫切需要加强心理疏导、凝聚社会共识，更好营造理性平和、昂扬向上的社会心态。适应科技革命和传播格局的深刻变革，迫切需要我们主动识变、应变、求变，提升信息化条件下文化领域治理能力。推进文化强省建设、以文化赋能高质量发展，迫切需要我们积极投身经济社会发展主战场，以实际行动提供有力文化支撑和重要产业价值。这些新形势新任务都要求宣传思想文化战线不仅要继续当好“宣传队”，为吉林振兴发展“鼓与呼”；更要勇于站在高质量发展第一方阵，当好“先锋队”，走在前、做示范，切实增强服务振兴发展大局的责任感和使命感，知重奋进、迎难而上，更好地扛起新时代新的文化使命。

做好今年全省宣传思想文化工作，要坚持以习近平新时代中国特色社会主义思想为指导，全面贯彻落实党的二十大和二十届二中、三中全会精神，认真落实省委全会任务部署，深入学习贯彻习近平文化思想，再学习、再对标、再落实习近平总书记关于东北全面振兴和吉林工作的系列重要讲话重要指示精神，深刻领悟“两个确立”的决定性意义，增强“四个意识”、坚定“四个自信”、做到“两个维护”，牢牢把握新时代新的文化使命，着力用党的创新理论凝心铸魂，巩固壮大主流思想舆论，大力弘扬社会主义核心价值观，深化文化体制机制改革，不断提升吉林文化软实力和文化影响力，为推动吉林高质量发展明显进位、全面振兴取得新突破提供坚强思想保证、强大精神力量和有利文化条件。

一、高举思想旗帜，筑牢全省人民团结奋斗的共同思想基础

聚焦用习近平新时代中国特色社会主义思想武装全党、教育人民首要政治任务，结合落实以学铸魂、以学增智、以学正风、以学促干长效机制，推进党的创新理论日益深入人心。推动理论学习提升质量和效果。抓住党委（党组）理论学习中心组这个“龙头”，强化“第一议题”制度落实，严格执行学习计划、列席旁听、集体研讨等规定，学好用好《习近平谈治国理政》第五卷等重要著作，做到学思用贯通、知信行统一。推动宣传普及更加生动和鲜活。广泛开展“七讲七进”基层理论宣讲，巩固提升“学习强国”吉林学习平台、《好好学习》理论宣传栏目等平台影响力，充分利用各类公共空间，推动宣讲从“会场”延伸到“现场”，将“高大上”的理论转化为“接地气”的语言。推动研究阐释拓展深度和广度。聚焦中国式现代化建设、吉林全面振兴等重大理论和现实问题，以及区域国别、人文经济学、城市治理等重点领域，加强组织化研究，推出高质量研究成果。提升党报党刊和重要学术刊物办刊水平，提高理论文章的学理含量和说理能力。推动社科研究形成特色和优势。统筹全省理论研究力量，推动建设 100 个哲学社会科学研究基地，构建新型智库工作体系。持续推进马克思主义理论研究和建设工程，实施哲学社会科学创新工程，建立学术评价体系，促进社科研究工作高质量发展。

二、把握正确导向，唱响自信自强、奋进奋发的吉林声音

坚持团结稳定鼓劲、正面宣传为主，唱响主旋律、弘扬正能量，为吉林全面振兴提振信心、凝聚人心、鼓舞干劲。强化正面宣传增强发展信心。把经济宣传作为重中之重，发挥经济形势政策宣传引导机制作用，推动主管部门、新闻媒体、专家学者等共同发声，营造积极乐观的社会预期。把网络宣传作为重要抓手，推出更多精品网络主题活动，集中资源力量培育打造千万级、百万级品牌大号。做好舆论引导凝聚社会共识。推动新闻宣传和网络舆论一体化管理，增强舆论引导工作的预见性、主动性。发挥新闻监督建设性作用，持续办好电视问政等监督类栏目，形成发现问题、解决问题的工作闭环。加强和改进新闻发布工作，提升“吉林发布”等政务新媒体建设水平。深化主流媒体系统性变革。加快组建吉林报业集团、吉林广电集团，深化地市级媒体融合改革，开展市县两级融媒体提质增效行动，增强主流媒体传播力影响力。深化省级新闻单位的内部资源优化整合、机制流程再造，亮点新闻第一时间优先登上新媒体平台，增强宣传的穿透力和实效性。加强国际传播能力建设。构建面向东北亚国家为主的国内国际联动传播体系，建好吉林省国际传播中心，办好吉林文化旅游周、中外摄影采风等外宣文化活动，积极拓展联系交流渠道，讲好发生在吉林的中国故事。

三、涵养文明风尚，提振全面振兴取得新突破的精气神

坚持内聚人心、外树形象，强化社会主义核心价值观引领作用，立精神支柱、树价值标杆、育时代新人。推进理想信念教育常态化制度化，用好“三地三摇篮”红色资源，深化爱国主义、集体主义、社会主义教育，建立英模人物宣传学习工作机制。组织好中国人民抗日战争暨世界反法西斯战争胜利80周年等群众性纪念活动，办好吉林省近现代史展览，引导全省人民增强团结一心、自强不息的精神力量。做深做细思想政治工作，突出做好新兴领域、新就业群体的政治引领和思想引导，加强社会情绪、社会心态疏导，更好地凝

聚人、激励人、抚慰人心。发挥省大中小学思想政治教育一体化研究中心作用，抓好《简明吉林历史（中学版）》的学习和使用，让广大青少年更加爱家乡、爱吉林。深入实施公民道德建设工程，开展家庭家教家风建设行动，提高全社会道德水准和文明素养。持续发挥“时代楷模”“吉林楷模”等引领作用，树立崇德向善的鲜明导向。改进创新精神文明建设，完善文明城市指标体系和评估方式，推动文明实践阵地从“重建设”向“重利用”转型，开展“建筑可阅读”等文明实践活动，让群众感受潜移默化的文明熏陶。深入实施文明乡风建设工程，持续推进移风易俗，促进城乡精神文明建设协调发展、相得益彰。

四、促进文化繁荣，不断优化文化服务和文化产品供给

坚持以内容建设为重点，以改革创新为动力，更好激发全社会文化创新创造活力。完善公共文化服务。建立优质文化资源直达基层机制，深化国有文艺院团改革，繁荣发展全省演艺市场。加快推进城乡公共文化服务体系一体化发展，创新实施文化惠民工程，积极培育基层文化骨干队伍，广泛开展群众文化活动赛事。深入推进全民阅读，办好第二届东北图书交易博览会，建好用好阅读空间，倡导全民阅读风、涵养清朗书卷气。加强文艺精品创作。实施文艺精品创作工程，针对不同门类、剧种分别研究制定发展规划，开阔眼界、强化选题、打造精品。发挥文艺批评和评论作用，推动创作与评论、作品与受众有效互动。积极发展新大众文艺，呵护人民群众的文化创造热情，为各行各业人们利用互联网创作传播散文、小说、短视频等内容搭建平台、创造条件。做强出版精品工程。精心策划一批反映时代气象、彰显吉林气派的精品图书，重点抓好文化传承、旅游推介、历史建筑等类型图书出版。建立出版效果评价机制，优化出版物发行网络布局，提升吉林出版质量和市场影响力。加快推进印刷行业“智改数转”，推动全省印刷业产业升级，实现智能化、绿色化、融合化发展。

五、坚定文化自信，持续加强历史文化遗产保护传承

进一步增强历史自觉，以文化自信提振全省人民干事创业的精气神，为全面振兴取得新突破注入强大精神力量。将加强保护作为当务之急。加强全省各类文化遗产的系统性保护和统一监管，扎实推进第四次全国文物普查，健全文化遗产保护评定管理、考核督察制度，强化建设用地"先考古、后出让"制度落实，增强全社会文化遗产保护意识。统筹推进工业遗址、老旧建筑、历史街区保护利用，更好发挥社会价值、文化价值、经济价值。将研究阐释作为有效抓手。继续出版《吉林全书》编纂工程系列丛书，推出吉林文脉系列研究成果，做好《永乐南藏》等珍稀古籍的整理研究出版。建设东北边疆历史研究学术资料馆，加大对夫余国、高句丽、渤海国等历史问题的研究阐释宣传力度。建立全国满铁研究数据中心和史料中心，努力打造满铁研究的学术高地。将文博场馆作为重要平台。编制吉林省博物馆高质量发展规划，推动建设中国航空博物馆、中国一汽博物馆等重点专题展馆，打造吉林特色博物馆群。持续提升全省各博物馆、纪念馆展陈质量，改革文博场馆管理体制机制，通过延长开馆时间、丰富体验项目、加强文创开发等方式，更好服务群众、传播文化。

六、实现产业发展，健全完善文化产业体系和市场体系

加快文化影响软实力向文化产业硬实力转化，打造经济增长的文化动能和产业引擎。推动文化产业高质量发展。加强文化企业主体培育，深化文化领域国资国企改革，加快组建省文化投资发展集团，优化省属文化企业组织架构和产业布局。提升文化产业园区建设水平，打造区域文化产业集聚区，构建文化产业发展新格局。加大招商引资力度，办好第五届中国新电商大会。深入实施文化数字化战略。数字化是新赛道，更是主赛道。实施文化科技、新闻传播、文旅融合等数字化转型行动，推动文化资源、文化产品、文化服务、业务流程等全方位数字化转型。加快建设基础平台和发展体系，探索建立数字化分类标准和标识规范，推动各领域存量文化资产数字

化转化。着力培育建设一批以数字产业为主导的创新型科技企业，培树文化新质生产力。擦亮吉林电影文化标识。高质量办好中国电影发展120周年、长影成立80周年系列纪念活动，以常态化运行机制、市场化运作模式办好第二十届中国长春电影节。以院线资源整合为抓手，支持长影集团聚焦主责主业，加强主投主控主创，提升精品影视创作生产能力。发挥电影产业的带动作用，吸引更多相关行业企业到吉林发展，不断提升“拍在吉林”的影响力。

七、深化文旅融合，加快推动旅游强省建设

坚持以文塑旅、以旅彰文，推进文化和旅游深度融合，持续打造旅游万亿级产业。坚持规划引领。加快制定出台我省大长白山区域、松花江流域（吉林省段）、G331沿边开放旅游大通道等旅游发展规划，做好白山、松水两篇大文章，做大做强冰雪、避暑双品牌，构建全域全季全产业链旅游发展格局。编制好乡村旅游发展规划，大力发展“滑雪场下的小镇”，营造居民与游客主客共享、宜居宜游的休闲环境，为乡村振兴助力赋能。强化文化赋能。把更多吉林文化内容融入旅游发展，加强高句丽世界文化遗产等历史遗迹的保护开发，结合历史文化街区、村镇的活化利用，建设一批遗址公园、工业遗产博物馆，打造更多特色历史文化旅游路线。坚持“一切皆文旅”理念，做好“旅游+”文章，促进与“农工林交商体文”等业态融合发展，大力培育旅游新质生产力。提升服务品质。以旅游度假区建设为牵引，打造一批高品质旅游目的地，有效带动全省文旅产业提质升级。完善旅游基础设施和公共服务体系，因地制宜引进高水平酒店、建设个性化民宿，加快构建文旅大数据体系，提升承载能力和游客体验。加强立体化、互动式宣传，打响“白山松水·吉祥吉林”“长白天下雪”等旅游文化品牌，树立吉林文旅好口碑。

八、坚持守土尽责，牢牢掌握意识形态工作领导权

发扬斗争精神、提升斗争本领，切实守护好政治安全、文化安全、

意识形态安全。压紧压实意识形态工作责任制。落实好新修订的《党委（党组）意识形态工作责任制实施办法》，扎实做好专项检查督查和督促整改工作，让制度时时生威、处处有效。不断提高风险研判和处置能力。建立健全协同机制，跟踪督促问题彻底解决，做到“应对舆情”与“处理事情”同步推进。持续加强各领域阵地管控工作。强化属地责任、主管主办责任，严格落实“两个所有”要求，完善网络综合治理体系。强化对学校师生的政治引领，坚决维护校园安全稳定。

九、加强党的建设，旗帜鲜明坚持党的文化领导权

以党的政治建设为统领深入推进党的各方面建设，为担负起新时代新的文化使命提供坚强政治保证。锤炼过硬政治素质。坚持围绕中心、服务大局，自觉围绕推动全面振兴取得新突破，找定位、想问题、做决策、办事情，确保中央决策部署和省委工作要求不折不扣、扎实落地。持续推进改革创新。强化互联网、市场化、法治化思维，创新工作理念方法手段机制；大胆走出舒适区，主动在全国、在全行业找标杆、找位置，勇于“争第一、创唯一”。不断建强人才队伍。加强对文艺创作、学术研究、文物考古等重点领域急需人才的培养引进，聚焦历史文化、产业发展、新闻舆论等重点领域，重点面向一线具体工作人员，分级分类组织好专题培训。发扬务实求实作风。坚持结果导向、效果导向，力戒形式主义、官僚主义，以有力执行推动落地落实。

2025 年的春天，习近平总书记亲临吉林，为新时代吉林全面振兴指路领航、把脉定向，给予我们有力的科学指引和强大的精神力量。党中央和省委对宣传思想文化工作寄予厚望，全战线要抓住机遇、乘势而上，勇于创新、苦干实干，以奋进者、改革者、创新者的姿态，扛硬活、打硬仗，以改革的精神开创全省宣传思想文化工作新局面，为吉林高质量发展明显进位、全面振兴取得新突破作出更大贡献。

（《新长征》2025 年第 2 期）

新华诗歌书店北书房　吉林省新华书店提供

满铁史
長春
记忆
HI I'M CHINA
2024
守望
吴大澂
文集

政策文件

中共吉林省委宣传思想文化工作领导小组 关于以改革创新精神加强吉林文化遗产保护利用 进一步增强文化自信的实施意见

吉宣思文发〔2024〕4号

（2024年12月26日）

为深入学习贯彻习近平总书记关于文化遗产保护传承的重要论述，全面落实党中央、国务院决策部署，以改革创新精神推动吉林文化遗产保护利用取得新成效，更好地赓续文脉、增强文化自信，制定本实施意见。

一、加强吉林文化遗产保护利用的重要意义

文化是一个国家和民族赖以维系的精神纽带，也是文明薪火相传的精神根基。文化遗产承载着中华民族的基因和血脉，是中华优秀传统文化“物”的载体。保护传承文化遗产，是深刻践行“两个结合”的重要举措，是弘扬中华优秀传统文化、铸牢中华民族共同体意识的文化基础，也是建设文化强国、建设中华民族现代文明的必然要求。

党的十八大以来，以习近平同志为核心的党中央把文化遗产保护传承摆在治国理政突出位置，作出系统谋划部署，习近平总书记就文化遗产工作发表一系列重要讲话，作出一系列重要论述，提出一系列新思想新观点新论断，成为习近平文化思想的重要组成部分，为做好新时代新征程文化遗产保护传承工作提供了根本遵循。

吉林历史文化源远流长、根脉深厚，复杂多元的文化元素，形

成了吉林特色的文化体系，留下了丰富多彩的历史文化遗存。在吉林振兴发展的历史关头，保护利用好珍贵的文化遗产，对赓续历史文脉，更好满足群众文化需求、增强精神力量，激发全省人民创新创造活力，持续赋能经济社会高质量发展，具有十分重要而深远的意义。

必须始终坚持以习近平新时代中国特色社会主义思想为指导，深入学习领会习近平文化思想特别是习近平总书记关于文化遗产保护传承的重要论述，认真贯彻党的二十大和二十届三中全会精神，落实省委十二届五次、六次全会要求部署，提高政治站位，强化责任担当，敬畏历史、传承文化，切实以改革创新精神破解对文化遗产认识不足、研究不深、重视不够、管理体制机制不活等问题，全面保护好、利用好吉林丰富的历史文化资源，加快构建具有吉林特色的文化遗产保护利用工作体系，引导全省广大干部群众进一步解放思想、守正创新，增强历史自觉、坚定文化自信，不断提振干事创业的精气神，为吉林全面振兴取得新突破注入强大精神力量。

二、深入学习领会习近平总书记关于文化遗产保护传承的重要论述

1. 抓好学习领会。把习近平文化思想作为各级党委（党组）理论学习中心组学习的重要内容，结合学习《习近平文化思想学习纲要》，突出抓好习近平总书记关于文化遗产保护传承重要论述的学习。将习近平总书记关于文化遗产保护传承的重要论述纳入党校（行政学院）、干部学院学习培训课程。重点围绕习近平总书记关于赓续中华文脉、坚定文化自信，加大文化遗产保护力度，加强城乡建设中的历史文化保护传承等方面所作的系列重要指示精神，深入开展学习研讨。举办学习贯彻习近平总书记关于文化遗产保护传承的重要论述专题培训班，切实提升学习成效、推动入脑入心。

2. 深入研究阐释。将文化遗产保护传承纳入省社科基金吉林历史文化专项重要内容，持续进行专项资助。重点围绕东北古代民族历史、吉林边疆历史、吉林红色资源、工业遗产保护利用等设立一批哲

学社会科学研究基地。统筹省内各高校和社科研究院所力量，鼓励相关专家学者围绕文化遗产保护利用确定重点研究课题、开展集中攻关。

3. 开展宣传宣讲。组织《吉林日报》《新长征》等省直媒体持续开展习近平文化思想的宣传报道，推出高质量的理论文章。举办“筑梦讲理”理论宣讲微视频大赛，开展习近平文化思想特别是文化遗产保护传承方面的宣讲。

三、深度挖掘吉林丰富多元的文化元素

4. 着力挖掘吉林厚重的历史文化。深入挖掘吉林历史发展脉络，梳理汉族、秽貊、肃慎、东胡族系先民繁衍生息的历史，夫余国、高句丽、渤海国等中国东北地方民族政权发展的历史，辽、金、元、清统治时期的历史，通过讲述吉林悠久独特的历史文化，以及与中原文化的差异性、融合性，进一步阐释吉林地方文明在中华文明多元一体进程中的地位贡献。用好《简明吉林历史》《守·望》等历史书籍，编写《吉林历史教育（中学版）》。重点宣传讲述好雅克萨之战、巴海抗击外敌、吴大澂勘界守土等英雄故事，激发广大干部群众爱国热情，铸牢中华民族共同体意识。

5. 着力弘扬吉林的红色革命文化。贯彻落实《吉林省红色资源保护传承条例》，构建“三地三摇篮”红色资源展陈体系，持续宣传阐释东北抗联精神、抗美援朝精神等中国共产党人精神谱系，引导全省干部群众更加深刻体会中国共产党的伟大，在传承红色基因中赓续红色血脉、坚定理想信念。

6. 着力培育新时代吉林的现代文化。梳理吉林从老工业基地建设到新时代振兴的历史，提炼培育吉林特色的工业文化、影视文化、雕塑文化、生态文化、冰雪文化等现代文化，加大宣传推介力度，生动展现全省上下深入践行“新担当、新突破、新作为”的火热实践和喜人成果，不断增强文化自信、挺起文化脊梁。

四、系统推进吉林文化遗产保护传承

7. 全面加强吉林文化遗产的整体性、系统性保护。按照保护第

一、传承优先的理念，推动文物古迹、古老建筑、名城古镇、古树名木、历史街区、传统村落、文化景观、非遗民俗等文化遗产的系统性保护，构建大保护格局。坚持整体保护、最小干预，落实“老城不能再拆”的要求，严格保护历史文化名城、街区、村镇的传统格局、空间肌理、历史风貌、文化生态、景观环境，真实保存城乡历史文脉。加强对尚未公布为文物保护单位、历史文化街区、历史文化村镇的古老建筑、历史街区、传统村落、古树名木、文化景观的调查和保护。

8. 扎实开展第四次文物普查。加强跨部门、跨区域、跨层级协作，践行应保尽保，将一切具有历史、艺术、科学价值的历史遗存纳入实地调查和登记认定范围。扎实推进田野调查工作，加强文物资料的整理、挖掘与研究，全面厘清全省的文物数量、保存状况和资源分布情况，形成全省文物保护名录，为制定科学合理的保护规划提供有力支撑。

9. 推动开展考古发掘。深入实施考古中国——吉林系列项目。持续加强渤海国考古发掘和历史研究，推动渤海国遗址争取申报世界文化遗产。以 G331 国道（吉林段）沿线文物保护带为核心，推进沿线遗址、村落和文物古迹的保护利用，实施高句丽王城王陵及贵族墓葬保护提升（二期）工程。完成磐石红石砬子一期保护利用工程。

10. 积极推进保护传承的数字化赋能。将文化遗产的数据采集纳入全省文化数字化战略大局，充分运用先进信息技术，做好登记、标识、归集等工作，精准生成全省范围的不可移动文物资源底图，建立文化遗产资源大数据库，推动吉林文化资源的数字确权，设立文物数字档案和网上博物馆，用好人工智能技术，以数字化、信息化助力文化遗产保护研究。

五、扎实做好吉林文化遗产的价值阐释

11. 以大历史观做好吉林不同历史时期文化遗存的宣传解读。树立宽广的历史视野，讲述好吉林在不同历史阶段为全国政治、经济、

文化繁荣发展所作的突出贡献，以及留下的众多历史遗迹和文化遗存。坚持唯物史观、辩证史观、人民史观，通过积极的表达方式讲述好伪满洲国历史，既要把日本、俄国侵华的历史史实讲清楚，以史为鉴；更要旗帜鲜明地讲述好在中国共产党的领导下，广大东北人民顽强不屈反侵略、反掠夺，最终取得胜利、实现解放的伟大抗争，弘扬爱国主义、英雄主义精神，让传播的内容更加客观全面、提气鼓劲。

12. 全方位阐释历史建筑的多重价值。组建课题组开展专项研究，从城市规划学、建筑学、美学等角度进行有效表达，深度挖掘展现全省历史建筑的文化价值、艺术价值、建筑价值、历史价值。组织开展“建筑可阅读”主题活动，积极推动历史建筑有序对外开放，统一设置历史建筑“介绍二维码”，通过中英文导览、语音介绍、VR 互动等方式，讲述历史建筑背后的故事。举办吉林省“十大历史建筑”发布活动，全方位宣传展示好具有历史性、地标性、象征性的历史建筑，不断提升吉林历史文化的知名度、认知度、美誉度。

13. 着力塑造各地特有的城市文化气质。各地要按照“一城一策”的原则，认真梳理自身特色历史文化资源，研究本城市的独特气质，塑造不同于其他地区的文化味道。要重点从历史文化基因、地域特色风情中发掘提炼打造个性元素，提升城市文化气质、格调内涵，不断增强市民群众的文化自信心。

14. 做好吉林文化遗产的宣传推广。加强与中央媒体的沟通对接，宣传推介吉林历史文化资源。积极与《中国国家地理》等杂志合作，策划推出系列展示吉林文化遗产的专刊。在各省直主要媒体，开设专题专栏，集中推出一批有质量的宣传报道。强化吉林历史古籍文献的整理和研究，推进《吉林全书》编纂工程，加强对高句丽、东北抗联及存藏的历代珍稀古籍文献整理研究成果的出版规划，推动出版吉林文脉系列研究成果。制作一批有质量的专题片、纪录片、短视频，在各级各类媒体平台和各历史文化街区、旅游景区、商业街区的户外大屏进行播放，全方位展示好吉林历史文化魅力。

六、全面提升吉林文化遗产的展示水平

15. 加强全省博物馆展览的顶层规划设计。制定全省博物馆高质量发展规划，系统规划全省博物馆布局，构建类型丰富、主体多元的现代博物馆体系。梳理吉林历史发展的整体脉络，打造吉林省近现代历史基本陈列。用好“三地三摇篮”红色资源，科学谋划抗美援朝后援地展陈，完善提升东北抗联、解放战争场馆陈列布展，推动建设中国一汽汽车博物馆、中国航空博物馆，改造提升长影博物馆、四平战役纪念馆等重点场馆，引领全省博物馆建设高水平服务高质量发展。

16. 建设打造一批特色、个性博物馆。鼓励各地盘活闲置建筑资源、积极利用社会资本，因地制宜打造特色博物馆、纪念馆，着力打造实物博物馆矩阵。科学谋划建设张伯驹纪念馆、吴大澂纪念馆、黄金博物馆等具有“唯一性”历史文化标识的主题博物馆，通过特色化提升关注度、吸引力，让游客流连忘返。

17. 优化提升博物馆展陈水平。加强博物馆基础设施建设，完善公共服务设备配置，持续提升展陈质量，推出精品展陈展览项目，盘活闲置文物资源，拓展藏品来源渠道，提高展览更新频率，多展示历史实物，少制造人工模仿复刻的“假场景、假文物”，复制品要做说明，真正做到以物说史、以物释史、以物证史。

18. 抓好博物馆展陈和解说词的内容审核。加强对各类博物馆的审批、指导和管理，确保陈列的历史文物真实，展示及介绍的历史事实、讲解词表述准确。组织开展专题培训，分类分阶段开展博物馆、纪念馆展陈大纲和解说词审核把关工作，提升讲解员讲解服务水平。对准备展出的各种油画、雕塑、图片作品，要认真做好历史背景调查和导向取向审核，确保符合意识形态要求。

七、更好推进吉林文化遗产的活化利用

19. 积极推动文化遗产融入生产生活。通过合理化布局和差异化开发，把工业遗址、老旧建筑、历史街区谋划建设成为文化产业园

区、文旅融合景区、消费体验街区和美好生活社区，打造城市书房、阅读吧等融社会教育、文化服务、文明实践于一体的新型公共文化空间。以长春市新民大街历史文化街区保护利用为突破口，探索历史建筑保护和活化利用新路径，沿街建设“长春历史文化展览馆”，不断拓展城市发展新格局。

20. 持续促进文化和旅游深度融合。加强规划设计，推动文化遗产和旅游深度融合发展，把各类遗迹遗址贯穿融入 G331 沿边开放旅游大通道、图们江鸭绿江边境风情游等精品线路中。调动演艺力量加强历史题材创作和文化遗产创新呈现，推出一批体现吉林历史文化特色的旅游演艺项目。积极做好“文旅 + 会展”的文章，在各类展会中固定设立吉林特色文化元素和文旅项目展区，加强自然风光、历史文化和非遗技艺的展示推介。强化文化休闲、文化消费，应用多种载体和表现形式，设计推出门类齐全、形式多样、群众喜闻乐见的文创产品，并通过新媒体和电商平台广泛传播，更好促进文旅消费、拉动经济发展。

21. 不断丰富文化交流活动。学习上海、南京、苏州、成都等历史文化名城在地方历史文化研究、城市形象培育和宣传展示等方面的经验做法，研究借鉴、取长补短。引进更多高质量文博艺术展览，推动省内优秀文物藏品域内外巡展，充分发挥文博展览的带动作用和辐射效应，不断提升吉林历史文物的知名度和影响力，提升全社会的历史素养、美学修养和文化涵养。

八、健全完善吉林文化遗产保护的体制机制

22. 建立健全文化遗产资源资产管理制度。加强文化遗产普查认定，构建全省文化遗产普查工作体系，按照应保尽保原则，建立覆盖文物古迹、历史街区、传统村落等各类遗产的定期普查认定制度，及时将各类遗产的保护管理纳入国土空间规划的编制和实施。

23. 建立文化遗产保护前置机制。统筹文化遗产保护和城乡建设发展，针对地上文物实施“先调查、后建设”，在旧城区改建、土

地成片开发中，要建立健全先行组织文物、历史建筑资源调查的保护前置机制；针对地下文物实施“先考古、后出让”，建立健全进行土地出让或划拨，要事先进行考古调查、勘探的保护前置机制，把文物保护作为城市规划、土地开发的前提，从严做好各地拟拆除建筑的历史文化价值评估，坚决防止大拆大建、拆旧建新、拆真建假的行为。

24. 建立加强整体保护和活态传承工作机制。探索适应文物建筑、历史文化村镇、传统村落等保护要求的宅基地管理机制创新。统筹物质和非物质文化遗产保护，建立历史街区、传统村落、文化生态协同保护机制。通过文化遗产保护，让群众享受更加宜居的城乡人居环境、更加多样的公共文化服务、更加充实的精神文化生活。

25. 创新完善全省博物馆管理体制机制。加大策展体制机制改革力度，坚持公益性与市场化相结合，鼓励博物馆与第三方策展公司等社会力量合作，不断创新和完善策展机制。建立博物馆与省内各研究机构、高校、中小学，在学术研究、研学、文旅开发等方面的协同联动机制。深化收入分配改革，博物馆课题研究成果转化、IP授权、陈列展览策划、特展（临展）收费、文创产品研发销售等取得的一系列收入，按照相关规定纳入本单位预算统一管理，用于博物馆事业发展和工作人员绩效激励，建立以工作业绩、产业贡献、岗位价值等为导向的考核评价体系，激发博物馆员工干事创业热情，形成推动全省博物馆高质量发展的活力。

九、全面加强吉林文化遗产保护利用的组织保障

26. 切实加强组织领导。把加强党的全面领导贯彻到文化遗产保护利用的全过程各方面，建立健全党委统一领导、各地区各部门各负其责的领导体制。地方各级党委和政府主要领导是本行政区域文化遗产保护第一责任人，要做到重要工作亲自部署、重大问题亲自过问、重要环节亲自协调、重要案件亲自督办。各级宣传部门要履行统筹协调文化遗产工作的重要职责，明确宣传部长为直接责任

人，推动文化遗产保护利用各项任务落实。各相关部门、行业组织等要加强协同联动，根据工作职责共同抓好文化遗产保护利用工作。

27. 严格落实工作责任。各级领导干部要牢固树立保护文化遗产也是政绩的科学理念，强化对领导干部履行文化遗产保护工作中经济责任情况的审计监督，将文化遗产保护纳入干部教育培训体系，纳入干部考核评价体系，结合开展高质量发展政绩考核、专项考核、动态考核、贯通考核等，将保护结果作为各级领导干部奖惩和提拔使用的重要参考，推动文化遗产保护“党政同责”“一岗双责”有效落实。建立文化遗产保护督察制度，组织开展专项督察，并将文化遗产保护利用情况纳入意识形态工作责任制巡视督查，在文明创建等工作中予以强化。建立健全领导干部文化遗产保护责任制，落实文物保护责任终身追究制，重点排查过度开发、大拆大建、破坏文物和历史风貌等问题，对责任落实不到位、保护不力、造成重大损失的干部进行严肃问责。

28. 着力完善政策法规。学习宣传贯彻新修订的《文物保护法》等相关法律，推动《文物保护法》纳入宣传重点内容，纳入党委（党组）理论学习中心组学习计划。研究制定文化遗产保护的地方性法规，强化物质文化遗产和非物质文化遗产协同保护，破解古老建筑、历史街区、传统村落、古树名木、文化景观等保护难题，为文化遗产系统保护提供法治保障。

29. 强化投入支持力度。加大财政、税收、金融等方面支持力度，建立稳定、长效的文化遗产保护工作机制，充分利用现有资金渠道，将文化遗产保护经费列入各级财政预算，为文化遗产的资源普查和保护修复等优先提供保障。

30. 加强人才队伍建设。实施文化遗产保护人才队伍提升工程，常态化组织全省文化遗产管理干部的集训轮训，采取进修、上挂、下派等方式，提升干部的专业知识、创新意识、管理经验和工作能力。发挥专家智库作用，帮扶地方文化遗产保护工作开展。加强文化遗产科技创新，完善专业人才培养体系，为文化遗产保护利用提供教育、科技、人才支撑。

吉林老建筑
承载历史沧桑
JI LIN
LAO JIAN ZHU
CHENG ZAI
LI SHI CANG SANG
吉林西站

政策文件

吉林省人民政府办公厅
关于进一步培育新增长点 繁荣文化和旅游消费的若干措施

吉政办发〔2025〕2号

（2025年1月9日）

为贯彻党中央、国务院关于扩大服务消费和促进文化旅游业发展的部署要求，深入落实《国务院办公厅印发〈关于进一步培育新增长点 繁荣文化和旅游消费的若干措施〉的通知》（国办发〔2025〕2号），拓展消费空间、创新消费业态、丰富产品供给、推出优惠政策，扩大服务消费，实现文旅与多行业互融共促发展，提出如下措施。

一、持续推出消费惠民措施

（一）开展文旅促消费活动。高标准承办全国春节文化和旅游消费月活动，积极参与“非遗好物·国潮焕新—四季非遗购物月”活动；举办“吉地过年·吉祥如意”、“精彩夜吉林”消夏演出季、吉林冰雪产业国际博览会、“四季村晚”、广场舞展演等品牌文化和旅游活动。支持各地围绕春节、五一、国庆假期和暑期等旅游旺季，开展形式多样的促消费行动，营造温暖和谐的文旅消费氛围。

（二）加大宣传推广力度。面向国内重要客源省份，组织开展“长白天下雪”“清爽吉林·22℃的夏天”双品牌文旅主题宣传推广活动，有效辐射人口超千万级的18座城市，持续扩大“双品牌”知名度、美誉度。联动各地通过主流媒体专题共建、业内专家权威评述、优质达人邀约、行业自媒体共创、个性化专题策划等方式，提升文旅宣传的广度和深度。充分发挥“悠游吉林”新媒体矩阵作用，培育品牌栏目，实现全平台、多维度、个性化的裂变式传播。

（三）推出消费惠民政策。联动金融机构，持续开展以长春、吉林、通化等消费示范（试点）城市和夜间文旅消费集聚区为重点的“百城百区”文旅消费促进行动，将超千家文旅小微企业纳入支持范围。持续扩大冰雪消费规模和效益，冰雪消费券资金总体规模增加至1亿元。2024—2025年雪季先期发放冰雪消费券3000万元，安排500万元用于“冰雪直通车”补贴、1000万元用于“引客入吉”补贴。支持各地结合实际推出文旅消费券、消费满减和积分奖励兑换、抽奖等优惠措施。

（四）强化公共服务产品供给。鼓励博物馆、文化馆、美术馆、图书馆等公共文化机构积极探索开展文化体验、艺术普及服务，拓展艺术普及渠道和方式，扩大艺术普及覆盖面。支持博物馆、美术馆、图书馆等策划推出高品质特展。组织文艺院团、非遗工坊与景区、街区、地标酒店、商圈企业、文化产业园区等联动，开展惠民演出和非遗体验活动。支持汽车租赁平台业务拓展，优化套餐式服务功能，加强推广宣传，打造汽车租赁服务品牌。

二、满足不同年龄群体消费需求

（五）优化亲子游乐服务。推出一批高品质少儿题材舞台剧目，创新演出场景和形式，重点推进吉剧《悟空》的创排工作，借鉴吉剧儿童剧《新版真假孙悟空》经验，推出更多优秀剧目。积极引导有条件的旅游景区、文化产业园区、商业综合体、艺术街区引入亲子乐园、无动力儿童乐园、手工坊等业态。推动“吉家和美·家庭亲子游”项目建设，策划包装一批家庭亲子游路线，推出一批家庭亲子游活动，对接一批域外合作阵地。鼓励酒店、民宿因地制宜推出优质亲子房、儿童房、家庭房，打造亲子度假酒店，适时推出特价房。

（六）持续培育研学旅游市场。推动旅行社经营研学旅游业务健康有序发展。推出百家优质研学旅游基地、百条研学旅游线路、百个研学旅游精品课程，增加产品供给，打造“研学吉林·感知精彩”研学旅游品牌。面向港澳台、日韩、俄罗斯等主要客源地，加大宣传推介吉林省入境研学旅游产品力度。

（七）提升老年人文旅服务品质。发展银发经济，指导推动省旅控集团盘活吉林省院士专家基地等闲置资产，打造集养生养老、候鸟旅居、休闲度假、生态观光、健康医疗、文化教育六位一体的公益性综合康养度假中心。推出一批慢游、家庭游、怀旧游、错峰游等旅游产品，建立中医药康养、温泉康养、森林康养等康养旅游产品体系。积极发挥老年大学作用，创作适合老年人的群众文化作品，策划开展老年人文艺演出、兴趣班、讲座等活动。推进酒店电视操作复杂专项治理工作，提升老年人旅游出行收视体验。

三、扩大特色优质产品供给

（八）丰富文化娱乐产品。持续优化营业性演出审批流程，落实巡演项目首演地内容审核负责制，审核时间不超过 3 个工作日。需公安机关安全许可的大型活动，申报时间压缩至 15 日，审批期限压缩至 5 个工作日。在确保安全的前提下，鼓励各地适当放宽大型营业性演出可售（发）票数量限制。在规范管理前提下，增加文娱综合体、电子竞技、游戏游艺、手工创意、运动健身等室内文化娱乐产品供给。指导吉林省学生体育协会高标准组织全省高校开展电子竞技高校联赛。加大“名特优新”个体工商户宣传力度，发挥示范引领效应，增加优质文旅消费供给。

（九）丰富冰雪旅游产品体系。鼓励各地大力开发冰雕、冰钓、冰灯、冰餐厅、冰上龙舟、雪雕、雪漂流、雪地穿越等“乐冰娱雪”产品，鼓励重点滑雪度假区运营雪地越野等滑雪新项目，实现冰与雪、高端与大众互融互动互通，指导重点冰雪企业更新完善产品内容，实现县域娱雪项目全覆盖。推动全省重点滑雪度假区开展“滑雪场的夏天”系列活动，推动重点滑雪度假区农文旅一体化发展，培育滑雪场下的小镇，提升四季运营能力。

（十）打造特色旅游产品。推出"跟着影视游吉林""跟着演出游吉林""跟着赛事游吉林"文化旅游套餐。开展"全民健身十大品牌赛事活动"。持续扩大乡村旅游高品质供给，推出一批高等级乡村旅游经营单位、等级旅游民宿；指导各地继续创建高等级景区村，推动旅游产品和要素集聚式发展。推出东北抗联文物主题游径，以东北抗联遗址和主题场馆为主线，有机关联、串珠成链，打造集中展示东北抗联历史文化的旅游线路。鼓励靖宇、长岭、双阳等地依托区位优势和资源禀赋，开发低空飞行旅游产品。打造松花江特色旅游航线和"东北亚长旅号""龙井号"等主题特色旅游列车。

（十一）开发区域特色文化创意旅游商品。围绕人参、矿泉水、松花石、东北虎豹及民族服饰、动漫等，开发一批吉林特色文创产品；围绕戍边英雄吴大澂，挖掘、设计龙节墨、铜柱、字画、碑帖、古铜器等文创产品。组织特色旅游商品优选，建立健全吉林特色旅游商品名录库，推动"礼遇吉林"旅游商品品牌旗舰店建设。支持各地打造"长春礼物""梅河臻品""长白山礼物"等地域文化特色旅游商品品牌。支持博物馆、纪念馆、图书馆、大学等与社会机构合作，开发高品质文创产品。支持发展首发经济，大力鼓励使用新技术创新开发新产品，开设首店、旗舰店，举办首秀、首演、首展活动。培育刀画、松花石等艺术品交易市场。

四、开发培育消费场景

（十二）盘活更新消费空间。支持商业综合体、商圈、景区、街区、文化产业园区等打造创意市集，嵌入文创、剧场、展览、特色书店、运动健身、文化主题餐饮等业态。利用"长拖"、"长影"、水文化园、一汽等工业遗产，修缮开放一批历史建筑。结合城市空间布局，依法利用城市闲置用房、商业综合体等，引入社会资本和力量，本着主客共享服务理念，打造集阅读分享、艺术展演、培训讲座、科普教育、文艺沙龙等多功能于一体的公共文化新空间。推动上网服务场所用活用足政策，鼓励多业态经营。

（十三）打造新型消费场景。提升《炫·墨》《消失的母带》《粉雪传奇》《戏韵关东》等沉浸式文旅演艺产品质量，借鉴莲花岛影视产业园、54 路有轨电车、“东北亚长旅号”等经验，持续推动打造沉浸式文旅新产品新场景。推出 20 个消费新场景，促进美食 IP、文化旅游、城市商业相互联动。支持“电影 +”业态发展，鼓励引导电影放映企业新建、改建沉浸式影厅、影院。推动文创产品和特色书店进景区、进博物馆、进商贸综合体、进文化产业园区、进夜间消费集聚区等。常态化举办交响乐、京剧、吉剧、话剧等演出活动，打造一批具有地域特色的演出品牌。支持引进举办有影响力的大型演唱会、音乐节。推动升级改造长春市奥体公园体育场等城市大型文艺演出场馆。推动发展小剧场话剧、主题沉浸式室内演出等新型文艺形态。

（十四）发展夜间文旅经济。支持长春“这有山”、梅河口“东北不夜城”、延边“朝鲜族民俗园”、长影世纪城、长春世界雕塑园等夜间消费场所，引入民俗演艺、灯会庙会、光影秀等产品和活动。打造松花江吉林市城区段“水上夜游”旅游航线，为游客打造独具特色的夜游体验。支持各地对消费集聚区商业区的夜间照明和夜间灯光升级改造，优化停车场、公共交通等配套服务设施。引导有条件的博物馆、公共图书馆、文化馆等公共文化场所延长开放时间，为群众提供更便利的公共文化服务，营造夜间消费氛围。

五、强化产业政策配套落实

（十五）加大财政金融支持力度。加大对符合条件的文化和旅游领域“两新”项目的支持力度，重点围绕观光游览设施、游乐设施、演艺设备、智慧文旅改造、文物保护利用能力提升、电影产业高新促进、高清超高清设备、历史文化名城和街区保护等领域，争取资金支持。允许各地安排地方政府专项债券资金支持符合条件的文化和旅游类项目。统筹使用旅游和冰雪经济高质量发展专项资金支持开展文旅消费促进活动。

（十六）进一步扩大文旅产业投资。利用引导性“吉文基金”，加大对有发展潜力的文化和旅游项目投资支持。持续开展文化和旅游产业投融资对接交流活动，搭建企业与投资商、金融机构合作交流平台，发挥金融机构文旅特色金融办公室作用，引导金融机构增加文化和旅游企业的信贷投放。着力做好冰雪运动、冰雪旅游等重点领域金融服务，积极探索景区门票收费权质押贷款、冰雪消费信用贷款等信贷产品。指导地方法人银行机构用好文旅企业再贷款优先额度，为符合条件的文旅企业提供优惠利率贷款。探索长白山旅游等文化旅游项目特许经营权登记试点，条件成熟后，申报发行基础设施领域不动产投资信托基金（REITs）。

（十七）释放职工消费潜力。全省各级工会力争投入2000万元专项经费，组织省内职工疗休养10万人次，通过集中疗休养、微疗养等形式，丰富职工疗休养活动的形式与内容，满足职工多样化需求。鼓励各级工会为会员购买当地景区年票。积极发挥省旅游景区协会的行业服务、协调作用，做好旅游景区年票产品策划设计和服务保障。鼓励、引导用人单位结合工作需要和职工休假意愿与传统节日、我省季节性特色活动相结合，灵活安排职工带薪休假。

六、不断优化消费环境

（十八）提升公共服务水平。各级公共图书馆、文化馆、博物馆根据需要，打通群众参与文化活动、场馆预约线上线下渠道，提升场馆通信信号强度。持续更新“一机游吉林”小程序旅游公共服务信息，推荐发布旅游线路，链接省内重点景区畅通购票预约通道，为游客出行提供便利服务。在重要节假日时段和重要时间节点，加强与气象、自然资源、水利、应急等部门沟通协作，及时发布安全风险预警提示。演唱会、音乐节等大型营业性演出活动主办单位与基础电信企业加强合作，做好公众通信服务。根据景区、民宿用工需求，及时推荐岗位；或者根据实际需要，举办小型招聘会，破解招工难问题。

（十九）做好入境旅游服务保障。推动将外国人240小时过境免签政策落户长春市、延吉市机场，持续优化口岸签证签发等一系列便利举措。指导旅游企业整合包装我省的国家级滑雪旅游度假地以及长春、吉林、延边、长白山、松原等地区优质旅游资源和产品，推出包括冰雪、避暑、边境、民俗、美食等在内的多主题入境游线路。在“你好！中国”框架下，按照“稳定东北亚、拓展港澳台、发展东南亚、探索欧美大”的开拓方向，深耕 10 个以上国家（地区）入境旅游市场。推进离境退税服务，推动“即买即退”措施。

（二十）维护良好市场秩序。提升演出市场服务水平，打造一

流营商环境，推动解决无序竞争、随意要票等问题。依法查处、严厉打击不合理低价游、强制购物、有偿代约、恶意抢票囤票、“黄牛”倒票等行为。加强文旅市场特别是重点文旅经营单位的安全生产服务督导，持续开展从业人员培训，铸牢安全防范意识，提升应急处置能力，保障文旅市场安全稳健运行。利用特种设备智慧监管平台，提醒大型游乐设施、客运索道、旅游观光车辆运营单位及时申报检验。指导企业完善救援预案，定期开展应急救援演练，提升应急救援能力。开展旅游景区及周边餐饮食品安全整治，排除风险隐患。

长春冰雪幻彩嘻都汇　何平 / 摄

媒体聚焦

人民日报 2025年1月31日5版

白山松水间 冰雪涌新潮

人民日报 2025年1月31日 星期五 5 假日生活

做"加法"、变"玩法"，取"精华"、彰"文化"，在吉林——

白山松水间 冰雪涌新潮

暖泉映雾凇 游人醉其中

博舞起冰湖 非遗展新颜

一机掌万事 智慧助畅游

百余项非遗 带观众体验各地"过年"民俗

在东北地区，冬季寒冷漫长，严酷的天气曾让人们不得不"猫冬"。而如今，行走在白山松水之间，热闹的人间烟火气取代了以往的寂寥，"猫冬"也成为"忙冬"。

在吉林省白山市抚松县露水河长白山狩猎度假区，四季恒温长流的碧泉河畔，一大拨游客正排队等待体验这里的漂流项目。浙江游客方圆从冲锋舟迈上河岸，手捧一杯景区提供的免费姜茶，兴高采烈地说："不虚此行！"

2024年12月底，松原市前郭尔罗斯蒙古族自治县查干湖寒风呼啸、冰封雪盖，湖面上却并不空旷。松原查干湖第二十三届冰雪渔猎文

冰雪活动　连相如／摄

化旅游节开幕式现场，“捺钵天团”正在演绎国家级非物质文化遗产“博舞”。广州游客唐泽帆一家来到查干湖，心心念念这里的特色文化“这次我们就是奔着渔猎文化来的，心满意足！”

2024 年 12 月，吉林省建设的“一机游吉林”文旅服务平台上线，集成飞机、火车和客车等购票接口，植入省内超过 5000 家酒店住宿预订信息和近百家景区度假区门票信息，还上架了当前省内的网红路线。游客不仅可以从中获取“吃住行游购娱”全链条丰富信息，还可以从小程序中领取吉林系列“冰雪消费券”和下单文旅产品。新雪季以来，吉林各地纷纷围绕冰雪发力，完善的服务保障持续擦亮吉林“冰雪名片”，生动讲述冰天雪地也是金山银山的振兴故事。

CCTV 4 中文国际 《中国新闻》2025 年 2 月 6 日播出

吉林：2025 春节文旅消费实现“开门红”

记者从吉林省文旅厅了解到，春节期间，吉林省接待国内游客 2770.68 万人次，国内游客出游总花费 337.55 亿元，文旅市场迎来开门红。春节假期吉林省冰雪旅游成为最大亮点，第三方数据显示，春节假期滑雪人气最高，全国前 10 位的雪场中，吉林市北大湖、通化万峰、吉林市松花湖三家入围，其中北大湖滑雪场位列全国第一。

中国日报网　2025 年 2 月 4 日

冰雪旅游让吉林雪乡成为冬季仙境

CHINADAILY 中国日报网 .COM.CN　Global Edition　AS　中文　Français

HOME　CHINA　WORLD　BUSINESS　LIFESTYLE　CULTURE　TRAVEL　VIDEO　SPORTS　OPINION　RE

China　News　Society　Innovation　HK/Macao　Cross-Strait　Cover Story　Photo

• Home / China / Society

Snow tourism turns Erhe into wonderland

By YAN DONGJIE and HAN JUNHONG in Shulan, Jilin | China Daily | Updated: 2025-02-05 09:05

Tourists have fun at a snow hill in Erhe village in Shulan, Jilin province, on Sunday. [Photo by Yan Dongjie/China Daily]

On the fourth day of the Year of the Snake, red lanterns adorned a small village in China's northernmost region, drawing thousands of visitors to celebrate Spring Festival in a winter wonderland.

"Covered in thick snow, with smoke rising from chimneys as the sun sets, the snow village of Erhe in winter is like a fairy-tale world," said Fu Ximin, a tourist from Anhui province.

Rather than heading south to warmer destinations like Hainan province and Yunnan province, Fu's family opted for a snowy retreat in Northeast China. Ice and snow tourism, led by cities such as Harbin in Heilongjiang province, has surged in popularity in recent years.

Located around the 43rd parallel north, Erhe village in Shulan city, Jilin province, is recognized as one of the world's top regions for natural ice and snow resources. After nearly a decade of development, the once-remote mountain village has transformed into a bustling winter tourist destination.

With snowfall lasting five months a year, Erhe sees the heaviest accumulation in Jilin, with an average snow cover of 1.5 meters. Despite being home to only about 400 residents, the village committed to tourism development in 2016. Since then, nearly 40 million yuan ($5.5 million) has been invested in ice and snow entertainment centers, light shows, observation decks and other facilities.

Today, out of more than 100 households, 36 operate homestays, offering accommodations for 500 overnight guests and meals for 1,300 people.

"Erhe village, known as Jilin's 'Snow Village,' is one of the province's top destinations and was named a 'Beautiful Leisure Village of China' by the Ministry of Agriculture and Rural Affairs in 2018," said Lu Caishu, the village secretary. "In 2019, it was recognized as one of the 'National Key Villages for Rural Tourism' and a 'Top 100 Beautiful Rural Villages in China.'"China's push to develop winter tourism aligns with a national vision first articulated by President Xi Jinping when he was Party secretary of Zhejiang province.In 2005, Xi stated that "green mountains and clear waters are as valuable as mountains of gold and silver." Eleven years later, he expanded the concept, saying, "Ice and snow are also as valuable as mountains of gold and silver."

Inspired by this vision, Lu, chairman of the Erhe Snow Village Tourism Development Co, led efforts to develop tourism in the village.

"The villagers, who traditionally relied on farming and livestock, initially struggled to embrace tourism because it was unfamiliar and uncertain," Lu said.

Cattle farming was once the mainstay of Erhe's economy, and when the tourism company first began operations, cow dung littered the village, creating an unpleasant experience for visitors. To set an example, Lu sold his own cattle below market value and committed fully to developing ice and snow tourism. The Shulan government backed the initiative. In the winter of 2016, Erhe Snow Village welcomed more than 20,000 visitors in just two months, generating over 800,000 yuan in revenue. Each household saw an income boost of about 5,500 yuan, according to local authorities.

Sun Linlin, who previously ran a driving school in Shuying town, saw an opportunity. In 2016, after learning of the government's tourism push, she expanded her home into a 200-square-meter farmhouse.

Determined to bring high hospitality standards to Erhe, Sun traveled to Heilongjiang and Shandong province to study advanced business models. The following year, she invested over 2 million yuan to build Sun's Family Courtyard, a 1,100-square-meter homestay that is now the village's largest. It can host 500 guests for dining and 100 for accommodation. In 2021, Sun's Family Courtyard was designated a national-level C-grade homestay.

Ahead of the snow season, Erhe village ramped up preparations. The village has rebuilt a 2,000-meter circular road, opened a snow village market and added picturesque sites to boost visibility and online engagement. Along the main road, more than 10 "Door-to-Door Culture" themed homestays have been established, where visitors can experience Northeast China's traditions — sitting on heated brick beds and enjoying local tea."Every night, the snow village hosts light shows, fireworks displays and other cultural activities to offer visitors a top-tier ice and snow experience," Lu said.

冰雪龙蛇　李延来 / 摄

中国日报中文网　2025 年 1 月 12 日

吉林省国际传播中心揭牌成立

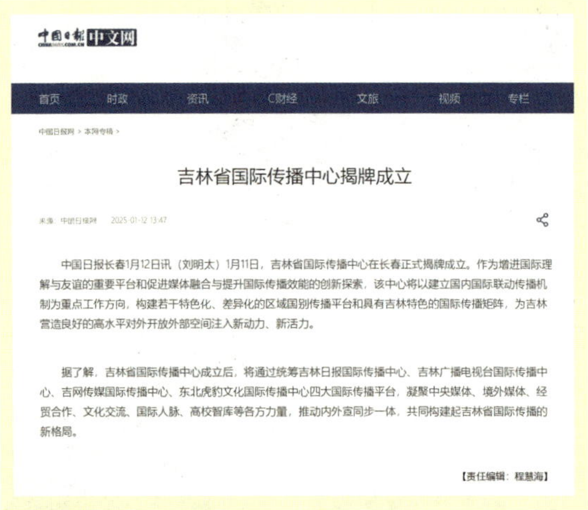
中国日报 中文网

首页 时政 资讯 C财经 文旅 视频 专栏

中国日报网 > 本网专稿 >

吉林省国际传播中心揭牌成立

来源：中国日报网　2025-01-12 13:47

中国日报长春1月12日讯（刘明太）1月11日，吉林省国际传播中心在长春正式揭牌成立。作为增进国际理解与友谊的重要平台和促进媒体融合与提升国际传播效能的创新探索，该中心将以建立国内国际联动传播机制为重点工作方向，构建若干特色化、差异化的区域国别传播平台和具有吉林特色的国际传播矩阵，为吉林营造良好的高水平对外开放外部空间注入新动力、新活力。

据了解，吉林省国际传播中心成立后，将通过统筹吉林日报国际传播中心、吉林广播电视台国际传播中心、吉网传媒国际传播中心、东北虎豹文化国际传播中心四大国际传播平台，凝聚中央媒体、境外媒体、经贸合作、文化交流、国际人脉、高校智库等各方力量，推动内外宣同步一体，共同构建起吉林省国际传播的新格局。

【责任编辑：程慧海】

1 月 11 日，吉林省国际传播中心在长春正式揭牌成立。作为增进国际理解与友谊的重要平台和促进媒体融合与提升国际传播效能的创新探索，该中心将以建立国内国际联动传播机制为重点工作方向，构建若干特色化、差异化的区域国别传播平台和具有吉林特色的国际传播矩阵，为吉林营造良好的高水平对外开放外部空间注入新动力、新活力。

据了解，吉林省国际传播中心成立后，将通过统筹吉林日报国际传播中心、吉林广播电视台国际传播中心、吉网传媒国际传播中心、东北虎豹文化国际传播中心四大国际传播平台，凝聚中央媒体、境外媒体、经贸合作、文化交流、国际人脉、高校智库等各方力量，推动内外宣同步一体，共同构建起吉林省国际传播的新格局。

中国新闻网　2025 年 1 月 6 日

东北虎豹文化国际传播中心在吉林成立

1 月 6 日，吉林省第四家省级国际传播中心、首个垂直类国际传播中心——东北虎豹文化国际传播中心在吉林省吉林市正式成立，并在首届中国（吉林）真实影像大会开幕式上举行揭牌仪式。

东北虎豹文化国际传播中心由吉视传媒股份有限公司（下称“吉视传媒”）联合东北虎豹国家公园管理局共同组建。作为东北虎豹国家公园信息化解决方案提供商和服务方，吉视传媒全程参与东北虎豹国家公园“天空地”一体化监测体系建设服务，先后投资上亿元，在园区内完成700MHz通信基站、卡口监控、防火监控、2.8万台红外触发野保相机，以及后台业务系统相关软硬件设备布设，实现对野生动植物、森林防火、林业资源的“天空地”一体化监测和大数据分析、人工智能识别等信息功能。

目前，吉视传媒科研团队正在研发通过大数据算法对野生东北虎进行个体识别等新技术，部署了数十路长视频设备，实现自动切换码流及动物跟踪识别，更好地保护及监测东北虎豹国家公园的生态环境。

“天空地”一体化监测体系在见证东北虎豹王者归来的同时，积累了大量珍贵视频素材，为开展国际传播奠定了坚实基础。目前，该中心已在多个社交平台布局传播矩阵，并与国内外主流媒体、国内各大国家公园及海内外网红强强联手，以直播、短视频等形式开展传播，收获大量境内外网友点赞。

据介绍，今后，该中心将通过开展内容创作开发、传播渠道建设、国际交流合作、区域协同合作等，构建起多元化、立体式国际传播格局，全力打造东北虎豹文化品牌形象，成为展示吉林自然资源、中国生态文明建设的最佳窗口。

中国新闻网　2025年1月24日

吉林实施古树名木保护行动 将建古树（群）公园15个

为进一步加强古树名木保护管理，吉林省林业和草原局、吉林省住房和城乡建设厅、吉林省绿化委员会办公室联合印发了《吉林省古树名木保护行动方案（2025—2030年）》。其中提出到2026年底，全省古树名木建档率、挂牌率和管护责任落实率均要达到100%，到2030年，建成古树（群）公园15个。

按照该行动方案规划，吉林省古树名木保护主要任务有5项，即实施挂牌保护工程、抢救复壮工程、古树群保护工程、创新融合工程和后备资源培育工程。

吉林省林业和草原局介绍，要针对濒危、衰弱古树名木，按照“识别一批、保护一批、救治一批”的原则，编制“一树一策”抢救复壮实施方案，通过精准实施地上环境综合治理、地下土壤改良、有害生物防治、树洞防腐修补、树体支撑加固等抢救措施，进行辨证施治。

在保护优先的前提下，吉林省计划将古树名木保护与文旅产业发展、乡村振兴战略结合起来，建设集生态、景观、科研、文化、教育等功能于一体的古树（群）公园。将古树名木与红色教育基地、康养体验基地串连成线，宣传推荐打卡线路、开展研学教育及康养体验等活动。

此外，吉林省将充分利用天然林保护、国家储备林基地建设等政策，培育大径材和珍贵树种，逐步建立并增加古树后备资源。收集省内优质古树名木种子，加强优良种质资源选种、育种能力建设，建立优良种质资源库，促进古树名木的可持续发展和种质资源的有效传承。

磐石市烟筒山镇西梨河村古树　赵春江 / 摄

吉林日报　2025 年 1 月 11 日 3 版

一彻万“融”奋楫先

——全省地市级融媒改革综述

吉林日报　要闻　03

一彻万“融”奋楫先

——全省地市级融媒改革综述

旗帜引航向　长风奏强音

2024 年 4 月 19 日到 12 月 23 日，249 天，能做什么？吉林交出了一张地市级融媒改革的精彩答卷。

从 4 月 19 日省委常委会专题审议通过《吉林省加快地市级媒体深度融合发展实施方案》，到各有关地市党委均将市级融媒体改革工作作为年度重点任务稳步推进，再到 12 月 23 日吉林市融媒体中心正式挂牌，本轮“一中心一公司”融媒改革涉及的吉林、四平、辽源、通化、松原、白城 6 个地市，3101 人，4.68 亿元资产，全部在规定时间节点前完成。

立足传统媒体基础底蕴，适逢媒体融合发展时代大潮，全省地市级融媒改革在实践探索中前行，于守正创新中绽放，加速驶向深度融合发展新蓝海。

蝶变

——高位统筹体系重塑增量改革焕新颜

地市级媒体融合改革工作是贯彻落实党的二十届三中全会和省委十二届五次全会精神的重要举措，是进一步全面深化改革、推动新闻舆论工作高质量发展的关键环节。召开全省推进市级融媒体中心建设座谈会，研究起草实施方案，多轮次征求各地各有关部门意见，并于 2024 年 4 月 19 日提请省委常委会专题审议通过。

壹引其纲，万目皆张。2021 年 10 月，白山市新闻传媒中心挂牌成立，成为全省第一个市级融媒体，也是全国 60 家地市级媒体融合试点之一，目前已经开创了“两手发力、双轨运行”的可喜局面，为全省地市级融媒改革提供了经验样本。

从“相加”到“相融”，主力军全面挺进主战场，吉林融媒改革步履铿锵。

——融框架

党委、政府层面形成共识、高位推动。各地以战略性、前瞻性、全局性的理念和“自我革命、刀刃向内”的要求重塑机构。

吉林市改革后行政综合部门精简65%，配套部门精简超75%。通化市以“压缩管理层级，倾斜基层一线”为原则，行政岗位削减16.1%，中层岗位精简26%。

由物理整合到化学融合，从流程再造到机制再造，吉林大地，一个个有影响力的新型党媒正次第开花。

——塑流程

融媒体中心大多由多家新闻单位融合组建而成，怎么“融为一体、合而为一”？

白城市融媒中心建设内容生产平台，建立融媒体指挥中心，针对同一选题组建跨平台采访单元，形成一体策划、一次采访、多种生成、一键推送、全媒传播、全网覆盖的全媒体业务流程和生产体系。

以融媒改革推进传媒事业和传媒产业高质量发展，迸发出深度融合的强大效能。

——聚人心

传统媒体的人才体系如何适应转型升级要求，一直以来都是媒体融合改革中的难点所在。把顶层设计与基层探索结合起来，把创新活力和内生动力激发出来，全省地市级融媒改革的每一个考量都凸显着“人人共享改革成果”的融合基点。

积极争取编制人事政策，全力解决专业技术岗位人员的职称评聘问题，提高员工满意度和忠诚度；完善绩效考核制度，将工作绩效与薪酬紧密挂钩，激发员工的工作积极性和创造力；优化薪酬分配制度，实行差异化的薪酬分配，确保优秀人才的薪酬与其贡献相匹配……

一项项改革举措激活“人的融合”一池春水。

深耕

——全域联动全面发力 奏响传播最强音

内容永远是根本。全省地市级融媒体中心不断升级传统节目运行模式，对原有栏目进行梳理整合，对全媒体节目进行全面升级，一个个有高度、有深度、有温度的融媒作品，引领地方主流思想舆论。

通化市融媒体中心多篇优质稿件被中央主流媒体转载，全网浏览量突

长春净月潭国家森林公园 张春山/摄

破1000万。辽源市融媒体中心加强原创短视频制作水平，进行文案、画面立体包装，吸引众多粉丝关注。

把党的声音传得更响亮，把吉林故事讲得更精彩。全省融媒全域联动，一体发展，实现横向互融、纵向互通。地市级融媒体中心全力打造全媒传播体系市域枢纽节点，打破地域壁垒，推进带动市县融媒一体化深融，促使地域传播效能几何级增长。

创新

——建强平台造血支撑 融合发展多元化

适应经济环境和市场格局变化，如何聚焦媒体优势领域，拓展经营模式，增强自我造血机能，推动媒体长期可持续发展？

我省融媒改革给出的答案是，建强平台、造血支撑。

一个个务实举措，给融媒改革的创新发展标注出生动注脚——

通化市融媒体中心以实干解题融媒经营，不遗余力打造好“融媒＋电商”新的创收项目。截至2024年12月末，共有26名主持人参与直播带货，直播31场，总时长120小时。

建成当地主流舆论阵地，充分整合当地优势资源，更好服务当地经济社会发展，把融合效能放到最大，这是融媒改革的“众望所归”。在我省融媒改革中，各地市跨媒体的“大融合”亮点纷呈，长春、延边主流媒体内部贯通的“小融合”同样熠熠生辉。

长春日报社利用主流媒体优势，高质量承办了“魅力单位评选活动”等，在项目的策划分析、宣传造势、现场执行落位等方面全链条承办，取得出色的成果。延边州构建集报纸、电视、广播、网站、客户端、微博、微信、阅报屏等多种媒体形态于一体的新媒体传播方阵，培育了3个百万级粉丝抖音、快手官方账号。

仅用时8个月，完成地市级融媒体中心和融媒公司揭牌成立，跑出了地市级媒体融合改革的“吉林速度”。从班子组建、部室整合，到推动媒体融合改革持续走深走实、初步构建起融合发展新格局，彰显了地市级媒体融合改革的“吉林质量”。

惟实励新，融合致远。站在新的坐标回望过去，融合的力量正在释放，我们有理由相信，吉林媒体融合发展之路必将越走越宽、越行越远……

风正潮平　改革深谋行致远
时宜势盛　图强实干业兴邦

韩庆军（中国书法家协会理事、吉林省书法家协会主席）

印文：太平盛世

印文：蛇序呈祥

郭义（长春摄影家协会主席、吉林省书法家协会会员）

威镇东疆——吴大澂系列组画之大展国威

（油画）作者：王晓明　张伟时　2025 年　400cm × 200cm

欽

▶ 明确工作思路

守护绿水青山　用好冰天雪地

长春伊通河赤麻鸭　冯健男 / 摄

政策文件

中共吉林省委　吉林省人民政府
美丽吉林建设规划纲要（2024—2035 年）

吉发〔2024〕9 号

（2024 年 5 月 15 日）

为全面贯彻落实习近平总书记“以美丽中国建设全面推进人与自然和谐共生的现代化”重要指示精神，持续加强生态文明建设和生态环境保护，深入推进生态强省建设，全力描绘“白山松水、焕美吉林”的“吉美”画卷，打造人与自然和谐共生的美丽中国先行区，根据《中共中央　国务院关于全面推进美丽中国建设的意见》（中发〔2023〕30 号）精神，结合吉林实际，制定本规划纲要。

一、总体要求

以习近平新时代中国特色社会主义思想为指导，深入贯彻习近平生态文明思想，全面落实党的二十大和全国生态环境保护大会精神，忠实践行习近平总书记在新时代推动东北全面振兴座谈会上的重要讲话和视察吉林重要讲话重要指示精神，牢固树立“绿水青山就是金山银山、冰天雪地也是金山银山”的理念，牢牢把握吉林在维护国家“五大安全”中的重要使命，深入实施“一主六双”高质量发展战略，培育“四大集群”、发展“六新产业”、建设“四新设施”，持续实施生态强省战略，高水平建设美丽吉林，以高品质生态环境支撑高质量发展。

总体目标是：以绿色优美、肥沃富饶、安全现代为总目标，全力打造长空如碧、绿水长流，沃野千里、疏朗有致，乡愁如画、诗意宜居的美丽吉林，让山清水秀、繁星闪烁、鸟语花香、虎啸鹤鸣常驻白山松水间，让区域经济协调稳健、城乡发展交相辉映、人民群众安居乐业、生态文明熠熠生辉成为老工业基地的崭新标识。

第一阶段（2024—2027 年）。深入攻坚、持续改善，美丽吉林建设取得显著成效。绿色低碳发展深入推进，产业结构不断优化，资源能源利用效率不断提高，减污降碳协同增效实现突破。生态环境质量持续改善，细颗粒物浓度控制在 27 微克 / 立方米以下，重污染天气基本消除，地表水国考断面优良水体比例保持在 85%左右，劣Ⅴ类水体稳定消除，城市建成区黑臭水体基本消除。黑土地保护成效显著，典型黑土区保护面积达到 3000 万亩，黑土地保护工程项目区土壤有机质含量平均提高 1 克 / 千克。生态安全得到有效维护，森林覆盖率、湿地保护率分别达到 45.8%和 45.22%，草原综合植被覆盖度稳定在 72.3%。生态环境现代化治理体系进一步健全，环境基础设施短板基本补齐，生态产品价值实现机制基本构建，生态补偿、绿色金融等机制逐步完善，国家级“两山”实践创新基地达到 8 个，打造一批美丽吉林建设实践样板。

第二阶段（2028—2030 年）。提质加速、跨越发展，美丽吉林建设走在全国前列。经济社会发展全面绿色转型取得显著成效，产业结构、能源结构、运输结构、用地结构有效优化，碳达峰目标顺利实现。生态环境质量达到国内先进水平，城乡人居环境品质显著提升。生态系统多样性持续性稳定性进一步增强，生态安全屏障更加稳固。生态环境现代化治理体系更加完善，生态经济效益显著增强，生态文明理念深入人心。

第三阶段（2031—2035 年）。全面提升、示范引领，美丽中国吉林样板基本建成。产业结构全面优化，碳排放达峰后稳中有降，绿色生产生活方式广泛形成。生态环境根本好转，绿水青山黑土地、蓝天白云好空气成为高品质生活标配。国土空间开发保护新格局全面形成，生态系统多样性持续性稳定性显著提升。生态环境治理体系和治理能力现代化基本实现，智慧化、数字化、信息化成色更足，美丽吉林建设的文化底蕴更加厚重。

战略定位是：展望本世纪中叶，生态文明全面提升，绿色发展方式和生活方式全面形成，重点领域实现深度脱碳，生态环境品质达到国际一流水平，生态经济成为高质量发展的重要支撑，生态环境治理体系和治理能力现代化全面实现，人与自然和谐共生的美丽吉林全面建成。

锚定建设美丽中国先行区目标，坚持生态优先、绿色发展，坚持系统治理、重点攻坚，坚持深化改革、守正创新，坚持生态惠民、共建共享，以更高站位、更宽视野、更大力度推进生态文明建设，努力在建设人与自然和谐共生的美丽中国进程中走在前列，展现亮丽吉林辽阔风光。要坚持做到：

——全领域推进生态环境系统治理。加强大气污染物协同控制，巩固提升环境空气质量并始终保持在全国第一方阵，强化流域“三水统筹”系统治理，全力提升优良水体比例，稳定消除劣V类水体，加强固体废物和新污染物治理，率先实现全域“无废城市”建设，全面提升生态环境现代化治理水平。

——高水平实施黑土地保护利用。以提高耕地质量、保障粮食产能、促进黑土地资源永续利用为核心，突出科学利用，坚持种养结合，强化黑土地保护和分区分类整治修复，持续提高土壤有机质含量和蓄水保肥能力，全过程保护好、利用好黑土地这个“耕地中的大熊猫”。

——高标准筑牢北方生态安全屏障。构建统一有序的生态保护空间格局，加强大长白山区域生态保护力度，坚持山水林田湖草沙一体化保护与修复，全面提升重点区域生态功能，巩固吉林在东北森林带、北方防沙带中的重要作用，不断提升生物多样性保护水平，守牢生态安全底线。

——全方位畅通“两山”双向转化渠道。充分发挥生态资源优势，统筹推进生态产业化和产业生态化，着力推动生态与农业、旅游业、文化产业等深度融合，聚焦重点行业，持续推进全产业链绿色化转型，不断提升绿色产能比重，推动“生态＋产业”成为新经济增长点。

二、绿色引领，建设低碳集约、动力强劲的转型发展样板

持续优化国土空间布局，推动工业、能源、交通运输、城乡建设等重点领域转型发展，不断降低碳排放强度、自然资源消耗强度和环境损耗强度，提高发展“含绿量”“含金量”，增强吉林绿色竞争力。

（一）构建有序和谐的国土空间格局

强化空间布局引领。深入实施区域协调发展战略、区域重大战略、主体功能区战略、新型城镇化战略和乡村振兴战略，构建“一圈四轴、三区两屏”国土空间开发保护格局。全面推进长春现代化都市圈以及珲乌开发开放发展轴、沿边开发开放发展轴、哈大先进制造业发展轴、集双南部门户发展轴成为区域增长极，打造集约高效的生产空间，促进各类要素合理流动和高效集聚。以东部山地特色农林业发展区、中部粮食和农产品生产核心区、西部生态农牧业发展区为基底，优化农业空间布局，强化农产品供给保障能力建设，筑牢“粮仓肉库”安全基石。以东部森林生态安全屏障、西部防风固沙生态安全屏障为依托，优化生态空间布局，统筹山水林田湖草沙一体化保护和系统治理，夯实安全永续发展基础。

优化国土空间开发保护体系。完善国土空间规划体系，统筹农业、生态、城镇等各类空间布局。实行最严格的耕地保护制度，到2035年，全省耕地保有量不低于10944万亩，力争粮食作物播种面积稳中有增。坚守生态保护红线，红线区域面积保持在53636平方千米以上，并确保生态功能不降低、性质不改变。严格管控城镇开发边界，推动城镇空间内涵式集约化绿色发展。完善自然资源资产管理制度体系，健全国土空间用途管制制度。强化生态环境分区管控。严格河湖水域岸线空间管控。

（二）积极稳妥推进碳达峰碳中和

完善落实“双碳”工作机制。有计划、分步骤实施碳达峰行动，确保2030年前实现碳达峰。推动能耗双控逐步转向碳排放总量和强度双控，加强碳排放双控基础能力和制度建设。深入实施甲烷排放

控制行动及其他非二氧化碳温室气体排放控制举措。推进碳排放统计核算，逐年编制温室气体清单。积极参与全国碳市场建设，完善碳排放权交易机制，推动扩大碳排放权交易行业覆盖范围。实施绿色低碳科技创新行动，持续推进重点领域碳中和路径、机制、科学技术和标准规范研究。

推进重点领域减污降碳协同增效。全面推进能源、工业、交通运输、城乡建设、农业农村、生态建设等重点领域减污降碳协同增效，探索多领域、多层级各具特色的减污降碳协同增效路径，在结构调整、产业升级、控煤减排、清洁能源替代等方面实现突破。提升大气、水、土壤、固废等领域多污染物与温室气体协同治理水平。以区域、城市、产业园区、企业等为单元，开展多层次协同创新试点。加快实施减污降碳协同工程，支持能源结构低碳化、移动源清洁化、重点行业绿色化、工业园区循环化转型。到 2027 年，重点区域、重点领域结构优化调整和绿色低碳发展成效显著，形成一批可复制、可推广的典型经验；到 2035 年，多层次多领域减污降碳协同治理体系全面建成。

充分挖掘资源碳汇潜能。巩固生态系统固碳作用，不断提高森林质量、林木蓄积量和草原综合植被盖度，深度挖掘西部地区河湖沼泽碳汇潜力，加强退化耕地治理，提升农田有机质含量，增加农田碳汇，稳定提升森林、草原、湿地、耕地等重要生态空间的固碳能力。推动可再生能源、林草湿碳汇、甲烷回收利用和能效提升等项目温室气体减排效果量化核证，鼓励相关项目主体积极参与温室气体减排。积极开发碳汇金融产品。超前推进碳捕集、利用与封存（CCUS）技术应用部署。

（三）加快产业绿色转型升级

推进重点行业绿色化改造。严把项目准入关口，坚决遏制高耗能、高排放、低水平项目盲目上马。实施清洁生产水平提升工程，系统推进工业、农业、建筑业、服务业等领域清洁生产，引导重点行业深入实施清洁生产改造。严格落实重点行业绿色产品、绿色工厂、绿色园区、绿色供应链等相关标准，着力培育一批绿色设计示范企业、绿色示范工厂、绿色示范园区，推动工业重点领域新建项目能效、环保达到标杆水平。高标准建设吉西南承接产业转移示范区。

培育绿色发展新动能。加快构建体现智能化、绿色化、融合化特征，符合完整性、先进性、安全性要求，具有吉林特色优势的现代化产业体系。深入实施创新驱动发展战略，加快发展新质生产力，抢先布局新能源与智能网联汽车、新一代信息技术与人工智能、生物医药与高端医疗器械、先进新材料、氢能与新型储能、卫星及应用等新领域新赛道，加快谋划一批强基础、促发展、利长远的重大项目。推进现代服务业同先进制造业、现代农业深度融合，培育壮大服务型制造，构建交叉渗透、跨界协同的产业生态。积极发展林下经济、冰雪经济和休闲度假产业。积极培育壮大环保产业，构建环保产业新格局。到 2035 年，绿色低碳的产业结构、生产方式广泛形成。

（四）推动能源清洁低碳转型

推进清洁能源快速发展。加快构建清洁低碳安全高效的能源体系，以太阳能、风能、氢能、水能等为重点，建立多元能源供应体系，打造国家级清洁能源基地。加快推进“陆上风光三峡”“山水蓄能三峡”“全域地热三峡”及东北松辽清洁能源基地送电华北工程等重大项目建设。创建新能源产业“绿电 + 消纳”试点，加快白城、松原、双辽、通榆“绿电”示范园区建设，提升清洁能源本地消纳能力。结合技术发展，适时推广中深层地热供暖试点示范项目。持续实施“氢动吉林”“醇行天下”行动，推进氢能“制储输用”全链条发展。

优化能源消费结构。重点控制煤炭等化石能源消费，加强煤炭清洁高效利用，逐步降低煤炭消费比重，石油消费“十五五”时期进入峰值平台期。严控新增耗煤项目，实行煤炭消费目标管理和减量替代管理。严格控制煤电装机规模，加快现役煤电机组节能升级和灵活性改造。有序关停改造分散燃煤锅炉和小火电，逐步减少直至禁止煤炭散烧。因地制宜推进煤改电、煤改生物质。到 2030 年，非化石能源占能源消费总量比重达到 20% 左右；到 2035 年，非化石能源占能源消费总量比重进一步提高。

（五）统筹推进交通运输和城乡建设领域绿色低碳发展

加快交通运输体系升级。深入推动大宗货物“公转铁”，加快铁路专用线规划建设，提升大宗货物清洁化运输水平。推进铁路场站、民用机场、物流园区等绿色化改造和铁路电气化改造。建设绿色铁路、绿色公路、绿色机场。深入实施城市公共交通优先发展战略，推进城市绿道网络建设，完善城市步行和自行车等慢行服务系统，倡导绿色出行。到2027年，老旧内燃机车基本淘汰；到2035年，铁路货运周转量占总周转量比例达到25%左右。

大力推广新能源汽车。推进新能源、清洁能源车辆在城市公交、城市配送等领域应用，公共交通等领域新增或更换作业车辆优先采用清洁能源车辆。推动超低和近零排放车辆规模化应用、非道路移动机械清洁低碳应用。加快新能源汽车换电模式应用探索。探索推广氢能等新能源交通工具。结合城市更新行动和智慧城市建设，加快重点场所充电桩、换电站、加氢站等绿色交通基础设施建设，完善充电设施网络体系。到2027年，新增汽车中新能源汽车占比力争达到45%。

提升绿色建筑、绿色建造水平。加快既有建筑和市政基础设施节能降碳改造，推动超低能耗、低碳建筑规模化发展。城镇新建建筑全面执行绿色建筑标准，鼓励有条件的地区使用近零碳建筑。加快建筑用能电气化和低碳化，开展建筑屋顶光伏行动，大幅提高建筑采暖、生活热水、炊事等电气化普及率。推进绿色农房建设和既有农房节能改造。

（六）推动各类资源节约集约利用

加强资源能源节约集约和高效利用。持续深化重点领域节能，加强新型基础设施用能管理。深入实施节水行动，强化用水总量和强度双控，提高重点用水行业、产品用水效率，积极推动污水资源化利用，加强非常规水源配置利用。统筹生活、生产和生态用水需求，切实推进农业、工业和城镇节约用水。健全节约集约利用土地制度和激励约束机制，推广节地技术和模式。积极盘活存量建设用地，促进建设用地节约集约利用。全面推进绿色矿山建设，完善矿山生态环境保护和土地复垦制度，推进矿区土地节约集约利用。到2035年，能源和水资源利用效率达到国际先进水平。

推动原材料和资源循环高效利用。全面推进制造业绿色化转型，建立绿色制造体系和服务体系。实施高端再制造、智能再制造、在役再制造，大力发展再制造产业。全面推行循环生产方式，促进企业、园区、行业间链接共生、原料互供、资源共享。开展资源综合利用提质增效行动，加快构建废弃物循环利用体系。促进废旧风机叶片、光伏组件、动力电池、快递包装等废弃物循环利用。推进资源再生利用产业发展，提高大宗工业固体废弃物、废旧金属、报废汽车、废弃电器电子产品等综合利用水平。到2035年，多层次资源高效循环利用体系全面建成。

专栏一　绿色低碳发展重大工程

1. 绿色制造重大工程。大力发展绿色产业和环保产业，壮大新能源汽车、商用卫星、节能环保、生物产业等战略新兴产业，围绕新能源装备制造、智能电网、氢能等重点领域，积极引进领军企业和“专精特新”中小企业，培育新动能。

2. 工业绿色化改造工程。开展清洁生产行动，加快钢铁、石化、有色金属等重点行业全流程绿色化改造。围绕钢铁、石化、化工等重点领域，积极组织创建国家级绿色制造体系示范，创建省级绿色工厂、绿色园区、绿色供应链。

3. 绿色循环化改造工程。实施园区循环化改造，鼓励工业企业、园区优先利用可再生能源、余能利用和工业绿电微电网建设，推进工业资源综合利用基地建设。实施电机、变压器等重点用能设备能效提升行动、工业污水资源化利用行动。实施余热余压回收、中水回用、废渣资源化等绿色化改造工程。

4. 能源结构优化工程。加快推进“陆上风光三峡”“山水蓄能三峡”“全域地热三峡”及东北松辽清洁能源基地送电华北工程等重大项目建设，打造国家级新能源生产基地。实施清洁能源替代行动，因地制宜开展煤改电、煤改生物质。

5. 交通结构优化工程。开展公共领域车辆电动化行动，推进氢燃料电池在公交车、轻重型货车领域商业化应用。实施交通基础设施节能改造工程，积极打造绿色铁路、绿色公路、绿色机场。深入实施绿色出行“续航”工程。实施“氢动吉林”“醇行天下”行动，推进氢能“制储输用”全链条发展。

6. 城乡建设结构优化工程。推动有条件地区适当提高政府投资公益性建筑、大型公共建筑以及绿色生态城区、重点功能区新建建筑中星级绿色建筑建设比例。在清洁取暖、城镇老旧小区改造、海绵城市建设等政府投资工程、重点工程、市政公用工程、绿色建筑和生态城区、装配式建筑中率先采用绿色建材，鼓励其他工程建设项目使用绿色建材。充分利用建筑本体及附属设施、市政公用设施空间资源，推进建筑太阳能光伏一体化。

7. 资源节约集约利用工程。实施能量系统优化、节能技术改造等工程。推进高效节能新工艺、新技术、新产品、新设备和新材料应用。积极发展集雨灌溉，推广畜牧渔业节水方式。强化生产用水管理，支持企业和工业园区开展节水技术改造及再生水回用。推动城镇节水和污水再生利用设施建设与改造。建立矿产资源集约开发和综合利用机制，实现矿区集中化、规模化开发。

三、环境增彩，建设天蓝水碧、宁静宜居的美丽家园样板

深化山水生态基底和城乡发展建设互融互动，以更高标准守护好吉林蔚蓝天空、清澈河水、康宁环境，提升人民群众获得感、幸福感、安全感。

（一）守护美丽吉林幸福蓝天

加强多污染物协同控制和区域协同治理。开展细颗粒物和臭氧协同控制行动，对重点区域、重点时段、重点领域、重点行业实行差异化、精细化协同管控。聚焦细颗粒物污染防治，以秋冬季为重点时段，以供热燃煤污染治理、秸秆处置、扬尘精细化管理等为抓手，加强中部城市联防联控，基本消除重污染天气。聚焦臭氧污染防治，以夏季为重点时段，加强挥发性有机物（VOCs）、氮氧化物污染治理，遏制臭氧浓度上升趋势。强化省际沟通协作、联合执法、跨区域执法和交叉执法等联动合作，协同开展燃煤污染、秸秆焚烧污染等区域共性污染问题治理。

突出重点领域治理。严格落实秸秆全域禁烧，积极探索秸秆禁烧新模式，推动完善秸秆全量化处置长效机制，大力推进秸秆还田、“秸秆变肉”等重大工程，持续提高秸秆肥料化、能源化、饲料化、基料化、原料化利用能力。深化燃煤污染综合整治，深入推进清洁取暖改造，严控新建燃煤锅炉，高质量推进燃煤锅炉超低排放改造，强化散煤污染治理。深入推进工业污染源治理，以钢铁、水泥、焦化等行业为重点，实施超低排放改造；实施玻璃、铸造、石灰等行业炉窑提标改造工程，推进氮氧化物深度治理；以石化、化工、涂装、医药、包装印刷、油品储运销等行业为重点，实施源头替代工程，强化挥发性有机物（VOCs）全流程、全环节综合治理。不断加强移

动源污染治理，持续开展清洁柴油货车、清洁柴油机、清洁运输、清洁油品等专项行动，严格执行车用汽油质量标准。深化重污染天气应对绩效分级，支持创建A级企业。到2027年，细颗粒物浓度下降到27微克/立方米以下；到2035年，细颗粒物浓度下降到25微克/立方米以下，实现空气常新、蓝天常在。

加强其他涉气污染物治理。加强重点行业恶臭污染综合治理，加大垃圾收集、污水集中式处理等设施密闭收集力度，着力解决群众身边的恶臭污染问题。加强餐饮业油烟精细化管理，餐饮服务场所、机关学校食堂等按规范要求安装和使用油烟净化器。开展有毒有害大气污染物调查监测，加强金属冶炼、危废焚烧等重点行业排放管控。加强消耗臭氧层物质和氢氟碳化物环境管理。

（二）维护美丽吉林魅力碧水

强化水资源保护利用。加快吉林水网骨干工程建设，提高流域水资源供给能力。推进水源地规范化建设，力争县级及以上城市饮用水水源地安全保障达标建设全覆盖。加快地下水型饮用水水源补给区划定，强化地下水型饮用水水源地环境保护，加强城市应急备用水源建设。强化工业节水减排、农业节水增效、城镇节水降损。推动建设污染治理、生态保护、循环利用有机结合的区域再生水循环利用体系。

提升水环境质量。深入落实水功能区划及管理制度。优先控制农业面源污染，加强工业污染防治，推行重点行业企业污水治理与排放水平绩效分级。因地制宜开展内源污染治理和生态修复，基本消除城乡黑臭水体并形成长效机制。基本完成入河排污口排查整治，全面建成排污口监测监管体系。加快补齐污水收集和处理设施短板，推进老旧城区、城乡接合部和城中村污水管网建设，逐步推动城市污水管网全覆盖，加强污泥无害化处理和资源化利用，提升污水处理绿色低碳水平。加快完善乡镇污水处理设施，鼓励以县（市）为单位整体推进乡镇污水处理设施运维。积极推进美丽河湖建设。到2027年，地表水国考断面优良水体比例保持在85%左右，美丽河湖建成率达到40%左右；到2035年，“人水和谐”美丽河湖基本建成。

推动水生态保护修复。探索建立水生态考核机制，加强河流湖库生态流量保障，提升松花江主要支流生态流量保障程度，逐步退还辽河被挤占河湖生态用水。持续推进万里绿水长廊工程建设，因地制宜建设河湖生态隔离带。深入开展江河源头区涵养林建设，东部源头区重点建设水源涵养区、生态缓冲带，中部地区重点加强生态保护带、水土保持林建设，西部地区加强河湖连通、湿地修复，稳定扩大湿地面积。积极应对蓝藻水华等生态灾害。加强渔业资源保护，开展水生生物增殖放流，丰富水生生物多样性。

（三）打造美丽吉林康宁环境

全域推进“无废城市”建设。加快建立和完善生活垃圾分类收集、运输和处理系统，推进地级及以上城市居民小区垃圾分类全覆盖。加强垃圾填埋场渗滤液安全处置和焚烧厂飞灰无害化处置。开展塑料污染全链条治理，限制商品过度包装。深化全面禁止“洋垃圾”入境工作，严防各种形式固体废物走私和变相进口。加强产业废弃物资源化利用，加快推动国家级资源循环利用基地以及各类大宗固体废物综合利用基地建设。强化危险废物监管，有序提升危险废物利用处置能力。加强尾矿库污染治理，全面推进“无废矿区”建设。到2027年，固体废物产生强度明显下降；到2035年，全域建成“无废城市”。

加强化学品环境风险防控和新污染物治理。建立健全有毒有害化学品环境风险管理体系和相关工作机制，严格履行化学品环境国际公约要求。持续推进新污染物治理行动，实施新污染物调查监测和环境风险评估。不断加强新污染物多环境介质协同治理与全生命周期环境风险管控。到2035年，新污染物环境风险得到有效管控。

强化生态环境与健康管理。按照国家有关要求，推进环境健康监测、调查和风险评估工作。推动开展生态环境健康风险识别与排查，加强生物安全、职业卫生等领域环境与健康科学研究。实施公民环境与健康素养提升行动，提高公众环境健康保障水平。

提升声环境质量。开展声环境功能区调整，全面落实声环境功能区划制度。加强噪声源头防控，在相关规划编制、基础设施建设、噪声敏感建筑物布局等环节，明确噪声敏感建筑物集中区域，落实声环境质量标准和民用建筑隔声设计标准等要求。明确相关部门噪声污染防治监督管理职责。持续实施噪声污染防治行动，强化工业生产、道路交通、建筑施工、商业经营等重点领域、重点时段噪声污染管控，完善常态化联合执法机制。统筹做好监测点位优化布局、自动监测设施建设和组网运行等工作。

（四）建设美丽吉林宜居家园

建设美丽城市。以绿色低碳、环境优美、生态宜居、安全健康、智慧高效为导向，建设新时代美丽城市。立足区域功能定位，发挥城市禀赋优势，因地制宜、梯次推进美丽吉林建设全域覆盖，探索各美其美、美美与共的美丽城市建设路径和模式。长春市发挥现代化都市圈核心辐射带动作用，加强绿色发展协作，全力打造绿色发展高地，积极推进共建共享，引领示范美丽城市建设；吉林市、四平市、辽源市推动现代产业集聚与环境品质同步发展，打造产业兴旺、生活舒适的美丽城市建设样板；松原市、白城市以建设国家级清洁能源基地为契机，充分利用自然生态本底优势，统筹绿色低碳发展与生态环境保护，建设转型振兴、活力强劲的生态环境美丽城市；通化市、白山市、延边州充分彰显林海雪原、边境风情，大力推动生态经济发展，建设独具特色、幸福宜居的美丽城市。长白山保护开发区、梅河口市高标准建设生态优美、环境友好的美丽城市。推进美丽城市评估和成果应用。

建设美丽城镇。加快推进以县城为重要载体的城镇化建设，大力发展县域经济，规划建设一批各具特色、富有活力、宜居宜业的现代化县城。顺应城镇化发展规律和人口流动趋势，实施生态环境治理补短板强弱项行动，推动环境公共服务能力与人口和经济规模相适应。鼓励各县（市、区）及经济强镇、重点建制镇，结合地域特色、生态特征、环境基础，因地制宜、分类施策，探索各具特色的生态环境治理模式，建设多姿多彩美丽城镇。

建设美丽乡村。深入落实美丽乡村示范县建设行动要求。统筹推动乡村生态振兴和农村人居环境整治，学习运用“千万工程”经验，实施“十县引领、百村示范、千村美丽、万村整治”工程，建设宜居宜业和美乡村。扎实推进农村厕所革命，以农村生产生活废弃物处置、农村生活污水治理、黑臭水体治理、畜禽粪污治理为重点，持续打好农业农村污染治理攻坚战，一体化推进乡村生态保护修复。建立农村生态环境监测评价制度。科学推进乡村绿化美化，加强传统村落保护利用和乡村风貌引导。到 2027 年，行政村农村生活污水治理（管控）、生活垃圾收运处置体系建设实现全覆盖，美丽乡村整县建成比例达到 40%；到 2035 年，实现农村生活污水应治尽治、应管尽管、应用尽用，基本消除农村黑臭水体，农村生活垃圾收集率、无害化处理率达到 100%，畜禽粪污综合利用率达到 90% 以上，美丽乡村基本建成。

建设“美丽细胞”。围绕与人民群众生产生活息息相关的重点领域，夯实“美丽细胞”工程。深入落实绿色办公、绿色采购、绿色用能，积极创建美丽机关。发挥学校教育主阵地作用，创建美丽校园。发挥社区社会治理“神经末梢”作用，综合整治社区环境卫生，建设美丽社区。推广先进绿色生产理念和管理模式，建立以资源节约、环境友好为导向的采购、生产、营销、物流及循环利用体系，创建美丽园区、工厂、商场、酒店等。发挥家庭社会细胞作用，营造清洁生活环境，节约家庭资源，建设美丽家庭。

专栏二　环境质量提升重大工程

1. 幸福蓝天建设工程。实施水泥、平板玻璃、电解铝、石化、焦化等大气污染重点行业治理工程。开展氮氧化物深度治理，推动大型燃煤锅炉、钢铁、水泥、焦化企业超低排放改造。实施挥发性有机物综合治理工程，石化、化工、工业涂装、包装印刷等挥发性有机物排放重点行业建设适宜高效的挥发性有机物治理设施。实施散煤清洁化治理、柴油货车污染防治、秸秆资源综合化利用等重点工程。

2. 魅力碧水建设工程。加快建设吉林水网骨干工程，推进中部城市引松供水、引嫩入白扩建工程建设。开展水环境综合治理，实施城镇污水处理设施及管网建设、园区及企业污水治理、大型灌区农田退水治理等重点工程。实施“美丽河湖”建设工程，推动河湖水系连通，加快东辽河、招苏台河、条子河、浑江、辉发河、饮马河等重点干支流河道生态修复，深入推进查干湖水生态修复与治理，加强向海、莫莫格、波罗湖等重要湿地保护与恢复。

3. 康宁环境建设工程。开展化工、制药、工业涂装等行业恶臭污染综合治理工程。推进实施大宗工业固体废物、危险废物、医疗废物、城市建筑垃圾、城市生活垃圾、农村固体废物、废旧资源循环利用等重点工程。加快推进长春宽城资源循环利用基地，白山市、吉林蛟河经济开发区（吉林蛟河天岗石材产业园区）等大宗固体废弃物综合利用基地建设。实施危险废物和医疗废物安全处置工程。实施化学物质替代和减排工程。加快推进声屏障设施建设。

4. 宜居家园建设工程。开展美丽城市、美丽城镇、美丽乡村建设行动，建设美丽机关、美丽校园、美丽社区、美丽工厂、美丽园区等多领域“美丽细胞”工程。

四、黑土强基，建设沃野千里、永续利用的土壤保护样板

以确保国家粮食安全为底线，强化黑土地保护和利用，因地制宜、分区分类施策，强化科技和改革双轮驱动，持续提升粮食和重要农

产品稳产保供能力。

（一）强化黑土地保护

巩固提升黑土地质量。以治理黑土地“变薄、变瘦、变硬”问题为导向，按照健全耕地数量、质量、生态“三位一体”保护制度体系要求，逐步恢复地力。依托粮食生产功能区和重要农产品生产保护区，加大高标准农田建设力度，编制永久基本农田全部建成高标准农田实施方案。聚焦农业面源污染突出区域，强化系统治理，对黑土地退化和水资源超载地区开展生态化治理，恢复黑土区田间生物群落。加快农业投入品减量增效技术集成创新和推广应用，加强农业废弃物资源化利用和废旧农膜分类处置。加强食用农产品产地质量安全控制和产品检测，提升“从农田到餐桌”全过程食品安全监管能力。

强化分区分类整治修复。中部地区以提质增肥为主攻方向，加快推进高标准农田建设，提升农田设施保障能力，打造黑土地核心保护区。西部地区以改良培肥为主攻方向，探索改良治理盐碱化耕地技术路径，分区分类开展盐碱耕地治理改良，梯次推进盐碱地等耕地后备资源开发，打造西部生态农业，激发后备耕地资源潜力。加快推进大安市、镇赉县、前郭县、乾安县盐碱地等耕地后备资源综合利用国家试点建设。东部地区以固土保肥为主攻方向，治理水土流失，加快东部黑土地绿色转型。

（二）提升黑土地利用水平

全面提升粮食生产能力。完善耕地占补平衡制度，坚决制止耕地“非农化”、防止“非粮化”。坚持藏粮于地、藏粮于技，以增加土壤有机质、保水保肥为重点，加快推进高标准农田、保护性耕作、耕地地力培肥等重大工程建设。高起点规划、高标准建设、高质量推进“千亿斤粮食”产能建设工程。推动“梨树模式”提质扩面，集成示范先进技术，探索创新耕作模式，加强肥沃耕作层培育。打造国家粮食安全战略核心区，提高粮食综合生产能力，夯实粮食安全根基。

完善科技支撑创新驱动。深入实施“黑土粮仓”科技会战，发挥3个万亩级核心基地试验示范作用。开展基础研究和技术创新协同攻关，形成与黑土地保护技术需求契合度较高的科技创新体系。结合建设现代农业产业体系、生产体系、经营体系，推动黑土地保护体制机制和技术模式创新。完善黑土地保护新型农业经营主体培育机制，以规模经营实现黑土地大面积保护。

（三）加强土壤污染管控

强化农用地风险管控。依法推行农用地分类管理制度，强化优先保护类耕地保护，依法划定特定农产品严格管控区域。扎实推进受污染耕地安全利用和风险管控，分阶段推进农用地土壤重金属污染溯源和整治全覆盖。全面推广绿色清洁种养方式，积极推广农药减量控害和化肥减量增效技术模式，提高畜禽粪污资源化利用水平。到2027年，受污染耕地安全利用率保持在95%以上。

推进建设用地安全利用。开展土壤污染源头防控行动，严防新增污染，逐步解决长期累积的土壤和地下水污染问题。依法加强建设用地用途变更和污染地块风险管控联动监管，推动大型污染场地风险管控和修复。动态更新建设用地土壤污染风险管控和修复名录，严格建设用地污染地块利用，按年度更新土壤污染重点监管单位名单，全面开展土壤污染重点监管单位周边土壤和地下水环境监测，从严管控农药、化工等行业重度污染地块规划用途。推动重点地区危险化学品生产企业搬迁改造，推进腾退地块风险管控和修复。到2027年，建设用地安全利用得到有效保障；到2035年，土壤环境风险得到全面管控。

严防地下水污染风险。开展地下水污染调查评价。划定地下水污染防治重点区，严控地下水污染防治重点区环境风险，实施地下水环境分区管理、分级防治。研究建立地下水污染防治重点单位名录，推动纳入排污许可管理，加强地下水环境自行监测、监管。统筹推进土壤和地下水污染风险管控，探索地下水污染修复技术。到2035年，地下水国控点位Ⅰ—Ⅳ类水比例达到80%以上。

专栏三　黑土地保护重大工程

1. 耕地安全保障工程。开展黑土地资源调查，建立黑土地耕地数量和质量档案。建设耕地质量监测网络，构建省县联动的耕地（黑土地）质量保护大数据平台。实施受污染耕地安全利用修复工程，确保受污染耕地全部实现安全利用。开展土壤环境质量巩固提升行动，实施水土环境风险协同防控。

2. 粮食安全保障工程。全面实施良田建设、盐碱地等耕地后备资源综合利用、水利保障、种业振兴、农业机械化提升、新型农业经营主体和服务主体培育、产粮大县振兴、智慧农业建设“八大工程”。

3. 黑土地保护治理工程。实施“吉林省黑土地保护与高效利用科技创新”重大科技专项。实施小流域综合治理工程和侵蚀沟专项治理工程。实施盐碱地改良治理工程，加大西部中低产田改造力度。

4. 农用地污染治理工程。实施耕地周边涉重金属排放企业提标改造及排污口整治，深入开展有色、电镀等重点行业重金属污染治理。开展耕地土壤环境质量监测和耕地资源质量监测工程。大力实施受污染地块安全利用修复工程。

5. 盐碱化土壤改良工程。开展西部盐碱化耕地改良治理示范。建设治理盐碱化耕地关键技术试点。加快推进盐碱地等耕地后备资源综合利用国家试点。

6. 生态循环农业建设工程。实施生态循环农业建设工程，全面推广绿色清洁种养方式，加大推广测土配方施肥、保护性耕作、生物防治、飞防作业等农业绿色技术，加快推进化肥农药减量化。

五、安全筑底，建设命脉相连、持续稳定的生态安全样板

牢牢把握维护国家生态安全的职责使命，全面提升生态系统多样性、稳定性、持续性，坚决守好生态环境安全底线。

（一）筑牢生态安全格局

巩固“两屏两廊”生态安全屏障。落实东北森林带、北方防沙带建设要求，东部地区以长白山森林为核心，强化水源涵养、气候调节、生物多样性维护等功能，建设东部森林生态安全屏障；西部地区以草原、湿地为主体，提升防风固沙、水土保持等能力，建设西部防风固沙生态安全屏障。加强省域主要河流水系生态保护，串联东西生态安全屏障，松花江流域以头道松花江、二道松花江、辉发河、牡丹江、拉林河、饮马河、嫩江为主体，打造松花江水系生态廊道；辽河流域以东辽河、西辽河、招苏台河为主体，打造辽河水系生态廊道。

构建分级分类自然保护地网络。整合优化各类自然保护地，建立以东北虎豹国家公园为主体、自然保护区为基础、自然公园为补充，类型齐全、布局合理、功能相对完善的自然保护地体系。按照国家公园空间布局方案，有序推进长白山、松嫩鹤乡国家公园创建。到 2035 年，全省自然保护地面积占国土面积比例不低于 16.03%。

（二）推进山水林田湖草沙一体化保护和系统治理

强化生态系统整体性保护修复。遵循自然恢复为主、人工修复为辅原则，以国家重点生态功能区、重要生态廊道、自然保护地、重要河流、生态过渡带等区域为重点，加快实施森林修复、草原治理、自然湿地恢复、河流沿岸生态修复、沙化土地治理、历史遗留矿山生态修复等重大工程，深入推进草原森林河流湖泊湿地休养生息。继续实施鸭绿江重要源流区山水林田湖草沙一体化保护和修复工程，持续开展绿美吉林行动，实施林草湿生态连通工程，加强荒漠化和水土流失综合治理。全面实施森林可持续经营，加强森林草原防灭火。落实生态保护修复监管制度，强化统一监管，开展生态保护修复成效评估，坚决杜绝生态修复中的形式主义。到 2035 年，森林覆盖率

提高至46%，水土保持率提高至83.66%，生态系统基本实现良性循环。

加强长白山森林生态系统保护。推动长白山森林生态系统自然恢复，实施天然林保护和修复，巩固和提升森林生态功能，加强东部林区高质量发展。建设长白山国家森林绿道网，促进生态产品转换，提升生态服务能力。减少人为活动干扰，保障自然生态系统原真性、完整性。实施东北虎豹栖息地保护保育、长白山森林植被恢复等重大工程，提升水源涵养功能。

完善生态系统监督管理体系。实施自然生态资源监测评价预警工程。健全生态保护监测体系。开展生态保护红线、重点生态功能区等重点区域监测评估。加强自然保护地和生态保护红线管理，强化生态保护执法监督，严格对所有者、开发者乃至监管者的监管，持续推进“绿盾”自然保护地强化监督，建立生态保护红线生态破坏问题监督机制，及时发现和查处各类生态破坏事件，深入开展毁林毁湿毁草等非法侵占破坏生态环境问题排查整治。

（三）加强生物多样性保护

健全生物多样性保护网络。进一步建立健全生物多样性保护工作协调机制，强化长白山、松嫩平原生物多样性保护优先区保护，加大东北虎、中华秋沙鸭等珍稀野生动物栖息地保护力度，推进丹顶鹤、白鹤、东方白鹳、大鸨等重点保护鸟类迁飞通道建设，提升生态系统连通性。以东北虎豹国家公园等生物多样性关键地区为重点，加强东北虎、东北豹、中华秋沙鸭、丹顶鹤、白鹤、东方白鹳等珍稀濒危物种、旗舰物种和指示物种人工繁育研究及野化放归工作。打造长白山“天然博物馆”珍稀植物扩繁保护体系，完善动植物园、濒危植物扩繁中心等各级各类抢救性迁地保护设施。到2035年，典型生态系统、国家重点保护野生动植物及其栖息地得到全面保护。

构建生物多样性保护监测体系。持续推进生物多样性调查监测，全面推进重点区域生态系统、重点生物物种及重要生物遗传资源调查与监测，构建生态监测网络，开展长期监测和周期性调查，完善《吉林省国家重点保护野生动植物名录》。推动生物多样性监测信息化、智能化，探索建立生物多样性预测、预警和应急响应机制，实现长期动态监控。完善生物多样性评估体系，结合全省生态状况遥感调查评估，开展生物多样性综合评估。

（四）守牢生态环境安全底线

健全生态安全工作体系。建立健全生态安全工作协调机制，加强与经济安全、资源安全等领域协作，健全生态安全的政策法规、监测预警、应急储备、应对管理、安全保障和防护等体系，加强重点领域和重点区域生态安全风险调查、监测、识别、研判、预警和应对。建立生态安全隐患清单，实施清单式管理，定期开展生态环境安全会商和形势分析，全面提升生态安全风险评估、监测预警、应急应对和处置能力。

确保核与辐射安全。落实国家核安全工作有关要求，构建严密的核安全责任体系，加强核与辐射安全监管，强化行政执法监督，加强辐射安全许可管理，加强核技术应用单位及Ⅲ类以上放射源的安全监管。加快老旧设施退役治理和历史遗留放射性废物处理处置，加强核技术利用安全管理和电磁辐射环境管理。完善核与辐射应急响应体系，强化风险预警预测和应急响应，不断提升核与辐射安全保障能力。加强核与辐射安全监管制度、能力建设，提升核与辐射环境监管水平。

加强生物安全管理。强化全链条防控和系统治理，健全生物安全监管预警防控体系。加强生物技术及其产品的环境风险识别、评价和检测。加强有害生物防治，完善野生动物疫源疫病监测防控体系。开展外来入侵物种普查、监测预警、影响评估，加强进境动植物检疫和外来入侵物种防控。健全种质资源保护与利用体系，加强生物遗传资源保护与管理，完善长白山物种基因库，建设北方药用植物种质资源库。

严密防范环境风险。完善环境应急协调机制，健全分级负责、属地为主、部门协同的环境应急责任体系，完善上下游、跨区域的应急联动机制。坚持预防为主，加强环境风险常态化管理，强化危险废物、尾矿库、重金属等重点领域以及跨国界、跨省界地区环境隐患排查和风险防控。开展重点河流湖库、水源地、农田等环境敏感区域周边涉重金属企业排查整治。开展河湖底泥、滩涂重金属等有毒有害污染物或持久性有机污染物风险调查与评估。实施一批环境应急基础能力建设工程，建立健全应急响应体系和应急物资储备体系，提升环境应急指挥信息化水平，及时妥善科学处置各类突发环境事件。

有效应对气候变化不利影响和风险。坚持减缓和适应并重，开展适应气候变化“十大行动”，深化气候适应型城市建设，提升应对气候变化能力。加强气候变化观测网络建设，提升气候系统监测分析能力，加强气候变化预测预警和影响风险评估。持续提升农业、旅游业、能源、健康和公共卫生等领域的气候韧性，加强基础设施与重大工程气候风险管理。建设安全韧性城市、海绵城市，提高城市防洪排涝能力。完善流域防洪工程体系与洪水风险防控体系，加强大江大河和重要湖泊生态保护。到 2035 年，气候适应型社会基本建成。

专栏四　生态安全保障重大工程

1. 生态环境一体化保护修复工程。实施长白山森林生态保育工程。实施鸭绿江重要源流区山水林田湖草沙一体化保护和修复工程。实施松花江流域中游综合治理、西部生态综合治理、嫩江中游退化草原湿地综合治理、西部盐碱地生态治理、历史遗留矿山生态修复等重点工程。

2. 大规模国土绿化工程。加快推进辽源、通化、白山等历史遗留矿山生态修复。实施城乡绿化美化工程，进一步加强城市公园绿地建设，着力推进园林城市和森林城市建设。

3. 生物多样性保护工程。实施全域生态廊道体系建设工程。持续开展濒危野生动植物种生境恢复工程。实施长白山物种基因库建设工程。

4. 核与辐射安全监管能力提升工程。提升全省核与辐射安全监管能力建设。建设核与辐射应急监测快速响应装备库，升级改造辐射环境质量自动监测站。实施城市放射性废物库维护和运营管理工程。

5. 环境应急能力建设工程。在松花江建设国家级环境应急物资储备库。在鸭绿江、图们江等主要跨境河流、重点饮用水水源地河流湖库建设完善一批环境应急工程。

六、“两山”驱动，建设粮香果鲜、冰兴雪旺的生态发展样板

充分利用生态资源优势，打造生态产品品牌、提升生态产品品质，示范“两山”转化新模式、新路径、新成效。

（一）推动农特产品生态价值转化

丰富生态农特产品供给。推行绿色生态种养模式，着力发展特色种植养殖产业，巩固“杂粮杂豆之乡”地位，稳步推进人参产业转型升级和集群式发展，加快建设延边黄牛、长白山黑猪、林蛙、鹿、柞蚕等养殖基地。深入实施“千万头肉牛”“五千万头生猪”“千亿元人参”等重大工程，推动查干湖、松花湖、哈尔淖等大水面生态渔业开发。做大做强食药用菌产业，持续培育“一村一品”示范村镇，做优“土特产”文章。聚焦“粮头食尾”“农头工尾”“畜头肉尾”，壮大农产品及其深加工和食品精加工产业，加快延边中国参谷、梅河皓月肉牛产业园、辽源中国蚕谷等项目建设。

大力发展林下经济。加快红松特色资源、特色经济林、林木种

苗花卉、林下中药材种植、森林食品、林下养殖、非木质林产品精深加工等产业发展。推动林下经济三产融合发展，打造一批具有典型示范和带动作用的高标准林下经济示范基地，建设“吉林长白山黑木耳”优势特色产业集群。加强林下经济产品品牌建设，组织林下经济产品参与绿色食品、有机农产品、农产品地理标志、森林生态标志产品认定，积极参与国家地理标志产品、原产地保护标识等认证，不断提高林下经济品牌影响力。

完善全链条乡村产业体系。加快构建粮经饲统筹、农林牧渔并举、农文旅融合的现代乡村产业体系，培育万亿级大农业集群。深入实施品牌提升行动，加快农产品加工业转型升级。立足粮食、畜禽和特色优势产业，打响吉林大米、吉林鲜食玉米、长白山人参、吉林梅花鹿、延边民族食品等品牌，提升“吉字号”农产品品牌市场影响力，打造“吉林肉牛”区域公用品牌和“吉牛”餐食品牌。加强生态产品品牌保护、培育和营销，培育一批市场信誉度高、国内外影响力大、具有显著地域特色的生态精品品牌。

（二）推动生态冰雪资源价值转化提升

提升生态旅游品质。突出吉林自然资源和生态资源的独特性、唯一性，打造“童话世界”现实版，建设避暑胜地、滑雪天堂、世外桃源、关外福地。以“生态吉林”为主题，依托自然风光、历史文化遗存，打造冰雪、避暑“双品牌”，大力发展冰雪旅游、避暑旅游、红色旅游、乡村旅游、边境旅游等生态旅游业。高质量建设“冰雪丝路”创新先导区，着力构建“4+X”冰雪产业体系，做强以“长白天下雪”世界级品牌为主的“雾凇、滑雪、民俗、温泉”四大冰雪产品体系。提升乡村旅游品质，打造多种类型的生态乡村旅游产品。

推动生态旅游资源保护开发协同。严格执行生态保护红线管理要求，坚决走好保护生态和发展生态旅游相得益彰之路。加强生态旅游相关规划环境影响评价，将森林、草原、湖泊、湿地等生态旅游资源开发控制在生态承载力范围内。落实生态环境保护责任，加强对生态旅游资源的分级分类保护，根据地文景观、生物景观、水文景观、气象气候景观、人文生态景观的不同特点制定相应保护措施。倡导文明旅游，推动绿色饭店、绿色温泉、绿色民宿建设，提高游客绿色餐饮、绿色交通比例。

（三）推动生态产品价值实现

健全生态产品价值实现机制。全面构建生态产品调查监测、登记确权、价值评估、考核应用、权益交易机制。建立完善生态产品动态监测制度。分阶段推进重要自然生态空间和单项自然资源统一确权登记，推进自然资源资产产权制度改革，明晰产权主体及管理权责。按照国家统一部署，研究落实生态产品价值评价体系和价值核算规范，适时评估各地生态保护成效和生态产品价值，探索将生态产品价值核算基础数据纳入全省国民经济核算体系，推动生态产品价值核算结果在生态保护补偿、生态环境损害赔偿、经营开发融资、生态资源权益交易等方面的应用。推进土地、林地、草地、国有农林牧渔场等涉农生态产品产权交易。大力推进生态环境导向的开发（EOD）模式和投融资模式创新。

推动构筑多渠道的“两山”转化路径。积极探索、推广绿水青山转化为金山银山的路径，全域推进生态示范创建，强化国家生态文明建设示范区、“两山”实践创新基地、生态工业园区建设，构建点面结合，多层级、多区域的生态文明建设示范格局。积极推广以打造区域生态品牌为特点的品牌塑造型“两山”转化模式和以扩容提质为核心的生态延伸型“两山”转化模式。聚焦生态产业化和产业生态化，总结、宣传“两山”实践创新基地建设发展经验，不断丰富、拓展“两山”转化成效。

专栏五　“两山”转化重大工程

1. 特色品牌提升工程。加强绿色食品、有机农产品、地理标志农产品认证和管理，开展绿色有机农业示范市县创建活动。实施吉林大米、吉林鲜食玉米、长白山人参等品牌跃升工程。打造“吉林肉牛”区域公用品牌和“吉牛”餐食品牌。推进生物育种产业化应用，建设国际领先的三大作物人工智能育种研究平台。

2. 生态旅游产品建设工程。推动全域旅游示范区创建工作。实施长白山国家森林步道建设工程，推动嫩江湾、龙湾等5A级景区建设，打造长白山、松花江、北大湖、松花湖、莲花山等世界级生态旅游景区和滑雪度假区。实施乡村旅游“十百千万”工程。

3. “两山”转化制度建设工程。实施“绿水青山就是金山银山”制度建设重大工程。支持延边州国家林业碳汇试点建设。以延边州为试点，探索将生态产品价值核算基础数据纳入当地国民经济核算体系，探索将生态产品总值指标纳入县（市、区）党委和人民政府高质量发展综合绩效评价。

七、多元共治，建设智慧高效、现代文明的环境治理样板

加快生态环境制度体系、监管执法、政策激励、数字赋能、全民共治等重点领域、关键环节创新步伐，推动以行政手段为主导的治理模式向市场手段、技术手段、法律手段、意识引领手段等多种治理模式转变。

（一）构建多元共治责任体系

落实生态环境保护领导责任。坚持“党政同责、一岗双责”，落实领导干部任期生态文明建设责任制，严格开展领导干部自然资源资产离任审计和生态环境损害责任终身追究，对不顾生态环境盲目决策、造成严重后果的，依规依纪依法严格问责、终身追责。落实国家自然资源督察制度。扎实推进中央生态环境保护督察反馈问

题整改，发挥省级生态环境保护督察延伸和补充作用，开展生态环境保护例行督察、专项督察和督察“回头看”。强化河（湖）长制、林（草）长制、田长制作用。

压实企业生态环境保护主体责任。加大清洁生产推行力度，加强全过程管理，提供资源节约、环境友好的产品和服务。加强企业环境治理责任制度建设，落实生产者责任延伸制度，督促企业严格执行相关法律法规。加快构建以信用评价为基础的环保信用监管体系。建立排污企业黑名单制度，将环境违法企业依法依规纳入失信联合惩戒对象名单，将其违法信息记入信用记录，纳入省社会信用综合服务平台，依法依规在“信用中国（吉林）”网站和监管部门门户网站向社会公开。深化环境信息依法披露制度改革，探索开展环境、社会和公司治理评价，鼓励企业开展环境、社会、治理（ESG）信息披露。

健全环境治理全民行动体系。完善公众监督、举报反馈机制，健全环境决策公众参与机制，利用信、访、网、电、微等渠道畅通环保监督渠道，鼓励新闻媒体对各类破坏生态环境问题、突发环境事件、环境违法行为进行曝光。发挥行业协会商会桥梁纽带作用，鼓励行业协会、商会等社会组织协助政府相关部门建立健全行业生态环境保护自律规范。工会、共青团、妇联等群团组织要积极动员广大职工、青年、妇女参与生态环境保护和治理。

（二）健全生态环境监管制度

完善生态环境法规标准体系。深入推进法治政府建设，强化美丽吉林建设法治保障，完善生态环境法规标准体系，加快推动生态环境、资源能源等领域地方性法规和政府规章制定（修订）工作，健全重点领域、重点行业地方标准。

健全生态环境管理制度体系。深化生态文明体制改革，一体推进制度集成、机制创新。深入落实国家环境守法行动，实施最严格的生态环境治理制度。出台进一步加强生态环境分区管控的实施意见。完善环评源头预防管理体系，全面实行排污许可制度。健全森林、耕地、湿地、草原等领域保护补偿制度，完善纵向与横向有机结合的生态补偿机制。深入推进生态环境损害赔偿。加强生态环境领域司法保护，完善公益诉讼制度，强化行政执法与司法协同合作，加大在信息通报、形势会商、证据调取、纠纷化解、生态修复等方面衔接配合力度。充分发挥生态环境部门职能作用，强化对生态和环境的统筹协调和监督管理。深化省以下生态环境机构监测监察执法垂直管理制度改革，实施市县生态环境队伍专业培训工程，强化人才队伍专业化培养和装备现代化配置。

推动构建区域联保共治机制。充分利用东北亚地方合作圆桌会议机制，开展绿色低碳发展交流与合作。促进东北地区多层次、多方位合作，推动东部通化、白山、延边地区与辽宁、黑龙江相关地区合作共建东北东部绿色经济带，西部松原、白城地区与黑龙江、辽宁、内蒙古相关地区合作共建东北西部生态经济带。加强与内蒙古在煤炭、电力等能源领域深度合作。完善污染防治区域联动机制，共同加强污染治理与环境保护，推动建立流域协同治理新机制，逐步实现统一规划、联合监测、联合执法、应急联动、信息共享。

（三）创新市场经济激励机制

构建统一规范的市场交易体系。建立健全资源环境要素市场化配置体系，推动将碳排放权、用能权、用水权、排污权等纳入要素市场化配置。严格执行环境保护税法，按照国家要求，加快推进挥发性有机物纳入征收范围。加强清洁生产审核和评价认证结果应用。综合考虑企业能耗、环保绩效水平，完善高耗能行业阶梯电价制度。落实污水处理收费政策，构建覆盖污水处理和污泥处置成本并合理盈利的收费机制。完善以农业绿色发展为导向的经济激励政策，支持化肥农药减量增效和整县推进畜禽粪污收集处理利用。建立企业生态环保费用提取使用制度。

积极创新绿色金融产品和服务。完善绿色金融体系。大力发展绿色信贷、绿色基金、绿色债券、绿色保险等金融工具，创新绿色金融产品，引导金融机构向具有显著碳减排效应的重点项目提供长期限优惠利率融资。探索区域性环保建设项目金融支持模式，为美丽吉林建设提供融资支持。依托核心企业创新授信机制，鼓励支持生态产业链金融模式。支持符合条件的绿色企业上市融资、挂牌融资和再融资。充分发挥省级产业投资引导基金作用，鼓励社会资本以市场化方式参与环境治理与生态修复。加快气候投融资模式、产品和服务创新。

（四）强化数字环保科技支撑

建设现代化生态环境监测体系。加快构建天地一体、上下协同、信息共享的生态环境监测网络，全面提高监测自动化、标准化、信息化水平。巩固提升环境质量监测能力，加强生态质量监督监测，加强温室气体、地下水、新污染物、噪声、农村环境、辐射等监测能力建设，实现降碳、减污、扩绿协同监测全覆盖，建立完善监测预警应急统一平台，提升生态环境质量预测预报水平。健全生态环境监测质量管理机制，完善各环境要素全覆盖的监测质量监督体系。

提升生态环境科技支撑水平。完善生态环境科技创新机制，推动构建市场导向的绿色技术创新体系。加强减污降碳、多污染物协同减排、应对气候变化、生物多样性保护、新污染物治理、核安全等领域基础研究。聚焦节能环保、清洁生产、清洁能源、生态农业等领域，布局一批前瞻性、引领性技术攻关项目，研制一批具有自主知识产权、达到国际先进水平的关键核心绿色技术。加强企业主导的产学研深度融合，引导企业、高校、科研单位在绿色技术领域建设一批创新平台载体，加大高效绿色环保技术装备产品供给。加强生态文明领域智库建设，支持高校和科研单位加强环境学科建设，着力培育生态环境科技人才，培养造就一支高水平生态环境人才队伍。稳步扩大开放型国际合作，促进吉林与东北亚相关国家在绿色技术、绿色装备、清洁能源等方面的交流合作。

加快美丽吉林数字赋能。深化人工智能等数字技术应用，构建美丽吉林数字化治理体系，建设绿色智慧的数字生态文明。实施生态环境信息化工程，加强数据资源集成共享和综合开发利用。推动生态环境与自然资源、住房城乡建设、交通运输、气象等相关部门数据共享，建立环境监测、监管执法、企业环境行为和环境信用评价、信访投诉等信息综合分析平台，打通信息和数据综合应用通道。以“数字吉林”建设为引领，统筹推进“数字吉林”发展和智慧环保系统建设，加快打造智慧环保平台，推进数字技术、大数据技术等在美丽建设领域的创新应用。创新“互联网＋环保政务”服务模式，促进环境公共服务便民化。实行排污单位分类执法监管，大力推行非现场执法，加快形成智慧执法体系。

（五）加强生态文化道德引领

培育全社会生态意识。深化习近平生态文明思想研究阐释，将生态文明教育纳入国民教育体系和党政领导干部培训体系。深化环保设施开放，充分利用博物馆、展览馆、科教馆等实践基地，宣传习近平生态文明思想的深刻内涵和美丽吉林建设的生动实践。加强《公民生态环境行为规范十条》传播，充分利用各类平台，积极建设省级生态文明教育场馆，举办形式多样的生态教育研修和培训活动，推进生态环境保护宣传教育进学校、进家庭、进社区、进企业、进机关。深入开展“美丽中国，我是行动者”系列活动和“吉林好人·最美基层环保人”等优秀典型推选活动。

繁荣弘扬生态文化。健全以生态价值观念为准则的生态文化体系，培育生态文明主流价值观。实施生态文化弘扬工程，推动冰雪文化、红色文化、工业文化、农耕渔猎文化与国家生态文明建设示范区、“两山”实践创新基地等生态文明实践经验相融合。传承和发扬长白山生态文化、黑土地现代农业文化、查干湖渔猎文化、河湖湿地保护文化，不断丰富新时代生态文化体系的内涵和外延。推进生态环境志愿服务体系建设，发展壮大生态环境志愿服务力量。研发推广生态文化产品，推出一批生态文学精品力作，促进生态文化繁荣发展。

践行绿色低碳生活方式。倡导简约适度、绿色低碳、文明健康的生活方式和消费模式。依托“美丽细胞”建设，开展绿色低碳社会行动，持续推进绿色低碳办公、绿色旅游、绿色出行。着力推进绿色产品消费，推行绿色认证、绿色标识，探索建立“碳普惠”等公众参与机制。深入开展爱国卫生运动。提升垃圾分类管理水平。开展商品过度包装全链条治理。持续推进“光盘行动”。

专栏六　生态文化培育重大工程

1. 生态文化弘扬工程。谋划一批生态文明模式创新试点。研发推广环境文化产品，开展“大地文心”生态文学作家采风等活动，推出一批生态文学精品力作。

2. 生态教育基地建设工程。深化习近平生态文明思想诠释，形成习近平生态文明思想研究成果。积极建设省级生态文明教育场馆，举办形式多样的生态教育研修和培训活动。

3. 生态文明宣传工程。组织开展生态环境主题宣传实践活动。加大环境公益广告宣传力度，开展“生态强省”“美丽吉林”等主题宣传、“白山松水行”等主题采访报道。开展“吉林好人·最美基层环保人”“最美生态环境志愿者”等优秀典型推选活动、“生态环境小博士”“优秀生态文化作品巡演”等品牌社会宣传活动。

4. 绿色生活引领工程。组织开展各类环保实践活动，鼓励绿色旅游、绿色消费。全面推广使用节能、节水、环保、再生等绿色产品。

5. 多元参与共治工程。推广绿色低碳办公。搭建经营主体、社会工作者参与生态环境保护的各类平台和载体，推进生态环境志愿服务体系建设。畅通信、访、网、电、微等渠道，持续推动生态环境信息公开，完善公众生态环境监督和举报反馈机制。

八、组织实施

一是加强组织领导。坚持和加强党对美丽吉林建设的全面领导，完善省负总责、市县抓落实的工作机制，不断加强整体部署和组织实施。分阶段谋划美丽吉林建设行动，进一步分解目标任务、细化工作举措、明确职责分工。各地区各部门要把美丽吉林建设作为事关全局的重大任务来抓，落实“党政同责、一岗双责”，及时研究解决重大问题。各级人大及其常委会加强生态文明建设立法工作和法律实施监督。各级政协加大生态文明建设专题协商和民主监督力度。各地区、省直有关部门每年向省委、省政府报告推进美丽吉林建设工作情况。

二是强化落地实施。各级党委和政府要自觉承担本规划纲要实施的主体责任，把美丽吉林建设贯彻落实到经济社会发展各领域和全过程，要聚焦减污降碳协同、环境品质提升、生态保护修复、现代化生态环境基础设施建设等，谋划实施一批标志性、引领性重大工程。各市（州）党委和政府可以结合本地区资源禀赋制定配套文件，各县（市、区）原则上不制定配套文件。省直有关部门要加强工作衔接，协调推进、相互带动，加强对美丽吉林建设重大工程的财税、金融、价格等政策支持。省级专项资金要发挥示范引领作用，给予美丽吉林建设资金奖补。各级财政部门要统筹安排专项资金、投资基金、政府债券，支持美丽吉林建设。

三是开展成效考核。开展美丽吉林监测评价，实施美丽吉林建设进程评估。按照国家相关要求，做好与污染防治攻坚战、生态强省建设成效考核工作的衔接，适时将污染防治攻坚战、生态强省建设成效考核过渡到美丽吉林建设成效考核。考核结果作为各级领导班子和有关领导干部综合考核评价、奖惩任免的重要参考。

四是推动典型示范。坚持“点面结合、多层推进”，分模式、分梯队开展美丽城市、美丽城镇、美丽乡村、美丽河湖建设及美丽社区、美丽园区、美丽机关、美丽工厂、美丽学校等“美丽细胞”实践探索，支持符合条件的地区和单位申报有关美丽中国建设各类示范试点。鼓励开展美丽建设规划政策、投融资等工作创新，推动将美丽吉林建设融入基层治理创新。对美丽吉林建设过程中成绩显著、贡献突出的先进集体和个人，按有关规定进行表彰。

五是加大宣传力度。充分利用政府网站、官方媒体和“两微一端”等进行宣传报道，通过“六五环境日”“全国生态日”等多种形式加强生态文明和美丽吉林建设宣传。持续开展美丽吉林建设典型模式、示范样板的宣传和推广。积极参与共建“一带一路”绿色发展。推动多层次、多维度国际交流合作平台建设。

鹤舞朝阳　霍春光／摄

经济日报 2025年1月18日6版

涵养好水养好鱼

6 地方
培育农业精品重在融合发力
延链转型提质效
精心育出富民果
涵养好水养好鱼
绿色底蕴更深厚
销售渠道多元化

查干湖是吉林省最大的天然湖泊，也是该省重要的渔业生产基地。这里产出的胖头鱼个大体肥。早在2006年，查干湖胖头鱼就荣获“中国名牌农产品”称号；2010年4月，“查干湖胖头鱼”获批实施地理标志产品保护。近年来，随着吉林省河湖连通工程深入实施，生态保护力度加大，查干湖水质不断向好，纯天然状态下生长的查干湖胖头鱼等湖鲜格外受消费者欢迎。

位于查干湖北景区的吉林查干湖渔业有限公司，原名查干湖渔场，是查干湖水产捕捞与出售的主要负责单位。该公司董事长、总经理朱凤林说，查干湖有效自然渔业水面45.8万亩，年均蓄水量7亿立方米，周边建有国家级名优鱼类良种场等多个苗种繁育场。公司坚持“科学育投、严格管理、合理捕捞、搞活营销、旅游拉动”经营方针，努力实现渔业经济可持续发展。

京东快递小哥马亮表示，京东物流早在2014年就开始做查干湖鱼寄递项目，他已连续4年在“冰院子”门口驻点收件，经他手运出的查干湖胖头鱼累计超过10万公斤。据悉，为提升包装效率，京东快递使用了全自动化设备，胖头鱼包装全过程用时已从几分钟缩短到10秒钟。

连年有余　刘玉忱/摄

中国新闻网　2025 年 1 月 8 日

“十大行动”助推美丽吉林建设
守护蓝天碧水黑土地

“十大行动”助推美丽吉林建设 守护蓝天碧水黑土地

2025年01月08日 16:59 来源：中国新闻网 A+ 大字体 A- 小字体

中新网长春1月8日电 (高龙安 金乔)记者8日从吉林省生态环境厅获悉，该省于近日印发《美丽吉林建设行动方案(2024—2027年)》(以下简称《行动方案》)，提出了“十大行动”共39项举措，推进美丽吉林建设。

据介绍，“十大行动”包括绿色转型发展提速、幸福蓝天守护、魅力碧水维护、黑土地保护利用、康宁环境建设、守牢北方生态安全屏障、生态产品价值实现、现代环境治理体系赋能、美丽家园建设、美丽吉林社会风尚培育等。

记者 8 日从吉林省生态环境厅获悉，该省于近日印发《美丽吉林建设行动方案（2024—2027 年）》（以下简称《行动方案》），提出了“十大行动”共 39 项举措，推进美丽吉林建设。2024 年 5 月，吉林省出台了《美丽吉林建设规划纲要（2024—2035 年）》（以下简称《规划纲要》），明确提出分三个阶段逐步深入推进美丽吉林建设。其中，第一阶段为 2024 年到 2027 年，聚焦深入攻坚、持续改善，全面推进绿色低碳发展，不断优化产业结构，巩固提升生态环境质量，有效维护生态安全，到 2027 年，细颗粒物浓度控制在 27 微克 / 立方米以下，地表水国考断面优良水体比例保持在 85% 左右，森林覆盖率、湿地保护率分别达到 45.8% 和 45.22%，打造一批美丽吉林建设的实践样板。此次印发的《行动方案》对《规划纲要》第一阶段任务进行了细化分解，谋划具体工程项目，充分对标国家相关要求，系统衔接吉林省相关部门工作实际，通过“十大行动”逐项明确工作目标、重点举措及牵头单位，形成美丽吉林建设重点项目清单。

吉林省生态环境厅厅长张旗威表示，“十大行动”突出秸秆综合利用、燃煤污染治理、重点流域保护、农业面源污染治理等当前环境治理的重点，聚焦美丽城市、美丽城镇、美丽乡村、美丽细胞等与老百姓生活品质息息相关的美丽工程，探索提出建立健全生态产品价值实现机制，推进农特产品、生态冰雪等优势资源价值转化的创新举措，覆盖面广、针对性强。

大美长白山　何平/摄

吉林日报 2025年1月16日3版

聚焦G331，代表委员共同探寻文旅融合发展新路径——
绘就兴边富民诗意画卷

筑梦现代化 聚力新突破
——2025年全省两会专题报道
03

吉林“智”造 再启“新”程

向高水平农业强省阔步迈进

筑牢国家粮食安全“压舱石”

提升吉林文化品牌影响力和传播力

把历史建筑价值挖掘好利用好

聚焦G331，代表委员共同探寻文旅融合发展新路径——
绘就兴边富民诗意画卷

G331国道吉林段起于集安市，止于珲春市，是一段穿越边陲、拥抱自然的绝美之旅。省委十二届五次全会提出，创新兴边富民、稳边固边制度机制，以G331沿边开放旅游大通道建设为依托，构建并联建设、高效管理、科学开发的一体化推进机制，推进边境地区“水电路讯”军地一体化建设。两会期间，“G331”成为高频词，代表委员们纷纷献智献策。

2024年“十一”黄金周期间，G331国道吉林段的客流量大幅增加，尤其是集安市段，接待游客数量再创新高，达到64.6万人次，超越了2023年中秋与国庆双节叠加假期的游客总量。“要变‘流量’为‘留量’，丰富旅游产品供给，满足不同游客群体需求。”赵兰菊代表建议，要开发“自驾＋探险、自驾＋民宿、自驾＋旅居、自驾＋冰雪”等新玩法，通过文化引领、科技赋能和情景再造，创建独特的品牌形象。

“要发展乡村旅游，让村民享受乡村旅游的发展红利。”陈加利代表认为，G331国道吉林段自然风光独特，人文历史丰富，要打造特色文旅产业带，加强基础设施建设，提升旅游服务质量，吸引游客入吉，实现兴边富民。他还建议，调动村民参与文旅产业的积极性，为乡亲们提供更多家门口的就业机会。

“努力做好乡村生态旅游大文章。”刘戴源委员建议，要激活G331国道吉林段沿途边境村的乡村生态价值，挖掘乡村生态资源的景观价值，将原生态的生态资源转化为具有休闲、观赏价值的乡村旅游资源。不仅要打造彰显地域特色的乡村美景，还要设计开发非物质文化遗产保护创意项目，努力形成辨识度高的乡村游品牌，如“特色民俗村”等，实现生态效益与经济效益双赢。

“要在生态保护和生态旅游协同发展的同时，推进沿线边境村转型发展，发展特色产业。”曹恩辉委员建议，持续优化边境村种养结构，做好农产品精深加工，延长产业链，吸引更多人到边境村就业创业，带动当地群众增收致富，让G331国道更好地聚人气、兴产业、固边防。

吉林省政府工作报告提出，持续打造旅游万亿级产业。实现G331吉林段全线贯通，边境游突破500万人次。蓝图已绘就，实干正当时。随着我省旅游基础设施的不断完善和服务质量的持续提升，G331国道吉林段将为我省旅游产业发展带来巨大机遇，赓续书写吉林文旅产业繁荣发展新篇章。

G331长白山段　赵春江 / 摄

吉林广播电视台 JILIN BROADCAST AND TELEVISION STATION

《吉林新闻联播》2024 年 12 月 22 日播出

吉林：顺应人民群众新期待　全面推进美丽吉林建设

吉林省生态环境部门以全面推进美丽吉林建设为主题，持续深入打好污染防治攻坚战，稳定巩固提升生态环境质量。以改革为动力，更加主动顺应人民群众对高品质生态环境的新期待，努力建设人与自然和谐共生的现代化新吉林。

2024 年 1—11 月，全省空气优良天数比例达到 92.4%，同比上升 2.2 个百分点。全省空气质量持续稳中向好，优良天数比例始终保持在92%以上，实现了“吉林蓝”常在的目标。

稳定巩固提升生态环境质量，吉林更加主动顺应人民群众对高品质生态环境的新期待。水生态保护方面，确保城市建成区黑臭水体实现动态清零，重点强化人工湿地、生态缓冲带等水生态修复项目建设；产业生态方面，促进冰雪旅游、避暑旅游、乡村旅游、边境旅游等生态旅游融合发展，让“美丽颜值”产出“黄金价值”；生态安全方面，打造长白山“天然博物馆”珍稀植物扩繁保护体系。吉林以全面支撑美丽吉林建设为核心，把生态环境监测作为生态环境管理的“顶梁柱”。目前全省布设各类监测点位达到1822个。吉林采取超常规举措纵深推进污染防治攻坚标志性战役，深化以排污许可制为核心的固定污染源监管制度，深入推进生态环境分区管控数字化建设；聚焦“西部清洁能源基地”“氢动吉林”等重大项目建设，全力服务重大战略实施。努力在生态环境保护重点区域、重点领域、关键指标上实现新突破。

长春净月潭　刘斌／摄

中国吉林网 www.cnjiwang.com 2024年11月19日

虎豹为何频频下山?

今年以来，野生东北虎在吉林频频现身的消息多次登上热搜榜。网友们热议该事件的同时也将视角对准了东北虎豹国家公园成立后，吉林省乃至东北野生动物保护和生态环境的持续向好。2017年初，东北虎豹国家公园开始试点建设，东北虎豹命运迎来重大转折。2021年，东北虎豹国家公园正式获批设立。东北虎豹国家公园位于吉林、黑龙江两省交界的区域，是我国东北虎、东北豹历史天然分布区和唯一具有野生定居种群和繁殖家族的地区。正式设园以来，东北虎豹国家公园管理局构建起管理局—管理分局—管护中心—保护站四级网格化包保体系，签订管护责任状，绘制巡护责任分区图，把管护责任包保到组、落实到人。常态化开展清山清套、打击偷盗猎、“绿卫”、“绿盾”等专项行动。通过持续保护和系统修复，东北虎豹国家公园生态环境持续改善，东北虎豹等野生动物种群数量显著增加，“虎豹增倍”。越来越多人与虎豹间的不期而遇，呈现了虎豹腾跃的盛景。

东北虎豹国家公园　赵俊/摄

中国吉林网 吉刻
东北豹仅剩
1个 孤立的野生种群
数量仅
25—35只
东北虎仅存
12—16只
1998-1999年

中国吉林网 吉刻
稳定生活在公园内的野生东北虎豹数量
增长至
70只
增长至
80只
成立之初
27只
成立之初
42只
分布范围超过公园全境的80%

▶ 明确工作思路

打造民主吉林法治吉林

1 月 14 日，吉林省第十四届人民代表大会第四次会议在长春隆重开幕　张野 / 摄

领导讲话

忠诚履职　实干担当
为奋力推动吉林高质量发展明显进位
全面振兴取得新突破贡献政法力量

——省委常委、政法委书记李明伟在省委政法工作会议上的讲话

（2025 年 1 月 23 日）

2025 年是“十四五”规划收官之年、“十五五”规划谋划之年，全省政法机关要紧紧围绕党的中心任务和全省工作大局，把握时代方位，分析形势特点，迎接风险挑战，牢牢把握维护安全稳定的战略主动。总的要求是：坚持以习近平新时代中国特色社会主义思想为指导，深入贯彻习近平法治思想和习近平总书记关于政法工作的重要指示精神，坚定拥护“两个确立”、坚决做到“两个维护”，全面贯彻《中共中央关于加强新时代政法工作的意见》，以党的绝对领导为根本，以全面深化政法改革为动力，以落实和完善党管政法工作制度为保证，统筹抓好政治建设、平安建设、法治建设、队伍建设，努力建设更高水平的平安吉林、法治吉林，为奋力推动吉林高质量发展明显进位、全面振兴取得新突破创造安全稳定的政治社会环境。

一、坚定不移落实党对政法工作的绝对领导

党的绝对领导是政法工作的最高原则、最大优势。要以贯彻落实《中共中央关于加强新时代政法工作的意见》为牵引，健全完善以党中央为枢纽，各级党委总揽全局、协调各方，党委政法委归口管理、组织协调，政法机关党组（党委）主管主抓、各司其职的党

管政法工作总体格局和运行体系。

一要以政治建设为统领，确保“刀把子”牢牢掌握在党和人民手中。把政治坚定、对党忠诚作为政法机关的第一要求，不断增强政治判断力、政治领悟力、政治执行力，始终在思想上政治上行动上同以习近平同志为核心的党中央保持高度一致。要强化理论武装。自觉用党的创新理论统一思想、统一意志、统一行动，各级党委政法委和政法单位党组（党委）要严格落实“第一议题”和理论学习中心组学习制度，全员政治轮训，推动学习教育常态化制度化规范化。省委政法委将持续办好政法领导干部专题研讨班、吉林政法大讲堂，以“关键少数”示范带动“绝大多数”，矢志不渝沿着习近平总书记指引的方向勇毅前行。要强化纪律约束。始终从政治上看待政法工作，建立完善请示报告、督查督办等制度，事关政法工作重大事项、重大案件、重大决策、重大部署，必须第一时间请示报告。年内，省委政法委将对部分省直政法单位和市州党委政法委开展政治督察，推动政治监督具体化精准化常态化。要强化督查督办。从省委政法委自身做起，进一步完善党委政法委员会工作规则，健全党委政法委员会把方向、委务会议大事、专题会议抓落实的工作机制，从制度上保证贯彻落实习近平总书记重要指示要求和党中央决策部署不讲条件、不打折扣、不搞变通，做到件件有着落、事事有回音。

二要以制度机制建设为重点，做到在党的领导下各司其职、相互配合、相互制约。党的二十大以来，中央政法委和中央政法单位分别出台了各系统工作意见，体系化谋篇布局，共同形成了系统完备的党管政法制度体系，要抓好贯彻落实。各级政法机关要扭住主责、依法履职。牢记“法定职责必须为、法无授权不可为”，严格依照“三定”履职、依照法制办事、依照岗位责任落实，确保各项工作符合习近平总书记重要指示，符合党中央决策部署，符合国家法律，符合法定职责，符合工作规律，符合实际情况。政法各单位要相互配合、相互制约。当前政法实践中，既有配合不够的问题，更有制约不足的问题。政法各单位要在正确履行职责的基础上，科学配置各环节的权力责任，确保配合有力、制约有效。各级党委政法委要充分发挥牵头抓总、统筹协调、督办落实作用。把工作着力点放在把握政治方向、协调各方职能、统筹政法工作、建设政法队伍、督促依法履职、创造公正司法环境上，健全完善政治督察、执法监督、司法监督、纪律作风督查巡查等制度机制，推动形成整体工作合力。

三要以强化党委政法委建设为抓手，全面提升领导和管理政法工作水平。党委政法委员会是实现党对政法工作领导的重要组织形式。要深化党委政法委自身改革。紧扣“领导和管理政法工作”这一重大职责，完善“三定”规定，持续强化履职的政治自觉，切实解决履职的难点问题，建立完善履职的制度机制，不断提高履职的能力水平，切实把党委政法委的作用发挥好。要完善安全稳定领域督导制度。扭紧责任链条，压紧压实属地、行业主管、部门单位、政法机关责任，推动维护政治安全和社会稳定、社会治安综合治理、常态化扫黑除恶等责任落实落细。要完善执法司法领域监督制度。立足党委政法委“监督的再监督”职能定位，持续深化执法司法专项检查，推进严格执法公正司法，让公平正义更加可感可触可及。要完善主要业务数据分析制度。政法单位主要业务数据要及时向党委政法委报送，便于及时分析研判，把握工作运行态势。

二、着力建设更高水平的平安吉林

深入落实维护社会稳定责任制，扎实推进“化解矛盾风险、维护社会稳定”专项治理，健全平安建设工作机制，确保国家安全稳如泰山，社会稳定坚如磐石，推动高水平安全和高质量发展良性互动、相得益彰。

一要坚定捍卫国家政治安全。（略）

二要切实维护社会大局稳定。以防风险、防事件、防极端为重点，落实维护稳定各项措施，坚决杜绝重大群体性事件和极端案件发生。要源头防范化解矛盾风险。认真学习运用新时代“枫桥经验”，把“化解矛盾风险、维护社会稳定”专项治理抓出实效。开展命案防控攻坚，进一步做实做细前端预防、源头排查、多元调处工作，切实把社会矛盾发现在小、处置在早，形成有效预防和减少极端案件的制度机制。基层派出所、司法所、人民法庭、检察室要当好“第一哨”，了解真情况，找准真问题，真解决问题，全力把矛盾纠纷化解在基层。要加强综治中心规范化建设。以人民群众解决矛盾纠纷“最多跑一地”为目标，以县级综治中心为重点，以乡镇、街道、社区综治中心为延伸，统筹信访接待、诉讼服务、检察服务、公共法律服务等功能，协调相关部门通过入驻、派驻、轮驻等方式，实现群众诉求一站式受理、一揽子调处、全链条解决。目前，我省县级综治中心建设已经有了很好的“硬件基础”，下一步，要拓宽群众知晓率，加强规范化运行，拓展乡镇（街道）综治中心建设，把防范化解矛盾风险落实到最小单元，真正让综治中心成为化解矛盾纠纷的“终点站”。要压紧压实维护社会稳定责任。今年，省委政法委将对维护社会稳定责任制落实情况开展监督检查，建立重大风险提示函和督办单制度，强化重大决策社会稳定风险评估。各地区要守土尽责，高度警惕、有效防范重点领域重大风险，坚决守住安全稳定底线。建立调查复盘制度，及时查清事实，准确判明性质，依法稳妥处理，严肃追责问责。

三要深入推进社会治安综合治理。完善党委领导的社会治安综合治理体制机制，做到惩防并举、标本兼治、综合治理、形成合力，不断增强人民群众获得感、幸福感、安全感。要强化“打”的震慑。对严重冲击社会心理底线的重大恶性犯罪，要严办严惩、快侦速判，绝不能坐视“底线失守”。对人民群众反映强烈的电信网络诈骗、黄赌毒、盗抢骗等违法犯罪，要总结战法、严查严打，一抓到底。要抓好常态化扫黑除恶斗争中央督导反馈问题整改，持续推进线索清仓、案件清查、黑财清底、伞网清障、行业清源“五清行动”，坚决做好整改“后半篇文章”。要筑牢“防”的屏障。聚焦重大活动，树牢“安全即圆满”意识，强化底线思维、极限思维，严格落实大型群众性活动报备审批制度，落实落细安全风险评估，强化活动组织者和场地提供者现场安全管理责任，落实好人流车流疏导、现场秩序维护、特种设备安全检查等措施，坚决杜绝拥挤踩踏事故发生。聚焦重点部位，指导学校、企事业单位做好综治、内保工作，坚决杜绝发生敏感案事件。聚焦重点领域，强化道路交通、人员密集场所安全隐患排查整治，坚决遏制重大事故发生。聚焦重点物品，落实安全监管措施，深化打击整治枪爆违法犯罪专项行动，严防漏管失控形成现实危害。要落实“管”的措施。加强与相关部门协同联动，扎实做好未成年人违法犯罪预防治理、刑释人员安置帮教、严重精神障碍患者管理救助工作。要提升“控”的效果。完善立体化信息化社会治安整体防控体系，强化社会面协同管控，全面梳理敏感案事件易发的重点目标、部位和时段，提高街面和重点场所见警率。严格落实舆情处置“三同步”原则，快讲事实、慎讲原因，重讲态度、多讲措施，坚决防止因处置不当引发重大舆情事件。

三、着力建设更高水平的法治吉林

深入学习贯彻习近平法治思想，完善法治体系，加强法治建设，维护公平正义，为高质量发展明显进位提供有力法治保障。

一要扎实推进全面依法治省。牢牢把握推进和完善中国特色社会主义法治体系建设的总体要求，全面加强政法领域立法、执法、司法、守法各项工作。要善于通过科学立法解决新问题。坚持先立后破，紧跟国家法律法规“立改废释”步伐，围绕省委、省政府重大改革部署，全面加强重点领域、新兴领域立法，加强地方性法规、规章的起草、审查、清理工作，切实以良法推进善治。要善于通过严格执法解决现实问题。对挑战法律权威、挑衅公共秩序、侵犯人民利益的犯罪行为，必须坚决依法惩治。要依法惩处危害公共安全、拐卖妇女儿童等犯罪，形成震慑，保护人民。要依法惩处走私、金融诈骗、侵犯知识产权等经济犯罪，依法惩处招投标领域违法犯罪，有效维护社会主义市场秩序。要完善行政裁量权基准制度，推动执法办案管理中心提质增效。要深化执法规范化建设，坚决防止违规异地执法和趋利性执法。要善于通过公正司法维护社会公平正义。全面准确贯彻宽严相济刑事政策，在司法工作中充分考虑犯罪行为的社会危害性，注重人民群众的实际感受，做到该宽则宽、当严则严。要严格落实立案登记制，坚决防止“立案难”问题反弹回潮。要坚持司法公开不动摇，依法做好“减假暂”工作。要加强和规范司法救助工作，完善国家赔偿制度，建立轻微刑事犯罪记录封存制度。要善于通过全民守法夯实法治根基。认真做好“八五”普法验收，研究制定“九五”普法规划，落实“谁执法谁普法”责任制。实施公民法治素养提升行动，健全覆盖城乡的公共法律服务体系。加强法学会建设，发挥法律法学专家咨询作用。

二要持续优化法治化营商环境。法治是最好的营商环境，要用扎实的法律举措稳预期、提信心。要规范涉企执法行为。加强企业产权、知识产权和企业家人身、财产权保护，严查执法不作为、乱作为等顽瘴痼疾，更好增强企业发展信心、激发市场创新活力。要高质效办好每一个案件。牢牢把握维护社会公平正义这一法治价值追求，依法能动履职，努力让人民群众在每一项法律制度、每一个执法决定、每一宗司法案件中都感受到公平正义。坚持法理情相统一，灵活运用执法司法政策，把纸上的法律变为鲜活的有温度的法律，让人民群众感受到公平正义就在身边。要完善政法公共服务体系。深入推进“一网通办、一端受理”，持续开展全链条“法治体检”和全生命周期法律服务。建立走访恳谈制度，开展好“服务企业”活动。要推进长春智慧法务区高质量发展，鼓励法学会和律所加强涉外法律研究，进一步提高涉外特别是涉俄法律服务水平，保护好走出去的市场主体合法权益。

三要纵深推进政法领域改革。坚持向改革要动力、促发展，加快构建系统完备、科学规范、运行高效的政法工作现代化体系。要强化基层基础建设。政法机关的战斗力根基在基层一线，关键在基础工作。今年要以改革思维强化基层基础建设，为吉林政法事业发展强基固本。要高质量完成地方公安机关机构编制管理改革，构建协同高效的警务体制机制。大力加强基层派出所、人民法庭、检察室、司法所等标准化规范化建设。完善乡镇（街道）政法委员履职制度机制，加强培训，强化保障，健全政法委员统筹协调综治中心等工作机制。要健全执法司法权力运行机制。立足“监督的再监督”职能定位，总结固化党委政法委执法司法专项检查经验做法，推动形成执法司法监督制度化常态化。要全面落实司法责任制，加强检察机关法律监督工作，完善司法惩戒和错案追究制度，确保执法司法活动始终在阳光下进行。要推进司法体制综合配套改革。完善法官、检察官遴选制度，畅通优秀法官助理、检察官助理入额渠道，严格执行政法专项编制专编专用，推进编制和员额跨域统筹使用，动态管理执法司法辅助人员。

四、着力锻造忠诚干净担当的新时代政法铁军

要认真落实中央和省委关于全面从严管党治警各项要求，狠抓作风建设、能力建设、纪律建设，锻造一支纪律严明、行为规范、作风优良的政法铁军，切实让党放心、让人民满意。

一要进一步强化作风建设，始终做到干字当头、崇严尚实。政法队伍是新时代面对“疾风”“烈火”最多的队伍，必须靠过硬作风勇挑重担。要真抓实干。各级领导班子和领导干部要当好“领头雁”，带头扛硬活，对业务情况要如数家珍，做本部门本领域的行家里手，不当甩手掌柜或“二传手”，以担苦、担难、担重、担险的实际行动诠释忠诚。要脚踏实地。坚持身教重于言教、行胜于言，发扬斗争精神，做勇于斗争的“战士”，不做爱惜羽毛的“绅士”，在重大政治原则和大是大非问题上敢于交锋、敢于亮剑。要求真务实。坚持拿结果说话、用实绩交卷，弘扬严细实作风，持续推进整治形式主义为基层减负，进一步精简会议文件，合并监督检查考核事项，让基层单位拿出更多精力谋实事、抓落实。

二要进一步强化能力建设，始终做到业务精湛、本领高强。政法干警特别是领导干部不仅要有干事扛事的“铁肩膀”，更要有担

事成事的“真本事”。要提升实战技能。各政法单位要突出实战、实用、实效导向，建强教育训练基地，分层级分领域精准施训，练就“金刚钻”、揽好“瓷器活”，善于应对突发情况、驾驭复杂局面。要提升专业素养。建立各类执法司法人员岗位素质能力基本标准和干部基本素质测试制度，确保人岗匹配、按能配岗。完善政法机关与高校合作培养人才机制，培养各领域专家，发挥关键时刻一招制敌、一锤定音的作用。要提升科技能力。提升战斗力，一靠人才，二靠科技。要大力推进智慧政法建设，加强跨部门大数据办案平台和涉法涉诉信访信息系统建设应用，打通数据壁垒。加强综治中心信息化建设，建成全省统一的社会治安综合治理信息平台，汇聚矛盾纠纷、重点群体、高风险人员等全量数据，加强实战应用，实现省市县三级全网贯通、全域运行、闭环管理。

三要进一步强化纪律建设，始终做到敬畏权力、敬畏责任。坚持严管与厚爱结合、管理与约束并重，压紧压实各级管党治警责任。要从严教育。巩固深化党纪学习教育成果，把党章党规党纪和铁规禁令贯穿干部成长全周期，融入组织管理全过程，形成常态化长效化纪律教育机制。要从严管理。坚持正面引导和反面警示相结合，把各级“一把手”、领导班子成员、关键岗位干部、新提拔干部、优秀年轻干部作为重中之重，层层压实管党治警责任。围绕干部选育管用，优化干部梯队建设，稳妥有序推进干部轮岗交流，有计划选派干部到基层一线锻炼。要从严监督。坚持“三不腐”一体推进，严格落实政法干警离职从业管理制度，持续治理“旋转门”“逃逸式辞职”，开展防止干预司法“三个规定”专项检查，加强对法律咨询服务机构的监管，坚定不移惩治执法司法腐败。要从优待警。关心关爱政法队伍，落实干警就医、子女就学、因公伤亡抚恤优待等保障措施，建立健全干警名誉保护和不实举报澄清制度，完善政法职业荣誉机制，加强英模表彰和见义勇为宣传，营造风清气正、干事创业的良好环境。

吉林省高级人民法院工作报告（摘要）

——2025年1月15日在吉林省第十四届
人民代表大会第四次会议上

徐家新

各位代表：

现在，我代表省高级人民法院向大会报告工作，请予审议，并请政协委员提出意见。

2024年主要工作

2024年，省高级人民法院坚持以习近平新时代中国特色社会主义思想为指导，深入贯彻习近平法治思想，全面贯彻党的二十大和二十届二中、三中全会精神，在省委坚强领导、省人大及其常委会有力监督和最高人民法院监督指导下，牢牢把握“以审判工作现代化支撑和服务中国式现代化”的中心任务，聚焦聚力紧扣“一个目标”、做实“两个统筹”、加快“两个转型”、实现“一个确保”的年度目标，带领全省各级法院忠诚履职、担当作为，推动吉林法院全面高质量发展取得新突破。全省法院共受理案件490560件，审执结478102件，审限内结案率96.3%，同比提高1.5个百分点。审判执行质效稳中加固，延续近年来高水平运行态势，最高人民法院“审判质量管理指标体系”设定的18项指标中，有14项指标同比趋优，12项指标优于全国均值；其中，设有合理区间的14项指标全部达标，7项指标优于全国区间。

一、保安全、促发展，奋力护航吉林全面振兴

依法惩治刑事犯罪。审结一审刑事案件 24739 件，判处罪犯 36201 人。保持严打高压，对于危害国家安全犯罪和挑战国家法律、社会伦理底线的重大恶性、严重暴力犯罪，坚决依法严惩，审结严重危害社会治安犯罪 1121 件 1467 人。常态化开展扫黑除恶斗争，审结涉黑恶案件 12 件 106 人，“黑财”执行到位 7.8 亿元。重拳惩治电信网络诈骗犯罪，审结 2837 件 3753 人。严厉打击非法生产销售使用窃听窃照设备犯罪，审结 106 件 145 人，同比上升 9.6 倍。坚定不移惩治腐败，加大对群众身边、民生领域“蝇贪蚁腐”惩处力度，审结贪污贿赂等职务犯罪 517 件 568 人；落实受贿行贿一起查，审结行贿犯罪 86 件 88 人。坚持治罪与治理并重，省级政法层面联合出台轻罪治理体系建设指导意见，推动行政处罚与刑事处罚双向衔接、违法与犯罪梯次治理，从源头上预防减少犯罪发生。

防范化解重大风险。健全完善金融司法与金融监管常态化协同机制，一体做实解纠纷、防风险、促治理，审结金融案件 43372 件，判处金融诈骗、非法集资、洗钱等犯罪 316 件 802 人。深入落实“保交楼、保民生、保稳定”工作部署，依法制裁“一房多卖”等违约欺诈行为，优先保障购房群众权益，审结房地产纠纷案件 20049 件。加大稳就业司法保障力度，审结劳动争议案件 12350 件，51.4% 的案件通过诉前、诉中调解解决；与省人社厅、省总工会等联合出台指导意见，依法保护新业态群体合法权益。集中开展“化解矛盾风险、维护社会稳定”专项治理，加强风险源头防控，维护社会大局稳定。

优化营商法治环境。修订营商法治环境评价指标体系，接续开展法治化营商环境建设突破行动。坚持“两个毫不动摇”，健全完善依法平等保护制度机制，审结涉企案件 184520 件。常态化开展涉产权冤错案件甄别纠正工作，对 2 件涉产权刑事案件再审改判。依法审理涉及要素配置和市场准入案件，审结行政许可、行政协议等案件 539 件。依法规制垄断和不正当竞争行为，审结合同诈骗、商业贿赂、串通投标等案件 544 件，维护公平诚信的市场秩序。围绕

打造法治环境“先行区”和专业解纷“优选地”，确立16项重点任务，深入推进长春智慧法务区专业法庭建设，“六庭”的辐射带动能力和司法服务水平进一步提升。

保障重大战略实施。围绕贯彻落实党的二十届三中全会《决定》和省委十二届五次全会《实施意见》，提出94项重点任务180项推进措施，为进一步全面深化改革注入司法动能。深入推进知识产权审判领域改革，审结知识产权案件3746件，其中涉装备制造、生物医药等领域技术类案件256件，同比增长10.3%；准确把握保护创新与公平竞争的关系，对我省首例因恶意提起知识产权诉讼损害责任纠纷案件作出示范判决，中央电视台等50余家媒体平台作庭审直播。正确把握“能救则救”“当破则破”的司法政策，审结破产案件84件，帮助5家有前景有价值企业走出困境，推动72户“僵尸企业”快速出清。深化环境资源案件“1+10”集中管辖改革，审结生态资源、环境保护案件10134件。锚定我省当好国家粮食安全“压舱石”的首要担当，审结涉农案件4769件，严惩盗采泥炭黑土、制售“三假”坑农犯罪79件294人。设立2个人参产业法庭和35个冰雪旅游纠纷案件巡回审判点，助力我省人参产业、冰雪经济高质量发展。深入推进延边东北亚区域国际商事争端解决中心建设，充分发挥长春国际商事法庭司法功能，审结涉外和涉港澳台案件172件。

二、解民忧、惠民生，深入践行司法为民宗旨

强化民生司法保障。用心办好群众身边案，审结涉住房、就业、教育、医疗、社保、养老等案件39874件，执结涉民生案件8246件，执行到位金额6.98亿元，其中速审速执拖欠农民工薪资案件2488件，帮助农民工追回“辛苦钱”7008万元。用情断好百姓家务事，审结婚姻家事案件37161件，和解解决比例53.3%；发布7个涉彩礼纠纷典型案例，依法遏制高额彩礼，引导推动移风易俗。法理融合化解群众“心头结”，化解信访积案1342件，化解率97.5%，对285

件重大信访案件由院领导听证化解。内外联动缓解群众“一时难”，对316名涉诉困难群众实施司法救助1568万元，我省10部门联合建立的司法救助与社会救助衔接机制，获评全国司法救助创新实践优秀成果一等奖。

加强未成年人保护。坚持惩教并举、宽严相济，审结未成年人犯罪809件1110人；对侵害未成年人犯罪坚决依法严惩，审结288件319人。坚持全面保护、优先保护，审结涉未成年人民事、行政案件5044件。坚持前端预防、抓早抓小，选派2087名法官干警担任2554所中小学“法治副校长”，开展“以案释法”宣讲4645场次。积极推进未成年人刑事、民事、行政“三审合一”审判机制改革，推动少年审判专业化发展，做实以司法保护促推“六大保护”融合发力，构建未成年人权益保护和犯罪防治多维格局。

深化突出问题整治。聚焦不立案拖延立案、消极执行拖延执行和见法官难问题，出台《解决“新三难”问题六项措施》，畅通群众反映、举报、投诉渠道，坚持有案速查、查实严处，对15人给予党纪政务处分和作出免去庭长职务、退出法官员额、调离审判岗位等处理。紧盯影响群众司法获得感的30个突出问题，组织集中开展整治整改，全省法院共整改问题941个。进一步深化跨域诉讼服务改革，落实落细巡回审判、全域通办、人民法庭直接执行等便民措施，确保把方便群众放在第一位。

三、抓前端、治未病，积极助推基层社会治理

坚持办案就是治理。牢固树立“以一审为中心”和服判息诉理念，做实做细实质解纷、判后释明工作，91.6%的案件在一审程序实现案结事了。严格发回重审程序法定适用标准，建立民事、行政案件申请再审立案前化解工作机制，持续整治和防范“程序空转”。省高院发布89个典型案例，用“小案件”诠释“大道理”，弘扬社会主义核心价值观。注重发挥司法大数据功能作用，全省法院共向党委政府提交“数助决策”报告61份，制发综合治理类司法建议465份，

是上一年度的2.81倍，采纳率100%。

深化源头预防化解。助推县级综治中心规范化建设，全省基层法院诉调中心全部入驻当地综治中心并实体化运行。与13家合作单位建立全覆盖诉调对接机制，604家调解组织1227名调解员入驻人民法院调解平台，968名人民调解员入驻人民法庭。深入推进“枫桥式人民法庭”和“无讼社区、无讼村屯”创建活动，持续强化“百姓说事·法官说法”“法官进网格”等机制功能，全省“无讼”培育对象增至1336个。认真履行指导调解法定职责，健全完善“示范判决+诉前调解”工作机制，推动实现“精审一案、化解一片”。全年共有22.8万起矛盾纠纷实现诉前化解，诉前调解成功分流率45.5%，持续稳居全国前列；全省法院新收案件同比下降7.83%，降幅居全国第4位。

做深做实府院联动。建立行政诉讼与行政复议有效衔接机制，促进发挥行政复议化解行政争议主渠道作用，推动行政争议诉前实质化解，全省三级行政争议协调化解中心受理案件1581件，成功化解1395件，化解率88.2%，占一审行政诉讼案件38.6%。持续推进“降低行政机关败诉率”专项行动，行政机关负责人出庭率连年达到100%，全省一审行政诉讼案件行政机关败诉率7.6%，同比下降4.3个百分点；经行政复议后行政机关败诉率3.34%，远低于全省均值。在省政府积极推动下，全省法院清理党政机关、国有企业拖欠民营中小企业账款工作取得重要进展，共执结案件750件，执行到位金额29.4亿元，其中旧存案件清结率97.8%，清偿到位率98.3%，创历史最好水平。

四、提效益、稳效率，坚定做实严格公正司法

优化审判监督管理。以全面推行案件阅核制为抓手，压紧压实院庭长监督管理职责，全省法院院庭长共阅核案件13.3万件，占结案总数41.2%，经阅核案件上诉率、申诉申请再审率分别低于整体均值5.95和2.08个百分点。统一案件质量评查标准，组织全

省法院评查案件 10992 件，对问题案件移送督察部门调查处理，做实追责问责“后半篇文章”。强化审判委员会监督指导作用，全省法院共召开审委会 1598 次，研究议题 6787 件，分别增加 19.3% 和 19.9%。完善审判数据分析研判会商制度，省高院 9 次召开全省三级法院会商会议，并每月向各中院点对点发送“体检单”“提示函”。研发上线全省法院数字监管平台，运用信息化手段加强指标数据监测，实现全链条、穿透式、可视化的实时监管。坚持“管案”与“管人”、“评案”与“考人”相结合，推行全员绩效考核，推动审判质效和队伍素质共促进、双提升。

健全公正司法机制。深入推进以审判为中心的刑事诉讼制度改革，制定完成 30 种常见犯罪量刑标准，对 22 名被告人依法宣告无罪。制定刑事、民事、行政三大诉讼庭审标准，以庭审标准化促进庭审实质化，全省法院二审案件开庭率和再审审查听证率分别提高 34.9 和 19.1 个百分点。强化合议庭规范履职，加强裁判文书释法说理，对“合而不议”、裁判文书不说理案件直接判定为不合格案件。完善提级管辖工作机制，对 440 件重大案件由上级法院提级审理，明确裁判规则，统一法律适用。强化人民法院案例库、法答网应用，规范法官自由裁量权行使。深入推进繁简分流、简案快审机制建设，一审案件简易程序适用率 89.4%，诉讼案件平均审理周期 31.1 天。持续推进长期未结“四类案件”专项清理，超 12 个月未结案件占比降至 0.04%。

强化执行改革攻坚。以领导体制改革为核心，扎实推进执行工作管理体制改革试点。正确区分有财产拒不履行的“失信”和无财产可供执行的“失能”，对有能力履行而恶意逃避、抗拒执行的，加大惩戒惩处力度，纳入失信名单 7472 人，拘留、罚款 1761 人，移送追诉拒执犯罪 176 人；对信用良好、努力偿债但经营困难的被执行企业，积极运用“活封活扣”、执行和解等措施，以“放水养鱼”更实保障各方权益。部署开展有财产超期未结案件集中攻坚行动，对久执不结的 1995 件案件指定异地交叉执行，执行完毕或取得实质进展 949 件，执行到位金额 5.6 亿元，对原执行法院和执行干警存在消极、拖延执行的，问责处理 30 人。制定终本案件管理办法，组织开展“终本清仓”“执破融合”专项行动，终本案件出清 15.4 万件，转入破产程序 56 件。强化立审执“一体化”理念，大力推进执源治理，全省法院新收执行案件 120216 件，下降 15.8%；执结 119668 件，执结率 98.1%，居全国第 1 位，执行到位金额 238.7 亿元。

五、强素质、优作风，着力抓实建强过硬队伍

抓实党纪学习教育。坚决落实严守政治纪律和政治规矩的首位要求，把“学思想”和“学《条例》”有机贯通，严格落实“第一议题”制度，扎实推进全员政治轮训，巩固深化主题教育成果，坚持不懈用习近平新时代中国特色社会主义思想凝心铸魂。把践行习近平法治思想融入法院工作各方面全过程，坚持党对法院工作的绝对领导，推动案件办理讲政治与讲法治有机统一。两次召开全省法院警示教育大会，深刻剖析 25 个法官干警违纪违法典型案例，用身边事教育身边人。

强化素质能力提升。制定全省法院教育培训五年规划，组织开展业务培训、岗位练兵 1368 场次，持续实施审判业务专家“梯次培养计划”和业务工作“精品工程”，着力打造高素质专业化审判队伍。加大优秀年轻干部选育管用和法官后备力量培养培育力度，举办全省法院中青年干部培训班，选派 118 名优秀年轻干部在上下级法院之间互派锻炼，补充选任员额法官 292 人。深化审判辅助事务集约化改革，优化人力资源配置，此项改革获评 2024 年度全省政法改革“十大案例”。制定整治形式主义为基层减负 19 项措施，取消不必要、不合理的考核指标；在全省确定 14 家相对薄弱基层法院，选派 65 名业务骨干对口支援，推动薄弱法院各方面工作明显改观。

狠抓党风廉政建设。聚焦铲除腐败滋生的土壤和条件，以强化廉政风险防控为主线，一体推进不敢腐、不能腐、不想腐。完善巡察工作机制，对 2 个中院及所辖 10 个基层法院开展政治巡察和司法巡查，对 5 项重点工作进行专项督察。扎实推进国家审计署审计反

馈问题整改，26 项整改任务如期完成。坚持风腐一体纠治，全省法院共查处利用审判执行权违纪违法干警 36 人。出台九项措施，抓实“三个规定”，全省法院共记录填报 29.2 万条，同比增长 10.4 倍。坚持重实干、重实绩用人导向，大力弘扬崇严尚实新风，全省法院 14 个集体和 34 名个人荣获“全国模范法院”“全国模范法官”“吉林省劳动模范”“最美基层法官”等荣誉称号。

检视过去一年工作，我们也清醒认识到，与新时代新征程党和人民赋予的更重责任相比，人民法院思想观念、审判理念、能力作风还存在跟不上、不适应、落不实的问题，工作中还有一些薄弱环节，需要进一步采取有效措施、认真加以解决。

2025 年工作安排

2025 年，全省法院工作的总体思路是：高举习近平新时代中国特色社会主义思想伟大旗帜，深入贯彻习近平法治思想，全面贯彻党的二十大和二十届二中、三中全会精神，坚定拥护“两个确立”，坚决做到“两个维护”，认真落实省委部署要求，紧扣“推动实现全面高质量发展”工作目标，以加强党的政治建设为统领，以深化司法改革为动力，以提升执法办案能力为重点，以强化司法作风建设为保障，抓牢做实“两个统筹”，推动实现“两个转型”，加快推进审判工作现代化，为高质量完成我省“十四五”规划目标任务、推动吉林全面振兴取得新突破提供更加有力的司法支撑和保障。围绕上述工作总体思路，我们将更加坚定坚决筑牢政治忠诚，更加有力有效护航全面振兴，更加用心用情服务保障民生，更加高质高效维护公平正义，更加从严从实锻造法院铁军。

各位代表，新的一年，我们将更加紧密地团结在以习近平同志为核心的党中央周围，在省委坚强领导和省人大有力监督下，把握大势、坚定信心，干字当头、奋发进取，努力推动实现吉林法院全面高质量发展，为推动吉林全面振兴取得新突破、谱写中国式现代化吉林新篇章作出新贡献！

吉林省人民检察院工作报告（摘要）

——2025年1月15日在吉林省第十四届人民代表大会第四次会议上

尹伊君

2024年，全省检察机关坚持以习近平新时代中国特色社会主义思想为指导，全面践行习近平法治思想，深入贯彻党的二十大和二十届二中、三中全会精神，在省委和最高检的坚强领导、省人大及其常委会的有力监督下，自觉为大局服务、为人民司法、为法治担当，各项检察工作稳步向前。全年共办理各类案件14万件，27起案件入选最高检典型案例、优秀案例，重大职务犯罪案件办理、生态司法保护等132个事例、经验被转发推广，111个集体和个人受到省级以上表彰奖励。

一、强化检察履职，全力护航发展大局

坚决维护安全稳定大局。积极投入更高水平的平安吉林、法治吉林建设，依法批捕各类犯罪13001人、起诉36347人，有力维护国家安全、社会安定、人民安宁。常态化推进扫黑除恶斗争，坚持打早打小、露头就打、打准打实。与省金融办等10家单位联合成立金融司法协同中心，向金融监管部门制发省级社会治理检察建议，推动出台修订防范金融风险制度文件50余份，切实保障金融安全。

促进优化法治化营商环境。着力维护市场经济秩序，加大知识产权保护力度，设立知识产权检察综合保护中心，起诉各类涉知识产权类案件犯罪，更好服务保障新质生产力。通化检察机关依法办

理江某等 7 人销售假冒注册商标商品案，有力保护知名药企品牌，得到社会各界广泛好评。

持续强化生态文明司法保护。围绕生态吉林、美丽吉林建设，助力打好蓝天、碧水、净土保卫战。开展黑土地、河流、湖泊、湿地保护检察监督专项行动，协同相关部门保护耕地 2.4 万亩，修复林地、草原、湿地 1.1 万亩。白城市、松原市检察院与内蒙古、黑龙江检察机关建立三省（区）四地八县检察机关“松嫩两江流域”生态保护新模式，以“检察蓝”守护“松嫩蓝”。

加强历史文化遗产司法保护。忠实践行习近平文化思想，以检察力量加强国家文物、历史建筑、文化传承司法保护。开展文物和文化遗产保护公益诉讼专项监督，聚焦吉林红色资源、汉长城遗址、文化遗产传承等重点领域，办理公益诉讼案件 46 件，对 26 个全国重点文物保护单位、21 处古长城遗址和 20 项非物质文化遗产开展系统性保护，助力提升我省文化“软实力”。

主动服务保障乡村振兴。与省农业农村厅等 7 家单位出台《防范化解农业机械安全风险问题指导意见》，深层次治理“咬人农机”问题，相关工作经验被最高检转发全国推广。全省 22 个检察院深入开展“农副产品综合司法保护”行动，依法保护“吉林大米”“长白山人参”等品牌，护航特色农产品发展。

合力推进反腐败斗争。进一步强化监检衔接配合，充分发挥长春、吉林两市检察院“全国检察机关重大职务犯罪案件办理基地”作用，依法履行惩治腐败犯罪职能。认真履行对司法工作人员相关职务犯罪的侦查职能，依法查办司法工作人员侵犯公民权利、损害司法公正案件。

二、践行检察为民，切实守护民生福祉

全力守护群众美好生活。深化落实“四个最严”要求，重拳惩治制售有毒有害食品、假药劣药等犯罪，切实守护百姓食药安全。严惩事关广大群众切身利益的医保诈骗、社保诈骗犯罪，为群众挽

回“救命钱”“养老钱”913万元。

聚力维护特殊群体合法权益。深入推进特殊群体支持起诉专项工作，加强对妇女儿童、老年群体、快递网络从业人员和新业态劳动者权益司法保障，办理支持起诉案件2534件，帮助挽回经济损失1950万元。协同开展根治欠薪冬季专项行动，依法打击拒不支付劳动报酬犯罪，帮助农民工等群体追回“血汗钱”2200余万元。

着力守护未成年人健康成长。依法严惩暴力伤害、性侵害未成年人等犯罪，坚持“预防就是保护、惩治也是挽救”理念，积极融通“六大保护”，针对严重监护失职，发出督促监护令，促“甩手家长”依法带娃。开展“检教同行，共护成长”等主题检察开放日活动294场次，选派1500余名检察官担任中小学法治副校长，让法治阳光伴随孩子们健康成长。

努力回应群众涉检诉求。坚持把来访群众当家人、把群众诉求当家事，深化群众信访件件有回复。大力推行检察听证工作，对3979件案件组织听证，让当事人有惑能问、有理能讲、有怨能诉。充分发挥司法救助“解民忧、暖民心”效能，连续三年在全省三级检察院实现司法救助“全覆盖”。

三、聚焦检察监督，着力维护公平正义

强化刑事诉讼和刑事执行监督。坚持惩治犯罪与保障人权并重，对已过追诉期限但社会危害性和影响仍然存在的陈年命案提请最高检核准追诉，对重罪虽久必究，让正义虽远必达。持续完善“派驻+巡回+科技”等监督机制，监督不当减刑、假释、暂予监外执行，切实维护“大墙内外”公平正义。

优化民事诉讼监督。加强民事生效裁判监督，及时提出监督意见。充分发挥民事检察和解作用，在办理诉讼监督案件中注重矛盾引导和疏导，实现息诉息访、矛盾化解。持续深化虚假诉讼监督，办理民间借贷、公积金等领域虚假诉讼案件，切实保护正当权益，有力震慑虚假诉讼行为。

实化行政检察监督。以行政诉讼监督为重点，一体推进“有力监督”和“有效监督”，持续深化“府院联动”机制，综合运用调查核实、公开听证等方式，推动行政争议实质性化解。健全行政处罚和刑事处罚双向衔接制度，对被不起诉人应当给予行政处罚的，提出检察意见，防止“以罚代刑”和“不诉了之”。

深化公益诉讼检察监督。聚焦公益诉讼法定领域突出问题，制发公益诉讼检察建议，对符合起诉条件的，依法提起诉讼。深入发挥“大案精办、小案快办”机制优势，办理社会效果好、具有引领示范价值的大要案 332 件。建强用好黑土地保护、个人信息保护等 16 个专业化团队，以“专业化”“数字化”赋能公益诉讼检察高质效办案，相关经验被最高检推广全国学习交流。

四、锻造检察铁军，夯实事业发展根基

抓实思想政治建设。深入学习习近平新时代中国特色社会主义思想，持续擦亮坚定拥护“两个确立”、坚决做到“两个维护”的鲜明政治底色。拓展“四新”党建大讲堂载体，面向社会集中展示具有吉林地域特色的“桔子姐姐”未成年人保护等 75 个检察文化品牌。全省检察机关有 22 个集体和部门获评“先进集体”“巾帼建功”等荣誉称号。

推进检察业务建设。在全国率先出台贯彻落实加快推进新时代检察业务管理现代化意见的 20 条举措。优化案件管理模式，实现重点案件评查全覆盖，以管理促公正。深入推进数字赋能，指导和研发的未成年人权益保护等 3 个大数据法律监督模型上架全国平台。

狠抓党风廉政建设。扎实开展党纪学习教育，细化学条例、强警示、重实践等 18 项具体措施，引导广大检察人员知敬畏、存戒惧、守底线。深入落实防止干预司法“三个规定”，做到有问必记录、逢案必倒查、有责必追究。

夯实基层基础建设。部署开展基层检察院“一院一品”“一院一策”系列工作，推动基层检察院建设水平整体提升，落实整治形式主义

为基层减负要求，让基层有更多时间精力办好案、抓落实。

一年来，检察机关深入践行全过程人民民主，在接受监督中推进高质效办案。自觉接受人大监督，向省人大常委会专项报告行政检察和优化营商环境工作，主动邀请人大代表视察检察工作、参加检察开放日等各类活动 162 人次。自觉接受民主监督，邀请各级政协委员调研检察工作，办理政协提案、接受委员意见建议 55 件。自觉接受社会监督，邀请人民监督员参加检察听证、巡回检察、案件评查等 6649 件次，强化律师执业权利保障。自觉接受舆论监督，加强检务公开，召开新闻发布会 4 场，发布检察新媒体作品 13.7 万条，检察宣传作品获得国家级奖项 32 个，不断向社会传递检察正能量。

2025 年，全省检察机关将坚持以习近平新时代中国特色社会主义思想为指导，全面贯彻党的二十大和二十届二中、三中全会精神，紧紧围绕省委十二届五次、六次全会提出的目标要求和主要任务，全面履行检察职能，努力以更高质效的法律监督助推吉林全面振兴取得新突破。

一是坚持党的绝对领导，全面强化政治建设。深入学习宣传贯彻党的二十届三中全会精神，推进政治建设与业务建设深度融合，不断提高检察人员政治判断力、政治领悟力、政治执行力。

二是坚持围绕全省大局，依法服务振兴发展。聚焦“平安吉林”建设，依法严惩各类严重犯罪，加强高新技术、新兴产业、科技创新等领域产权司法保护，持续优化创新环境和营商环境。

三是坚持强化法律监督，高质效办好每一个案件。持续优化完善检察机关法律监督体系，推动刑事检察提质增效、民事检察持续发力、行政检察行稳致远、公益诉讼检察更加精准规范，检察侦查实现优化提升。

四是坚持人民至上理念，持续做实检察为民。聚焦就业、养老、医疗等热点领域，着力办好涉民生保障案件，切实维护人民群众合法权益。坚持和发展新时代“枫桥经验”，推进信访矛盾源头治理。

五是坚持深化检察改革，切实维护公平正义。认真贯彻落实省委改革部署要求，深化检察领域改革和发展，强化对执行活动的全程监督，全面准确落实司法责任制，持续完善检察权运行制约监督机制，以检察改革推动检察工作高质量发展。

六是坚持全面从严治检，建设过硬检察队伍。深入落实人才强检战略，加强涉外法治人才培养，持续提升专业素能。深入巩固主题教育、党纪学习教育成果，坚持严的基调不动摇。深化检察文化建设，使新时代检察精神内化于心、外化于行。

在新的一年里，吉林检察机关将在省委、最高检坚强领导下，更加自觉接受人大监督、民主监督和社会监督，依法履行法律监督职责，不断推进检察工作高质量发展，努力为实现吉林全面振兴取得新突破作出更大贡献！

祖国在我心中　冯健男/摄

媒体聚焦

光明日报 2025年1月11日5版

打造全年不打烊的议政平台
——吉林省政协探索创新网络议政为民履职新形式

光明日报 05 民主法治

打造全年不打烊的议政平台

——吉林省政协探索创新网络议政为民履职新形式

践行“人民政协为人民”理念

实现“时时刻刻”建言资政

汇聚多方倾力合力

保障微建议也能高质高效落地

共同营造更有利于未成年人成长的法治环境

签约主播开小号被起诉 法院认定主播违约

近年来，吉林省政协创新“互联网＋政协”履职新模式，建设并依托“政协吉云”网络平台开展微建议工作，打造指尖上365天不打烊的协商民主议政平台。

随着指尖媒介技术的日新月异，如何利用先进技术提高委员履职的时效性是吉林省政协深入思考的问题。在广泛调研的基础上，2023年9月，“政协吉云”平台“微建议”栏目正式启动。一年以来，吉林省政协不断在全省1.7万名各级委员中开展宣传解释说明工作，鼓励他们主动担当社会的“监督员”和群众的“服务员”，激发他们提交微建议的积极性。

“去年劳动节过后，一条短视频引发了我的关注。”吉林省政协委员、九三学社吉林省委内部监督委员会主任孙立忠说。视频故事发生在长春市，有乘客打车结束时，计价器显示为11.6元。司机按照当地出租行业传统，坚持“四舍五入”收费12元，引发乘客不满，在网上引起热烈讨论。2024年6月18日，孙立忠通过“政协吉云”平台，提交微建议——建议长春市依据消费者权益保护法规范出租车收费方式，根据计价器显示金额据实收费。不到48小时，孙立忠的建议就通过审核，并由长春市政府办公厅转交给市交通运输局。2024年7月3日，长春市发展和改革委员会等4部门联合下发《关于调整我市巡游出租汽车计费方式的通知》，明确规定废止“计价器累计里程费和低速等候费，四舍五入后以整元计费”条款，计费方式调整为“据实支付”，从2024年8月1日起正式实施。

2024年9月，在“政协吉云”平台运行1年后，吉林省政协总结经验，印发《政协吉林省委员会微建议工作办法》，进一步严格把控了微建议的转交和办理时限，明确微建议工作涵盖提出、审核、转交、办理和监督、

省政协委员与有关部门（单位）负责同志协商交流微建议办理情况　徐子茵/摄

评价与考核等各个工作环节的闭环工作流程。

由于附近公交线路和轻轨线路接续不上，长春市森杨路沿线小区居民如果想乘坐轻轨，至少要步行 10 分钟才能到轻轨站，十分不便。吉林省政协委员刘海就住在森杨路附近，对群众的期盼感同身受，“经过实地考察，我提出了‘长春市净月 1 号线公交在轻轨 3 号线增设公交站点’的微建议。”收到建议后，长春市交通运输局马上实地核实，对公交线路进行优化调整，切实解决了沿线小区居民乘车换乘难题。

依据辽源市政协委员张文芳提出的《关于荷枫古韵园补建轮椅通道的建议》，当地已对该公园百步廊加设坡道，为残障人士和老年人入园提供便利；在白山市政协委员郑翔提出《关于解决井盖噪声扰民的建议》后，白山市住建局对全市 18064 个窨井盖开展安全治理专项行动，消除安全隐患及噪声隐患；吉林省政协委员、民盟吉林省委会副主委封雪梅在微建议中提出长春市新民大街夜间光线比较昏暗，照明路灯亮度不足，很快长春市城乡建设委员会就对新民大街照明设施进行了全部改造……一个个群众急难愁盼的问题，通过微建议切实得到解决，有效提升了人民群众的幸福感和获得感。

中国吉林网 www.cnjiwang.com 2025 年 1 月 15 日

“整装”大东北！三省一区旅游能否“抱团发展”“联动共赢”？

最近，大型纪录片《大东北》持续刷屏转发不断，引发全网关注。有网友观看后留言称：“一部纪录片，让我重新认识了‘东北’，重新认识了‘整装’大东北！”纪录片火了，也把热词带了出来——“整装”东北。对，就是这个“整装”东北，不仅在社交媒体上霸屏，同样在全省两会上成了代表、委员口中的高频词。有代表、委员就此坦言：“东北三省一区地缘相近且文脉相通，文旅产业应加大合作力度，共同开发东北旅游市场，实现旅游维度‘整装’。”

东北三省一区拥有丰富的旅游资源，生态类型多样，人文旅游资源特色鲜明，是全国为数不多可以实现“四季皆可游”的区域。然而，在相当长的时间里，东北地区旅游业发展却被贴上了各自为战、同质竞争的标签。某种程度上来讲，多年零打碎敲的开发，造成了游客来东北一地一游，且停留时间普遍不长，削弱了区域旅游的整体竞争力。文旅市场的反馈，也让东北三省一区意识到“联动”的重要性。由此，打造无障碍旅游也被提上“日程”。尤其是 2014 年的东北旅游景区联盟成立很有代表性。它是国内首个跨省区域性景区协作组织，联盟成员单位覆盖数十家景区。从具体操作层面来看，点状特征明显，没有真正做到全域覆盖。

究竟该如何“握指成拳”，打破各地固守的“一亩三分地”思维？首先，国家有关部委给出方向。2023 年 3 月，文化和旅游部、国家发展改革委联合发布了《东北地区旅游业发展规划》，规划范围包括辽宁省、吉林省、黑龙江省和内蒙古自治区部分地区，提出世界级冰雪旅游度假地、全国绿色旅游发展引领地、边境旅游改革创新样板地、跨区域旅游一体化发展实践地四个发展定位。其次，东北三省一区出了个“大招”。2024 年 7 月 1 日，由吉林省、辽宁省、黑龙江省、内蒙古自治区人大常委会分别审议通过的《关于促进东北三省一区旅游业协同发展的决定》（以下简称《决定》），在东北三省一区同步施行。这也是东北三省一区开展的首部协同立法项目。《决定》明确了东北三省一区旅游业协同发展的目标，即推动区域旅游资源协调互补，提升整体竞争力，打造具有国内外影响力的东北地区旅游整体品牌。同时，提出了具体的协同发展路径，包括冰雪旅游、绿色旅游、红色旅游等多个重点领域。2024 年 11 月 26 日，辽宁省、吉林省、黑龙江省和内蒙古自治区市场监管部门在辽宁盘锦联合举办东北三省一区标准化协同发展框架协议签约仪式，标志着东北三省一区标准化协同发展机制正式建立。彼时，这套“组合拳”令人印象深刻。在共和国版图上，东北举足轻重。这里每一次振兴潮起，都备受瞩目。时下，东北的冰与雪，正转化为真金白银。文旅协同，呼声扑面。“整装”大东北，精彩未完待续……

万峰通化滑雪度假区　中共通化市委宣传部提供

狠抓任务落实

Henzhua Renwu Luosh

长春世纪广场立交桥　何平／摄

领导讲话

省委书记黄强在省委十二届六次全会暨省委经济工作会议第二次全体会议上的讲话

（2024 年 12 月 25 日）

在全体参会人员共同努力下，省委十二届六次全会暨省委经济工作会议就要闭幕了。这次全会是在深入学习贯彻党的二十届三中全会精神和中央经济工作会议精神、推动吉林全面振兴取得新突破的关键时期，召开的一次十分重要的会议。全会听取了省委常委会工作报告，审议通过了《中共吉林省委十二届六次全体会议的决议》，圆满完成了各项议程。

会议期间，同志们围绕全会主题，紧密联系实际，展开热烈讨论。大家一致认为，今年特别是省委十二届五次全会以来，全省上下坚持以习近平新时代中国特色社会主义思想为指导，完整准确全面贯彻新发展理念，进一步全面深化改革，扎实推动高质量发展，各项事业取得新成效、呈现新气象。一致认为，这次中央经济工作会议是党的二十届三中全会后中央召开的一次重要会议，习近平总书记的重要讲话，既是对经济形势“怎么看”的认识论，又是对经济工作“怎么干”的方法论，为做好明年和今后一个时期经济工作提供了根本遵循和行动指南。一致认为，全会深入贯彻落实习近平总书记重要讲话和中央经济工作会议精神，对明年经济工作进行了全面部署，提出的总体要求方向清晰、预期目标切实可行、具体任务重点突出，进一步统一了思想、凝聚了共识、提振了信心，必将为吉林高质量发展注入强劲动力。

一分部署，九分落实。明年经济社会发展的目标任务已经明确，关键是要不折不扣抓好落实。下面，就贯彻落实全会精神，我讲几点意见。

第一，要砥砺谋定快动、雷厉风行的务实作风。抓经济、促发展、谋振兴，必须以时不我待、只争朝夕的精神，迅速把谋划变成行动、让行动见到实效。尤其是在当前经济下行压力加大、潜在挑战增多的特殊时期，各项工作要能早则早、宁早勿晚，行动越早就越主动。习近平总书记在福建工作时，就大力提倡“马上就办”，强调讲求工作时效、提高办事效率，干部作风面貌为之一新。我们也要增强“马上就办”的意识，立说立行、紧抓快办，事情一敲定就马上研究，工作一部署就马上动手，任务一完成就马上反馈、形成闭环，用最快速度推动各项工作有效落实。各地各部门要增强等不得、慢不得、拖不得的紧迫感，按照中央部署和省委要求，及早谋划安排明年经济工作，以“开局就是决战、起步就是冲刺”的姿态，跑出高质量发展的“加速度”。特别是对招商引资、项目建设等工作，要抢前抓早、大干快上，尽快取得实质性成效，努力实现明年工作“开门红”。

第二，要练就敢想敢为、善作善成的过硬本领。当前，吉林全面振兴正处在关键期。开创各项事业发展新局面，既要有胆识、也要有见识，既要敢干事、也要会干事。很多事情“不怕做不到、就怕想不到”，前段时间我们整治规范人参市场秩序，有的人认为几十年的老毛病积重难返，但经过几个月的努力，成效非常明显，我省人参已经基本做到“货真价实”。所以，我们要放开手脚、敢想敢干，只要对经济发展有利、让老百姓受益的事，就要大胆闯、大胆试，在实践中寻找破解难题的答案。当然，抓工作不能光凭满腔热情，不能蛮干，还要有干成事的真本领。各级领导干部要用习近平新时代中国特色社会主义思想武装头脑，学习好、运用好贯穿其中的立场观点方法，提高履职尽责的能力。要坚持干什么学什么、缺什么补什么，完善知识结构，努力成为行家里手。大家要养成爱读书、勤思考的好习惯，追求健康生活方式，涵养浩然正气，促进观念、视野和水平持续快速提高。

第三，要营造自信自强、奋进奋发的浓厚氛围。应对挑战、破浪前行，信心比黄金更重要。我们要充分发挥主流媒体风向标作用，进一步加强经济宣传和舆论引导，增强全社会发展的信心和底气。要回应舆论关切和市场关注，把明年经济工作的政策取向阐释好，把中央和我省的政策文件解读好，把事关群众利益的政策措施宣传好，讲清楚政策背后的考量，消除错误解读，塑造积极的社会预期。经济形势好不好，企业和群众最有发言权。要让那些发展好的企业家、有正能量的群众“上镜头”，讲述奋斗故事、分享生活变化，用带有“烟火气”“泥土味”的鲜活事例，更好地为振兴发展强信心、聚人心。这几年，网络上唱衰东北、抹黑吉林的现象时有发生，其中很多都是刻意带节奏、走偏锋、赚流量。我们要坚决同这些不实论调作斗争，有理有据驳斥澄清错误言论，理直气壮唱响中国经济“光明论”，正本清源宣介吉林的独特优势，持续打造正向舆论场。

第四，要汇聚协同联动、攻坚克难的强大合力。全会对明年工作的部署是一个有机整体，抓落实要注重系统施策、协同发力，推动各项工作相辅相成、相互促进。要注重目标一致。各地在确定预期目标时，必须兼顾需要和可能，与全省经济社会发展目标相衔接，与本地稳就业、防风险、惠民生、强信心的需要相统一，做到既振奋人心、又积极稳妥。要强化上下联动。一方面，立足我省资源禀赋，积极向上对接，争取国家重大政策、重大项目、重大工程等在吉林布局。另一方面，充分调动基层群众积极性主动性创造性，尊重基层首创精神，健全容错纠错机制，鼓励干部担当作为。要搞好横向衔接。坚持从全局的高度想问题办事情，自觉打破部门本位特别是权力本位，心往一处想、劲往一处使，形成工作合力。同时，要发挥好人大代表、政协委员和社会各界人士作用，集众智、谋良策、聚共识，凝聚振兴发展的磅礴力量。

最后，我再强调一下岁末年初各项工作。现在距离年底还有不到一周时间，各地各部门要在努力完成全年目标任务的同时，扎实谋划好明年一季度高质量发展的“开门红”工作。全省“两会”召开在即，要认真做好各项筹备工作。统筹做好安全生产、信访维稳、治安管控等工作，为经济高质量发展创造平安稳定的社会环境。再过一个多月就是春节了，要切实保障农民工工资按时足额发放，关心关爱困难群众生活，做好保供应、稳物价、惠民生等工作，让人民群众度过一个欢乐祥和的新春佳节。

总之，我们要按照省委十二届六次全会暨省委经济工作会议部署，脚踏实地、真抓实干，全力以赴完成好明年经济社会发展目标任务，奋力谱写中国式现代化吉林新篇章。

清晨　何平 / 摄

省长胡玉亭在十四届省政府第三次廉政工作会议上的讲话

（2025 年 2 月 5 日）

蛇年新春第一个工作日，我们召开省政府廉政工作会议，主要任务是深入学习贯彻习近平总书记在二十届中央纪委四次全会上的重要讲话精神，落实国务院第三次廉政工作会议部署，按照省纪委十二届四次全会要求，把纪律挺在前面，坚定不移把政府系统党风廉政建设和反腐败斗争向纵深推进，为推动吉林高质量发展明显进位、全面振兴取得新突破提供坚强保障。

第一，提高政治站位，强化责任担当，扎实推进党风廉政建设和反腐败斗争。习近平总书记在二十届中央纪委四次全会上发表的重要讲话，从实现新时代、新征程党的历史使命任务的战略高度，深刻把握反腐败斗争基本规律，深刻分析当前反腐败斗争形势，对坚决打好反腐败斗争的攻坚战、持久战、总体战提出明确要求，为深入推进全面从严治党、党风廉政建设和反腐败斗争指明了前进方向，提供了根本遵循。黄强书记在省纪委十二届四次全会上，对坚决扛起全面从严治党使命责任、更好服务保障吉林全面振兴取得新突破作出明确部署。我在巡视整改会议上从制度建设层面提出要破立并举，革命性重构制度体系，推动重构金融监管体系、财政管理体制、国资国企监管机制、招投标和公共资源交易规则机制、招商引资新机制，加强农业领域系统治理、医疗卫生领域监管、行政执法检查管理，全面提升治理能力。各地各部门要深刻学习领会，聚焦重点领域和关键环节，以永远在路上的坚韧执着，以进一步深化改革为动力，深入推进反腐败斗争。

过去一年，在省委的坚强领导下，全省政府系统深入学习贯彻习近平总书记关于党的自我革命的重要思想，扎实开展党纪学习教育，坚持不懈落实中央八项规定及其实施细则精神，积极协同纪检监察机关推进正风肃纪反腐：从严整治“吃公函”“吃食堂”“吃老板”“吃下级”和借培训考察名义公款旅游等问题，全省查处“四风”问题 7789 起，批评教育和处理 9964 人；全力整治金融、国企、开发区、耕地占补平衡、职业技能鉴定等重点领域腐败问题，全省立案 1.5 万件，移送检察机关 778 人；集中整治群众身边不正之风和腐败问题，全省立案查处 1.2 万人，移送检察机关 408 人。省政府持续为基层松绑减负，政府治理能力和行政效能得到有力提升，党风廉政建设和反腐败斗争取得积极成效。

同时，也要清醒地看到，当前我省反腐败斗争形势依然严峻复杂，铲除腐败滋生土壤和条件的任务仍然艰巨繁重。各地各部门要进一步提高政治站位扛起责任，坚持用改革的精神和严的标准管党治党，惩防结合、标本兼治，一体推进不敢腐、不能腐、不想腐，切实把政府党风廉政建设和反腐败斗争推向深入。

第二，健全廉政风险防控制度体系，全力推动正风反腐一体深化。始终保持严的基调、严的措施、严的氛围，强化制度机制建设，坚持正风反腐协同发力，在查上动真格，在治上见真章，切实铲除风腐问题滋生的土壤和条件。

一要持之以恒纠“四风”树新风。腐败往往从一些“小事小节”的作风问题上打开缺口，最后量变转为质变。去年，纪检监察机关共查处享乐主义、奢靡之风问题 1884 起，批评教育和处理 2267 人。这些问题影响恶劣、教训深刻，我们在落实中央八项规定及其实施细则精神方面必须常抓不懈。各级干部要保持清醒头脑，时刻绷紧这根弦，决不能在吃吃喝喝、过节收礼这些事上犯糊涂、因小失大。各级公务接待、公务活动要简约实用，不能讲排场搞特权，严格执行接待标准和陪同范围，坚决防止上级机关和地方之间、地方和地方之间没有实质性内容的相互走访。

二要推进财政科学管理。我省财政收入增长压力很大，更多资金要用于民生、“三保”、发展上，真正把钱花在刀刃上、花出效益。各级政府要严控低效无效支出，管好用好公共经费、一般性项目支出、政府采购资产配置等方面资金，坚决杜绝各种铺张浪费、动用财政资金搞形象工程、举办低效论坛展会。要加强资金全流程监管，防止跑冒滴漏。我们拿出的“两新”政策配套资金，都是财政实打实的投入，要严防有人钻空子、虚假销售、骗取资金，确保让群众和企业充分享受到红利。要深化“零基预算”改革，打破“基数+增长”模式，部门上报需求至少达到预可研程度，财政部门要强化执行评估，确保风险可控。

三要严防重点领域腐败。近年来，陆续查处的自然资源、人力资源、农业农村等领域案件，颠覆我们对政府系统廉政风险的认知。这表明，越是权力集中、资金密集、资源富集的行业和领域，制度漏洞越多，腐败问题易发多发，且隐蔽性强，监管难度较大。金融监管领域，要强化机构监管、行为监管，管合法也要管非法，特别是深挖重大金融风险背后的腐败问题，切实提高金融监管和治理能力。国资国企领域，不仅靠企业自律，更要有扎实有效的监管手段，如果不及时提醒敲打，要么不出事，出事就是触目惊心的大事。要推动国企改革深化提升，从改制到改治，以行业平均水平为标准，推行企业领导任期目标责任制，推动干部能上能下、人员能进能出、薪酬能增能减。要创新监管机制，完善内部控制、风险管理机制，规范投资决策程序，确保国有资产安全。招投标领域，要实施政府采购负面清单机制，减少不必要的招标业务外包，实行全流程电子化交易，强化穿透式监管，减少人为干预，同时，要抓好能源、社保、高校、体育、开发区等领域系统整治，强化内部治理、行业监管、审计监督和社会监督，最大限度压缩腐败寻租空间。

四要深化整治群众身边的不正之风和腐败问题。这些问题看似小、影响大，有的事情触碰社会道德底线，严重侵害了群众切身利益，"蝇贪蚁腐""小官巨贪"影响十分恶劣。医疗卫生领域，要加强医疗机构诊疗规范和服务标准建设，建立举报奖励机制，强化行刑衔接、行纪衔接。要完善医药集中带量采购机制，坚持"为用而采"，开展需求评估，加强对供应商筛选、评标签约等关键环节的监管。农业领域，重点要持续深化农村集体"三资"管理、乡村振兴资金使用监管、医保基金管理、"校园餐"、养老服务、殡葬等方面的突出问题治理，扎实推进供热、农村供水保障等民生领域问题整治，切实增强老百姓的获得感，树立有为政府的良好形象。

五要严格规范公正文明执法。要站在经营主体的角度考虑，认真规范清理并公布行政执法检查事项，严格执法检查标准、程序，探索"无感监管"模式，最大限度减少入企检查频次。要开展规范涉企执法专项行动，把规范监管执法作为其中一项重要内容，完善罚缴分离制度，让行政行为既不缺位，也不越位，对乱执法、乱收费行为要坚决予以曝光、严肃追责。

第三，干净做人，担当干事。各地各部门要知责于心、担责于身、履责于行，进一步把遵规守纪和担当作为统一起来，坚持严管和厚爱结合、激励和约束并重，坚决落实"三个区分开来"要求，允许试错、宽容失败，引导广大党员干部干净干事、大胆干事，永葆干字当头作风。

一要压实从严治党主体责任。政府系统党组（党委）要切实担负起全面从严治党主体责任，"一把手"要严格履行好第一责任人职责，不能放权推责，要带头遵守从严治党的各项规定，管好关键人、管到关键处、管住关键事。领导班子其他成员要履行好"一岗双责"，坚决纠正只抓业务不抓风纪、只管发展不治腐败等问题。要持续巩固深化党纪学习教育成果，推动各级政府工作人员高标准学纪知纪、明规守纪，把他律转化为自律，内化为日用而不觉的言行准则。各级领导干部要深刻检视、知责担责，加快堵漏洞、补短板，以严管体现厚爱。

二要深化改革促廉洁。省委十二届五次全会对进一步全面深化改革作出系统部署，比如，深入推进依法行政、优化营商环境、强化财政绩效管理等许多方面，对于规范权力运行具有重要作用。要聚焦重点改革任务落实，围绕执法监督、内控机制等重点环节，加强行业监管，查找制度漏洞和风险点，规范依法行政行为。要强化制衡约束，特别是项目、资金、审批等重点领域，推进决策权、执行权、监督权分离。要贯通执纪执法，突出整治滥用权力的渎职失职行为，确保廉洁用权。

三要干字当头抓落实。做好政府工作关键在于提高创造性抓落实的执行力。新的一年任务艰巨，时间不等人、形势不等人，必须只争朝夕、担当作为，以实干作风赢得主动、赢得实效。要树立抓落实的鲜明导向，坚持目标牵引、结果导向，工程化项目化推进，用数据交账、以实绩论英雄。聚焦全省经济社会发展的重点任务，打好一季度攻坚战，各项工作重点向一季度倾斜，能启动的都要启动，多点发力、多点支撑，确保开好局、实现“开门红”，带动“全年红”。各级领导要坚持以上率下，亲自盯、亲自抓，从严从实、一抓到底。行业部门和地方要能动履职，紧盯本地区本领域重点工作，上下同欲、同题共答，各司其职、形成合力。督查部门要加强日常督导，由督件向督事转变，所有的事都要重实绩、见效果。各地各部门要坚持以勤政促廉政，以廉政保勤政，超常规推动经济社会发展各项目标任务落地落实。

同志们，推进政府党风廉政建设和反腐败斗争任重道远。我们要坚持以习近平新时代中国特色社会主义思想为指导，坚定信心、敢于斗争，不断取得政府党风廉政建设和反腐败斗争的新成效，以新气象新担当新作为，奋力推动吉林高质量发展明显进位、全面振兴取得新突破。

领导讲话

牢记嘱托　凝心聚力 为奋力推动吉林高质量发展明显进位 全面振兴取得新突破贡献统战力量

——省委常委、统战部部长韩福春在全省统战部长会议上的讲话

（2025 年 2 月 20 日）

2025 年是深入学习宣传贯彻习近平总书记在吉林重要讲话精神的重要一年，也是进一步全面深化改革、实现“十四五”圆满收官的重要一年。做好今年统战工作意义重大。总的要求是，以习近平新时代中国特色社会主义思想为指导，深刻领悟“两个确立”的决定性意义、坚决做到“两个维护”，全面贯彻党的二十大和二十届二中、三中全会精神，学习贯彻习近平总书记关于做好新时代党的统一战线工作的重要思想，深入落实习近平总书记在吉林重要讲话以及历次关于东北振兴、吉林工作的重要指示精神，按照全国统战部长会议和省委十二届五次、六次全会部署，坚持围绕中心、服务大局，坚持凝聚人心、汇聚力量，坚持稳中求进、守正创新，以加强党对统战工作的全面领导特别是党中央集中统一领导为根本，以健全完善统战工作高质量发展制度机制为重点，以推动落实统战工作责任制为抓手，进一步完善大统战工作格局，着力加强思想政治引领主责主业，着力为中国式现代化建设凝心聚力，着力抓好统战工作领域改革举措落地，着力防范化解统一战线领域重大风险隐患，不断夯实责任、任务、队伍、阵地“四大体系”，持续增强“吉善同心”工程实效，为奋力推动吉林高质量发展明显进位、全面振兴取得新突破贡献力量。

一、深入学习贯彻习近平总书记在吉林重要讲话精神，持续深化对习近平总书记关于做好新时代党的统一战线工作重要思想的学思践悟

深刻认识习近平总书记在吉林重要讲话的重大里程碑式意义，把学习宣传贯彻作为当前和今后一个时期的首要政治任务和头等大事，与学习贯彻习近平总书记关于做好新时代党的统一战线工作重要思想紧密结合起来，全面系统学、及时跟进学、融汇贯通学，持续深化内化转化，不断提高做好新时代统战工作的能力。要明方向、担使命。准确把握世情、国情、统情，站位人心和力量这个最大政治看待统一战线、用好强大法宝，切实增强做好统战工作的责任感使命感。要悟规律、学方法。切实将其中蕴含的立场观点方法，转化为科学的思想方法和工作方法，转化为过硬的政治能力和履职本领，使统战工作更好体现时代性、把握规律性、富于创造性。要找差距、抓落实。坚持问题导向、实践导向、结果导向，时时处处对标总书记重要论述，看清差距不足、找准短板弱项，以问题的解决检验学习成效、推动工作提升。

二、在吉林全面振兴中更好发挥统一战线凝聚人心、汇聚力量的政治作用

一要抓实思想政治引领主责主业。坚持虚功实做、精准发力，切实增强针对性实效性。要完善长效机制。研究制定统一战线加强思想政治引领的指导意见，建立完善联系联络、谈心谈话、学习培训、宣传教育常态化制度机制，创新运用网络统战手段，以听得懂、能共情、传得开的方式，做好思想政治引领工作。要掌握思想动态。抓住会议培训、走访慰问、交友谈心、考察调研等契机，及时精准掌握统战成员的所思所想所盼。紧盯重点领域、重点时段，加强研判、实化对策，有针对性地做好团结引导、解疑释惑的工作。要提升宣传质效。精心组织主题宣传、形势政策宣讲等活动，创新形式、丰富内涵。促进统一战线政治优势与互联网新兴技术、互联网思维

方式有机结合，整合统一战线网络资源力量，画出网上网下最大同心圆。积极搭建“以物述史”“以文化人”等平台载体，摸清吉林统战文化资源家底，加强保护利用，深入挖掘阐释，广泛宣传推介，让鲜活的历史典故、统战故事成为生动的“教科书”。

二要提升服务高质量发展工作实效。引导广大统一战线成员，紧扣中心大局，打造“吉善同心”工程升级版。要突出重点领域。紧紧围绕贯彻落实总书记重要讲话精神，聚焦党委、政府中心工作，重点在构建现代化产业体系、进一步全面深化改革、高水平对外开放、区域协调发展、乡村振兴、兴边富民、历史文化遗产保护利用等7个方面着力，更好发挥统一战线优势。要引导发挥作用。鼓励支持统战成员立足岗位所在、自身所长，积极建言献策、引资引智、创新创业、服务社会、岗位建功，充分释放创造力、贡献力，更好服务改革发展、群众所盼、基层治理。要推动落实做实。制定“吉善同心”工程升级版实施方案，进一步整合资源力量，谋划平台载体，引导广大统战成员积极参与、主动作为。注重培树典型，及时发现和培养代表人物、领军人才，总结提炼先进事迹、典型案例，加强宣传推介，发挥示范效应。

三要增强中国新型政党制度效能。贯彻落实中央《意见》和我省《若干举措》，切实提升服务党和国家中心工作的政治站位，提升服务吉林全面振兴的工作实效。要以主题教育为牵引。健全思想政治建设工作体系和长效机制，支持各民主党派、无党派人士开展好新一轮主题教育，实施“初心强化”工程，加强工作谋划、活动组织、品牌培育，不断深化多党合作优良传统教育、思想政治共识教育、爱国主义教育。要以履职能力建设为支撑。用好央地联动模式，建立调研联系点制度，健全工作促进机制，勤走访、多交流，支持互学互鉴。完善知情明政、协商反馈闭环，及时总结宣传履职成效和代表人物先进事迹，为各民主党派和无党派人士履职提供保障。要以组织建设为基础。协助民主党派提高组织建设质量。修订无党派人士政治面貌认定工作办法，加强工作指导，做好联系服务，更好发挥“蓄水池”作用。要以作风廉洁建设为保障。支持各民主党派深入实施“同心同廉”工程，完善内部监督等机制，规范赴基层调研、举办论坛会议、评选表彰等工作，常态化开展纪律学习教育，自觉接受监察监督。

四要开创民族团结进步新局面。全面贯彻新时代党的民族理论和民族政策，以制度机制建设为牵引，抓长抓实中华民族共同体建设工作，持续打造吉林民族团结进步升级版。要全面深化民族团结进步创建。筹备召开全省民族团结进步表彰大会，积极选树典型、总结经验，持续深化民族团结进步创建工作。聚焦有形有感有效，完善铸牢中华民族共同体意识宣传教育常态化机制，深入开展“一区一廊一家亲”系列行动，支持打造延边州铸牢中华民族共同体意识全域体验区，持续开展学习交流，总结提炼经验，加强宣传推广；加快建设 G331 沿边开放旅游大通道“五个共同”长廊，与沿边开放、兴边富民、旅游促“三交”深度融合，推动各族群众在行走中感悟共同体理念、在流动中全方位互嵌、在联动中共同繁荣发展；创新开展“白山松水一家亲”主题系列活动，打造“铸牢共同体·筑梦在吉林”青少年交流、“石榴花开边疆红”文化走基层活动品牌。加强城市民族工作，加快构建互嵌式社会结构和社区环境。要着力构筑中华民族共有精神家园。整合高校、科研机构等资源，加强民族工作智库建设，大力挖掘体现各民族交流融合、多元一体的文物古迹，积极构建中华民族共同体史料体系、话语体系和理论体系。推动全省本科高校全面开设《中华民族共同体概论》课程。要完善政策法规体系。做好制定《吉林省民族团结进步条例》前期工作，支持各地区稳慎调整完善民族工作政策法规，以法治保障各项工作向主线聚焦发力。加强对“十四五”期间相关工作的监测评估，将铸牢中华民族共同体意识纳入我省“十五五”规划，高质量编制好民族团结进步事业五年规划，推动铸牢中华民族共同体意识融入经济社会发展方方面面。

五要推动我国宗教中国化吉林实践取得新进展。全面贯彻党的宗教工作基本方针，坚持保护合法、制止非法、遏制极端、抵御渗透、打击犯罪，切实维护宗教领域和谐稳定。要创新打造“长白润教”工作品牌，注重用中华优秀传统文化浸润、用吉林“三地三摇篮”红色资源教育、用社会主义核心价值观引领宗教界，举办系列专题培训、名家讲坛、线上讲堂，选树一批宗教中国化样板场所，抓实“三爱”“五史”教育和“四进”活动，着力培养一批“双通”人才。要依法加强宗教事务治理。完善宗教工作协调联动机制，加快宗教工作“智治”平台建设，以信息化手段创新宗教事务管理模式。支持宗教团体完善从严治教制度规范。持续治理非法宗教活动，抵御境外势力利用宗教进行渗透。

六要紧扣“两个健康”强信心促发展。健全完善促进“两个健康”工作机制，引导民营经济人士认清大势、抢抓机遇、发展壮大。要强化思想政治引领。常态化开展理想信念教育、形势政策宣传教育，让更多领导干部、专家学者走上讲台，把惠企政策解读好，把发展态势宣传好，把民营经济人士关心的问题回应好，让“自己人”放下包袱、轻装上阵、大胆发展。要服务民营企业高质量发展。支持省工商联加大在金融资源配置、优化资本运作、重点产业链配套等方面的服务力度，发挥好促进“两个健康”综合服务平台作用，组织开展“送政策、解难题、促发展”活动。深化民营企业评议政府服务工作，加大“以评促改”力度，促进营商环境优化。要深化工商联改革建设。开展所属商会深化改革和高质量发展专项行动，通过“调整完善一批、吸纳组建一批、注销撤销一批”，培育发展商会组织。开展省工商联建会70周年系列活动，营造促进民营经济发展壮大的社会氛围。

七要更好团结引领党外知识分子和新的社会阶层人士。把他们有效组织起来，激励他们将聪明才智发挥出来，在吉林全面振兴中建功立业。要深化调研。摸清留学人员、新媒体从业人员、网络人士总体规模、分布情况、群体特点，夯实工作基础。要建强阵地。加强党外知识分子联谊会、留学人员联谊会、新的社会阶层人士联合会规范化建设，织密组织网络，创新活动形式，实现有形有效覆盖。发挥高校、科研院所、国企、文化卫生单位重要阵地作用，密切同行业部门的协同联动，召开国企统战工作座谈会。加快欧美同学会东北海创中心建设，办好“双创”大赛光电信息产业赛事活动，打造海归人才科创新高地。要培树品牌。持续深化统一战线创业就业宣讲，组建建言献策、科技创新、法律服务、乡村振兴工作室和服务团，提升“吉工吉新·伙伴计划”品牌效应，在发挥优势作用中强化团结引导。

八要积极做好港澳台海外统战工作和侨务工作。以争取人心为关键，以服务发展为抓手，努力为吉林高水平开放、为党和国家工作全局增光添彩。要涵养资源、壮大力量。加强港澳爱国同乡社团、海外侨团建设，举办“百万青年看祖国”走进吉林、澳门杰出青年吉林行、台胞青年冬（夏）令营等系列活动。要深化交流、助力开放。举办首届“香港·吉林人参文化节”系列活动，推动“吉字号”农特产品出海。召开省海联会五届一次理事大会，持续擦亮海外华文媒体、侨商侨领吉林行活动品牌，引导侨资企业积极融入“一带一路”建设和吉林全面振兴。要完善政策、优化服务。协同推进华侨权益保护条例立法相关工作，规范涉侨身份认定，加强“司侨”“法侨”“检侨”合作，用心用情为侨服务。

九要在统筹发展和安全上取得新成效。要强化底线思维、极限思维，既抓政治安全、意识形态安全，也抓公共安全，确保不发生系统性区域性风险。要加强风险隐患排查研判。坚持突出重点、兼顾全面，对常发易发问题要心中有数，对小概率事件要保持警惕，对重大案事件要建立复盘回溯机制，既防“黑天鹅”又防“灰犀牛”，切实做到控新、治旧、防变。要压实风险防范工作责任。坚持管行业必须管安全、管业务必须管安全、管生产经营必须管安全，全面压紧压实各领域统战安全责任，把风险挑战考虑得更严峻一些，把防范措施准备得更充分一些，宁可十防九空、不可失防万一。

三、切实加强党对统战工作的全面领导

要把党的全面领导特别是党中央集中统一领导贯彻到各领域各

方面各环节，确保统战工作始终沿着正确政治方向前进。

一要坚决落实统战工作责任制。贯彻落实《党委（党组）落实统战工作责任制规定》，完善统战工作责任体系，持续构建上下齐动手、各方大联动的工作格局。要推动各级党委（党组）扛牢统战工作主体责任。把统战工作同落实新时代党的建设总要求、同经济社会发展各领域工作一体部署推进，细化实化任务清单，及时研究解决重大问题。要压紧压实各方面统战工作责任。推动各级党政机关增强统战意识，把统一战线方针政策有机嵌入本领域政策法规和工作实践，在制定出台政策法规和规章制度时充分考虑统战因素。要完善统战工作领导小组运行机制。发挥统战工作领导小组专项协调机制效能，主动加强同有关方面的联系沟通，做好牵头协调工作。要夯实基层基础。推动统战工作纳入基层党建和社会治理体系，建立基层单位统战工作直联机制，健全村（社区）基层党组织联系点制度，加强对责任落实情况的督促指导。

二要统筹推进“两支队伍”建设。党外干部和统战干部队伍建设水平，直接关系统战事业行稳致远。要加大党外代表人士发现培养使用力度。主动对接组织部门，加强协作配合，扎实推动党外代表人士队伍建设。既要注重发现培养高层次复合型人才，也要注重从基层、青年和专业干部中物色培养，打通交流任职渠道，有针对性地压担子、搭台阶。要提升统战干部能力素质。分层分级抓好统战干部理论和业务培训，通过编印工作手册、案例汇编、开展学习交流等方式，为统战干部特别是基层干部提升能力本领创造条件。要推动干部走出去、沉下去，多到基层一线、代表人士中间开展调查研究，谋划工作、设计载体都要问计于基层、问计于统战成员。

三要以高质量党建引领统战工作高质量发展。持之以恒用改革精神和严的标准管党治党，为统战事业发展提供坚强政治保障。要纵深推进全面从严治党。落实中央部署和省委要求，高质量开展深入贯彻中央八项规定精神学习教育，推动政治理论学习走深走实、党纪学习教育常态长效。坚持党性党风党纪一起抓、正风肃纪反腐相贯通，深化整治群众身边不正之风和腐败问题，完善权力运行监督制约机制，让统战干部在遵规守纪、清正廉洁的前提下大胆干事、放手工作，不断巩固统战系统良好政治生态。要树牢正确政绩观。进一步树立正确用人导向和工作导向，制定激励干部锐意改革、敢于担当的具体措施，建立干部考核实化量化指标体系，为想干事、能干事、干成事、不出事的干部搭建舞台。要大力弘扬崇严尚实作风。全省统战系统要围绕贯彻落实总书记重要讲话精神，深入一线了解真情况、找准真问题，推动发现问题、分析问题、解决问题在统战系统蔚然成风。要持续深入整治形式主义、官僚主义，力戒文牍主义和烦琐哲学，深入落实“三减一规范”要求，切实为基层减负赋能。

俯瞰莲花山花海　何平 / 摄

领导讲话

深入学习贯彻党的二十届三中全会精神 为吉林全面振兴取得新突破筑牢坚强保密防线

——省委常委、省委秘书长李伟在《新长征》杂志上的署名文章

党的二十届三中全会，是在以中国式现代化全面推进强国建设、民族复兴伟业的关键时期，党中央召开的一次十分重要的会议，既是党的十八届三中全会以来全面深化改革的实践续篇，也是新征程推进中国式现代化的实战新篇，对于确保实现党的二十大确定的战略部署、团结带领全党全国各族人民全面建成社会主义现代化强国、实现第二个百年奋斗目标，具有重大深远意义，必将成为我国改革开放史上又一次里程碑式的会议。

习近平总书记在全会上所作的重要讲话，高屋建瓴、思想深邃、内涵丰富、催人奋进，为我们进一步全面深化改革、推进中国式现代化提供了根本遵循。全会通过的《中共中央关于进一步全面深化改革、推进中国式现代化的决定》，深刻回答了新的历史条件下举什么旗、走什么路、改什么、为谁改、怎么改等重大问题，标志着我们党对改革开放和社会主义现代化建设规律的认识达到了一个新高度，是指引新征程改革开放事业的重要纲领性文件。

当前，进一步全面深化改革已经全面启动，涉改领域多、任务重、敏感性强，每个人都不是局外人、旁观者，每个人都是参与者、贡献者，每个人都要当改革派、实干家。全省保密战线要在深入学习领会全会精神中增强责任感、使命感，按照党中央决策部署和省委

工作安排，深刻领会和把握进一步全面深化改革的主题、重大原则、重大举措和根本保证，对照全会明确的目标任务，结合保密工作实际推动改革任务落地见效。

牢牢把握全会关于坚持党的全面领导的重大原则，着力健全党管保密体制机制。习近平总书记指出，坚持党的全面领导，这是我们的最大政治优势，是我国改革开放成功推进的根本保证。三中全会《决定》提出进一步全面深化改革需要遵循的“六个坚持”原则，第一条就是坚持党的全面领导，强调“坚定维护党中央权威和集中统一领导，发挥党总揽全局、协调各方的领导核心作用，把党的领导贯穿改革各方面全过程，确保改革始终沿着正确政治方向前进”。完成保密领域改革任务、推进保密安全体系和能力现代化，必须把党管保密这个根本政治原则坚持好、落实好。推动各级党委（党组）加强对保密工作的领导，完善落实党管保密各项制度性安排，将忠诚拥护“两个确立”、坚决做到“两个维护”贯穿保密工作全流程各环节；推动各级保密委员会充分发挥统筹谋划、调查研究、督促检查、协调保障作用，把党管保密政治优势、组织优势转化为工作效能；推动各级保密办、保密行政管理部门以改革精神抓好新形势下保密工作，深入研究破解制约保密事业发展的深层次、瓶颈性问题，夯实基层保密工作基础；推动各级党政领导干部贯彻落实保密工作责任制相关规定，加强督促检查，纳入巡视巡察，及时发现问题、跟进整改整治，强化工作指导，倒逼各级领导干部知责明责履责；推动涉及新一轮全面深化改革的党政机关、企事业单位压紧压实保密工作主体责任，规范保密工作机构设置，健全完善保密管理制度机制。

牢牢把握全会关于健全推动经济高质量发展体制机制的重大部署，着力优化保密服务保障措施。发展是党执政兴国的第一要务，高质量发展是全面建设社会主义现代化国家的首要任务。三中全会《决定》突出强调要健全因地制宜发展新质生产力的体制机制，促进各类先进生产要素向发展新质生产力聚集；部署健全传统产业优化升级的体制机制，完善战略性产业发展政策和治理体系，建立未来产业投入增长机制，加强新领域新赛道制度供给，推动制造业高端化、智能化、绿色化发展，健全提升产业链供应链韧性和安全水平制度。这些重大举措将为高质量发展注入新动力，也对保密服务保障工作提出了更高要求。各级保密办、保密行政管理部门要坚持全过程参与、全流程服务、全方位保障，确保高质量发展推进到哪里、保密工作就跟进到哪里，推动相关改革任务安全平稳有序实施。紧紧围绕深入贯彻落实习近平总书记关于吉林工作的重要指示精神，锚定推动东北全面振兴取得新突破，聚焦新质生产力发展的重点区域、重点领域、重点人员，突出精准施策，加强综合防范，及时发现和消除失泄密风险隐患，提升产业链供应链安全水平，护航吉林高质量发展和现代化建设。紧紧围绕省委、省政府关于经济社会发展的决策部署，建立健全与推动经济高质量发展体制机制相配套的保密服务保障体系，坚持听、教、管相统一，完善服务企业具体举措，实现从刚性执法到柔性服务、从业务壁垒到公开流程、从粗放式管理到精准化服务的转变，以优质服务推动保密资质（资格）企业高质量发展。

牢牢把握全会关于构建支持全面创新体制机制的重大部署，着力提升保密科技创新和支撑能力。创新是改革开放的生命。三中全会《决定》突出创新在现代化建设全局中的核心地位，对教育、科技、人才工作作出统筹安排、一体部署，着重提出加强有组织的基础研究、改进科技计划管理、推动科技创新和产业创新融合发展等重要举措。特别是鲜明提出“构建科技安全风险监测预警和应对体系，加强科技基础条件自主保障”，为深化保密科技创新提供了方向指引。推进保密安全体系和能力现代化，必须紧跟时代发展，抢抓战略机遇，提高保密科技供给和防护支撑能力。强化保密科技研究。吸引优势科研单位参与保密科研，组织高等院校、科研院所等科研机构参与选题推荐和项目申报。强化企业科技创新主体地位，加强企业主导的产学研深度融合，依法保护保密领域的知识产权，加快构建有序竞争的保密科技创新格局。强化保密科技应用。持续推动现代科技与保密工作深度融合，聚焦机关单位一线需求，加大云计算、大数据、人工智能、量子计算等新技术在保密领域的广泛应用。学习先进地区保密科技创新试点经验，积极探索保密领域新技术应用，丰富落地场景，更好服务现实需要。强化保密科技管理。加强保密技术服务体系建设和管理，提升保密技术服务质量。加强保密科技测评中心建设，充实完善保密测评队伍，提升保密科技测评能力。

牢牢把握全会关于完善中国特色社会主义法治体系的重大部署，着力提高依法治密质效。法治是中国式现代化的重要保障。三中全会《决定》从进一步全面深化改革、推进中国式现代化的全局高度对全面依法治国的历史定位和重大现实意义进行了深刻阐释，强调必须“协同推进立法、执法、司法、守法各环节改革”“全面推进国家各方面工作法治化”，并围绕深化立法领域改革、深入推进依法行政、完善推进法治社会建设机制等工作提出要求。依法治密是依法治国在保密领域的具体体现。今年新修订的《中华人民共和国保守国家秘密法》和《中华人民共和国保守国家秘密法实施条例》，为保护国家秘密安全，更好维护国家主权、安全、发展利益提供了坚强法治保障。各地各部门必须深刻认识保密法及其实施条例在中国特色社会主义法治体系中的重要地位，进一步把依法治密各项要求落到实处。做好保密法宣传普及。把保密法纳入党委（党组）理论学习中心组重点学习内容，组织开展学习研讨。通过专家解读、专题宣讲、普法宣传等形式，常态化开展宣传教育，切实提高党员干部、国家公职人员和社会公众保密法治意识。健全保密法规制度。围绕贯彻保密法和实施条例，及时研究制定、修订完善配套规章，从制度层面解决制约保密事业发展的深层次问题。强化法律规章刚性执行，健全完善保密违法案件查办制度体系，重拳打击违反保密法律法规行为。提升依法行政能力。健全保密行政复议和行政诉讼工作机制，加强国家统一考试保密管理，完善涉密采购、涉密工程审查确认、涉密网络测评等保密行政执法程序，规范保密资质（资格）

单位审批制度管理。

牢牢把握全会关于健全国家安全体系的重大举措，着力完善保密监督管理体系。推进国家安全体系和能力现代化，是中国式现代化行稳致远的重要基础。三中全会《决定》着眼应对世界之变、时代之变、历史之变，对推进国家安全体系和能力现代化进行专门部署，强调要“完善维护国家安全体制机制，实现高质量发展和高水平安全良性互动”，并明确了新时代新征程推进国家安全体系和能力现代化的目标任务、重点举措。保密工作处于维护国家安全第一线，是国家安全体系的重要组成部分，必须坚定不移贯彻总体国家安全观，树牢底线思维、极限思维，持续改进监督管理措施，在健全国家安全体系中发挥重要作用。加强保密监管力量“一体化”统筹调配，将保密部门与纪检监察、公安、国家安全等部门统筹起来，把人防、物防、技防措施贯通起来，探索日常检查、突击抽查、单位自查、远程网络技查于一体的综合检查模式，督促把保密责任落实到最小工作单元。强化涉密单位“清单化”管理措施，加强对涉密程度高、产生秘密多、涉密人员广、保密任务重的机关单位保密指导，督促制定工作秘密管理制度、范围、事项“三个清单”， 推动保密要求全面融入工作流程。加快涉密网络建设和涉密终端改进，推进“无纸化办公”，消除纸质载体泄密的风险。建立涉密人员“全周期”管理制度，定期统计报备，强化涉密人员上岗前保密审查，细化在岗期间的保密管理、保密教育培训，强化脱密管理，严防发生失泄密事件。

牢牢把握全会关于深化党的建设制度改革的重大举措，着力加强领导班子和干部队伍建设。全面从严治党永远在路上。三中全会《决定》着眼党所处的历史方位和肩负的使命任务，对深化党的建设制度改革作出部署安排，明确了路线图、任务书，为以中国式现代化全面推进强国建设、民族复兴伟业提供坚强保证。保密工作应党而生、伴党而行、为党而兴，始终是党和国家的一项重要工作，必须拿出自我革命的精神，把管党治党任务落实好，把干部队伍作风建设好。把选人用人的导向树起来。大力选拔政治过硬、敢于担当、锐意改革、实绩突出、清正廉洁的干部，加大调整不适宜担任现职干部力度，推动形成能者上、优者奖、庸者下、劣者汰的良好局面。把崇严尚实的作风树起来。坚持从紧改进作风，坚持实事求是、脚踏实地、真抓实干，坚持“四下基层”抓落实、“四不两直”抓督查、“四不放过”抓整改，力戒形式主义、官僚主义，着力解决乱作为、不作为、不敢为、不善为问题。把纪律规矩的权威树起来。深化党纪学习教育，引导广大干部把“六大纪律”挺在前面，真正做到学纪、知纪、明纪、守纪。深刻汲取违纪违法案件教训，持续推进以案促改工作，紧盯廉政风险点，严格工作流程、严肃纪律要求，强化日常教育、监督、管理，督促保密干部坚决守住纪律“高压线”。

（《新长征》2024 年第 8 期）

松花湖金秋　董育新 / 摄

领导讲话

以正风肃纪反腐新成效护航中国式现代化行稳致远

——省委常委、省纪委书记史文斌在《中国纪检监察》杂志上的署名文章

腐败损害公平正义，破坏营商环境，扰乱经济秩序，只有坚决割除腐败毒瘤，才能形成积极健康的政治生态、公平有序的营商环境。纪检监察机关必须自觉融入大局，主动服务大局，在铲除腐败滋生的土壤和条件上下更大气力，努力营造风清气正的政治生态和良好发展环境，为推进中国式现代化清淤除障、保驾护航。

以严明纪律规矩保障党中央重大决策部署有效落实。把严明党的政治纪律和政治规矩放在首位，持续推动政治监督具体化、精准化、常态化。将学习贯彻党的二十届三中全会精神情况、重大改革落实情况纳入监督检查和巡视巡察内容。聚焦习近平总书记关于东北全面振兴和吉林工作的系列重要指示，围绕构建新发展格局、发展新质生产力强化监督检查，坚决纠正不担当不用力、乱作为不作为和搞“一刀切”、搞部门地方保护主义等行为，坚决防止在改革中做选择、搞变通、打折扣等现象，推动各地各部门齐心协力抓好改革任务落实。

以强力惩贪治腐为良好营商环境排阻清障。营造良好营商环境必须坚定不移反腐败。纪检监察机关要坚持一切有利发展的坚决保护、一切阻碍发展的坚决纠正，推动营商环境持续净化。坚持无禁区、全覆盖、零容忍，坚持存量增量一起查、受贿行贿一起查，深化整治国企、金融、能源、开发区等领域腐败。严肃查处以权谋私、

吃拿卡要、设租寻租等“中梗阻”问题，推动构建亲清统一的新型政商关系；严肃查处违规吃喝、收送“红包”等突出问题，推动党员干部涵养尚俭戒奢、廉洁自律的道德修为；严肃纠治盲目决策、任性用权以及劳民伤财搞“面子工程”“政绩工程”等问题，教育干部树立和践行正确的权力观、政绩观、事业观，力戒形式主义、官僚主义。

以精准监督执纪执法激励干部担当作为。对干部的处理处分，必须审慎稳妥，做到从严管理监督和鼓励担当作为相统一。结合巩固党纪学习教育成果，准确运用“四种形态”，贯彻惩前毖后、治病救人方针，注重用好第一种形态，做细做实日常管理监督，综合运用谈话提醒、批评教育、责令检查、予以诫勉等方式咬耳扯袖、红脸出汗，及时纠正苗头性、倾向性问题。坚持实事求是原则，严肃问责有令不行、有禁不止等行为，坚决纠治形式主义、官僚主义问题。加强诬告行为治理，旗帜鲜明为担当者担当、为负责者负责、为干事者撑腰，激励党员干部在深化改革中先行先试、敢闯敢试，最大限度激发干部的积极性、主动性、创造性，为改革营造想干事、能干事、干成事的浓厚氛围。

（《中国纪检监察》2025 年第 2 期）

吉林大学组织党委委员、纪委委员参观主题廉政教育展览　中共吉林省委宣传部提供

领导讲话

坚持用改革精神和严的标准推动组织工作高质量发展为我省全面振兴取得新突破提供坚强组织保证

——省委常委、组织部部长王秋实在全省组织部长会议上的讲话

（2025年2月26日）

做好今年组织工作，必须把思想和行动统一到习近平总书记重要讲话精神上来，与再学习再对标再落实习近平总书记系列重要指示精神相结合，全面把握推动高质量发展明显进位、全面振兴取得新突破对组织工作提出的新任务新要求，坚持以推动组织工作高质量发展为主线，坚持把改革精神和严的标准贯穿组织工作全过程各方面，更加善于用改革的思路、理念、办法开展工作，以严的标准强责任、提质量、增实效，切实使组织工作高质量发展更进一步，为吉林振兴发展提供坚强组织保证。

一、在党的创新理论武装上更加注重统筹协同，务必提升针对性实效性

要对教育培训工作通盘考虑，把统筹协同作为重要方法，把培训要素配置好，把培训环节抓扎实，把培训主体运用好，推动教育培训在格局上来一次转型升级。要强化培训安排统筹协同。精心制定实施学习贯彻习近平新时代中国特色社会主义思想教育培训计划，把党员、干部、公务员等不同对象统筹起来安排，高质量办好各类主体班次。全面完成党的二十届三中全会精神集中培训任务。扎实开展习近平总书记关于吉林系列重要讲话重要指示精神专题培训。

要强化培训阵地统筹协同。继续抓好“一校六院”统筹联建，深化校院班次互通、师资互派、课题共研。整合企业、高校、科研机构等各类主体，打造省级干部教育培训企业、高校基地。把全省各类现场教学点纳入教育培训整体布局，构建红色教育、高质量发展、社会治理、乡村振兴等系列现场教学体系。要强化培训力量统筹协同。实行重点培训领域、重点培训项目省市县三级贯通联动、一体推进，实行同批次、同内容上下贯通培训。加大对县级教育培训工作支持力度，促进基层培训均衡发展。要强化学用结合统筹协同。完善述学评学考学机制，把学用结合情况作为考核班子和衡量干部思想政治素质的重要内容。建立干部培训期间表现情况纪实档案、返岗工作情况跟踪管理等制度机制。按照党中央统一部署，会同有关方面，精心组织开展深入贯彻中央八项规定精神学习教育。

二、在领导班子建设上更加注重抓主要矛盾，务必满足振兴发展事业所需

要在班子建设上具体问题具体分析，抓住主要矛盾和矛盾主要方面，有什么问题就解决什么问题，什么问题突出就着重解决什么问题。要突出加强思想政治建设。深入实施“一把手”政治能力提升计划，强化政治忠诚教育和党性教育，紧盯党中央重大决策部署和省委重点工作落实加强政治监督。要着力提高班子执行民主集中制质量。加强民主集中制再教育，推动各级班子把民主决策程序和规则制定好，完善权力运行制约机制，强化班子执行民主集中制情况监督检查。要从班子建设角度纠正政绩观偏差。动态调整班子践行正确政绩观任务清单、干部政绩观偏差主要问题清单，建立不同情形政绩观偏差追责处置机制，落实好守牢“五条底线红线”工作机制。保持市县党政正职特别是债务高风险市县党政正职任职稳定，保持党政领导班子成员任期稳定，健全领导班子主要负责人变动交接制度。要增强班子抓改革促发展能力。精准开展干部履职能力培训，

实施“创新驱动和产业支撑”“文化赋能”等培训专项。接续开展跨地区、跨部门、跨领域交流任职，注重在重大斗争一线培养干部斗争精神和斗争本领。要持续优化班子结构。做好新一轮市县乡领导班子换届准备工作，落实常态化培养选拔优秀年轻干部工作机制，加强“三方面”干部战略性培养。要有针对性地抓好几个重点领域班子建设。在国企，动态优化细化重大事项决策权责清单，完善企业民主决策机制，加强经常性管理和全方位监督，规范新成立国企设置。在开发区，“一区一案”调整优化班子配备，重点选配熟悉产业经济、科技创新、招商引资的专业干部。在高校，研究制定加强省属高校领导班子建设专门意见，对班子配备、成员分工、请示报告、社会兼职等方面作出规范。

三、在选人用人上更加注重精准科学，务必选准人用好人

选人用人问题至关重要，必须把精准科学要求贯穿干部选拔任用全过程，提高知事识人的穿透力、精准度。要旗帜鲜明树牢正确导向。严格落实“五个大力选用”“五个坚决不用”要求，把好的导向体现到每批干部、每个人头，既发挥好“上”的激励作用，又发挥好“下”的警示作用。要坚持从严把好关。制定省管领导班子政治生态和省管领导干部政治素质考察、领导干部社会表现了解2个《实施方案》。优化干部日常了解机制，研究在选人用人中严防干部“带病提拔”问题制度措施。要全方位掌握干部信息。健全组织部门与纪检、巡视、审计、公安、信访、市场监管等部门沟通协作机制，建立组织系统上下重要信息及时报告机制，防止信息壁垒造成的失察失管。要提高干部选任政策执行水平。严格落实“凡提四必”“双签字”制度，严格执行干部选拔任用政策规定。优化选人用人专项检查，更加关注和解决履责不到位、选人标准不高、用人风气不正、队伍规划不够等深层次问题。严明组织人事纪律，保持高压态势。狠抓巡视反馈选人用人问题整改，作为一项严肃的政

治任务，确保全部整改到位。

四、在高质量发展政绩考核上更加注重规范优化，务必引领广大干部真抓实干

要认真落实中央即将出台的干部考核《条例》，把规范优化作为加强和改进政绩考核的重要方法，坚持住好的、可行的，调整不完善、不到位的，改进薄弱的、不合理的，以此不断增强考核综合效应。要规范优化考核工作体制机制。进一步明确各部门考核工作责任，加强日常沟通联系，推动形成齐抓共管、各负其责的工作局面。要规范优化考核指标体系。按照“大稳定、小调整”原则，差异化设置指标或权重，提高针对性、科学性，及时印发2025年度各领域考核指标。要规范优化日常管控。加强对推动高质量发展情况经常性了解，选取关键性引领性指标进行季度监测、半年评估，持续向高质量发展聚焦。继续用好专项考核、动态考核等手段，抓实日常跟踪督促。要规范优化结果运用。把考核结果与干部调整交流紧密结合，发挥正面典型示范引导、反面案例警示教育作用，做好考核“后半篇文章”。

五、在干部管理监督上更加注重延伸拓展，务必让干部在遵规守纪前提下干事创业

要与时俱进调整干部管理监督理念，增强主动监督意识，更加注重从事后惩处向事前防范转变，不断延伸监督触角，拓展监督覆盖面，在监督内容上逐步深入、监督手段上持续丰富，做到真管真严、敢管敢严、长管长严。要前移管理监督关口。抓实日常管理监督，对干部苗头性、倾向性、潜在性问题抓早抓小抓预防。加强对关键岗位特别是“一把手”的管理监督，对年轻干部的管理监督，对权力集中、资金密集、资源富集等重点领域的监督，同时要从干部教育培训、轮岗交流等方面作出一些安排。要深入推进“八小时外”

监督。制定加强省管干部“八小时外”管理监督具体措施，积极探索对干部社会交往和网上行为监督，推动对干部管理向社交圈、生活圈、朋友圈延伸，让干部习惯在受监督和约束的环境中工作生活。要从严家事家产家风监督。严格执行领导干部个人有关事项报告制度，加大抽查核实和查核验证力度。加强领导干部配偶、子女及其配偶经商办企业常态化管理。持续巩固政商“旋转门”“逃逸式辞职”问题整治成果。要加强各类监督协同贯通。用好干部监督工作联席会议机制，建立监督信息实时报送任务清单和责任清单。畅通电话、网络、短信、信访“四位一体”举报平台，调动社会各界力量参与到对干部的监督中来。

六、在作风建设上更加注重综合发力，务必以正向激励促进干部担当有为

要以开展深入贯彻中央八项规定精神学习教育为契机，从更多角度、更深层次问题入手，多措并举抓作风、转作风、强作风，着力把更多干部打造成“雄狮型”干部，以干部好作风打开工作新局面。要激发干部想干事的内生动力。常态化推进干部能上能下，加大调整不适宜担任现职干部力度，对那些精神状态不佳、推动落实不力、工作失职失责、贻误发展时机的干部，该“下”的坚决“下”。对“下”的干部，不仅要跟本人讲清楚“下”的理由，而且要在一定范围至少是班子内部讲清楚，实现下来一个、警醒一片的效果。要保护干部敢干事的闯劲拼劲。深入落实“三个区分开来”要求，对没有个人利益输送、依法依规履责、符合容错标准的应容尽容大胆容，对失职失责干部作出组织处理前，要给干部申辩的机会，听取单位意见。健全失实举报澄清正名工作机制，最大限度减轻对干部的不良影响。加强对基层干部特别是条件艰苦地区干部的关心关爱，落实各项待遇保障措施。要涵养干部干实事的新风正气。持续排查清理“四不为”作风顽疾，集中选树宣传转作风、抓落实先进典型。建立抓

作风建设长效机制，落实各级党委（党组）抓作风责任，纳入考核考察、专项检查、日常管理监督等重要内容。

七、在公务员队伍建设上突出贯通融合，务必提升队伍建设整体效能

要立足于建强干部队伍的高度，把公务员考录、培训、转任、调任、表彰等工作贯通融合起来谋划推进，与干部选育管用工作对标衔接，推动新时代公务员工作整体上水平。要优化公务员来源渠道。发挥好考录主渠道作用，紧扣事业急需和队伍结构短板，科学制定招录计划，持续推进分类分级考录。充实调优建强基层公务员队伍，加大对艰苦边远地区、民族地区、边境地区公务员招录政策支持力度。加强调任、遴选、转任制度化规范化建设。建立健全实行渐进式延迟法定退休年龄制度后的公务员管理政策措施。要发挥职务与职级并行改革效能。统筹用好职级职数资源，加强使用情况动态监测，推动职级职数资源合理使用。加强职级公务员管理，明确职级公务员工作职责，探索建立职级公务员履职清单。要激励公务员队伍担当作为。完善公务员考核评价体系，更加聚焦工作实绩开展考核。扎实做好公务员表彰奖励工作，多渠道宣传公务员先进典型。严格落实公务员带薪休假、定期体检等制度。要加强对公务员日常管理监督。完善管思想、管工作、管作风、管纪律从严管理体系，严格落实回避、辞退、处分等规定，探索健全公务员离职从业行为风险防范机制。

八、在基层组织建设上更加注重补齐短板，务必增强政治功能和组织功能

既要紧盯基层组织建设的短板弱项攻坚发力，又要在工作方式方法上作出改变。要着力补齐农村组织建设短板。以做好村（社区）两委换届准备工作为契机，集中解决好整顿软弱涣散村党组织、提

升村党组织书记素质、加强后备力量培育、“一肩挑”人员管理监督等突出问题。抓好乡镇领导班子和干部队伍建设，注重选配熟悉乡村产业、乡村建设、新型城镇化、乡村治理等方面的干部进班子。落实中组部即将出台的加强边境一线基层党建工作意见，制定我省具体措施。加强改进“空心村”基层党建，优化党组织设置和干部配备。要着力补齐基层治理短板。深化拓展破解“小马拉大车”问题工作成果，持续提升治理效能。发挥好党建引领基层治理协调机制作用，聚焦重点区域、重点领域、重点群体开展专项治理，加强居民小区党组织建设，优化网格管理服务。要着力补齐为基层减负赋能短板。全面建立和执行乡镇（街道）履行职责事项清单，确保上半年如期完成。巩固精简优化基层考核工作成效，进一步作出完善和改进。健全从基层借调干部严管严控长效机制，保障基层工作力量。要着力补齐新兴领域党建短板。建立健全新兴领域党建工作协调机制，组织实施好三年攻坚行动，优化新兴领域党组织设置，突出抓好互联网平台企业和科技创新型企业党建，积极探索新就业群体“两个覆盖”的有效办法。统筹做好机关、企业、学校、公立医院等各领域党建工作。从严从实抓好党员队伍建设，健全和落实理论武装、发展党员、管理监督、作用发挥、激励关怀帮扶等机制。

九、在人才发展体制机制改革上更加注重靶向施策，务必激发人才创新创造活力

要以更大力度、更实举措抓好人才队伍建设，善于抓住关键点，小切口发力，争取最好效果，加强与中央的沟通对接，更多地争取国家重大人才项目、人才政策等方面支持。要深化教育科技人才产业一体化发展。加强与教育、科技等部门协同联动，增强制定政策耦合性、谋划项目有效性，积极推进教育科技人才产业创新联合体建设，持续加大吸引集聚人才平台建设推进力度。持续抓好“长白英才计划”“组团引才”“科创专员”等人才项目推进落实。建立

以创新能力、质量、实效、贡献为导向的人才评价体系。要提升人才引、用质量。建立校企共引共用人才机制，解决好人才培养与生产实践脱节问题。实施支持高层次领军人才创新创业专项行动，在平台搭建、成果转化、服务保障等方面给予支持。实施青年科技人才阶梯培养工程，缩短人才成长周期。完善人才领题科研攻关机制，推动更多人才与企业攻关合作。制定支持省内重点实验室建设的措施办法，探索建立更加灵活高效的管理机制。要落实党管人才工作机制。发挥组织部门牵头抓总作用，在政策统筹、资金调配、项目优化、部门横向协调等方面作出制度安排，建立部门间信息共享、政策共研、工作共商、资源共用等机制。

图们江高铁大桥　赵春江 / 摄

以建部80周年为契机高标准严要求抓好自身建设。今年是省委组织部成立80周年，要着力推动自身建设有一个大的明显提升。要牢记“讲政治”这个根本要求。当好“两个维护”的排头兵，对习近平总书记重要指示要求和党中央决策部署，经常对标对表、检视反思。增强政治敏锐性，确保每项工作都有好的政治导向、政治影响、政治效果。自觉把党性修养作为终身课题，永葆信仰信念和对事业的情怀。要牢记“顾大局”这个基本定位。始终自觉站在全局全域高度看待组织工作，紧紧围绕推动高质量发展明显进位谋划推进各项工作，扩大服务保障大局的突破点，使组织工作成为推动发展的支撑性力量、保障性力量。要牢记“重公道”这个职业操守。

始终坚持从党和人民事业出发，从客观公正出发，从是非曲直出发，实事求是评价干部，公平公道对待干部，一把尺子量到底，一碗水端平。要牢记“勤钻研”这个优秀素养。养成勤于思考、乐于钻研的习惯，做思想上的勤奋者，工作上的有心人。树立正确的问题观，紧紧抓住党中央关注的重大问题、制约组织工作高质量发展的瓶颈问题、基层反映强烈的突出问题，以求真较真的态度去研究，以担当作为的精神去破解。要牢记“业务精”这个成事之基。时刻保持能力不够的危机感、知识不足的恐慌感，专注痴迷于本职岗位，学业务、练业务。加强传帮带，用好岗位练兵、专题培训、参与专项工作等方式，帮助干部成长为行家里手。要牢记“争一流”这个目标取向。牢固树立精品意识，秉持工匠精神，拿出力争上游的志气勇气，以更高的标准衡量工作，以更开阔的视野对标先进，以争先进位的意识跨越赶超，全力以赴做到极致，每项工作都争创一流标准、一流质量、一流效果。要牢记“冲在前”这个鲜明品格。保持强烈的责任感和使命感，敢于担责，勇于负责，遇到重担敢于挑，面对任务顶前头，以身作则，令行禁止，为广大党员干部作出表率。要牢记“作风实”这个优良品质。贯彻实事求是的思想路线，坚持真抓实干、实而又实，做任何工作都要往实里做，决不能搞形式主义、官僚主义。对每件事情，都要上心用心操心，极端负责、极端认真、极端严谨。时时事事说老实话、办老实事、做老实人，言行一致、表里如一。牢记“严纪律”这个重要保障。坚持从自身严起，紧绷廉洁纪律这根弦，在遵规守纪中挺直脊梁，行得端、坐得正，经得起各方面的长期考验。严格落实抓纪律建设责任，加强对组工干部履职用权、社会交往等全方位管理监督，大力支持驻部纪检监察组开展工作。要牢记“爱集体”这个浓厚情怀。每名组工干部都要有集体意识，不但要热爱集体、信赖集体、依靠集体，更要建设这个集体、维护这个集体、奉献于这个集体，心往一处想，劲往一处使，拧成一股绳，合成一股劲，合力干事业，保持组织部门生机活力。

媒体聚焦

吉林日报　《吉时平》　2024 年 12 月 25 日 1 版

问题所指，就是工作所向

吉林日报
2024年12月
25
奥迪一汽新能源汽车启动量产
黄强在省委社会工作会议上强调
增强为党履职为民尽责的使命感责任感
努力把吉林社会工作抓紧抓牢做深做实
冰雪奇缘　燃情绽放
长春净月潭瓦萨国际滑雪节来了！
2025年1月4日上午10点发枪　预计参与总人数超5万
热雪沸腾·相约吉林
东北首单跨省区域型水权交易签约
探寻查干湖鱼的美味传奇
问题所指，就是工作所向
欢迎您
3

社会工作连着党心民心、事关党风民风，是基层治理第一线、服务群众最前沿。省委书记黄强在首次省委社会工作会议上强调，问题所指，就是工作所向。各地各部门要提高政治站位，善于总结经验、把握规律，切实提高分析研判和解决问题的能力，把社会工作抓紧抓牢、做实做深。

解决问题，就要向下延伸触角。党中央重大决策和省委改革部署能不能落得下去，能不能赢得人民群众的信任、支持和拥护，能不能更好地调动各方面力量，激发全社会创业创新创造活力，很大程度上取决于社会工作做得怎么样。做好社会工作要提升党的组织覆盖和工作覆盖，把触角延伸到新经济组织、新社会组织、新就业群体。要推动党组织进平台、进网点站点、进产业链供应链创新链，健全行业协会商会党组织和群团组织，加强律师、注册会计师、税务师等行业党建工作，加强外卖员、快递员、网约车司机等新就业群体中党员的教育、管理、监督和服务，让党的工作力量直达基层，让党的深情关怀直抵人心。

解决问题，就要敢啃“硬骨头”。当前，基层治理条块分割、力量分散等情况仍然存在，基层应急体系建设、小区物业管理、老旧电梯更新改造等问题依然是百姓的“急难愁盼”。各地各部门要加强统筹协调，整合资源力量，找准发力点和突破口，聚力打好攻坚战，真正破解困扰基层的深层次问题。领导干部要经常到背街小巷、边角后院走一走，听一听街谈巷议，看一看外地游客在网上的评价议论，真正把“民间高手”的好建议变成破解难题的好办法。

解决问题，就要把矛盾风险化解在萌芽状态。要把人民群众的“小事”当成党委政府的“大事”，对群众反映的问题，能解决的要尽快依法依规解决，解决不了的要做好解释疏导工作，确保案结事了、心结打开。要聚焦城建、人社、教育、欠薪等信访重点领域，加大积案化解力度，更好帮助群众排忧解难。各级干部都要认真学习新时代“枫桥经验”，把困难估计得更充分一些，把情况考虑得更周全一些，把工作做得更细致一些，确保矛盾风险化解在基层、消除在萌芽状态，坚决杜绝极端事件发生，切实维护社会大局稳定。

吉林日报　《吉时平》　2025 年 1 月 5 日 1 版

在岗在线在状态

吉林日报
山水美美与共 吉阿同筑繁荣
——吉林省2024年对口援疆工作综述
第23届中国长春净月潭瓦萨国际滑雪节开幕
黄强高志丹鸣枪开赛 胡玉亭致辞
吉林省首届群众冰雪运动会开幕
胡玉亭出席并讲话 高志丹出席
展现冰雪魅力 讲好吉林故事
我省四地入选东北黑土地保护性耕作应用典型案例
我省首趟复兴号技术提升型智能动车组列车开行
在岗在线在状态

2025 年的第一个省委常委会，释放出抢先抓早、干字当头的鲜明信号。省委书记黄强强调，要立足新一年新起点，展现新气象新作为。各级干部要在岗在线在状态，风雨兼程向前冲，解放思想、开拓进取、拼搏实干，切实把责任尽到、把工作抓实。

客观看，当前我省经济社会发展面临不少困难和问题，产业结构调整、新旧动能转换还不到位，高质量发展基础薄弱；群众就业增收形势严峻，各种风险隐患依然较多；干部队伍改革开放观念、严细实工作作风、狠抓落实能力亟待提高。各地、各部门、各条战线必须直面困难、直面问题，拿出切实管用举措，全力完成目标任务。每一位党员干部都要鼓足“越是艰险越向前”的勇气，时刻做到在岗在线在状态。

在岗在线在状态，就要拼搏实干。只要信心不滑坡，办法总比困难多。推动吉林全面振兴取得新突破，必须破藩篱、扫障碍、下深水、涉险滩，用改革的方法破解难题，努力把一个个“不可能”变成“一定能”。当前，要扎实抓好冬季项目建设施工，做足冰雪经济、节日经济文章，进一步释放消费潜力。要抓好“两节”期间重要民生商品和煤电油气运保供稳价，把安全生产、社会稳定责任落到实处。

在岗在线在状态，还要“心中有数”。抓改革、促发展、保稳定，不能囫囵吞枣，眉毛胡子一把抓。如果“胸中一团火，头上一团麻”，看似忙得团团转，实则“不打粮食”，都是瞎忙。要对照省委部署要求，科学谋划全年工作思路，明确主攻方向，分清轻重缓急，找到具体抓手，打“有准备”仗，做“有用功”。特别要紧盯经济平稳运行，加强指标分析、趋势研判、跟踪调度，及时解决重大问题，千方百计把优势放大、把短板补齐，努力完成全年任务目标。

在岗在线在状态，必须唱好“大合唱”。推动高质量发展明显进位，关键在于系统施策、协同发力，全省上下要心往一处想、劲往一处使、拧成一股绳。要强化上下联动，立足我省资源禀赋，向上争取国家支持，同时充分调动基层群众积极性、主动性、创造性，鼓励基层大胆闯、大胆试。要加强横向衔接，坚持“全省一盘棋”，自觉打破部门本位特别是权力本位，从全局的高度想问题办事情。要听取社情民意，广泛汇集民智，为吉林振兴发展凝聚更多智慧力量。

长光研发内景　中共长春市委宣传部提供

长春南湖大桥音乐喷泉　冯健男 / 摄

凝心聚力推动改革行稳致远
奋力开创吉林高质量发展崭新局面

——省委书记黄强在《党建》杂志上的署名文章

党的二十届三中全会是党中央在以中国式现代化全面推进强国建设、民族复兴伟业的关键时期召开的一次十分重要的会议。全会以进一步全面深化改革、推进中国式现代化为主题，是以习近平同志为核心的党中央，从新时代新征程党和国家事业发展新形势新任务新要求出发，经过通盘考虑、深思熟虑作出的重大决策，对确保实现党的二十大确定的战略部署，凝心聚力，团结带领全党全国各族人民全面建成社会主义现代化强国，实现第二个百年奋斗目标，具有重大而深远的意义。吉林把学习宣传贯彻党的二十届三中全会精神作为当前和今后一个时期的重大政治任务，集中组织学习，深入各市（州）调查研究，并由省委、省人大、省政府、省政协等相关省级领导同志牵头，按各自分管领域统筹谋划具体改革举措。2024年10月16日，吉林省委十二届五次全会审议通过了《中共吉林省委关于贯彻落实党的二十届三中全会精神、以进一步全面深化改革推动吉林全面振兴取得新突破的实施意见》，吹响了吉林进一步全面深化改革的冲锋号。

深刻学习领会习近平总书记、党中央关于进一步全面深化改革的决策部署，以改革为高质量发展提供强大动力

习近平总书记强调，“以中国式现代化全面推进强国建设、

民族复兴，是新时代新征程党和国家的中心任务”，进一步全面深化改革必须紧紧围绕这一中心任务来进行。我们要把学习贯彻党的二十届三中全会精神与认真落实习近平总书记关于吉林工作系列重要指示批示精神结合起来，牢牢把握高质量发展这个首要任务，统一思想、统一意志、统一行动。

始终沿着正确方向推进改革。改革是有方向、有原则的。进一步全面深化改革，无论改什么、改到哪一步，都必须坚持党对改革的集中统一领导，准确把握新时代新征程举什么旗、走什么路等重大理论和实践问题，牢牢把握“六个坚持”原则，坚定拥护“两个确立”、坚决做到“两个维护”，任何时候任何情况下都不能有丝毫动摇。党的十八大以来，习近平总书记在2015年、2018年、2023年三次东北振兴座谈会上对东北高质量发展、可持续振兴提出明确要求，并在三次考察吉林时对吉林提出具体要求，为我们进一步全面深化改革指明了方向和重点。吉林坚持把贯彻习近平总书记重要指示批示精神与党的二十届三中全会精神相贯通，确保始终沿着正确方向推进改革，确保习近平总书记重要指示批示精神在吉林落地生根、开花结果。

用好改革开放关键一招。这一轮改革是进一步全面深化改革，“进一步”是要求改革再动员、再部署、再出发，“全面”是要求整体谋划、系统布局、协同高效，“深化”是要求突出体制机制改革，突出战略性和全局性重大改革，突出经济体制改革牵引作用。从“改革”到“全面深化改革”再到“进一步全面深化改革”，改革的内涵和外延不断变化。习近平总书记多次强调，“改革之路从无坦途”。改革如此艰难，更需要进一步全面深化改革，除此别无他途。吉林振兴发展正处于滚石上山、爬坡过坎的关键时期，必须用好改革开放关键一招，把握新阶段、新特点、新情况，破藩篱、扫障碍、下深水、涉险滩，把一个个“不可能”变成“一定能”，推动吉林全面振兴取得新突破。

坚持以人民为中心的改革价值取向。为了人民而改革，改革才有意义。进一步全面深化改革，必须把人民放在心中最高位置，以群众满意不满意、高兴不高兴、答应不答应为标准，善于从群众关注的焦点、百姓生活的难点中寻找改革的切入点，多做雪中送炭的事。习近平总书记曾引用“衙斋卧听萧萧竹，疑是民间疾苦声。些小吾曹州县吏，一枝一叶总关情”来强调为官一任，应勤政爱民，以人民为中心，将百姓冷暖安危放在心上。吉林要坚持把民生问题作为一面“镜子”，照一照哪些体制机制、政策规定还存在堵点卡点，看一看哪些领域和环节百姓还闹心、有怨言、有期盼，将老百姓关注的“小事”当成改革的“大事”，切实解决群众急难愁盼问题，以可感可及的改革成果造福于民。

聚焦重点领域关键环节，全力推动进一步全面深化改革向深度和广度进军

习近平总书记深刻指出，“围绕党的中心任务谋划和部署改革，是党领导改革开放的成功经验”。吉林紧扣党的二十届三中全会部署，深入贯彻落实习近平总书记关于东北全面振兴和吉林工作系列重要指示批示精神，立足自身实际，明确了进一步全面深化改革的总体要求、主要任务、重点专项、组织保障，制定了4方面、67条、400多项具体举措，并提出到二〇三五年，高质量发展、现代化建设各方面制度更加完善，基本实现治理体系和治理能力现代化，基本建成社会主义现代化新吉林。到二〇二九年，聚焦构建高水平社会主义市场经济体制、发展全过程人民民主、提升文化软实力、提高人民生活品质、建设美丽吉林、建设更高水平平安吉林、加强组织保障，在重点领域和关键环节取得决定性成果。我们将坚定信心、拼搏实干、稳扎稳打，一步一个脚印地推动既定目标如期实现。

注重发挥经济体制改革牵引作用。我们突出经济体制改革重点，围绕深化社会主义市场经济体制改革，不断优化营商环境，深化国资国企改革、财税金融改革，完善支持非公有制经济发展政策体系和市场经济基础制度，积极融入全国统一大市场建设。围绕健全推动经济高质量发展体制机制，进一步完善规划体系，加强政策统筹协调，健全因地制宜发展新质生产力体制机制，加快培育若干千亿级产业集群。紧盯完善城乡融合发展体制机制，健全推进新型城镇化体制机制，完善强农惠农富农支持政策，大力培育乡村富民新产业新业态，促进城乡要素平等交换、双向流动，共同繁荣发展。坚持“改革促进开放、开放倒逼改革、开放也是改革”理念，围绕完善高水平开放体制机制，创新沿边开放体制机制，深化对外贸易管理体制改革、双向投资管理体制改革，健全与国内重点区域合作机制，进一步提高开放水平，打造开放新高地。

注重构建支持全面创新体制机制。我们聚焦构建支持全面创新体制机制，深化教育综合改革、科技体制改革、人才发展体制机制改革，统筹推进教育、科技、人才、产业一体化改革，推动科技创新和产业创新深度融合，促进创新链、产业链、资金链、人才链协调衔接，让创新“第一动力”充分释放，使创新真正成为吉林高质量发展的动力源泉。

注重全面系统改革。我们紧扣完善全过程人民民主制度体系，加强人民当家作主制度建设，健全协商民主机制、基层民主制度，完善大统战工作格局，不断扩大人民有序政治参与。紧扣完善法治吉林建设体制机制，加强和改进地方立法，深入推进依法行政，深化公正执法司法体制改革，努力提升法治化水平和执法公信力。紧扣深化文化体制机制改革，完善意识形态工作责任制，优化文化服务和文化产品供给机制，完善文化遗产保护机制，牢固树立保护文物也是政绩的科学理念，坚持以文塑旅、以旅彰文，强化文化和旅游深度融合的制度设计，激发文化创新创造活力。紧扣完善保障和改善民生体制机制，健全就业促进机制，完善社会保障体系，深化医药卫生体制改革，使改革成为惠民生、暖民心、顺民意的实事。紧扣深化生态文明体制改革，完善落实“两山”理念体制机制，健全生态环境治理体系，完善绿色低碳发展机制，持续提升美丽吉林建设效能。

注重统筹发展和安全。我们牢记吉林维护国家“五大安全”的重要使命，把完善维护国家安全体制机制摆在重要位置，加快推进安全体系和能力现代化。紧紧围绕完善维护国家安全体制机制，健全维护国家安全体系和国防安全体制机制，完善公共安全治理机制，健全社会治理体系，以高水平安全保障高质量发展。

注重重点专项示范引领。我们坚持问题导向，从最紧迫的事情改起，从创新体制机制入手，制定了进一步全面深化改革的9个重点专项，示范引领带动各领域改革。比如，吉林地处国家重要战略方向，拥有1400多公里边境线，守好祖国大门、筑牢千里边关是吉林必须扛起的重大政治责任。我们制定了创新兴边富民、稳边固边制度机制专项，提出以G331沿边开放旅游大通道建设为依托，谋划一体建设、一体管理、一体开发机制，推进边境地区“水电路讯”军地一体化建设等举措，以此固边防、聚人气、兴产业。比如，2024年吉林遭受了严重洪涝灾害，加强防灾减灾救灾能力刻不容缓。我们坚持底线思维、极限思维，制定了健全防灾减灾救灾能力体系建设专项，提出要健全防洪工程体系、加强主要江河沙基沙堤险工险段治理等举措，真正把“防胜于救”要求落实到位。比如，人参是吉林的金字招牌，我们制定建立人参产业高质量发展机制专项，提出要聚焦“货真价实、优质优价”，健全人参市场诚信体系、人参规范化种植体系、人参精深加工产业体系、人参品牌营销体系，擦亮“吉林·长白山人参”金字招牌。比如，长白山是东北水塔和松花江、图们江、鸭绿江的三江源头，我们制定长白山生态保护利用机制专项，提出要优化长白山生态系统保护与恢复机制，加强古树名木保护，探索“森林四库”建设机制，筑牢东北亚生态屏障。吉林将拿出强有力举措，在重点领域尽快实现实质性破局、取得标志性战果。同时，发挥9个重点专项示范引领作用，以点带面激活全局。

以钉钉子精神狠抓改革落实

习近平总书记强调，“要坚持真抓实干、狠抓落实，一切工作都要往实里做、做出实效，不好高骛远、不脱离实际，力戒形式主义、官僚主义”。进一步全面深化改革是一场史无前例的伟大实践和深刻变革，抓落实的每一步都需精心布局、运筹帷幄，以正确的改革方法论为指导，发挥改革的整体效应和最大效能，把改革“蓝图”变成“实景”，更好地推动吉林高质量发展明显进位。

进一步解放思想转变观念。吉林进一步全面深化改革，首先要在思想观念上突围。我们必须深入学习贯彻习近平总书记关于全面深化改革的一系列新思想、新观点、新论断，坚持好、运用好贯穿其中的立场观点方法，创造性开展工作。改革不是温和的改良，是刀刃向内的自我革命，只有以壮士断腕的决心，才能打破陈旧观念和体制机制束缚，才能向积存多年的顽瘴痼疾开刀。改革没有旁观者，各级党员干部应带头躬身入局、挺膺担责，积极主动想改革、抓改革，自觉当好改革执行者、行动派、实干家。

牢固树立和践行正确政绩观。做好吉林改革工作，必须牢固树立和践行正确政绩观，坚持新发展理念这个“指挥棒”“红绿灯”，坚持发展必须是、只能是高质量发展。在改革过程中，我们不能“拍脑袋决策、拍胸脯蛮干、拍屁股走人”，要严防急功近利、走偏走虚；也不能假借发展之名搞大拆大建，甚至干“拆真古迹、建假古董”的蠢事。要牢记“规划科学是最大的效益，规划失误是最大的浪费，规划折腾是最大的忌讳”，重视规划、尊重规划、科学规划，在推动改革中保持规划的连续性、稳定性，一张蓝图绘到底，一锤接着一锤敲，一茬接着一茬干。

切实增强抓落实能力。一分部署，九分落实。我们要提高狠抓落实能力，具体抓、抓具体，工作一具体就深入，一深入就能发现问题，发现问题就要真解决问题。坚持身教胜于言教、行胜于言，领导干部要带头深入一线了解真情况、到达现场找准真问题、帮助基层真解决问题。要弘扬东北抗联精神、抗美援朝精神，拿出杨靖宇舍身殉国的英雄气概和吴大澂勘界守土的智慧担当，不获全胜决不收兵。改革有破有立，得其法则事半功倍。要坚持小切口破题、大纵深发力，善于以机制创新突破体制障碍，锲而不舍、久久为功、示范引领。高手在民间，基层有真经，应充分尊重基层首创精神，在坚持改革原则、遵守“六大纪律”的前提下，鼓励基层大胆闯、大胆试。

确保改革落地见效。作风建设永远在路上。我们要树立崇严尚实作风，力戒形式主义、官僚主义，脚踏实地、实事求是、真抓实干，推动各项改革任务在吉林落地见效。着力解决干部乱作为、不作为、不敢为、不善为问题，不能把遵规守纪作为不干事、怕出事的借口和托词，不担当就谈不上忠诚。看干部的工作实不实，要从政治、思想、组织、作风上加强监督考察，听其言、观其行、察其果。树立重实干、重实绩的鲜明正确的选人用人导向，旗帜鲜明为担当者担当、为负责者负责、为干事者撑腰、为创新者鼓劲，引导和激励广大党员干部勤奋工作、放手干事、锐意进取、积极作为。在推动改革过程中，要识“五线谱”，守住安全底线、生态红线、耕地红线、地方政府债务警戒线和统计数据质量线，落实“党政机关要习惯过紧日子”的要求，确保重点支出力度不减、重点改革顺利推进。

新时代赋予新使命，新责任呼唤新作为。我们将更加紧密地团结在以习近平同志为核心的党中央周围，高举改革开放旗帜，以狭路相逢勇者胜的胆识和气魄，下定决心、坚定信心，勇往直前、拼搏实干，奋力开创吉林高质量发展崭新局面。

（《党建》2025 年第 1 期）

我看到眼前一片不大的美人松林。棵棵树的树干都是又细又长，一点也没有平常松树树干上那种鳞甲般的粗皮，有的只是柔腻细嫩的没有一点疙瘩的皮，而且颜色还是粉红色的，真有点像二八妙龄女郎的腰肢，纤细苗条，婀娜多姿。每一棵树的树干都很高，仿佛都拼着命往上猛长，直刺白云青天。可是高高耸立在半空里的树顶，叶子都是不折不扣的松树的针叶，也都像钢丝一般，坚硬挺拔。

——季羡林

图书在版编目（CIP）数据
2025吉林新一年 / 中共吉林省委宣传部编. -- 长春：吉林人民出版社, 2025. 2. -- ISBN 978-7-206-21817-0
Ⅰ. D673.4
中国国家版本馆CIP数据核字第2025YX5571号

出品人：常　宏
总策划：吴文阁

2025吉林新一年

2025 JILIN XIN YI NIAN

编　者：中共吉林省委宣传部
责任编辑：郭雪飞　李沫薇　李　爽　韩春娇
特约审读：慈国敬　　责任校对：衣　兵
装帧设计：宁荣刚　李　媛　周　源
出版发行：吉林人民出版社（长春市人民大街7548号 邮政编码：130022）
咨询电话：0431-85378007
印　刷：吉林省吉广国际广告股份有限公司
开　本：720mm × 1000mm　1/16
印　张：28.25　　字　数：475千字
标准书号：ISBN 978-7-206-21817-0
版　次：2025年2月第1版　　印　次：2025年2月第1次印刷
定　价：58.00元